メディアの未来

歴史を学ぶことで、新聞、雑誌、ラジオ、
テレビ、SNSの将来は導き出せる

ジャック・アタリ

林 昌宏 訳

プレジデント社

テレビで本当のことなんて言えないよ。
だって、たくさんの人が観てるじゃない

――コリューシュ〔フランスのコメディアン〕

目次

第2章　使者の時代

第6章 出版、「大衆の自由の大きな盾」
一七八八年から一八三〇年まで……160

第9章　読む、聞く、そして見る　一九一九年から一九四五年

第11章　徹底的に、読む、観る、聴く、触る

二〇〇〇年から二〇二〇年まで　388

第13章 何をなすべきか 495

◎本文内における〔　〕は、翻訳者における補足である。
◎読みやすさ、理解のしやすさを考慮し、原文にはない改行を適宜加えた。

はじめに

なぜ伝えるのか。伝える、説得する、教える、楽しませるは、どのような関係にあるのか。今日のパンデミックによって情報の伝え方はどう変化したのか。噂やフェイクニュースを制御するにはどうすればよいのか。現在のメディア危機から生き残るのはどのメディアだろうか。情報が流通するようになったのはいつの時代からか。そのとき、情報はどのように流通したのか。新聞を初めて発行したのは誰か。二〇五〇年、新聞、ラジオ、テレビ、ソーシャルネットワーキングサービス（SNS）、ジャーナリストは、まだ存在しているのだろうか。二一〇〇年ならどうだろうか。真実と虚偽を見極めることはまだできるのだろうか。情報伝達は単なる娯楽になるのか。全員が監視されて暮らすようになるのなら、情報を得ることに意味はあるのだろうか。現在および今後の（正しい、または偽の）情報の洪水は、今日と将来の難題の取り組みに影響をおよぼすのだろうか。民主主義はさまざまな形態の検閲や監視に耐えると同時に、世界を駆けめぐる事実に反する主張の雪崩から生きながらえることができるだろうか。一部の国では、ジャーナリズムはこれからも疑わしい活動として監視され続けるのだろうか。

SNSは、今後登場するさらに強力なテクノロジーの波に呑み込まれるのだろうか。将来、誰がメディアを所有するのだろうか。正しい情報を得る、知識を共有する、嘘と闘う手段が、これまで以上に存在するようになるのだろうか。ジャーナリストの役割はロボットが担うようになるのか。それとも、ジャーナリストは民主主義、つまり、真実の保証にとってかけがえのない存在であり続けるのだろうか。誰もが他者のホログラムと永久に交信できるようになるのだろうか。頭の中で考えるだけで他者と意思疎通できるようになるのだろうか。自分の意識を他者に移し替えることができるようになるのだろうか。世界を理解する、真実を語る、団結する、行動する、新たな抑圧に屈しない、新たな自由を獲得するには、将来のテクノロジーをどう利用すればよいのだろうか。

いつの時代も人間は、自身を脅かすこと、他者を害すること、他者を利することを知る必要があった。

人類史の最初の数十万年、ほとんどの人類は、家族、部族、訪問者、侵略者、周囲の自然を通じてしか情報を得ることができなかった。つい最近になって、大衆は自分たちの暮らす村が属する帝国の文民、軍人、宗教家から情報を得るようになった。これらの帝国は、大衆に法を課し、共同体の物語を信じ込ませた。

かなり長い間にわたり、権力者および大衆の情報は、人間が歩いて伝えてきた。狼煙を使うこともあった。次に、文字を利用した詳細な情報を伝えることを学んだ者たちが現れ、そうした情報は馬によって迅速に伝達されるようになった。

その後、さらに三〇〇〇年間、人類の伝達手段は、合図を送る、話す、叫ぶ、歌う、音楽を奏でる、石、布、葦に文字を記すことなどだった。王族、将軍、宗教家、商売人の間では、きわめて重要な情報が密かに流通していた。実際に、その後も長きにわたり、情報の歴史は、郵便物の歴史と同義だった。流通するメッセージは私信であり、情報を誰かと共有するかしないかは、メッセージを受け取った者が決めた。権力者は書面による伝達を独占し続け、臣民に対して指令を、文書あるいは口頭で通達した。いつの時代の権力者も自身の地位を維持するために、臣民に嘘をつき、真実を隠し、情報を操作しなければならなかった。

次に、一〇世紀前の中国、そして五世紀前のヨーロッパにおいて、印刷術のおかげで手を使って書き写す必要がなくなり、文書は拡散しやすくなった。

ヨーロッパではその後も長きにわたり、文字を読めるごく限られた者たちだけが、おもに私信から情報を得ることができた。これらの情報は、イタリア、次にフランドルで、手書きのニューズレター「アッヴィージ：avvisi」として流通し、印刷術が登場すると「ガゼット：gazettes」という名称のチラシや、神聖ローマ帝国とカトリック教会の支配からヨーロッパを解放しようと謳う批判文書が出回った。少なくとも一八世紀までの間、情報を伝達するほとんどの者たちは、為政者を称賛する「権力のお抱え」であり（ただし、当局の検閲が最初に廃止されたネーデルラント連邦は除く）、「ジャーナリスト」とは名乗っていなかった。世界中ではさらに長い間、臣民は、為政者の指令、聖職者の講話、市場の噂、トルバドゥール〔南フランスの吟遊詩人〕の歌などによる情報にしか接することができなかった。

一八世紀末、またしても最初はオランダで、次にイギリスとアメリカで（フランスでは密かに）、情報を追って検証することを仕事にする者たちが現れ、彼らはそうした情報を伝達するようになった。ジャーナリストの登場である。ちなみに、これら以外の地域でジャーナリストが登場するのは一九世紀末になってからだ。

ジャーナリストは偉大な職業だ。誕生したばかりの民主主義にとっても、ジャーナリストは必要不可欠な存在だった。

自由と真実を求めて闘うジャーナリストは、マネーの力（今日でも民主国では大資本家が

SNSを含む大手メディアを保有している）と当局の検閲（今日でも独裁国ではすべての情報伝達ネットワークは当局の管理下にある）との間で板挟みになっている。

ジャーナリストは、捏造、誤報、誹謗中傷などで道を踏み外すことがある。ジャーナリストという仕事は消える恐れがある。というのは、誰もがテクノロジーを利用してSNSだけを情報源にする共同体に向けて自分のことだけを語るために、事実確認なく野放図に情報が発信されるようになるからだ。

記事や動画が自動的に制作されるようになれば、ジャーナリストという職業は単純労働になるだろう。

事件を目撃する、事実を伝える、スキャンダルを糾弾する、フェイクニュースを暴く、議論を醸し出す、対立する観点を突き合わせるなどのために、ジャーナリストという職業はこれまで以上に重要になる。

今日、真実の周知や意見の自由の保障のために至る所で闘う勇敢なメディアがある一方で、権力に追従するメディアが存在する。さらには、誤情報、くだらないニュースやゴシップ、つかの間の娯楽を、ある程度承知の上で垂れ流すメディアがある。これらのメディアは、重要なこととそうでないことを区別するのをやめたか、世間の注目を得たいだけなのだろう。これらのメディアの大半は、権力に立ち向かうと主張しているが、そうした権力と同様に社会的信用を失い（今後、さらに信用を失うだろう）、軽蔑され、嫌悪されている。人々は情報を得ることによって行動を起こしたいと願っているが、今日、この願いを理解しているメディアはほとんど存在しない。

では将来、メディアと民主主義はどうなるのか。次のような場合だ。現実と人工物の見分けがまったくつかなくなる場合、私生活が完全になくなる場合、検証不能な記事、制御不能な噂、とどめのないプロパガンダを際限なく生成するロボットがSNSを占拠する場合、監視手段と当局の検閲が今日の想像の範囲を超えて強化される場合、さらには、現実および仮想の他者のホログラムと直接交信できるようになる場合、そして常軌を逸したテクノロジーによって他者が誕生するような場合だ（あり得ないと思われるかもしれないが、そのような事態は差し迫っている……）。

世界を読み解く、真実を語る、団結する、行動する、民主主義を擁護して成熟させる、自由を苦労して築き上げるために、われわれはテクノロジーをうまく利用できるのだろうか。

そうした未来の基軸を把握するには、「歴史」を振り返る必要がある。なぜなら、私はこれまでに数多くの分野（音楽、医学、時間、定住化、ユダヤ教、近代性、ノマディズム、所有権、公的債務、愛、海、食、感染症）において未来予測を試みたのと同様に、メディアに関するさまざまな歴史を遡ってこそ、その未来を詳細に描き出すことができると考えるからだ。

せっかちな現代社会において、これから紹介する長い歴史を読んでみようという読者は少ないのかもしれない。しかしながら、われわれは何者であり、どこに向かおうとしているのか、そしてどうすれば自分たちの運命をうまく舵取りできるのかを理解するためには、これらの心躍る歴史を知っておくべきだろう。

多忙な読者のために、本書の骨子を数行、そして数ページで要約したので参考にしてほしい。

数行の要約

心躍る歴史は、言語と歌、噂と狼煙、太鼓と石碑、石の彫刻と洞窟の壁画、グリオ〔アフリカの伝統伝達者〕と公示役人〔公共の広場などで官報を読み上げた〕、吟唱詩人と律法学士、行商人と郵便物の登場とともに始まり、情報の伝達手段は人間の徒歩から馬になる。そしてヨーロッパでは、手書きのアッヴィージというニュースを掲載する文書が初めて販売された。印刷術が確立すると、ガゼット、通行状、パンフレット、年代記、アルバム、フルークシュリフテン〔小冊子〕、ニュース、新聞、通信社、雑誌、広告、写真、電話、ラジオ、映画、マンガ、テレビ、インターネット、SNS、マーケットプレイス、ソーシャルグラフなど、数多くのメディアが登場した。今日の主要なメディアであるインターネットは、新たなテクノロジーを利用する別の形態のメディアに凌駕されるだろう。そうなれば、誰もが人為的につくり出される事象に埋没し〔例：ホログラムなどの仮想現実に入り込む〕、そうした事象が意識を持つようになり〔例：仮想現実で暮らせるようになる〕、その意識を他の事象に移し替えることができるようになるかもしれない〔例：自分の意識をホログラムに移し替え、肉体が不要になる〕。このような現象が現実になれば、真偽を見分けるすべての手段は消失するに違いない。

自由を守り、未来のメディアに意義を付すには、徹底した改革が急務だ。批判的思考を養い、真偽を見分ける手段を獲得し、優秀なジャーナリストを育成し、SNSを解体し、新たなメディアをつくり出す必要がある。私は未来のテクノロジーを利用するこの新たなメディアをデジタル・アッヴィージ〔アッヴィージは第2章に登場する〕と命名する。SN

Sやその後継の刃から逃れるにはデジタル・アッヴィージを確立するしかない。

数ページの要約

数千年の「歴史」からいくつかの法則を見出すことができる。これらの法則は少なくとも今後数十年は有効だろう。

1. 私的な連絡手段は、マスコミュニケーションの手段になる。たとえば、郵便物は新聞、電話はラジオ、写真はテレビ、電子メッセージはインターネットになった。これら以外の情報伝達手段も事情は同じだ。
2. 情報を配信する手段が発明されると、それらはすぐに、教育、文化、娯楽、創作活動のために利用される（例：彫刻、版画、印刷物、写真、CD、映画、ラジオ、テレビ、テレビゲーム、オンラインゲーム）。
3. 情報の生成や配信のさまざまな手段は商業活動になり、次第に自動化されて人間がつくる機械が代行する（印刷物はSNSになった）。

4. コミュニケーションの道具は、政治には権力、所有者には利益、利用者には娯楽をもたらす。
5. 国の思想、文化、経済、政治の形態は、国民に対する情報配信のあり方に多大な影響をおよぼす。
6. 逆もまたしかり。国民一人一人に対する情報配信のあり方（情報を配信しないことを含む）は、国の政治、文化、経済、社会の未来に影響をおよぼす。
7. 地政学上の超大国の座を得る国は、コミュニケーションおよび情報に関する最先端の手段を支配し、これを用いて外国に影響力を行使する。
8. 権力者は、きわめて重要な情報を誰よりも先に受け取り、どの情報を他者に伝達するのかを選びたがる。すなわち、検閲、事実の隠蔽、他者の誹謗中傷である。
9. 権力者が国民の嗜好を把握しようとするように、メディアも利用者の好みを知ろうとする。両者とも、監視し、魅惑し、不安を醸し出し、憂さ晴らしをさせ、歓心を買おうと画策し、監視、政治、あるいは金儲けのために、国民や利用者に関するデータを最大限に活用しようと目論む。
10. 検証および論証できる情報を得ることのできる人口は増え続けている（総人口に占める相対的な割合も上昇している）。また、こうした情報を提供できる人口も増加している。

11. 国民の行動に必要な正確で有益な情報が、自由かつ公平にアクセスできるようにすること。このことは、独裁者の跋扈を阻止するためには充分でないとしても、民主主義を存続させるための条件だ。

12. われわれは、意思疎通、情報伝達、世論操作、圧制、行動、解放のために五感を利用してきたし、これは今後も変わらない。視覚、聴覚の次は、触覚、嗅覚、味覚など、あらゆる感覚が用いられる。

数千年前からのこれらの傾向が今後も続くのであれば（何らかの方策が打ち出されることがなければ、これらの傾向は続くだろう）、人類は次に掲げる三つの集団に振り分けられる。

一つめは少数派の集団である上級ノマドだ。彼らは主要な知識と富を支配する。

二つめは多数派の集団である貧困ノマドだ。彼らは有益な情報にほとんどアクセスできない。

三つめは、上級ノマドと貧困ノマドの中間に位置する危機的な状態にある集団だ。彼らは上級ノマドの仲間入りを目指すと同時に、貧困ノマドへの転落を恐れる。

情報を収集および生成する巨大グループが台頭し、国家は次第に権力を失うだろう。これらのグループは、さまざまな力を行使し、国民から生涯にわたってデータを収集し、教育、娯楽、生産活動、医療など、あらゆるサービスを提供するようになるだろう。

　現在の超監視型社会は、これらの巨大グループの保護を得るために自分自身に関する情報を彼らにしぶしぶ譲渡する自動監視型社会になるだろう。自動監視型社会では、人々は信仰や儀式よりも娯楽によって死から逃れようとする。妥協を強いられる民主主義の評価はさらに低下し、民主主義は攻撃の対象になる。国家自体はこれらの世界規模の企業の守衛のような存在になり下がる。

　このような世界になったとしても、印刷された新聞を購入し、ラジオを聴き、テレビを観て、ＳＮＳを利用する人々は、今後数十年、一部の国では存在するだろう。そして特権階級は相変わらず、一般人とは異なる方法で、一般人よりも先に重要な情報を入手するに違いない。彼らはそうした情報を基にさらなる富を得るか、少なくとも自分たちの特権を強固にするはずだ。情報の大衆化は民主化を押し進めるとみなされているが、これはくだらない情報に対する中産階級の依存を強めることによって、彼らを無産階級に貶めるための策術だということがいずれ判明するだろう。

　大半のジャーナリストは、これまで以上に非正規雇用を強いられるはずだ。ロボットや無数のアマチュアが彼らの仕事の多くを代行するようになる。しばらくの間、ニッチなメディア、またはアルゴリズム（あるいは両方）をつくり出せる者だけが生き残るだろう。

その後、それらのメディアも消え失せる。いずれにせよ、今日のような形態では生き残れない。人類は人為的につくり出される事象に埋没し、そこで生じる展開に関する情報を得るだけになる。誰もが孤独な存在になるか、ソーシャルグラフ〔インターネット利用者間のつながりや結びつきのこと〕によって決定される人々だけが当然の仲間として自分に寄り添う。さらに時が経つと、観客のホログラムが、ゲーム、演劇、イベントのホログラフィックな表像に入り込む。そこでは誰もが実際の観客のように振る舞い、自分と同じように入り込んだ者たちと干渉し合うことになる。

当然ながら、権力、反権力、政治運動、テロ集団は、娯楽、監視、報酬、恐喝、処罰のために、これらのテクノロジーを利用するだろう。

さらに時が経ち、触感や嗅覚もホログラムに移し替えられるようになると、現実と仮想を切り分けることは不可能になる。

さらにエスカレートして、二人の人物の脳が直接交信できるようになるかもしれない。脳同士が、最初は個人的なメッセージを送るために、次に一度に複数の脳に情報を配信するために、直接交信するようになるのだ。

究極的には、思考の伝達により、思い出、意見、嗜好、さらには意識さえもホログラムなどの人工物、あるいはクローンに移し替え可能になるかもしれない。そうなれば、少なくとも金持ちや権力者は、生化学的なアルゴリズムという不死の存在になる。彼らは死の恐怖を紛らわせるための娯楽を必要としなくなるだろう。

このように情報の伝達が究極の目的を果たすと、「歴史」を進める原動力ともいえる生者を人工化する過程は理想に達する。すなわち、自身の意識を持つ不死の人工物の創造だ。人工物だからこそ不死であり、不死だからこそ人工物なのだ。

つまり、読者は「メディアの歴史における核心は人間の条件だ」と気づくはずだ。

身震いするような未来を制御し、このような逸脱を阻止しようとして、国粋主義、閉鎖、信仰、縄張り意識、共同体主義などのイデオロギーを唱える者たちが現れる。彼らは社会に恐怖を蔓延させ、自分たちに従うように国民を扇動する。彼らは一部の国で成功をおさめ、宗教、アイデンティティ、エコロジーの面で、一時的に独裁的な地位を得る。過去にも多くの体制が行ってきたように、すべてのメディアを自分たちに服従させ、プロパガンダの道具として利用しようと試み、しばらくの間、成功を収める。

一方、真実の尊重、バランスの取れた権力、ポジティブな民主主義の推進のために闘う集団も現れる。彼らは、全人類が自己を開花させる、情報を得る、批判する、真実を求める、思考する、自由になるという手段を獲得するために尽力する。

そのためには、数多くの改革を断行する必要があるだろう。たとえば、真偽を見分けることを教えるための教育改革、この闘いを遂行するジャーナリストの育成改革、誰もが利用できるデジタル・ツールの改革などだ（自分に関するデータを再び自己で管理する、情報を得る方法を学ぶ、熟考する時間を確保する）。そして巨大ＩＴ企業が運営するプラットフォームを解体しなければならない。これは世界規模の闘いになる。

数ページにわたる要約では、当然ながら複雑な事象を風刺的に描写した。要約だけでなく、この壮大なテーマにもう少し時間を割く余裕のある読者は、本書の最初の10章までを、少なくともすべての小見出しに目を通し、興味を持てそうな段落は精読しながら読み進めてほしい。そして最後の三つの章を読み、私の導き出した結論に触れてほしい。

私にとって、この物語は細部にわたってきわめて魅力的だった。筆をおいた現在、この物語が綴る壮大な数々の冒険に対する私の驚きを、読者に伝えることができると信じている。

第1章 君主のニュース、大衆のニュース
三万年前から近代の夜明けまで

人類が登場するずっと以前から、動物は、音、匂い、仕草、動作などによって、情報を伝達し合っていた。それは、生き残る、異性を誘惑する、危険を知らせる、食糧を探す、集団での生活を組織する、進化するためだった。

動物は今日でも互いに情報を伝達し合っている。たとえば、ネズミは危険を察知すると、助けを求めるために超音波を発する。クジラは危険を知らせ合うために数多くの方法で歌う。鳥は大量のメッセージを伝達するために多くの歌を利用する。オウムはオウム同士でコミュニケーションをとるために人間の声を真似る。ミツバチは餌場が近いときは「円形ダンス」を踊る（餌場が遠いと「八の字ダンス」）。これらのメッセージは、身を隠す、あるいは罠におびき寄せるための嘘または策略であることもある。

ホモ・サピエンス・サピエンスが登場する以前のきわめて早い時期から、ヒト化の動物は、狼煙、叫び声、ノイズ、言語によって意思疎通を行ってきた。だが、文字による伝達はまだなかった。

今日までに知られている文字による最初の伝達記号は、インドネシアのジャワ島にあるトリニール遺跡から発見されたおよそ五〇万年前の貝殻の化石に刻まれたジグザグ模様だ。そのしばらく後、ヒトは洞窟内にスケッチを描いた。これは後にここを訪れる者たちに残したメッセージだったのだろう。

存在したのは、身近にいる人々とのコミュニケーションだけではない。当時の人類はノマドだったため、コミュニケーションも元来ノマドのものだったはずだ。ヒトは動物の助けを借りずに徒歩で移動した。情報はそうしたノマドとともに拡散した。しかし、最も貴重なメッセージに限っては、すでに一部の権力者が握っていたと思われる。

紀元前三万年ごろの旧石器時代のグラヴェット文化の時代には、ヒトはすでに自分たちの考えや作品をかなり遠方にまで伝えたり、運んだりしていたようだ。というのは、フランスのランド県〔フランス南西部〕で見つかった「ブラッサンプイの婦人」と同じ彫刻の女性像が、イタリア、オーストリア、チェコ、ウクライナ、シベリアからも二〇〇体ほど見つかっているからだ。

紀元前一万七〇〇〇年から紀元前一万三〇〇〇年にかけての後期旧石器時代の末期、フランスのラスコー洞窟に描かれた絵も、この洞窟に避難しに来る者たちに残したメッセージだったのかもしれない。危険な動物に矢印がつけてあるのは、そうした情報を知らせるためだったのだろうか。

紀元前八五〇〇年ごろの新石器時代、手の込んだ斧と貝殻の交換ネットワークがアジアからフランスのアルザス地方にまで拡大した。このネットワークも当時の人々の情報交換に役立った。今日でもオーストラリアの先住民の間では、狼煙による合図は発信した相手しか理解できないという。狼煙は少なくとも六〇万年前から利用されてきた。少なくとも六〇〇〇年前からパタゴニア地域で暮らしていたヤーガン族は、座礁したクジラの存在を仲間に知らせたり、秘密のメッセージを送ったりするために狼煙を利用していた。一五二〇年、マゼランは航海中のパタゴニアの沿岸部でこうした狼煙を目撃し、この地域を「ティエラ・デル・フモ（煙の土地）」と命名した。これが現在の「ティエラ・デル・フエゴ（火の土地）」諸島の名前の由来だ。

この時代において、文字はまだ利用されていなかったとしても、壺、陶器、木材、骨などには、記号が刻まれた。また、洞窟や岩盤には、絵や彫刻が施された。伝えたいメッセージはしばしば謎めいているが、この時代においても人々はおもに集団の安全を指示していたようだ（例：死、敵の襲来、疫病、危険な動物）。それから少し後、これらの記号はとくに男性権力者の願望を伝えるようになった。とくに、自分たちの偉業といった物語を語り、自身の足跡を残すためだった。

紀元前四八〇〇年ごろの銅器時代から紀元前二七〇〇年ごろの青銅器時代（ノマドから定住民になり、集落が形成され始めた時代）にかけて、岩盤には戦い（馬や武器）や宗教（太陽や手）の象徴が刻まれた。この時代においても、登場するのはほとんど男性だった。

この時代もかなり以前から行われていたのと同様に、情報伝達に叫び声が利用された。だいぶ後にユリウス・カエサルは『ガリア戦記』においてガリア人のことを次のように述べた。「彼らに何か重要なことが起きると、最初に知った者たちは村で声高に叫ぶ。すると今度は彼らの叫びを聞いた者たちが、その内容を他者に伝える。このようにしてニュースは村から村へと伝わる。結果として、ニュースは鳥が飛ぶような速さでガリア全体に知れ渡る」。

その後何千年以上にわたり、最も情報を得ていたのは、司祭、将軍、君主、商人であり、彼らは臣民を監視し、個人的な伝達者を通じて特別な情報を受け取り、そうした情報を自分たちだけの秘密にしたり、石碑や下僕を通じて他者に知らせたりした。後者の場合では、通常、自分たちの利益に資するように情報を歪めた。

すべては紀元前三三〇〇年ごろにほぼ同時に起きた三つの革命によって一変した。すなわち、馬の家畜化、車輪の登場、文字の発明だ。

情報伝達に関するこれら三つの革命後、次の大きなイノベーションが起こるのは四〇〇〇年後のことだった。

メソポタミアにて：世の中を一変させた馬、車輪、文字

馬の家畜化に関する考古学的な最初の証拠は、紀元前三五〇〇年の、現在のカザフスタン北部の草原地帯にまで遡る。この地域はボタイ文化の狩猟採集民が支配していた。当時の他の民族と同様にノマドだった彼らは、狩猟や羊の世話のため、そして食糧として馬を利用した。

同時代に車輪が登場した。スロベニアの首都リュブリャナ近くの湿地帯から見つかったものが、今日わかっている最古の車輪だ。この車輪は紀元前三三四〇年のものと推定されている。次に、中東で車輪付きの戦車が登場した。この戦車は、農業、征服、メッセージの伝達のために用いられた。

同時代、メソポタミアのチグリス川とユーフラテス川の間に栄えた農業発祥の地シュメールでも、三つめの大きな発明である文字が登場した。

当初は粘土板に刻まれた絵文字は、洗練されて「楔形文字」（釘の形をした絵文字）になった。楔形文字は、農業の管理簿、商人や徴税官の帳簿、軍隊、キャラバン、船荷の明細を作成するために利用された。民衆に対しては、祝宴の日取り、皇帝の功績、数学の問題、地図などを伝えるために利用され、また君主が目下の者たちにメッセージを送るためにも利用された。

その少し後、君主の決定が記された青銅板が、神殿の壁に掲げられた。君主の決定を周知させるためだ。石碑も神殿や軍隊が通過する道に設置された。石碑には、王の定める戒律、軍事司令官の命令、戦勝記が刻まれた。紀元前二四五〇年ごろ、メソポタミアのギルスの遺跡からは、都市国家ラガシュのウンマに対する勝利を祝う石碑が見つかっている。アッカド語で書かれた物語には、ヒトの屍骸をついばむハゲワシとの闘いを描いた図像がある。よって、文字が読めなくても、石碑のメッセージは理解できる。

紀元前二三〇〇年ごろ、カルデアでは、サルゴン王が粘土板に書かれた情報を伝達する組織化されたシステムをつくった。おそらく史上初と思われるこの情報伝達システムは、サルゴン王だけが利用した。このシステムを機能させるため、サルゴン王は「よいニュースの使者」という大隊を組織した。ジムリ・リム王の統治下〔紀元前一七七五年から紀元前一七六一年〕では、一六四人の「よいニュースの使者」が徒歩や馬で活動していたことがわかっている。彼らはよいニュースを届けると褒美をもらえた。大衆へのニュースの拡散は、ほとんどが口頭によるもので、とくに寺院での説教を通じてだった。

紀元前二〇〇〇年ごろから紀元前一八〇〇年ごろの古アッシリア時代、北部メソポタミアの都市国家アッシュールでは、楔形文字のメッセージを読み書きできるのは、宗教家と商人だけだった。王を含めた彼ら以外の者たちは、書記官の朗読に耳を傾けた。書記官は王に読み聞かせ、王の指示に回答した。

紀元前一五〇〇年ごろ、書記官たちは粘土板に歴史物語を書き、次に軍事的な勝利の一覧表を作成した。紀元前七四五年においても、バビロニアの年代記は粘土板に刻まれた。およそ七〇〇年前からこれらの粘土板は、中継地点を備えた郵便システムによって運搬された。

当時、このシステム以外の情報コミュニケーションは存在しなかった。

紀元前五〇〇年ごろ、ペルセポリス〔アケメネス朝ペルシア帝国の都〕をつくったダレイオス一世は、アラム文字〔ヘブライ文字と同様、フェニキア文字から派生した当時の共通文字〕を利用し、先人たちから受け継いだ王の郵便システムをさらに強化した。

同時期、バビロンに捕囚されたヘブライ人の一人エステルは、自分のいとこでペルシアの王の相談役だったモルデカイが、王のメッセージを書いて送るという、きわめて名誉な役職に就いていたと語っている。「その書はアハシュエロス王の名をもって〔モルデカイによって〕書かれ、王の指輪をもって印を押し、王の御用馬として、そのうまやに育った早馬に乗る急使によって送られた」（『エステル記』〔日本聖書協会から引用〕）。

エジプトではパピルス

紀元前三〇〇〇年ごろ、ナイル川の岸辺においてもメソポタミアの楔形文字より単純な文字が登場した。この文字は論理的な図画システム（象形文字）に基づいていた。紀元前二五〇〇年ごろから紀元前二三〇〇年ごろにかけ、エジプト第五王朝のファラオであるネフェルエフラーの統治下では、パピルスや陶器に宗教文書や王令が記され始めた。宗教文書は、神殿の壁に貼られるようになった一方で、法律、王令、商売に関する通達、重要な出来事（戦争、結婚、平和など）は、壺に描かれ、また石碑に刻まれた。それらは人通りの多い公共の場に設置された。パピルスに記された行政文書も、王、地方の行政官、大衆の間で、ナイル川の船によって流通した。これ以外の情報コミュニケーションは存在しなかった。この時代のエジプトにおいても、字を読める者は一部の男性を除き、ごく少数だった。

紀元前一六〇〇年ごろ、東方からやってきた侵略者ヒクソスがエジプトに馬と車輪をもたらした。ヒクソスはエジプト第一五王朝を打ち立て、中エジプトを統治したが、テーベの君主たちが支配していた上エジプトは征服できなかった。というのは、紀元前一五七〇年から紀元前一五四六年にかけて、馬術を習得していたテーベの軍隊がヒクソスを追い払ったからだ。

同時期、シナイ半島では奴隷状態のヘブライ人たちが最初のアルファベットを発明した。これが原シナイ文字だ。原シナイ文字からは、さまざまな文字が派生した。

紀元前一五世紀から紀元前一三世紀にかけて、エジプト新王国ではファラオたちは郵便馬車を仕立て、地方の行政官、高官、軍事司令官にメッセージを伝達した。紀元前一二世紀、郵便馬車の配達ルートは、ナイル川の西岸に沿ってテーベ〔エジプト新王国の首都〕とメンフィスを結んだ。紀元前一二世紀のある詩は、メッセージの到着を待ち焦がれる心境を次のように詠っている。「王の郵便のように／もしあなたが愛する人のもとに大急ぎで来られるのなら／郵便馬車の馬が使者を苛立ちながら待っている／彼女の声を聞きたいと願う彼の心／彼のために、すべての郵便馬車の準備は整っている／馬たちは中継地点で待機している／準備の整った郵便馬車はそこにある／道中、使者は休めない／彼の心は喜びにゆだねられる」。

同時期、エジプトから多くの民族を追放したメルエンプタハ（ラムセス二世の第一三王子のファラオ）を称える石碑がつくられた（彫られた文書の一行目には、追放した民族としてヘブライ人の名前が挙がっている）。

エジプトでは、郵便馬車システムは一〇〇〇年ほど存続した。紀元前三二八年、プトレマイオス一世の統治下では、一日一八〇キロメートルを走破するために六時間おきに騎手が交代した。大きな町同士の中距離の配達では、ヒトコブラクダに乗った使者が郵便物の入った袋を運び、小さな村同士の短距離の配達では徒歩だった。

インドではアショーカ王の石碑

インドでは、権力者が大衆に向けて伝達したニュースや命令に関して確認されている最古の痕跡は、メソポタミアやエジプトのものより新しい。

インド初の統一王朝マウリヤ朝（紀元前三二一年ごろから紀元前一八五年ごろ）では、歴代の王たちは、現在のパトナ（インド東部のビハール州の州都）に近いパータリプトラに居を構えた。彼らも地方の司令官に命令を伝達するために馬に乗った使者を利用した。王の命令がこの帝国の隅々にまで届くには、一ヵ月を要した。

マウリヤ朝の第三代の王であり、紀元前二七三年（紀元前二六八年という説もある）に即位したアショーカ王は、亜大陸初の文字であるブラーフミー文字（文字体系が子音符号だけで構成されるブラーフミー文字は、フェニキア文字を起源に持つアラム文字から派生した。同時期、北インドではカローシュティー文字が登場した）を利用した。

アショーカ王は、まず将校集団に自身のメッセージを帝国全域に届けるように指示した。これら三三の命令を数百の岩や円柱に刻ませ、これらを帝国全土に設置させたのである。これらがインドで見つかっている最古の碑文だ。碑文は、古代ギリシア語やアラム語に加え、現地のさまざまな特有言語で記された。

これらの王令は、義務感の尊重（ダルマ）、正義と寛容の実践（「私は、法と罰の統一性を望む」）、暴力と戦争の放棄、自己規律、親切心、宗教心などを命じた。激戦地には特別な円柱を建てさせた。その碑文には、アショーカ王が仏教に改宗した理由と、将来世代に対する次のような指示が刻まれた。「私は次のことを祈願する。私の将来の息子たちや娘たちが新たな勝利を考えないこと、彼らの時代では忍耐が重んじられ、武力が乱用されないこと、そして彼らがこの世においてもあの世においても、戒律の勝利だけが勝利だと考えること」。

中国では紙

中国では他の地域と同様、何千年もの間、初期の通信手段は、狼煙、伝書鳩、馬だった。伝説では、文字は「黄帝」（紀元前二六九七年から紀元前二五九七年）の神話時代に登場したことになっている。黄帝は史官だった蒼頡《そうけつ》（肖像画では目が四つある人物として描かれている）に文字システムをつくるように要請したという。

実際に中国に文字が登場したのは紀元前一六〇〇年ごろだ。この時代の文書が骨や亀の甲羅に刻まれて見つかっている。これらは神々との交信が目的だったと思われる。この時期、表意文字も登場した。初期では、亀の甲羅や鹿の肩甲骨に線や図画が刻まれた。そこには、収穫、天候、王家、軍隊の遠征、祭儀の日程、神々への祈願が記されていた。

紀元前一〇〇〇年ごろ（時期的には、メソポタミアやエジプトよりもかなり遅い）、中国の君主は、竹の板（非常に重い）や絹の織物（「綢子」：薄く柔らかい）に記したメッセージを伝達するために、郵便馬車（駅：yi）や徒歩の配達人（郵：you）を利用した。紀元前八〇〇年ごろの周では、王朝の学者が認定漢字の一覧表を作成した。紀元前六〇〇年ごろには、郵便配達の中継地点が設けられ、陸路および海路に数多くの郵便経路がつくられた。

紀元前五三六年、法律を明文化して大衆に周知する重要性が初めて議論された。中国中部の都市国家（鄭）の宰相（子産）は、鋳鉄の壺に刑法を刻ませ、これらを公共の場に設置させた。ある大臣は、法律が公になれば、大衆は法律の網をかいくぐって法律ではまだ規定されていない罪を犯すことになると反対した。しかし、宰相はこの大臣に対し、「規則の公開は、大衆と支配層とのつながりを改善させ、国家を安定させるために必要」と回答した。

そのすぐ後の紀元前五世紀、孫武は兵法書『孫子』において「あらゆる戦争は欺瞞に基づく」と記し、嘘は権力にとって必要な武器だと説いた。

紀元前二二一年、始皇帝（中国史上、存在が確認されている最初の皇帝）の統治下では、郵便中継システムが一五キロメートルおきに設置された。このシステムは軍隊の管理下に置かれ、軍隊は、宿泊施設、補給地点、馬、戦車、船舶を設置した。馬に乗った使者は一日およそ二〇〇キロメートルを走破した。赤と白の封筒は速達を意味した。紀元前二一三年、書生たちは表意文字の一覧表を参照しながら、竹の板、絹の織物、米からできた紙に筆を使って行政文書を作成した。

漢の時代（紀元前二〇六年から二二〇年）も、国家や官吏のやり取りは皇帝の郵便システムによって行われた。皇帝の指示、勅令、政令などの作成を担う皇帝の秘書官は、これらのメッセージを公共の場に設置してある石板に刻ませた。

紀元後すぐ、紙が誕生した。紙の原料は、当初は亜麻の繊維、次に、木の皮、麻の破片、使用済みの布、漁網だった。ところが、紙の最初の用途は、何と傘の生地や茶の包装だった……。文字を記す媒体はその後数世紀にわたって竹だった。

ヘブライ人たちの間では

『トーラー〔モーセ五書〕』は、モーセに送られた神の最初のメッセージであり、モーセはこれを兄アロンに、アロンは彼の息子たちに、彼の息子たちは七〇人の賢者たちに、賢者たちは民に伝えた。預言者や天使もメッセージを伝える使者だった。預言者たちが語る「よい知らせ」の究極の使者がメシアだ。旧約聖書には数多くの使者が登場する。たとえば、『創世記』の「ヤコブはセイルの地、エドムの野に住む兄エサウのもとに、さきだって使者をつかわした」や『箴言』の「忠実な使者はこれをつかわす者にとって、刈入れの日に冷やかな雪があるようだ、よくその主人の心を喜ばせる」〔ともに日本聖書協会の口語訳から引用〕。

次に、ヘブライ人は『トーラー』の伝承をおもな使命として世代交代を繰り返した。そしてこれを実践するには、戒律を正確に写経するためにユダヤ人全員が読み書きできなければならなかった。そのためにユダヤ人は、数世紀前にシナイ半島で奴隷だった先祖たちが発明したアルファベットを利用した。また、このアルファベットはユダヤ人の間での交信にも使われた。また、シナゴーグは「祈りの家」になる以前にユダヤ人たちが交流する「集いの家」でもあった。

紀元前一〇世紀から紀元前八世紀にかけて、初期のヘブライの王たちも自分たちの勝利を粘土板や壺に記させることによって大衆に周知させた。

ヘブライ人がバビロン捕囚から戻り、第二神殿が建設された後の紀元前五一五年から七〇年にかけて、地中海沿岸全域にすでに離散していたヘブライ人の家族や共同体にとって、シナゴーグは情報交換のおもな場であり続けた。シナゴーグでは、指導者たちが銅板や青銅板に戒律や命令を掲げた。エン・ゲディ〔イスラエル南東部の死海西岸の町〕のシナゴーグからは、モザイク画で描かれたトーラーの文章、黄道十二宮、『レビ記』から引用した行動規範（町の秘密の暴露や悪口の吹聴の禁止）が見つかっている。エジプトのアレクサンドリアの大シナゴーグでは、信者たちの議論を促すために職能団体別に祈りを捧げるようになった。

少なくとも紀元前三世紀には、ヘブライ人は羊皮紙を利用し始めた。その最古のものはクムラン洞窟（イスラエルのヨルダン川西岸地区の死海付近）から見つかっている。

ギリシアでは伝える

紀元前一五世紀にギリシア世界が始まると、ヘルメス（古代ギリシア語で通訳者を意味するΕρμηνεύςと同根）という神が使者を務めた。彼自身はゼウスの使者として英雄や人間にメッセージを送った。彼は、商業、盗み、牧畜の神でもあった。また、契約を遵守する者を保護し、道中の安全を見守り、旅人を歓待しない者を罰した。パンドラに言葉と悪知恵を与えたのは彼であり、嘘と欺瞞の女神アパテは彼を通じて現れた。アパテに「悪巧み」という特性があるのはそのためだ。したがって、古代ギリシア語では「コミュニケーション」は真実と同時に嘘を意味した。

その少し後、(農村地域よりも情報が拡散しやすい)ギリシアの都市国家では、アゴラが噂と交流の場だった。井戸の周りでは家政婦たちが情報を交換し、得た情報を女主人に報告した。宿屋では旅人たちが情報を交換した。港には遠方からのニュースが集まった。男性同士で食事をともにすることが義務づけられていたスパルタのような都市国家では、日常の宴会時にもニュースがやり取りされた。こうした情報交換は、とくに宴会の第二部である酒宴(シンポジウム)の席で行われた。

市民の集まり(「エクレシア」)は、政治的、社会的な情報の収集と交換のおもな場だった。神殿における説教も、市民への情報コミュニケーション手段だった。決定事項を掲げる前に大衆の前で朗読するのは、聖職者の役割だった。

ギリシアでも、狼煙、使者、そして都市国家から都市国家へと徒歩あるいは馬に乗って法律、政治、外交に関するメッセージを伝える「伝令官」が利用された。『イリアス』によると、アガメムノンは「ゼウスと人間たちの使者」として雇った二人の伝令官をアキレウスのもとに送り、ブリセイス〔アキレウスの捕虜〕をもらうと伝えたという。ヘロドトス(実際の出来事を客観的に詳述しようとしたことから、史上初のジャーナリストと言えるかもしれない)は、アケメネス朝の王ダレイオス一世が土地と水を要求するために派遣した伝令官たちが、アテナイとスパルタで群衆に殺害された様子を語った。都市国家スパルタはこの蛮行に対する謝罪として二人の市民を生贄にした。

紀元前八〇〇年から紀元前六〇〇年にかけて、アオイドス〔吟遊詩人〕は英雄や神々の功績を歌いながら、都市国家から都市国家へと渡り歩いた。一方、テオロイ〔神聖使節〕は神託を集め、移動しながら宗教行事の日にちを告げて回った。

紀元前七〇〇年ごろに執筆されたヘーシオドスの『仕事と日』は長い詩であり、これはその二〇〇〇年後に登場する日記の原型である。そこには、吉日や凶日の暦とともに、航海、農学、道徳に関する助言が記されてあった。

紀元前七世紀、フェニキア文字から着想を得た文字がギリシアに登場すると、アテナイの指導者層は、決定事項をまずは草案として木の板に記させ、次に、市民の集まりでこれが承認されて政令になると石に刻ませた。アリストパネスは喜劇『鳥』のなかで、アテナイ人たちがこれらの公共の掲示文に毎朝夢中になっている様子を描写した。

きわめて重要なニュースであっても、人間が走って伝えるほうが速かった。紀元前四九〇年、フィリッピデスという名のプロの配達人は、ダレイオス一世の遠征軍にアテナイの装甲歩兵軍が勝利したと告げるために、戦場のマラトンからアテナイまでの四〇キロメートルを六時間以上かけて走った。

ローマでは知らせる

ローマ以前のイタリアでは、エトルリア人〔今日でも彼らの言語はよくわかっていない〕が、メッセージの媒体として、亜麻の布、蝋《ろう》の板、テラコッタ〔焼いた土〕、石、青銅を利用した。

ローマが建国されると、ギリシアのヘルメスに相当する使者は、ユピテル〔ゼウス〕とニュンペ〔精霊〕のマイアの間に生まれた息子メルクリウスだった。彼の名前は、merx〔「商品」、英語の「marchandise」と同根〕、mercari〔「商売する」〕、merces〔「賃金」〕に由来する。

紀元前三二五年、監察官たちは、〔ローマ市内にあった〕フォルム〔公共広場〕にあるロストラの演壇から元老院のメンバーの名前を一定の間隔を空けながら読み上げ、その後、このリストを貼り出した。フォルムでは、すべての告知も読み上げられた。これらの告知も「アルバム」と呼ばれる石灰板に掲示された。神殿や市場での会話も情報コミュニケーションにとって重要だった。

紀元前一五〇年以降、ローマは地中海の沿岸部全域に、塔に松明を設置した非常に洗練された通信システムを設置した。これらの塔はローマ軍が監視した。塔の数は、イタリアに一一九七、ガリア〔現在のフランス、ベルギー、北イタリア〕に一二〇〇、アジアに五〇〇あった。ポリュビオス（推定で、紀元前二〇八年生まれ、紀元前一二六年没のギリシアの歴史家）によると、一つのローマ文字を再現するのに二回の松明信号が必要だったという。ローマから最も遠い受信場所であっても、送信メッセージが届くまでに二四時間もかからなかった。

紀元前六五年、カエサルは伝書鳩を使って自身の勝利を元老院に知らせた。紀元前五九年、カエサルは元老院と民会の議事録を公示する『アクタ・セナトゥス・エ・ポプリ』を頻繁に発行するように指導した。ガイウス・スエトニウス・トランクィッルスは『皇帝伝』において「権力を手中に収めたカエサルは、新たな試みとして、元老院と市民のすべての行為を記録する日誌を作成し、これを公開することにした」と記している。これが最初の官報だ。公示役人は、ほぼ毎日、街頭で法令を大声で読み上げた。というのは、法令を公共の場で言明すれば、その法令は効力をもつことになっていたからだ。そこで、その法令に反対する者たちは、公示役人たちの声を自分たちの声でかき消そうとして叫び声をあげた。このような過程を経て効力をもった法令は、ローマでは青銅製のテーブルの上、ローマ帝国の他の地域では、銅、大理石、白い石のテーブルに刻まれて公開された。例外はパピルスに記して公開したエジプトだった。

さらに、カエサルはその日の出来事の要点一覧を毎日発行するように要求した。これが『アクタ・ディウルナ』だ（訃報、軍事ニュース、スポーツ、三面記事、元老院ならびに民会の決議と審議、死刑執行、出生、結婚、離婚、著名人の葬儀、公式試合の告知など）。これらの情報は写本職人（一般的に、ギリシア出身の学識豊かな奴隷）がパピルスに記した。このパピルスのポスターはフォルムの数ヵ所にある、蝋で覆われた木の板や石灰板に貼り出された。これは当局が作成し、公共の場に貼り出される日刊紙のようなものだった。有力者たちはこの要約をローマ以外の地域で暮らす友人に送った。たとえば、キケロは、キリキア〔トルコ南部にある地中海に面した地域〕の総督だったとき、ローマの友人たちにこのコピーを送ってくれと定期的に頼んでいた。

紀元前四四年三月一五日、カエサル暗殺はその日のうちにローマ市民に知れ渡り、暗殺者たちに対する非難の声が上がった。

皇帝アウグストゥスの統治下になると、『アクタ・セナトゥス・エ・ポプリ』は刊行されなくなった。結局、この官報が刊行されたのは一〇年間だけであり、皇帝、執政官、元老院議員しか読まなかった。

紀元前四〇年、ローマ帝国の道路網が整備された。アウグストゥスはローマ初の郵便事業を設立した（時期的には、他の帝国と比べるとかなり遅かった）。「公共輸送制度（Vehiculatio）」と呼ばれたこの郵便事業では、馬、宿泊中継地点、補給物資を提供する店舗が整備された。使者が中継地点の厩舎で馬をつなぐ場はポスタ（「場」）と呼ばれた。これが今日、ヨーロッパ系のすべての言語で使われている「ポスト（郵便、郵便局、宿駅）」の語源だ。

ローマ帝国においても、このようにして伝達されるニュースはしばしば嘘であり、改竄されていた。たとえば紀元前三二年、オクタウィアヌスは「アントニウスの正式な遺言状」の写しを受け取ったと主張した。この文書によると（今日では偽物と判明している）、マルクス・アントニウス（そのとき、クレオパトラとエジプトにいた）は、自分の死後にはエジプトのアレクサンドリアにあるプトレマイオス朝の霊廟に埋葬してほしいと望んでいた。オクタウィアヌスはローマ市民にこの「事実」を知らせ、フォルムでこの文書を朗読した。そして元老院においてアントニウスを「クレオパトラの情熱と妖術によって堕落した男」と糾弾した。この嘘に納得したローマの元老院は、アントニウスからローマ軍の指揮権を剥奪し、クレオパトラに宣戦布告した。その二年後、アクティウムの海戦において、オクタウィアヌスの軍隊はアントニウスとクレオパトラの軍隊を撃破し、二人は自殺した。

その後も、フェイクニュースによって大勢の人々が犠牲になる。

第2章
使者の時代
一世紀から一四世紀まで

一五世紀半ばまで、情報拡散の手段と速度は、三〇〇〇年前から進歩がなかった。世界中ではそれまでと同様、宗教や政治の権力者たちは、すべてを知り、監視し、命令を伝達することを必要とした。ヨーロッパでは一〇世紀以降、商人の人口が増加し続けたため、彼らは互いにコミュニケーションを取る必要があった。そのためには、これまで以上に自由な移動と情報のやり取りが重要になった。

権力者たちは、主要な情報を独占し続けた。一〇世紀までのヨーロッパでは、道路の老朽化、確固たる中央権力の不在、教育と識字率の低下により、君主と領主、教皇庁と大修道院、将軍と軍隊、商工業同業者組合と大学は、情報の収集と伝達のために独自の手段を確保せざるを得なかった。読み書きができない残りの大衆が情報を得る機会は、権力者たちのお情けによる場合か、個人的なメッセージ受信者が彼らに進んで知らせる場合だけだった（男性の識字率はローマ帝国時の三〇％から八〇〇年ごろには五％へと低下した。女性の識字率はさらに低かった）。この時代も、政治的、軍事的、宗教的、商業的な影響力を確保するには、情報の提供と操作が欠かせなかった。

ローマ帝国の東にあって西にない郵便制度

西ローマ帝国では、ニュースの定期便はなく、ニュースが届くまでにかかる時間は不安定だった。五四年一〇月一三日のクラウディウス〔第四代皇帝〕の死去と、これにともなうネロの皇帝即位は、その三五日後にオクシリンコス（エジプトの首都から三五〇キロメートルのところにあるエジプトの都市）に伝わった。

一五八年、ダマスカスのある警察官がその四年前にコンスタンティノープルで交付された勅令に関して、この勅令を受け取ったばかりだと宣誓した記録が残っている。しかし、四二一年九月六日に東ローマ帝国の将軍アルダブリウスがアルメニアのアルザムネでペルシア軍に勝利したニュースは、戦場から一〇〇〇キロメートルも離れたコンスタンティノープルにわずか三日後に伝わった。

四三八年、東ローマ帝国では、コンスタンティノープルに居を構える東ローマ帝国皇帝テオドシウス二世〈カリグラフォス〉は、『テオドシウス法典』の中でローマ人の残した郵便ネットワークの規則を定めた。

東ローマ帝国では八世紀まで、皇帝は勅令を周知させるために効率的な郵便システムを利用し続けた。徒歩や馬で中継地点を結ぶこの郵便システムは、皇帝のための商品や財貨も運んだ。アラビア、中東、アジアの幹線とコンスタンティノープルを結ぶ正確に測量された六つの戦略ルートの通行許可を与えるのは、皇帝の側近中の側近である幕営の長官だった（長官のその他の職務は、外国への使節団の派遣、帝国外の使者の受け入れ、通訳やスパイを採用する監督、皇帝の郵便システムの使者と輸送経路の指導など）。東ローマ帝国の郵便システムネットワークは、出発の日時が正確に守られていたため、きわめて効率的だった。

イタリアのラヴェンナに居を構えたもう一人の皇帝である西ローマ帝国のウァレンティニアヌス三世は、コミュニケーションの中継地を奪われ、ロムルス・アウグストゥルスの廃位に対して無力だった。西ローマ帝国の郵便システムは朽ち果てた。

八世紀末、西ローマ帝国の指導層には、相変わらず郵便物を送るための宿駅やルートがなかった。彼らが利用できたのは、徒歩や馬で移動する数人の使者と、使節団のための数台の荷馬車だけだった。そうした状態はしばらく続いたが、一二世紀になるとイングランドでヘンリー一世（在位：一一〇〇年から一一三五年）が、政府のメッセージだけを扱う郵便事業を設立した。こうしてヘンリー一世の統治下では、四五〇〇通の手紙が使者によって配達された。その一世紀後の同じイングランドのヘンリー三世（在位：一二一六年から一二七二年）の統治下では、使者が馬を定期的に乗り換えることのできる中継所がつくられた。

同時期のフランスでは、ルイ九世（在位：一二二六年から一二七〇年）は、自分の郵便物だけを運ぶ数人の騎手を雇った。馬の徴用認可書を持つ騎手たちは、一日平均しておよそ一〇〇キロメートルを走破した。フランスの郵便システムの整備はこの程度だった。

一三世紀、道中が少し安全になると、ヴェネチア共和国の使者は、馬や船などを使う誕生したばかりの郵便システムによって、フランドル地域やコンスタンティノープルに外交文書を送付し始めた。ヨーロッパ中で、金銭的な余裕のある大領主は、馬で移動する使者を利用した。ちなみに、使者はしばしば別の職業を持っていた。

教皇の親書

修道院間の交信は、修道士の旅行時に行われた。八八〇年、アルザスのムルバッハ修道院は他の修道院と定期的に交信していた。遠方ではスイスのザンクト・ガレンにある修道院ともやり取りがあった。一二世紀には、一〇世紀に「聖ベネディクトの戒律」に基づいて創設されたクリュニー会が二〇〇〇の施設（修道院や聖堂など）を文通によってまとめ上げた。同時期、シトー会も情報交換の緊密なネットワークの中核をなしていた。シトー会の情報ネットワークは、エルサレムにまで広がっていた。そうした理由から、クレルヴォー修道院（シトー会の重要な拠点）の創設者「クレルヴォーのベルナルドゥス」の手紙が五〇〇通以上も残っている。一一四二年、「クレルヴォーのベルナルドゥス」は、教皇インノケンティウス二世に次のような手紙を書いた。「あなたには申し上げたいことがたくさんあります。しかし、これ以上語るのは無駄でしょう。あとは、すべてを把握している使者があなたの前で詳述します」。

一二世紀、紙が西洋に登場した。紙はアラブ人が中国から西洋に持ち込んだ（中国人は六五〇年ごろから文字を書くために紙を使っていた）。ヨーロッパで見つかっている紙に書かれた最古の文書は、ルッジェーロ一世（シチリア伯）の未亡人アデライデ・デル・ヴァストが一一〇九年にギリシア語とアラビア語で書いた手紙だ。

一二世紀になって少し治安のよくなったヨーロッパでは、七〇〇年ほど前に朽ち果てた旧ローマ帝国の郵便サービスをモデルにして、教皇たちが郵便サービスの前身を設立した。こうして教皇の手紙はヨーロッパ内で流通し始めた。インノケンティウス六世（在位：一三五二年から一三六二年）の時代には八六通が出回った。

一二世紀末、説教が始まり、これはメッセージの伝達手段になった。説教者は、情報、指示、命令を忍び込ませ、聖書の一節を説教した。托鉢修道士たちは説教のためにヨーロッパ全土で活動した。イギリスの聖職者トーマス・コブハムは、「無知な者を教育し、不幸な者を慰め、怠け者を覚醒させ、悪人を狼狽させ、善人を励ます手段が説教だ」と記した。一一八〇年から一二三〇年にかけて、神学のパリ学派は「言葉の指導者」を育成した。

教皇も自身のメッセージを伝達するのに、通りすがりの旅行者、とくに商人を利用した。一三〇二年、教皇ボニファティウス八世はフランス王フィリップ四世に破門状を送りつけたが、フィリップ四世はこの使者を投獄した。一三五五年、教皇インノケンティウス六世は勅書をアヴィニョンからロドス島にまで届けるため、ボロニヌスとベネディクトゥスという二人の使者と一人の公証人を派遣した。

一三七〇年にグレゴリウス一一世が教皇になると、この教皇はその年に数千通の勅書を送った。返事を持って帰る使者は、数ヵ月も待たされることがあった。このころになると、教皇たちはフィレンツェの会社や銀行のネットワークを利用するようになった。外国の状況が伝わったのは、私信のやり取りによるものであって、まだ公の情報によるものではなかった。

大学

一二世紀、大学の郵便ネットワークが誕生した。教会と結びつきのある大学の郵便ネットワークは、独立性にこだわった。最も古いのは、一一五〇年に設立されたパリ大学の郵便ネットワークだ。出身地の異なる一五〇〇人のパリ大学の学生が「国」ごとにまとまり、家族と交信するための「小さな使者」システムを設立した。当時の他の郵便システムと同様、このシステムによっても、個人だけでなく国の近況が伝わるようになった。ニュースは、フランス語では「nove」、英語では「enformacioun」と呼ばれていたが、一四世紀になると英語はフランス語の「nove」から着想を得て「news」という単語を使うようになった。

大学の郵便ネットワークはきわめて効率的だったので、一三八三年にフランス王シャルル六世は、自分もこの「小さな使者」によるサービスを利用したいと申し出た。このサービスは、一七一九年に郵便徴税請負人に併合されるまで、シャルル六世の郵便物をフランス王国の各司教区に月に一回ないし二回配送していた。

同様に、ヨーロッパの他の大学も大学間のコミュニケーション手段を少しずつ拡充していった。

私信が商品になる：アッヴィージ

商人たちは個人の郵便物だけでなく情報の配信を専門にする最初の定期便を誕生させた。それがアッヴィージだ。アッヴィージは商人たちの間で、その数世紀後に誕生する新聞の原型として登場した。

一〇世紀までは、ヨーロッパの商人たちは、商品とともに個人の文通を運び、さらには自分たちの仕事に必要な情報、すなわち、儲けるための情報をやり取りした。たとえばドイツでは、肉の解体業者は家畜を仕入れるために街から街へと定期的に移動し、食肉市場でのやり取りと疫病を運んだ。彼らの到着は角笛によって周知された。

聖職者や大学関係者とは異なり、自分たちの言語で話す商人は情報漏洩を防ぐため、しばしば秘密の言葉や暗号も用いた。また、彼らは司教や教皇が託すメッセージも運んだ。

一一世紀以降、一部の都市、港、定期市（とくに、フランドル地方、イタリア北部、そしてこれら二つの地域を結ぶ街道沿い）も、活気に満ちた場になった。たとえば、トロワ〔フランス北東部の都市〕は、定期市が開かれた最初の都市の一つだ。定期市を管理する商人たちは、値決めや注文のためだけでなく、さらなるコミュニケーション手段を必要とした。そうした商人たちのために連絡係が往来した。

一二世紀、ブルージュ〔ベルギー北西部〕がヨーロッパで最も重要な商業都市になり、また西洋初の中心都市になった。ブルージュの商人たちは、他の商業都市や定期市から戻ってくる行商人たちから情報を得た。商人、農民、織物の販売人らが集う定期市は徐々に拡大し、春から秋にかけてライン川沿いやシャンパーニュ地方〔フランス北東部〕で開かれた。とくに、ランス〔フランス北東部の都市〕は、ラン、トロワ、シャロン〔フランスの北東部から中央部〕、ニュルンベルク〔ドイツ南部〕を結ぶ定期市ネットワークの中核になった。

一二六〇年、ブルージュに居を構えたイタリア商人たちは、独自の郵便ネットワークを設立した。ヴェネチア、ミラノ、ジェノヴァの裕福な商家がブルージュに事務所を構えたのだ。彼らの私信のやり取りによっても、世の中の情報が少しずつ出回るようになった。

北海の港町ブルージュの経済活動が活発になるにつれて、商人同士のこの郵便サービスは、トスカーナ地方やヴェネチアにまで拡大した。同様に、競合都市であるジェノヴァとミラノの商人はブルージュに赴き、シャンパーニュ、ニュルンベルク、リヨンの定期市に足を運んだ。ヴェネチアは、セビリア、コンスタンティノープル、ベイルート、ナポリ、アレクサンドリアとも交信した。「クルソーレース・フランドリアエ（フランドルの競争者たち）」という連絡船がブルージュとヴェネチア間を二週間ほどで運行していた。

一三世紀後半、ヴェネチアは経済力と軍事力を同時に培った。ヴェネチア共和国の使者は外交文書を運び、商人同士の文通はさらに拡大した。

一二五一年、ベルガモ（イタリア北部の都市）では、オモデオ・タッソ（子孫は後の名家トゥルン・ウント・タクシス）は、まずベルガモ地域において商人向けの初の近代的な郵便サービス「飛脚会社」を設立した。郵便物は、最初は徒歩で、次に駅馬のリレーで配達された。一二九〇年、ミラノがベルガモを征服すると、タッソ家の郵便事業は、ミラノ、ヴェネチア、ローマにも進出した。この郵便サービスも商人の私信だけでなく政治情報も運んだ。受取人はしばしば他者とこれらの情報を共有した。

一三一九年、フランス語に「新聞：journal」という単語が登場した。ラテン語の「diurnalis（日雇い労働者）」から派生したこの単語は、会計院の「出納帳」を意味し、情報伝達の形態を示すものではなかった。

一三五七年、今度はフィレンツェの商人たちが自分たちの私信を運ぶ独自のネットワークを設立した。彼らは、キリスト教の中心地であるローマや、ヨーロッパの主要商業都市になったヴェネチアでの情報漏洩やスパイ行為にうんざりしていた。彼らの郵便物はバルセロナやブルージュに向かったが、これらの都市の経済力は、港の容赦ない衰退によって低下していた。配達時間は厳格に管理されていた。途中、運び手の交代は切れ目なく行われた。フィレンツェからブルージュにまで郵便物を配達するのに要する時間は、およそ二五日間だった。ジェノヴァがヴェネチアのライバルとして名乗りを上げると、ジェノヴァの郵便会社がジェノヴァとブルージュ間の郵便サービスを設立した。

一四世紀末の少し前、イタリア商人たちはこのようにして伝達される手紙のことを、一二世紀の「用心」や一三世紀の「忠告」ではなく「通知〔avertissement〕」という意味を込めて「アッヴィーゾ：avviso」と呼ぶようになった。

「アッヴィージ：avvisi〔avvisoの複数形〕」はまったく新たな媒体だった。世の中の一般情報を含むこれらの手紙は市販された。イタリアの商人たちは、自分たちの手書きの文通を商品に仕立て、一部の顧客に向けてほぼ定期的に販売し始めた。したがって、内容はまだ新聞とはほど遠く、今日でも存在するような特別情報の抜粋からなる機密書簡に近かった。しかし、情報が私信と区別され、情報が販売されるようになった点は大きな変化だった。この変化を生み出したのは、当然ながら商人たちだった。

大衆と公示役人のために

これまでの数世紀間、何千年前からと同じく、大衆には、教会、路上、共同の洗濯場やかまど、居酒屋などで交わす噂や口コミ以外に、自分たちの身の回りの出来事を知る術はなかった。古代文明のときと異なり、公共の場に掲示物が置かれることは稀だった。大衆が商人同士の新たなコミュニケーション手段であるアッヴィージを手にすることはなかった。大衆にアッヴィージを読む能力はなく、ましてや買う金などなかった。

数千年前から市中を大声で触れ回る公示役人は、王や都市の指導者の決定を拡散してきた。記章を付ける、あるいは小旗をかざす彼らは、街の条令、出頭命令、裁判所の通知、疫病、迷子、紛失物、軍事情報、生活の安全に関わるあらゆる情報を発信した。太鼓やラッパの音で交差点や広場への到着を告げると、いつも威勢よく「聞け、皆の者、知らせがある」と切り出して情報を無料で提供した。刑事事件を告げるときは「アロ〔犯罪にあった犠牲者の助けを求める声で、それを聞いた者は犯人逮捕に協力しなければならないとされていた〕」、平和を告げるときは「ノエル〔万歳〕」と叫び、続いて呪文を唱えるような調子でメッセージを現地語で朗読した。

暦のおもな日付、星座、地域の注意事項などが記された手書きのパンフレットも出回った。

ナバラ州〔フランス国境沿いのスペイン北部〕では、三つの宗教が共存していたおよそ三〇〇年間（一一世紀から一四世紀まで。一三四八年にはペストが猛威を振るい始め、ユダヤ人が排斥された）、公示役人は、木曜日は市場で、金曜日はモスクで、土曜日はシナゴーグで、日曜日は教会で、王の決定を大声で告げた。

王が決定を下した後、その決定を遵守しなければならない人々との調整に時間がかかることもあった。たとえば、パリの公示役人が一三七三年六月二二日付の王令を大声で告げたのは、一年後の一三七四年一二月一四日だった。

噂、情報操作、フェイクニュース

この時代全般を通じて、これらのネットワークによって伝えられたのは、私的および公的なニュースだけではなかった。嘘をつくため、大衆を扇動するため、情報を操作するためにも、これらのネットワークは利用された。

そうした例をいくつか紹介する。

七五六年、カトリック教会は、皇帝コンスタンティヌス一世〔在位：三一〇年〔三〇六年という説もある〕から三三七年〕が記したと思われる古文書を持ち出した。この文書には、西ローマ帝国内にある土地の統治権はカトリック教会にあると記してあった。カトリック教会はこの文書を論拠にして、教皇がイタリアの土地〔ラヴェンナ地方〕を所有することを正当化した。ところが、この文書は、同じ七五六年にピピン三世がこの土地をカトリック教会に寄進した際に、この寄進を教皇への返礼でなく返還と見せかけるために作成された偽物だった。かなり後になって、カトリック教会はこの嘘を認めた。

九九四年ごろ、フルーリー神父はフランス王ユーグ・カペー〔カペー朝の始祖〕に次のような手紙を書いた。「私がまだ若かったころ、パリの大聖堂教会での信者への説教で、この世の終わりについての話を聞きました。この説教によると、一〇〇〇年が終わるとすぐに反キリストが地上に現れ、続いて最後の審判が行われるとのことです。この預言に対し、私は、『福音書』、『黙示録』、『ダニエル書』を頼みにしながら、力の限り立ち向かいました」。

一〇〇〇年、教皇シルウェステル二世をはじめとするカトリック信者たちは、またしてもこの世の終わりを告げた。彼らの預言により、ヨーロッパ全土は混乱に陥り、エルサレムにまで巡礼する者たちが現れた。

一二世紀中ごろ、ジャンと名乗る人物から東ローマ帝国の皇帝マヌエル一世コムネノスのもとに一通の手紙が届いた。この手紙の送信元は北イタリアと思われた。ジャンは手紙の冒頭で、自分は「東方三博士」の一人の末裔のキリスト教徒であり、極東のきわめて裕福な王だと自己紹介した。そして、自分の王国には、奇想天外な動物たち、頭の後ろに三つの目を持つ角の生えた男たち、永遠の若さを保つ泉が存在すると語った。この手紙はヨーロッパ中に知れ渡り、大騒ぎになった。一一七七年、教皇アレクサンデル三世は、この楽園のような王国を探すために使節団を派遣した。この偽の手紙の真の目的は、キリスト教徒を扇動して十字軍に参加させるためだった。

一一八四年、トレド〔スペイン中部の都市〕の占星術師から教皇クレメンス三世に宛てたとされる手紙も、干ばつ、飢餓、疫病、嵐、「人間の心臓を引き裂く」断末魔の叫び声などが次々と勃発し、一一八六年にこの世は終わると告げた。震撼したヨーロッパ中の人々は、一〇〇〇年のときに行ったように祈りを捧げた。このとき、カンタベリー大主教は三日間の断食を命じ、カトリック教会は莫大な寄付と遺産を受け取った。一二一四年、ヨハネス・トレタヌス枢機卿宛ての手紙でも、この世の終わりが告げられた。今度は一二二九年だった。

一二二五年、メス〔フランス北東部の都市〕の修道院士ジャン・ド・マイイは、自身が編纂した『普遍年代記』のなかで女教皇ヨハンナという人物について語った。この女性は男性と偽って教皇ベネディクトゥス三世に代わって教皇に選出されたというのだ。フランシスコ会士「オッカムのウィリアム」は、教皇制の堕落を批判する際に、この文書を持ち出した。一四世紀にも、神学者ヤン・フスはコンスタンツ公会議においてこの女教皇の存在を指摘し、この女性が教皇に選ばれた以上、カトリック教会はもう存在しないと非難した。

数多くの文書がこのフェイクニュースを打ち消そうとした。一二七五年、イングランド王エドワード一世は、最初のウェストミンスター法律において次のように記した。「王と国民、王国の偉人たちの間に、不和、または不和や中傷の機会を増やす恐れのある虚偽のニュースや作り話を語る、あるいは出版した者は投獄する」。

フランス王フィリップ四世（在位：一二八五年から一三一四年）は、こうした分野の達人だった。フィリップ四世は、自分と対立して暴言を吐いたある司教を咎めるために、文書を偽造し、この司教を逮捕させた。さらには、教皇ボニファティウス八世が魔術的な活動に没頭している、そしてテンプル騎士団が十字架に唾を吐き、男色行為に溺れていると糾弾した。一三〇七年、テンプル騎士団は投獄され、拷問を受けた。一三一二年、テンプル騎士団は禁止され、一三一四年三月、テンプル騎士団の総長ジャック・ド・モレーは、パリの刑場で火刑に処せられた。その際、モレーは〔八ヵ月後の〕同年一一月に死去するフィリップ四世を呪ったという。

一三四八年、ペストがヨーロッパ全土に蔓延した際、カトリック教会はユダヤ人たちが井戸に毒を入れたという噂を流した。

一三八二年、フランス王シャルル六世の統治下、パリでは増税が断行されるという噂が飛び交い、農民や職人が徴税人の帳簿を燃やしてしまった。槌《つち》〔ハンマー〕が武器として用いられたため、この暴動は「マヨタン（槌）の蜂起」と呼ばれた。

一四一八年、ブルゴーニュ派は、アルマニャック派〔ともに百年戦争期にフランスに存在した派閥。フランスの主導権を巡って争った）がパリで大虐殺を計画しているという噂を流した。この噂によると、アルマニャック派は大虐殺を実行するに際して、黒盾に赤十字の入った標識（［アルマニャック派が同盟していた］イングランドの赤十字と悪魔の黒）をつくらせ、これを自分たちの家の扉に貼ってアルマニャック派であることを仲間に知らせるという。こうした噂はパリ市民の怒りと不安を引き起こした。ブルゴーニュ派はこれに便乗し、パリ市民によるアルマニャック派の虐殺に加担した。

中国のあらゆるものはイスラームを通じて西洋へ

これまでの一五〇〇年間、世界は当時まだ巨大勢力だった中国から来るものを拝受していた。

イスラーム勢力が侵攻する以前のメソポタミアは、ササン朝ペルシアの支配下であり、東ローマ帝国が残した郵便システムを利用していた。二〇キロメートルから二五キロメートルの間隔で中継地点があり、配達にはおもにロバと雄ラバが用いられた。『バビロニア・タルムード』（六世紀のバビロニア、つまり、ササン朝ペルシアの支配下にあったユダヤ離散民の間で編纂された）には、「手紙を読むことのできる者は、その配達人にならなければいけない」と記してある。言い換えると、読み書きのできる者たちだけがメッセージを運ぶことができるということだ。当時、ユダヤ人男性全員は読むことができ、ユダヤ人は共同体から共同体へと頻繁に旅行していた。つまり、ユダヤ人共同体には〈郵便物を配達するという〉特別な役割があったのだ。

七世紀、イスラーム国家初のカリフ〈最高指導者の称号〉世襲制度による王朝であるウマイヤ朝は、ササン朝ペルシアや東ローマ帝国から着想を得て独自の郵便システムをつくった。これは現在でもアラビア語でバリードと呼ばれている（barid の語源はギリシア語の「郵便の馬：beredos」）。

この郵便システムの使命は、カリフの命令とメッセージを周知させることだった。アラビアの砂漠では二四キロメートルおき、シリアでは一二キロメートルおきに中継地点が設けられた（合計でおよそ九三〇ヵ所）。使者は、雄ラバ、ヒトコブラクダ、徒歩で移動した。雄ラバの尾は切り落とされ、飛脚は鈴のついた棒を持っていた。馬で移動する使者は、一日で一七五キロメートルから二〇〇キロメートルを走破した。速達の場合では、一日に三〇〇キロメートルを走破する使者もいた。戦時中は、女性が夜中だけ移動してメッセージを運ぶこともあった。

七五一年七月、あまり知られていないが、きわめて重要な出来事があった。カザフスタンのタラズという街に近いキルギスタンのタラス河畔では、チベットの徴集兵を従えたアッバース朝が中国の唐と中央アジアの覇権を巡って対立した〔タラス河畔の戦い〕。この戦いでアッバース朝が勝利したことにより、唐の西方への領土拡大に歯止めがかかった。このとき、アラブ人は中国人捕虜から製紙法をはじめとする技術を盗み取った。こうして製紙法は、サマルカンド〔ウズベキスタンの古都〕、次に七九三年にはバグダッド、九〇〇年にはカイロ、そして先ほど述べたように、キリスト教徒の暮らすヨーロッパへと伝わった。

このようにして中国の知識は、ヨーロッパへと移行した。

カリフたちは文通のために伝書鳩も利用した。伝書鳩の中継地点は七二キロメートルおきにあった。時速七〇キロメートルから一二〇キロメートルで飛ぶ伝書鳩は、カイロとアレクサンドリア間を半日、カイロとダマスカス間を一日で結んだ。カリフは、公的なメッセージには青い鳩、私的なメッセージには白い鳩を使った。よいニュースを運ぶ鳩には香水をつけ、悪いニュースを運ぶ鳩は黒く染めた。メッセージは「鳥紙」と呼ばれる上質の紙に書かれた。敵の方角に送る鳩にはフェイクニュースを託すこともあった。九八〇年、アル＝アズィーズという名のカリフは、数百羽の伝書鳩を使って紙に包んだサクランボをダマスカスからカイロへ送り届けるという凝った「郵便物」を送った。一二八八年、カイロの城塞には一九〇〇羽の伝書鳩がいた。

カリフたちもローマの皇帝のように視覚的、聴覚的な信号を利用した。たとえば、地中海沿岸では、敵の襲来を確認すると、特別な塔に火を灯したり、ラッパを鳴らしたりした。このようにしてアレッポ〔シリア〕付近で敵の姿が確認されると、警報はその日のうちにカイロの北東八五〇キロメートルにあるビルバイスという町にまで届いた。そしてビルバイスに届いた警報は、夜中に伝書鳩がカイロにまで届けた。トリポリ〔リビア〕に届いた警報も、アレクサンドリアなら三時間、そしてアレクサンドリアからラムラ〔イスラエルのテルアビブ郊外〕なら一時間弱で届いた。

ユダヤ商人

キリスト教が登場する以前の古代からそうであったように、これまでの世紀全般を通じ、ユダヤ商人は、ササン朝ペルシア帝国、次にイスラーム社会、そして一一世紀からはキリスト教社会に居を構えたさまざまなユダヤ人共同体との交流を維持した。ユダヤ商人が「ラダニテ：radanites」と呼ばれるようになったのは、四世紀以降にフランスのローヌ谷

：rhodanienne に移住したからだと思われる。メロヴィング朝の統治下で西洋と東洋を結ぶ交易を行ったシリアのキリスト教商人「シリ」は、イスラーム教徒による中東支配とともに姿を消した。この「シリ」に代わって活躍したのがユダヤ商人だった。

八七〇年、アッバース朝のカリフであるムウタミドの統治下、イスラーム教の地理学者（イラン北西部のジバール州の郵便および警察の長官でもあった）イブン・フルダーズベによると、ユダヤ商人は、贅沢品（香水、磁器、毛皮、宝石）、奴隷、香辛料を、スペインやドイツにまで販売するだけでなく、各地のユダヤ人共同体に、神学論争、私信、彼らにのしかかる脅威に関する情報も伝えていたという。

当時、ユダヤ商人は、フランスからインド、モロッコから中国にまで行商した。アデン〔イエメンの港湾都市〕と南インドを行き来した一二世紀のユダヤ人商人アブラハム・ベン・イジューは、イスラーム国からキリスト教国へ移動できる権利を持っているのは自分たちユダヤ商人だけであり、ユダヤ商人は他の商人よりも自由に移動できると語っていた。その証拠に、エジプトとイエメンのユダヤ商人は、インド、スペイン、フランスのユダヤ人共同体、そしてジェノヴァ、フィレンツェ、シチリア、リボルノ〔イタリア〕、フランスの貿易商と定期的に交流していた。

ヘブライ語、アラビア語、ペルシア語、ビザンツ語、フランク語、スペイン語、スラブ語を自由に操るユダヤ商人は、紅海周辺地域における航海、交易、交信をほぼ独占した。彼らの中には、ナバラ王国〔スペイン北東部〕から中東までを旅した「トゥデラのベンヤミン〔生：一一三〇年ごろ、没：一一七三年〕」をはじめとするラビ〔ユダヤ教の学者であり指導者〕もいた。

また、『カイロ・ゲニザ〔エジプトのシナゴーグで発見されたユダヤ教徒の文書〕』からは、チュニジアのユダヤ商人ナライ・ベン・ニッシムの書いた手紙と彼に宛てた手紙が三〇〇通以上も見つかっている。これらの手紙は一〇四五年から一〇九六年にかけて、スペイン、北アフリカ、エジプト、ユダヤ〔パレスチナ中部の古代ユダヤ王国のあった地域〕、シチリア、インド、中国、シリアにいる人物との文通だった。ニッシムの受け取った手紙のおもな内容は、差出人の商売の調子や資金繰りに加え、差出人の日常生活や差出人の暮らす国の政治状況についてだった（たとえば、ニッシムの受け取った一通の手紙には、エルサレムで暮らすユダヤ人の困難が綴られていた）。これらの手紙には、他国の新たなアイデアやテクノロジーも記してあった。

中世においても、トロワ〔フランス北東部の都市〕、コルドバ〔スペイン〕、エジプトの旧カイロにあったフスタードでは、ユダヤ商人は商品だけでなく手紙も届けた。これらの手紙には当時のおもなユダヤ人有識者の法的助言も含まれていた。手紙の送り主は世界の至る所にいた。たとえば、フスタードで宝石商を営むヨセフ・イブン・アーコウという人物が受け取った手紙の一通は、一一四五年に南インドのマンガロールで暮らすユダヤ人からのものだった。

先述のペルシア人地理学者イブン・フルダーズベによると、ユダヤ人は、ローヌ谷からエジプト、紅海、中央アジア、インド、そして中国まで「四本のシルクロードを支配していた」という。これらの地域に自由に出入りできるユダヤ商人「ラダニテ」は、各地に代理人を持っていた。

このようにして中国のアイデア、情報、技術、製紙法、医薬品は、ユダヤ商人の関与によって西洋にもたらされた。

中国初の定期刊行物『邸報』

他の地域と同様、中国でも皇帝の宴会は、知識階級と政府高官が、情報を交換し、批判や解説を語り合う場だった。(二二〇年に幕を閉じた)漢の時代には、首都の長安(現在の西安)と国内の主要都市を結ぶ広い道路が整備された。これらの道路の中央部分は、皇帝の郵便配達人専用レーンだった。二六五年から四二〇年の晋の時代、郵便配達人は軍に帰属していた。皇帝の手紙や重要な行政文書は騎士が、そして急ぎでない郵便物は飛脚が配達した。

六世紀、皇帝の行政文書は紙に記されるようになった。紙は、科学や文化に関する新たな知識の伝達にも用いられ、個人の文通にも徐々に使われ始めたが、新聞への利用はまだ先のことだった。

唐の時代（六一八年から九〇七年）、郵便ネットワークは全長三万二〇〇〇キロメートルにまで拡大した。ネットワークには、一六四三ヵ所の中継地点（内訳：陸地が一二九七ヵ所、河川が二六〇ヵ所、陸と河川の混合が八六ヵ所）に加え、厩舎、宿泊施設、事務所、馬の寺なども整備された。

中継地点の監督は、利用する動物の健康状態を定期的に報告しなければならなかった。飛脚（多くの場合、賦役に就く軽犯罪者が担った）は、五キロメートルの区間、馬、ラクダ、ヤク、ロバに乗る郵便配達人は、二〇キロメートルの区間を中継した。郵便馬車によって速達を運ぶ郵便配達人は、一日八〇キロメートルを走破した。

九世紀になると、中国では木製印刷が登場した。木製印刷の最初の用途は、暦、歴史書、小説、大衆文学、宗教文書（八六八年には、仏教の経典『金剛般若経』が印刷された）だった。一〇四一年、木製の活字を並べた組版による印刷が始まった。用途はメッセージや情報の伝達ではなく、書物を作成するためだけだった。

同じ九世紀のこの時代、首都の長安で初の「新聞」らしきものが登場した。政治文書（政令、勅令、決定、法律など）、皇帝の日常生活（演説、狩、儀式、宗教行事など）、宮廷の動静（任官、免職、功績、褒賞など）、そして（反乱や暴動に関するニュースは削除された）軍事と外交に関する報告などが、定期刊行物としてまとめられた。この「宮廷報告書」ともいえる『邸報』は、当初は竹の皮だったが、次第に紙に記されるようになった。この刊行物の最初の対象読者は官僚だった。官僚はこれを要約したものを張り紙に書き写した。張り紙は騎手によって全国へと定期配布された。したがって、『邸報』はカエサル時代にローマで一〇年間発行された『アクタ・セナトゥス・エ・ポプリ』よりも発行部数の多い東洋初の（定期発行される）官報だった。カエサルのものと同様、『邸報』は掲示されるだけで、大衆がこれを手に取って読むことはなかった。

宋の時代（九六〇年から一二七九年）の皇帝も『邸報』を利用した。皇帝の寧宗（生：一一六八年、没：一二二四年）は、軍事的な敗北の後、『邸報』に自身の手で自己批判を書いた。ちなみに、『邸報』の発行は一九一二年まで続いた。

ほぼ同時期、国内外の出来事を伝える『開元雑報』が二〇年間にわたって定期発行された。絹に書かれたこの文書は、首都と地方の高級官僚に毎日配布された。これは史上初の日刊紙といえよう。

皇帝の高宗も、外国の風習、テクノロジー、生産物に関する情報を監視および報告するために外国へ密使を派遣した。宮廷の史料編纂官は、これらの調査結果を『西洋地方概論』として六〇の巻物にまとめた。この文書はおもに皇帝のために作成された。

一二一五年、モンゴル帝国のチンギス・カンの後継者たちは中国で権力を握り、中国の郵便システムを、中央アジア、ロシア、イラン、イラクにまで拡大した。

インドでは、トルコ＝アフガン系のデリー・スルターン朝（一二一〇年〔一二〇六年という説もある〕から一五二六年）の時代（貪欲なモンゴル人が到来する前の時期）、アラブの旅行家イブン・バットゥータは、一三三三年にこの地を通過した際、インドの郵便システムについて記述している。バットゥータによると、中継地点の間隔は、馬の場合では八キロメートル、飛脚の場合では五〇〇メートル、馬の中継地点は村の郊外に立てられたテントであり、鞭を手にした使者は、テントに到着すると銅の鈴を鳴らして次の使者に交代を告げたという。

アフリカでは

少なくとも七世紀以降の現在のセネガル、マリ、ギニアには、重要な情報や決定を大声で拡散する公示役人がいた。当初、彼らは「ジェリ：djeli」と呼ばれたが、後に「グリオ」と呼ばれるようになった。伝説によると、彼らは預言者の仲間スーラカタの子孫だという。

「グリオ」であるママド・クヤテという人物によると、「ジェリ」は大きな役割を担ったという。「われわれがいなければ、王たちの名は忘れ去られてしまうだろう。われわれは人類の記憶だ。われわれは言葉によって、若い世代のために、事実と王の活動に生命を授けている」。

言葉の番人であり、歴史の受託者と見なされていた「ジェリ」は、「時事、不測の事態、つかの間の光景に対して、即興で対応しなければならない」。さらには、「ジェリ」は与えられた情報を報告するだけでなく、さまざまな出来事を解釈することもできた。

マリでは「ジェリ」は男女とも世襲制だった。「ジェリ」の家系は職人のカーストに属した。「ジェリ」はしばしば貴族の庇護を受け、貴族を定期的に称賛した。

一二三六年、マリ帝国の英雄スンジャタ・ケイタは故郷のニアニで皇帝に即位し、この地をマリ帝国の首都とした。ケイタは、法の下の平等、人命の尊重、個人の自由、連帯、男女平等、奴隷制の廃止などの原則を謳う「マンデン憲章」を宣言した。この憲章はマリ帝国内で口頭伝承され、その後、「ジェリ」によってマンディンカ族〔マリ帝国の部族〕内で世代を経て継承された。今日でも毎年、ギニアの国境に近いマリのカンガバという村では、この憲章の記念式典が開かれている。

第3章

印刷革命

一四〇〇年から一五九九年まで

一五世紀になると、中国は閉ざされた。中国の内外の交信は機能しなくなった。世界の中央舞台にヨーロッパが戻ってきた。だが、口コミ、食卓、市場、そして教皇、大学、商人の手紙、公示役人の宣言、宮廷楽人の歌など、交信手段は以前と同様だった。重要な情報は、相変わらず一部の特権階級が牛耳っていた。ジャーナリズムや新聞はまだ存在せず、あったのは手書きのアッヴィージと手紙だけだった。アントワープとジェノヴァがヴェネチアに対抗するようになった。

フランドル地方から北イタリアの間の街道沿いでは定期市が開かれていたが、そのなかのあるドイツの街では、中国発の大型技術革新によって情報伝達の方法が数千年ぶりに変化した（中国では、この技術は情報伝達のためには利用されていなかった）。それは金属活字を使う印刷技術の登場だ〔活版印刷〕。

この技術を利用した最初の印刷物がいくつか登場した。そうはいっても、これらの印刷物は購買力のあるごく一部の人々のものだった。これらの印刷物は国によって、アッヴィージ：avvisi、フルークシュリフテン：Flugschriften、パンフレット：pamphlet、ニューズ：news、リベル：libelles と呼ばれた。

中国の情報ネットワーク崩壊

一五世紀と一六世紀、明（一三六八年から一六四四年）の支配下にあった中国は、農業生産、貿易、軍事に関して、まだ圧倒的な力を持っていた。宮廷は数千年前からと同様に、宴会の席、そして先ほど紹介したように、地方の知事や使節団から（ほぼ）定期的に（ある程度迅速に）送られてくる郵便物などから情報を得ていた。

一五世紀、中国の郵便ネットワークはまだ充分に機能していた。首都と全国の都市を結ぶ幹線道路は厳重に監視および管理されていた。郵便ネットワークの中継地点の間隔は六〇里から八〇里（三〇〜四〇キロメートル）であり、複数の輸送手段（船、馬、ロバ）が並存していた。いろいろな家畜を使って昼夜を問わず移動する使者は、一日一五〇キロメートルを走破した。

当時の中国における印刷機の用途は、小説（羅貫中の『三国志演義』、呉承恩の『西遊記』、施耐庵の『水滸伝』）、演劇（湯顕祖の『牡丹亭』）、新儒学の随筆、そして給与一覧表、税務申告書、法律を周知させる張り紙などの印刷だった。

一六世紀初頭、道路が老朽化したため、明の郵便サービスは飛脚だけが頼りになった。使者は、決められた時間内に配達できないと棒で五〇回叩かれた。配達中に郵便物を紛失した場合は一〇〇回叩かれた。そしてついに中国の郵便システムは崩壊した。

一五一二年、陝西省のある検査官は法廷に文書が届くのに数ヵ月もかかったと不満を述べた。

一五五八年、淳安県（中国浙江省の杭州市に位置する）のある官吏は、自分が出した手紙が七〇キロメートルしか離れていない県庁に届くまで五日もかかることに気づいた。

皇帝は老朽化した郵便システムを梃入れする力を持たなかった。中国はその後四世紀以上にわたり、冬眠状態に入った。

世界の地政学的な中心は、情報交換に関する新たな手段が発展し始めた西側ヨーロッパへと移ったのである。

ヨーロッパのせっかちな商人たち

一五世紀が始まったころのヨーロッパでは、ニュースの伝達はまだ非常に遅く、かつ不確実だった。しかしながら、新たな時代の到来の予兆となる「苛立ち」が感じられた。

一四四五年、ヴェネチアの商人ロレンツォ・ドルフィンという人物は、ブルージュにいる店員に宛てた手紙の中で、当時の郵便事情について「苛立ち」を爆発させた。「そちらで起きていることに関する君の知らせが届くのがあまりにも遅い……。君のいる国や他国の慣習、為替レート、ビジネスの傾向、そして君が必要なものについて教えてくれ……。次の手紙で必ず回答するように。それと、もっと頻繁に手紙を書くように！」。

ある商人は手紙を確実に届けるために、しばしば同じ内容の手紙を何通も書いて郵送した。また、手紙を配達する商人は、紛失や盗難に備え、内容を暗記した。配達する情報を完全に丸暗記することで評判になった商人もいた。ヴェネチア商人の古文書には、暗記の練習のために「ピエロ先生」に一三デュカ〔ヨーロッパ諸国で使用された金貨〕を支払ったという記録が残っている。

各国の統治が強化されると、君主、さらには、教会、大学、商人のために、信頼性の高い郵便サービスの構築が始まった。最初はフランスのルイ一一世統治下の一四六四年、次にイングランドのエドワード四世統治下の一四七八年、そして東ローマ帝国の一四九〇年だ。

一四六四年、ルイ一一世は自分専用の郵便システムをつくった。領主、教会、商人は、このシステムを利用できなかった。二八キロメートル間隔に設置された中継地点には馬の世話係がいた。このシステムのおかげで、ニュースは以前よりも少し早く伝わるようになった。

一四八八年七月二八日、「サン＝トーバン＝デュ＝コルミエの戦い」でフランス軍がイングランド軍に勝利した。戦場から五二〇キロメートル離れたアンジェ〔フランス北西部〕に滞在していたルイ一一世の跡継ぎシャルル八世がこの知らせを受け取ったのは、その三日後だった。

一五世紀末、王室の郵便システムは崩壊した。一方、裕福な領主や商人は、大学や修道院に対抗してつくった自分たちの郵便システムを維持した。パリでは一三人のプロの使者がいた。彼らは契約を交わした後に、徒歩や「郵便馬車」に乗って郵便や物品を配達し、また乗客や荷物も運んだ。

一五七六年、王室の郵便システムを復活させたヘンリー三世〔イングランド王〕は、受取人が郵便代を支払うことを条件に、このシステムによる個人の手紙の配達も認可した。

イングランドでは、王、貴族、商人のメッセージを配達するための確立されたルートはまだなかった。一四四八年、騎士ジョン・フォルスタッフ（シェイクスピアの作品に登場する架空の人物）の従僕は、返信が遅れた言い訳をするためにフォルスタッフに次のような手紙を書いた。「すでに手紙は書いてありました。返信が遅れたのはクリスマス前だったため、ロンドンで使者が見つからなかったからです」。

次に、王たちが郵便システムを組織した。一四八五年、リチャード三世は、三二キロメートル間隔で中継地点を持つ馬による郵便システムを設立した。一五一六年、ヘンリー八世は自分の郵便物だけを扱う「ロイヤルメール」を設立した。この組織の責任者には、ヘンリー八世の秘書が「郵政長官」として任命された。領主と商人が郵便物を送るときは、徒歩や馬を使う使者に賃金を払わなければならなかった。

ノーフォーク〔イングランド西部〕に住むマーガレット・パストンという女性がロンドンで弁護士として働く夫に宛てた六〇通の手紙が見つかっている。一四四八年の手紙では、敵意を抱く近隣の不満をかわすために、アーモンド、織物、砂糖、クロスボウ〔武器〕を送ってくれと夫に懇願した。パストン家の書簡（一四二二年から一五〇九年）は、この時代の暮らしぶりを知るためのきわめて貴重な資料だ。これらの書簡からは、最初は代書人の手助けによって手紙を出していたパストン夫人が、しばらくすると読み書きを学び、家の資産管理まで行うようになったことがわかる。

神聖ローマ帝国の本拠地があるドイツでは、大物商人たちが効率的で信頼性の高い郵便サービスを設立した。

最初に、ドイツのアウクスブルク〔ミュンヘン近郊〕出身のヤコブ・フッガーが、自身の商品の配送システムをつくり上げた。フッガーはルカ・パチョーリ〔複式簿記をつくったフランシスコ会の修道士〕の下で学んだヨーロッパ一の金持ちだった。フッガーは一五〇六年にイタリア戦争〔ハプスブルク家とヴァロア家のイタリアを巡る戦い〕中であっても、皇帝もこのシステムを利用できるようにした。一五二五年にヤコブ・フッガーが死去すると、この郵便システムは廃れた。

そして、第2章で述べたタシス家が登場した。一五〇二年、後に神聖ローマ帝国の皇帝に即位するマクシミリアン一世は、〔一四八九年から教皇の郵便サービスを管理していた〕アレクサンドル・タシスの息子であるフランチェスコとヤネットに、皇帝の郵便ネットワークの設立を担当させた。

一五一九年、マクシミリアン一世の後継者カール五世は、タシス家に個人の郵便物も扱うように指導した。経営を任せられたタシス家（タクシスに改名）は郵便事業を独占した。料金を負担できる者なら誰もが紛失や延着の少ないこの郵便システムを利用できるようになった。本部はブリュッセルに置かれた。こうしてタクシス家は、ドイツ、オーストリア、ハンガリー、オランダ、スペインの郵便路線を独占し、皇帝だけでなく商人の郵便物も配達した。この郵便サービスは一九世紀末まで続いた。

知らせるために印刷する：聖書や暦

一四〇〇年にドイツのマインツの裕福な家庭に生まれたヨハネス・グーテンベルクは、金銀細工、彫金術、合金加工を学んだ後、一四四八年に印刷機の製作に着手した。その際、ヨハン・フストという銀行家の支援を受けた。フストは枢機卿クザーヌスと親しく、コンスタンティノープルに住んだことのある蔵書家クザーヌスは、中国の印刷技術を知っていた。

当初、グーテンベルクは中国で使われていた表意文字を用いる木版印刷を試みたが、木版印刷ではアルファベット文字を再現するのに必要な精密さを確保できなかった。次に、金属板に文字をつくる方法（一五世紀初頭にオランダですでに試されていたが、失敗に終わっていた）を試みたが、金属板は刷る際に使う押し抜き機によってすぐに変形してしまった。そこで活字をつくることにした。グーテンベルクは変形しない活字をつくるための素材となる合金（鉛が八三％、錫が五％、アンチモンが一二％）を開発し、これを他の分野での実証済みの技術と組み合わせた（布に印刷するプレス機、職人が使う〔油性〕インク、金銀細工で利用する鋳造技術と押し抜き機）。こうして出来上がったのがグーテンベルクの活版印刷機だ。

一四五二年、グーテンベルクは聖書を印刷した。その二年後の一四五四年一二月（すなわち、メフメト二世〔オスマン帝国のスルタン〕が一四五三年五月二九日にコンスタンティノープルを攻略した後）、グーテンベルクは『トルコの脅威：キリスト教徒への警告』（六枚の折丁〔合計一二ページ〕）を印刷した。この本は『トルコ暦』と名付けられた。各ページは一四五五年の月に対応し、トルコ人と戦う君主や聖職者への祈りと励ましが記してあった。

印刷が普及すれば、「ヨーロッパ全土でラテン語が使用されるようになり、またカトリック教会は聖書を配布することによって勢力を強化する」と誰もが思った。ところが、実際にはそうした予想とは正反対のことが起きた。

一四六〇年、ストラスブールで印刷人ヨーハン・メンテリンが、最初のドイツ語訳の聖書を印刷した。

印刷所はほぼヨーロッパ中に設立された。一四六四年、先述の銀行家ヨハン・フストの仲間であるコンラート・スヴァインハイムとアルノルト・パナルツは、イタリアのアペニン山脈にあるスビアーコという町のベネディクト会修道院に活版印刷機を設置した。一四六五年、彼らはこのイタリア初の印刷機を使ってキケロの著作を出版した。一四六八年、ヴェネチアでは、ドイツから来たスパイア兄弟のジャンとヴェンデリンが、キケロの『友人・家人宛書簡集』を印刷した。その翌年、スパイア兄弟のアシスタントの一人ニコラ・ジェンソンが、ヴェローナ、ミラノ、クレモナ、ペルージア〔すべてイタリアの都市〕に代理人を持つ商人ジャン・ド・コローニュという人物とともに、商業目的の印刷所を設立した。

一四七〇年、ソルボンヌ〔パリ神学大学校〕の修道院院長ヨハネス・ハインリーンは三人のドイツ人印刷工をパリに招き、ソルボンヌの近くにあるサン＝ブノワ内庭回廊に印刷所をつくった。フランス初のこの印刷所から最初に出版されたのは、イタリアの文献学者で教師のガスパリヌス・デ・ベルガモの書簡集だ（一二〇枚の折丁が一〇〇部ほど刷られた。刷り上がってから手作業で色付けされた）。次に、ソルボンヌの専門である修辞学の本も出版された。

一四七六年、ウィリアム・キャクストンがロンドンのウェストミンスターにイングランド初の印刷機を設置した。

一四八〇年代、〔ドイツ出身の〕ヴェネチアの印刷業者で編集者のエアハルト・ラトドルトは、初の彩色文字を印刷した。ラトドルトの印刷物は、印刷後に色付けする必要がなかった。

後に神聖ローマ帝国の皇帝に即位するマクシミリアン一世は、印刷技術は政治の武器になると考えた。一四八二年、マクシミリアン一世は、ルイ一一世と締結した条約を印刷させ、これをドイツの君主たちに配布した。一四八六年五月九日、マクシミリアン一世は、アウクスブルク、マクデブルク、マインツ、パッサウ、ストラスブール、シュトゥットガルト、ウルム〔ストラスブールを除き、すべてドイツの都市〕の印刷業者に対し、自分が神聖ローマ帝国の王に選出されたことを告げる「公示」を印刷させ、これを帝国内の都市の首長たちに郵送した。

この時期に、マインツで最初の「生活暦：almanachs」が印刷された。この単語の語源はアラビア語の munawaq（整理された）だ。

生活暦の手書き版はすでに流通し始めていたが、印刷版が登場したのだ。これらの小冊子には、役立つ情報（宗教の祭日、聖人の名前、定期市の開催日など）、占星術（予言付き）、一般社会の雑多なニュース、アドバイス（料理、園芸、健康、教育）などが印刷された。

一四九一年、フランスで最初の生活暦『羊飼いの堆肥とカレンダー』が少部数印刷された。

一五世紀末、印刷所は二〇〇以上のヨーロッパの大都市にあり、そのうち六二の大都市は神聖ローマ帝国内にあった。

一四九二年、セビリアでスペイン語の文法書が印刷されると、すぐに他のヨーロッパ言語の文法書も印刷された。ラテン語は印刷技術の発展にともない優勢になると思われていたが、徐々に姿を消した。ナショナリズムの波も、神聖ローマ帝国を蝕み、ローマ教会を脅かすようになった。

皇帝と最初の定期刊行物『最新報告（Neue Zeitungen）』

一五〇八年にローマ皇帝に即位したマクシミリアン一世は大衆の怒りを感じた。そこで、マクシミリアン一世は、印刷業者に自身のプロパガンダを印刷するという仕事を与えて彼らを養った。マクシミリアン一世は情報誌をしばしば印刷させ、これを帝国内に流通させせた。これが史上初の定期刊行物だ。

挿絵と木版画が挿入された四ページから一六ページのこの小冊子には、マクシミリアン一世の戦勝記や君主たちの訃報が記してあった。これが『最新報告』だ。一五〇九年に印刷された創刊号は、フランスによるレスボス島〔ギリシア〕の奪還を告知した。一五一〇年の号は、ルイ一二世と教皇の和解を伝えた。『最新報告』は、その後何年にもわたってトルコに対するキリスト教徒の君主たちの功績を讃えた。低価格で大量に発行されるようになると、多くの人々が『最新報告』を手に取るようになった。当時の総編集長は弁護士のクリストフ・フォン・シュールという人物であり、彼は皇帝の検閲の下に自ら執筆して印刷した。民間の配達人によってヨーロッパ中に配達されたこの小冊子は、路上や居酒屋で販売され、人々の間で回し読みされた。郵便システムによる配達はまだなかった。『最新報告』の発行は、マクシミリアン一世が死去する一五一九年まで続き、その後、廃刊になった。

すると今度は、印刷は皇帝に反旗を翻した。皇帝、そしてローマ教会に異議を唱える数々の小冊子が発行されたのだ。

ルターと小冊子（フルークシュリフテン：Flugschriften）

一五一七年一〇月三一日、聖アウグスチノ修道会の修道士、神学者、ドイツ語版の聖書の翻訳者である三三歳のマルティン・ルターは、ヴィッテンベルク（ドイツのザクセン＝アンハルト州の都市）の教会の扉にドイツ語で書かれた『九五ヵ条の議題』を掲示した。この文書においてルターは、ローマのサン・ピエトロ寺院の建造費を賄うために免罪符を販売するローマ教会の堕落を糾弾した。

その翌年、ルターの弟子たちはこの文書を印刷し、ヨーロッパ中に配布した。この印刷物は大反響を呼んだ。

ルターは、印刷を「福音の影響力を普及させるために神の恩寵を最大限に利用する行為」と捉えた。印刷により、ルターはローマ教会が反撃する前に自身の考えをヨーロッパ中に周知させることができた。ローマ教会に異議を唱える小冊子がルターによって次々と出版された。反教皇派の文章を掲載するこれらの小冊子には、ルターの友人である有名な画家ルーカス・クラナッハ（父）のデッサンが添えられた。

一ページから一六ページのこれらの小冊子は、行商人たちが居酒屋に置くことによって流通した。これらの小冊子はフルークシュリフテンと名付けられた（直訳すると「飛ぶ紙」）。

一五一七年から一五二〇年にかけてルターが書いた三〇編の著作は三〇万部以上売れた。ルターは報酬を要求した。これが史上初の著者印税だ。プロテスタントの著作に対し、ローマ教会から反駁があった。たとえば、一五二五年、ジェローム・エムザーは「ミサの聖なる祈りに対するルターの忌まわしい回答」とラテン語で記した。しかし、ラテン語は時代遅れであり、ローマ教会の反駁によっても、宗教改革を頓挫させることはできなかった。

一五三〇年まで神聖ローマ帝国内で発行されたおよそ一万冊の小冊子の大半は宗教改革関連であり、その多くはルターの単著だった。ルターが死去する一五四六年までの間に、彼の文章を編集および再編集した小冊子はおよそ四〇〇〇冊あった。

印刷機を持つほとんどの大都市（ストラスブール、ニュルンベルク、バーゼル〔スイス〕など）の市民は宗教改革を支持した。一五三五年、一五三二年からプロテスタントに合流したワルドー派〔一二世紀に発生したキリスト教の教派〕の運動に参加していたドーフィネとプロヴァンスの農民たち〔ともにフランス南東部〕は、ヌーシャテル〔フランス語圏のスイスの州〕でプロテスタントの聖書のフランス語版を印刷するための資金を賄った。

一五三六年、宗教改革はもう一人の改革者ジャン・カルヴァンの扇動によってジュネーヴで勝利を収めた。一五四一年、宗教改革の活動の中心はジュネーヴへと移行した。プロテスタントとローマは熾烈な戦いを繰り広げた。フランソワ一世の王室印刷業者だったロベール・エティエンヌをはじめとするフランスの書籍印刷業者はジュネーヴへ亡命した。

プロテスタントとローマは双方とも不寛容な態度を貫いた。

ヴェネチアではジャーナリスト「ノヴェランティ：novellanti」が登場

ヴェネチアでは一五二〇年以降、賢者団（総督の権力を制限するために設けられたヴェネチア共和国の機関）が、使節団、士官、外国で暮らすヴェネチア人からの情報を統括した。これらの情報は、使節団には手書きで伝達され、印刷されたものは書記官の書庫で保管された。

他のイタリア地域と同様に、ヴェネチアにおいても商人は、不定期に発行される手書きのアッヴィージを顧客に提供した。四つ折りの二枚の紙からなるこの機密報告書には、政治や軍事の最新情報が記されていた。東地中海、中東、極東、オスマン帝国、スペイン、ポルトガルからヴェネチアにニュースが届くと、専門の書き手であるノヴェランティが、商人に代わって、あるいは自分たちの責任において、この報告書を執筆した。

この初期のジャーナリストたちは、理髪師、商人、職人たちが集うリアルト橋〔ヴェネチアのカナル・グランデに架かる四つの橋の一つ〕や、商店、カフェ、書店があるサン・マルコ広場〔ヴェネチアの中心にある広場〕で話題になっていることも記事にした。彼らはこの報告書に関係者から聞き出した元老院の秘密情報も忍び込ませた。

彼らはこのアッヴィージを印刷して遠方の購読者にも郵送した。彼らの職業であるノヴェランティは商人とは別の仕事になった。

アッヴィージの冒頭は「一五七〇年三月二四日、ヴェネチアからのニュース」というように、いつもきわめて簡素だった。アッヴィージは二ソルドィ〔中世イタリアの硬貨ソルド二枚分〕で大都市の書店で販売された〔通販もあった〕。ところで、二ソルドィに相当するヴェネチアの硬貨はガゼッタと呼ばれていた〔硬貨の表にヴェネチア方言で「小さなカササギ」を意味する「ガゼッタ」が描かれていた〕。しかし、まだガゼット〔新聞、雑誌〕とは呼ばれていなかった。

イタリアのすべての指導者と、スペイン王のフェリペ二世〔神聖ローマ皇帝カール五世の息子〕は、ローマ在住のノヴェランテ〔「ノヴェランティ」の単数形〕であるジョヴァンニ・ポリの四ページから八ページからなる報告書〔アッヴィージ〕を読んでいた。

一五五八年三月二〇日付のヴェネチアのアッヴィーゾ〔「アッヴィージ」の単数形〕は、ブリュッセルにいたフェリペ二世の王宮の様子などを次のように伝えた。「出発に際し、枢機卿カラッファは王の夕食の席に招かれた。体格のよいフィリペ二世は自分の分をしっかりと食べた。二人は別れ際に抱擁し、互いの耳元で何事かを囁き合った。／本日、スペインから一〇日間かけてアントワープ〔ベルギー〕の港に四隻の船が到着した。これらの船により、二〇万エキュの現金と三〇万エキュの為替手形が届いた。／ゼーラント州〔オランダ南西部の州〕とイングランドで戦闘準備が進んでいるのは、フランスに滞在するヴェネチアの商人にとって懸念材料だ」。

一五七〇年、教皇ピウス五世は、バチカンを取材するノヴェランティに対し、ローマ教会を批判してはならないと警告した。一五七二年、この警告を無視してローマ教会を批判したノヴェランティの一人ニッコロ・フランコは処刑された。一五八一年、教皇の健康状態が悪化したという記事を書いただけで別のノヴェランテも処刑された。

次に掲げる情報には大きな反響があり、教皇の選出にも影響をおよぼした。教皇レオ一〇世が死去した一五二一年、ピエトロ・アレティーノは、枢機卿プッチはみだらな男、枢機卿マントバは幼児性愛者、枢機卿シオンはアルコール中毒患者だという内容の詩を、ローマのナヴォーナ広場の裏手にあるパスクィーノ像に貼り出した。一五二三年一一月一九日、アレティーノが攻撃しなかったジュリオ・デ・メディチ〔クレメンス七世〕が教皇に選出された。

定期刊行される新聞「メッセリラツィオーネン：Messrelationen」

一五八八年、印刷業者や書籍商が集まるフランクフルトの定期市に「メッセリラツィオーネン」が登場した。年一回から二回発行のこの印刷物には、既存の世界の政治と軍事に関する最新情報が掲載された。カトリックの神学者ピエール・ヴィクトール・パルマ・カイエは、年代誌を複数年にわたって出版した。最初が『九〇年代誌』（一五八九年から一五九八年までのおもな出来事の総括）、次に『七年間の年代誌』（一五九八年から一六〇四年）、そして一六〇五年の『九年間の年代誌』（一五八九年から一五九八年までのアンリ四世の戦記）だ。

一五九七年、アウクスブルクのサミュエル・ディルバウムという人物が、各月の名前に

「歴史物語：Historische Erzählung」というサブタイトルを入れた初の月刊誌を発行した。この月刊誌は一五〇部刷られた。一五九七年末には、一二の号をまとめたものが『キリストの年、一五九七年』として発行された。この月刊誌は初年度をもって廃刊になった。史上初の月刊誌は一年しか継続しなかった。

ロンドンのニュース

一四〇七年、オックスフォードの大主教区会議（教会会議）が開かれた。この会議では、カンタベリー大司教トマス・アランデルが議長を務め、説教、そして聖書の翻訳と利用に関する規則が定められた。具体的には、聖書を英語に翻訳したり、司教の明確な許可なしに英訳の聖書を読んだりすることが厳禁になった。違反した者は異端と見なされて死刑に処せられると定められた。その後一〇〇年ほど続いたこの定めにより、イングランドの印刷業と出版業の発展は抑制された。

ランカスター家とヨーク家との薔薇戦争の期間中、両陣営とも手書きで勝利宣言を記した。商人の報告書や聖職者の手紙も、他のヨーロッパ地域と同様に、さまざまな郵便サービスを介して流通した。

イングランドにおける印刷技術の登場は非常に遅く、印刷技術は厳格に管理されていた。一五一三年一一月、リチャード・フォークスがロンドンで四枚からなる最初のパンフレットを印刷した。「イングランドとスコットランドの戦いの後に」と題されたこのパンフレットには、一五一三年九月九日の「フロドゥンの戦い」でのイングランドの勝利が記してあった。

一五二五年、ウィリアム・ティンダルは、先述の一四〇七年の教会会議の定めをあえて破り、新約聖書を英訳出版した。一五三四年、ヘンリー八世はイングランド国教会の首長を自称し、自身の腹心による出版物の検閲システムをつくった。一五三六年八月、ティンダルはアントワープでカール五世の軍隊に逮捕され、聖書を翻訳した異端者として火刑に処せられた。その二年後、ティンダルの英訳聖書を受け取ったヘンリー八世は、この聖書は「イングランドのすべての小教区で読まれるべきだ」と宣言した。その翌年、イングランド国教会のために、ティンダル版をほぼそのまま採用して編集された「大聖書：Great Bible」が登場した。

一五四九年、検閲が多少緩和され、ロンドンでは密かに印刷された初のニューズレターが登場した。この刊行物は「デヴォンシャーとコーニッシュ〔ともにイングランド南西部〕

の暴徒の要求」というタイトルで、ジョン・デイという印刷業者が出版した。執筆者たちはロンドン在住であり、彼らはヨーロッパ大陸に情報源を持っていた。この刊行物は数ヵ月しか続かなかった。

一五五三年、カトリック教徒のメアリー一世がイングランド女王に即位すると、印刷物に対する検閲は再び強化された。プロテスタント教徒の印刷業者の多くは外国へ亡命した。先述の印刷業者ジョン・デイはリンカシャー〔イングランド東部〕で秘密裏に出版活動を続けた。デイが出版した『殉教者列伝』〔著者はジョン・フォックス〕は、一六世紀における最も完成度の高い印刷本と言われている。

一五五八年、王位に就いたエリザベス一世は、亡命したプロテスタント教徒の印刷業者たちの帰国を許可したが、出版物に対する検閲は強化すると再び強調した。一五六三年、エリザベス一世は「女王をはじめとする高貴な人物に対する邪悪な予言を、文書、印刷、歌、演説などによって発表する行為」を禁じた。

一五六七年、エリザベス一世の顧問サー・ニコラス・ベーコン〔フランシス・ベーコン〔哲学者〕の父〕は女王に対して、イングランド国教会を批判する書物や小冊子を次のように非難した。「これらの扇動的な書物や小冊子を世間に公表すれば、人々は互いにいがみ合うようになる。人々のいがみ合いは騒ぎを、騒ぎは反乱を、反乱は暴動と謀反を引き起こす。反乱は人口を減少させ、国を廃墟にし、国民の身体、財産、土地を破壊する」。

エリザベス一世在位末期の一六世紀末、印刷事業はまだ厳格に検閲されていたのにもかかわらず、手書きで複写されたチラシが急増し、ニューズという名でこっそりと販売された。ニューズには、一五七〇年代のフェリペ二世に対するネーデルラントの反乱など、イングランドやヨーロッパの政治的な出来事が記されていた。

フランスでは「カナール(鴨：canards)」と小冊子

フランスでは、印刷機が登場した後もアッヴィージや小冊子は存在しなかった。一五二九年になると、ようやくカナール(鴨)が登場した(鴨はおしゃべりな人、「鴨のあくび」は嘘をつくことを意味する)。カナールは新聞ではなく、架空の犯罪、でっち上げの惨事、超常現象、摩訶不思議な出来事などを挿絵入りで紹介する印刷チラシだった。チラシは路上で販売され、内容が読み上げられることもあった。印刷活字は均質でなく、紙の質は悪く、執筆者が匿名のカナールは、でっち上げの証言を用いた滑稽かつ他愛もない出来事を扱った……。カナールの出版は許容されていた。というのは、すべての内容が作り話だったたからだ。

一五三六年、〔フランス王〕フランソワ一世は議会とソルボンヌ〔パリ神学大学〕に対し、「いかなる言語で書かれた書物や文書であっても、王室図書館の司書に事前納入することなく、外国に販売する、あるいは送ることは禁止されている」と注意を促した。この発言はフランスでルターやカルヴァンの小冊子が流通し始めていたことを示唆する。一五三七年、フランソワ一世は印刷業者に対して、フランス王国で印刷された出版物については、その一部を王立図書館に納入するようにと命じた。これが納本制度の始まりだ。

一五三九年の一〇月一七日の夜から一八日にかけて、カルヴァン派の信徒たちは、スイスで印刷された反カトリックを説くビラをパリの街頭に貼り出した（ビラの文面はヌーシャテルの牧師が書いた）。大騒ぎになったため、フランソワ一世は王室のメッセージ以外、貼り紙を禁止した。王室の検閲は過酷なまでに強化された。

一五四六年、出版業者エティエンヌ・ドレは、ラブレーとマロの作品を出版したためにパリのモベール広場で火刑に処せられた。

ジュネーヴ大学が作成した保護対象作品リストには、有名な印刷業者ロベール・エティエンヌによるラブレーの作品や聖書が挙がっていた。エティエンヌはフランソワ一世の庇護のもとにあったが、最終的にはジュネーヴへの亡命を余儀なくされた。

検閲は強化されたが、効果は乏しかった。ユグノー戦争〔フランス語では「宗教戦争」〕が始まった翌年の一五六三年、〔フランス王〕シャルル九世は、書物、手紙、演説、小冊子、カナール、ビラなどを、王の許可なく印刷する行為は禁じられていると警告した。その三年後、シャルル九世は、書物や小冊子を発行する際には王室当局の出版許可を事前に得なければならないと「ムーランの王令」によって再び通告した。

このとき、フランスにアッヴィージに相当する小冊子「リベル：libelles」が登場した〔「リベル」の語源は、ラテン語の libellus《小さな本》〕。四ページから一六ページの小冊子であるリベルは、手書きから印刷になった。ほとんどの記事は匿名（あるいはペンネーム）だった。カナールとは異なり、リベルには事実だけでなく、検閲があったのにもかかわらず王に対する批判も掲載された。一五八五年から一五九四年にかけて、パリでは八七〇冊のリベルが出版された。

一五八八年から一五八九年にかけて出版されたリベルには、〔フランス王〕アンリ三世と彼の寵臣は犯罪者であり、魔術に没頭する邪悪な人物だと糾弾するものもあった。これらのリベルには不気味なタイトルが付けられていた。たとえば、「ヴァロワ朝のアンリの魔術、そしてアンリがヴァンセンヌの森〔パリの森林公園〕で悪魔に捧げたもの」、「パリのある子供がヴァロワ朝のアンリに送った一五八九年一月二八日付の手紙に書かれていた驚愕の事実」、「ヴァロワ朝のアンリの主治医であり、枢密院の常勤顧問であるミロン邸でアンリが見せた魔術的な魅力と性格」などだ。このときも、出版を差し止めようとあらゆる手段が講じられたが、まったく効果がなかった。

一五八九年八月二日、アンリ三世はサン＝クルー城において、ドミニコ会修道士ジャック・クレマンによって短刀で殺害された。その後も、匿名の文書によって暗殺事件が引き起こされる。

第4章
近代における活字ニュースの始まり
一七世紀

ヨーロッパでは、ヨーロッパ人を三〇年間にわたって分断した戦争が始まった（フランス、スウェーデン、ボヘミア、ネーデルラント、ザクセン、ハンガリー、トランシルバニア、プロイセンに対し、神聖ローマ帝国、スペイン王政、オーストリア、クロアチア、ポルトガル）。その間、ヨーロッパ大陸でのニュース出版の重心は、北イタリアとフランドル地方の間で揺れ動いた。

このような情勢においても、君主、教皇、修道院、牧師、大学は、連絡や情報収集のためにヨーロッパ中で手紙をやり取りしていた。大衆はこれまでと同じく、定期市や共同洗濯場での噂話や、司祭、路上の吟遊詩人、公示役人からの情報で満足していた。一方、商人は以前よりも多くの情報を必要とし、できる限り多くの仲間と情報を共有しようと模索した。商人はそうした環境を整えるために、まずはオランダで情報の自由を確保しようと試みた。こうした背景に登場したのが新聞だ。

イタリアの「ガゼット」

一七世紀初頭、第3章で紹介したように、ヴェネチアではアッヴィージ（商人が仲間や顧客に販売した手書きの手紙）は、一六世紀末からアッヴィージを購入するのに使われていた小さな硬貨に描かれたカササギにちなんでガゼットと呼ばれるようになった。

史上初の印刷された新聞であるガゼットの記事は、当たり障りのないこと、外国の話題、君主の称賛だけだった。ガゼットの記者は、プロでなく気の向いたときに書く文筆家だった。

一六〇二年になると教皇クレメンス八世は、ヨーロッパ中の印刷業者は宗教改革の熱心な支持者だと悟ったため、ローマでガゼットの流通を禁止しようとした。ところが、密かに手書きされたアッヴィージが再び出回り、バチカンは批判にさらされた。一六〇六年、パウルス五世という名で教皇になったカミッロ・ボルゲーゼが、ヴェネチアの修道院の蓄財を制限するヴェネチアの法律に抗議したことが、アッヴィージによってすっぱ抜かれた。

一六三九年、ジェノヴァでは、バチカンの代表者がガゼットを発行する際には事前にバチカンの同意を得なければならないと布告した。教皇やスペイン人と親交があり、ヴェネチアの大学の哲学教授で編集者になったミケーレ・カステッリは、手書きや印刷の文書を流通させる独占権を得た。カステッリはジェノヴァ初のガゼットを出版した。毎週金曜日発行されるこの週刊誌は四ページからなり、内容はイタリアならびに外国の政治と軍事に関するニュースだった（とくに長引く戦争について詳しく伝えた）。一六四五年一一月、フランスの外務大臣ブリエンヌ伯は、ジェノヴァ市当局の同意を得て、カステッリに対して「フランスの名誉と評判を傷つけるスキャンダルな文書」の出版をやめるように要請した。カステッリはこの指導に従った。

カステッリのガゼットに代わり、フランスの国益に忠実なジェノヴァの商人ルカ・アッサリーノが出版する『ジェノヴァ』が登場した。若いころに二度も殺人罪で投獄された経験を持つアッサリーノは、その後、サヴォイア公国の史料編纂官に任命され、高値で自身のアッヴィージを販売し続けた。

一六六八年、ローマで神父フランチェスコ・ナザーリによる初の月刊文芸誌『イタリア文芸新聞』が登場した。この刊行物には北ヨーロッパ（フランドル地方、イングランド、ドイツ）の現状報告に加え、科学的発見や技術革新に関する学術記事、そしてローマのイエズス会士の記事も掲載された。教皇を中傷する内容の記事は一切なかった。この初の月刊紙は一六八三年に廃刊になった。

一六七一年、イタリアの出版事業の中心地であり続けたヴェネチアは、ローマとパリで発行されていた新聞に触発されて『ヴェネチア文人新聞』を発行した。次に、一六八七年と一六八八年に、印刷業者ジロラモ・アルブリッツィが大判の月刊誌『ヴェネチアのパラス〔ギリシア神話の女神〕』を出版した。この月刊誌は、外国の政治と軍事の現状と文芸を扱った。イタリアのこれらの刊行物は検閲後に出版された。

そうしたなかで、初の本格的な新聞が北ヨーロッパに登場した。

ドイツの「リレーション」：初の週刊誌、初の日刊紙

ストラスブールでは一六〇五年、印刷業者ヨハン・カロウス（アルザス地方で暮らすプロテスタントの牧師の息子。当時、二五歳）は、手書きの『日常の助言』と名付けた原稿を数人の顧客に毎月送っていた。イタリアのアッヴィージのように、『日常の助言』は、フ

ランス、イタリア、ドイツ、トルコ、ハンガリーから毎週届くニュースを詳述した。情報はそれらの地域からの手紙が届いた順番通りに並べられ、彼のコメントなしで掲載された。タイトルや挿絵もなかった。たとえば、ハンガリーでの宗教紛争、ナポリでの殺人事件、教皇の発言、地中海での海賊行為などだ。カロウスは、タクシス家の郵便サービスを利用して『日常の助言』をフランドル地方にまで郵送した。

同じ一六〇五年の末、ヨハン・カロウスはこれらのアッヴィージ一一回分を手書きで作成して宗教改革の地（ストラスブール）で成功を収めた後、これを毎週印刷して顧客に送ることにした。タイトルもアッヴィーゾでなくリレーション（『有名で記憶にとどめるべき歴史のリレーション』または『ストラスブールのリレーション』）と改名した。当時、ドイツ語で「リレーション：relation」は「命令の実行を報告する」あるいは「目撃者の報告」を意味した（語源は、「報告」や「拒絶」を意味するラテン語の relatio）。カロウスはこうして週刊新聞の史上初の編集者になった。

カロウスは市当局に一〇年間の発行権を申請したが、拒否された。これを無視してカロウスは、ドイツ、オランダ、フランスにリレーションを配布した。フランスでは、ドイツ出身のカルヴァン派でパリの書籍商ジャン・エプシュタインが、カロウスのリレーションにヒントを得て週刊誌『各地の日常ニュース』を刊行した。この刊行は四年間続いた。

一六〇九年、ニーダーザクセン州〔ドイツ北西部〕に二紙目の週刊誌『ヴォルフェンビュッテル通報』というリレーションが登場した。その後もリレーションは、一六一〇年にバーゼル〔スイス〕、一六一五年にフランクフルト、一六一七年にベルリンで創刊された。これらのリレーションの読者は、北ヨーロッパ全域の裕福な商人や教養人だった。

一六四八年、三〇年戦争が終結すると、バロック様式の詩人の息子で、ライプツィヒの親スウェーデン派の印刷業者ティモーテウス・リッチュは、「地方と外国の週刊誌の印刷と販売」に関する権利をザクセン公国の政府から取得した。一六五〇年、リッチュはヨーロッパ初の日刊紙『新着雑報』を創刊した（週六回発行）。この新聞は一六五九年に日刊紙『世界の戦争と出来事に関するニュース』の登場にともない、廃刊になった。ちなみに、後者の新聞はその後一〇年間発行された。

ネーデルラント：「出来事」「ガゼット」「メルキュール」「広告」

一七世紀に入ると、ジェノヴァとアントワープに代わり、アムステルダムが世界経済の中心地になった。アムステルダムは、ヨーロッパ最大の情報市場になった。アムステルダムでは、市民の識字率は高く、印刷業は発展し、大胆な政教分離によって寛容な精神が育まれていた。大規模な郵便システムはなかったが、アムステルダムの港には船が世界中から大量の情報を運んできた。アムステルダムにおける表現の自由は、ヨーロッパで最も保障されていた。アムステルダムは文書の検閲がない唯一の都市だった。

この時期、キャスパー・ファン・ヒルテンという人物がドイツ以外の地域で初のリレーションを刊行した。ヒルテンの『イタリアとドイツからの最新の出来事』は、八ページからなるイタリアから受け取ったアッヴィージの翻訳出版だった。タイトルはなく、最初のページには「アムステルダムではまだ知られていないイタリアからの最新記事」とだけ記されていた。

その二年後、ファン・ヒルテンは、同じアムステルダムで増加傾向にあったフランスからの亡命者向けに、先述のフランス語訳版を出版した。フランスでの出版は不可能だったが、フランス語版はフランスに送られて密かに読まれていた。

同じ一六二〇年、ロンドン在住の版画家で彫刻家のネーデルラント人ピーテル・ファン・デン・ケールは、アムステルダムでヒルテンの『イタリアとドイツからの最新の出来事』の英語版を印刷させた。その翌年、ネーデルラントでは、これ以外の刊行物も多言語で流通し始めた。訳された言語の国では、これらの刊行物が密かに読まれた。三〇年戦争の展開を最も詳細かつ客観的に論じていたのは、オランダの「出来事」〔ニュース出版物〕だった。

一六二四年八月一〇日、先述のファン・ヒルテンの「出来事」に広告が登場した。最初は書籍に関する広告だった。というのは、書店ではこれらの週刊誌も販売されていたからだ。その後、個人的な通知や一般情報（市場の開催日、強盗の指名手配、新たな道路の開通）も掲載されるようになった。ブロアー・ヤンセンという人物が刊行する競合紙『各地のニュース』には、ユトレヒト大学〔アムステルダム郊外にある大学〕のキャンパス開設に関する広告が大きく掲載された。

一六三一年、アムステルダムにいたルネ・デカルトは、パリにいたジャン＝ルイ・ゲ・バルザック〔一九世紀の文豪バルザックとは別人〕に次のような手紙を書いた。「自由をこれほどまでに満喫でき、心配事なく安眠でき、自分を守ってくれる軍隊が常駐している場所が他にあるだろうか」。

一六五六年、アムステルダムでは、アブラハム・カステリンとその妻マルガリエタ・ファン・バンケンは『週刊ヨーロッパ』を創刊した。この定期刊行物は、現在も発行されている世界最古の新聞だ。

一六七七年、ライデン〔オランダ〕に亡命していたフランス人ジャン＝アレクサンドル・ド・ラ・フォン（ジャーナリスト、書籍商、印刷業者）は、フランス語で『ライデンのガゼット～各地の驚くべきニュース』を創刊した。この定期刊行物の当初の読者は、オランダなどに亡命したフランス人だったが、パリでも密かに読まれるようになった。この定期刊行物では、フランス語で書かれた商業や政治に関するニュースに加え、さまざまな出来事や広告も掲載された。内容は次第に大胆になり、寛容な宗教的精神を説き、フランスの絶対王政を批判した。この定期刊行物は一八世紀にはヨーロッパの最有力紙になった。ナント勅令の廃止の翌年である一六八六年、同じくライデンにおいてメルキュールと呼ばれる月刊専門誌が登場した。

最初に刊行されたのは、一六八六年七月の『ヨーロッパ史概要』だ。一〇〇ページからなるこの小冊子には、「国家、兵器、自然、芸術、科学の分野で起きたあらゆる重要事項」が掲載された。

その数ヵ月後、ハーグ〔オランダ〕において『歴史と政治のメルキュール』が創刊された。その後も多くのメルキュールが発行された。それらの中でも特筆すべきは、ルイ一四世を繰り返し批判したフランス語のメルキュールである『ヨーロッパの宮廷の精神』だ。

これらのメルキュールはライデンのガゼットとして、地下ネットワークを通じてヨーロッパ中に流通し、スペイン語や英語をはじめとする複数の言語に翻訳された。

一六八八年、オランダに亡命したフランスの元外交官ジャン・トロンシャン・デュブルイユは、フランス語で『アムステルダムのガゼット』を創刊した。この刊行物もヨーロッパ全土で密かに配布された。

これらのメルキュールやガゼットの書き手は、おもにオランダに亡命したフランス人であり、匿名で執筆していた。検閲をかいくぐって出版活動に従事した彼らは、数十年後の啓蒙主義に至る意識改革において大きな役割を担った。

フランスでは、プロパガンダ紙『ルノードのガゼット』

フランスでは、当局が全権を掌握していた。当局の指導は絶対だった。フランス王アンリ四世が暗殺された一六一〇年、ジャンとエティエンヌのリシェ兄弟が一〇〇〇ページからなる年刊『メルキュール・フランソワ』をパリで出版する認可を得た。リシェ兄弟は、当局の徹底的な管理下に置かれたこの刊行物にフランスと世界のニュースを掲載した。ジャン・リシェの創刊号の序文には「本書は、（メルキュール・フランソワという）私の使者が世界中からさまざまな言語で伝えてくる出来事の中から、最も注目すべきものを紹介する（……）」と記してあった。

パレ・ロワイヤル付近のマロニエ〔大型の落葉樹〕の木陰で、人々がアムステルダムやライデンから密輸されるガゼットを読み、これらを批評し、宮廷の噂を語ることはあっても、フランスでは『メルキュール・フランソワ』以外の出版物は刊行されなかった。宮廷の使用人たちは、すぐにこのマロニエを「クラクフ〔ポーランドの都市〕の木」と呼ぶようになった。メディア史の専門家アレクシス・レヴリエによると、「クラクフ：Cracovie」はガゼットが吹聴する「ほら話：craques」をほのめかした言葉遊びだったという。

次に、近代ジャーナリズムの祖と称されるテオフラスト・ルノードが登場した（しかしながら実際は、リシュ兄弟などと同様、ルノードは宮廷の意向に従って活動した広報係に過ぎなかった）。

ルダン〔フランス西部〕の比較的貧しいプロテスタントの家庭に生まれたルノードは、モンペリエで医学を学び、ヨーロッパを旅した後、故郷ルダンに戻り、外科を開業した。このとき、ルノードはルダンに一族の城を持つ枢機卿リシュリューの知遇を得た。リシュリューはルノードの庇護者になった。

一六一二年、ルノードは『貧者の生活条件に関する条約』を出版し、これをマリー・ド・メディシス〔フランス国王アンリ四世の二番目の王妃で、ルイ一三世の母〕に献本した。

リシュリューの推薦で、メディシスはルノードを息子（若き王ルイ一三世）の主治医に任命した。

こうした経緯から、ルノードは「所在登録事務所」をパリに開設するための王室特許状を取得した。この事務所の目的は、雇用に関する情報と住所を提供し、雇用主と求職者をマッチングさせ、広告（探し物、セールス、各種声明など）を扱うことだった。しかし、「これらのサービスを貧者に無料で提供する」という「所在登録事務所」の計画は、長い間放置された。

その四年後、ルノードはオランダを訪れ、先述のファン・ヒルテンの史上初の新聞『イタリアとドイツからの最新の出来事』を丹念に調べた。

同年、リシュリューはルノードを「王国の貧困対策室」の責任者に任命した。だが、リシュリューには、ルノードにこの計画を早急に取り組ませる考えはなかった。「所在登録事務所」の設立は、このアイデアが生まれてからおよそ二〇年後の一六三二年になってようやく実現した。リシュリューには、もっと緊急で収益性の高い案件があったのだ。

リシュリューは、闇で出回るオランダのガゼットの影響に対抗する広報手段がないことに怒りを覚え、ルノードにこれらのガゼットの対応を任せた。

一六三一年五月三〇日、ルノードは、リシュリューの出資によって自身の印刷所を設立し、新聞『ラ・ガゼット』の創刊を準備した。この新聞は、毎週土曜日に刊行され、オランダの「出来事」をモデルにして、フランスや宮廷の情報、そして外国のニュースを扱った。

プロパガンダ紙『ラ・ガゼット』に定期的に掲載される枢機卿と王に関する提灯記事は滑稽でさえあった。たとえば、ルノードは次のような記事を書いた。「何でも器用にこなす王はダンスも上手」、「王が狩猟に興じるのは、日ごろの激務の合間を縫った、つかの間の休息に過ぎない」。

ルノードは宮廷の宣伝マンを自認しているわけではなかった。それどころか、自分は中立な情報の提供者だと自負していた。ルノードは、一六三一年六月に創刊された『ラ・ガゼット』の序文では、「私が誰にも譲歩しない唯一のことは真実の探求だ。しかしながら、自分が真実を追求しているかは確信を持てない」と記した。

この創刊号には、外国の重要なニュースが掲載された。たとえば、「ペルシア王の一万五〇〇〇頭の馬と五万人の歩兵は、バビロンの街から二日後に、ディルという街を包囲した」というニュースが載った。実際に、ペルシア王セフィド一世がクルド人の街を包囲したのはこの時期だった。そして、ローマ、スペイン、ポルトガルのニュースも掲載されたが、フランスに関する情報は一切なかった。

一六三一年九月、先述の書籍商で編集者のジャン・エプシュタインが『各地の日常ニュース』をパリにおいて無許可で出版した際、ルノードは激怒し、一六三一年一〇月に『王国内外ニュース』の印刷および販売に関する独占権を取得した。これはとてつもない特権だった。というのは、フランスと世界に関する情報をフランス国内で出版する権利は、ルノード以外、誰も持っていなかったからだ。

エプシュタインは『各地の日常ニュース』のパリでの販売を断念せざるを得ず、ルノードは自身の『ラ・ガゼット』に『世界ニュースのリレーションズ』という付録を添えて、『ラ・ガゼット』の分量を四ページから八ページに増やした。

このときも、事実に反する風評や噂に終止符を打つという持論を繰り返した。ルノードは、当時の最高の書き手の協力を得た。たとえば、詩人ヴァンサン・ヴォワチュール、外交官ギヨーム・ボートリュー、劇作家ゴーティエ・デ・コスト、科学者ピエール・ドズィエなどだ。後にはジャン・ラシーヌ〔フランス古典主義を代表する悲劇作家〕も執筆し、何と王自身もしばしば寄稿した。しかしながら、毎週土曜日発刊の『ラ・ガゼット』の発行部数は、一二〇〇部とあまり振るわなかった。

一六三二年九月、ルノードは次のように主張した。「真実が憎しみを生み出すことがあっても、私は真実を伝えること以外に興味がない。真実を称賛してやまない私は、遠く離れた場所にまで真実を追い求めるだろう」。その年、ルノードは二〇年前に約束した求人と求職の情報を掲載する『所在登録事務所新聞』をついに出版した。

一六三三年、ルノードは、ルーアン、エクス＝アン＝プロヴァンス、リヨン、ボルドーなど、フランスの合計三〇都市で『ラ・ガゼット』の地方版を発行した。

エプシュタインは諦めず、『各地の日常ニュース』の発行を再開した。一六三四年、王の諮問機関は、エプシュタインに対しては「テオフラスト・ルノードのガゼットの出版を邪魔しないように」と再び命じる一方で、ルノードに対しては「付録の出版を断念するように」と要求した。ルノードはこれを受け入れ、付録の代わりに特別な出来事を扱う『臨時便』という号外を出版した。

一六三五年、ルノードは二〇年前からの構想だった公営質屋をついに自身の印刷所に併設した。これがフランス初の生活保護事務所だ。

一六四一年、ルノードはルーブルの近くに二軒めの生活保護事務所を開設し、また医学校の迷惑をよそに医師としても振る舞い続けた。いずれにせよ、ルノードはジャーナリストではなく、宮廷のお抱え広報係であることに変わりはなかった。

一六四二年、リシュリューが死去すると、彼の敵が勢力を伸ばした。枢機卿マザランがルノードの後ろ盾になったにもかかわらず、パリ議会はルノードが医師として活動することを禁じ、ルノードは貧困対策室の責任者の職を解かれた。

一六四九年一月、ルノードは、王妃、王〔ルイ一四世〕（一〇歳）、マザランとともにサン＝ジェルマン＝アン＝レー〔パリ西部〕へ避難した〔フロンドの乱〕。マザランの敵たちは怒りをぶちまけた。この年、王とマザランを批判する出版物『マザリナード』（風刺あるいは滑稽な詩や散文集）が三〇〇〇冊も出回った。

一六四九年四月、王〔ルイ一四世〕がパリに凱旋すると、王妃と王が全幅の信頼を寄せるテオフラスト・ルノードもパリに戻り、『ラ・ガゼット』を再び刊行した。

これらの出来事は、密かに発行される新聞に加えて私信によって詳細に伝えられた。たとえば、マザラン、次にフーケ〔ルイ一四世の大蔵卿〕に庇護された詩人ジャン・ロレは、「フロンドの乱〔一六四八年から一六五三年〕」の期間中、毎週土曜日、自身の恩人マリー・ド・ロングヴィル（後の公妃ネムール）に詩文の手紙を送っていた。これらの手紙は写本され、サロン、宮廷、さらには地方や外国で朗読された。

一六五三年、ルノードが死去した。『ラ・ガゼット』は彼の二人の息子（ともに医師）が引き継いだ。そして一六五六年、ブーレーズ・パスカルは検閲をかいくぐる大胆な策略を講じて『プロヴァンシアル』を出版した。

そして、新たに二つの「定期刊行物」の発行が認可された（科学や文学の出版物は「定期刊行物：journal」と呼ばれるようになった）。

一六六五年、議会の顧問であり、コルベール（フーケ失脚後の財務総監）に庇護されたドニ・ド・サロ（文筆家）は、『博識ジャーナル』の出版許可を取得した。この定期刊行物は、最新の芸術活動、科学的発見、新刊案内に特化した（民事裁判の判決や教会の決定なども少し扱った）。『博識ジャーナル』は大成功を収め、このモデルはドイツや中央ヨーロッパで模倣された。

一六七二年、モリエールの友人ジャン・ドノー・ド・ヴィゼは、政治と文学を扱う『メルキュール・ガラン（洗練されたメルキュール）』の発行権を取得した。当然ながら検閲が厳しかったので、宮廷の噂話や文学を扱うこの定期刊行物は『ラ・ガゼット』と同様、王を称賛する記事ばかりを扱った。王を誹謗中傷するのは、外国から送られてくるガゼットを読む「プロたち」だけだった。

フランス国内では、検閲なしで情報を掲載するオランダのガゼットが以前にも増して密かに出回った。当然ながら、フランス国民は自国の定期刊行物の内容をオランダのガゼットのようには信用しなかった。モリエールも戯曲『エスカルバニャス伯爵夫人』のなかで自国の定期刊行物を次のようにこき下ろした。「これらの偉大な書き手たちは、自分たちが拾い集めたでたらめを流布しようとしている」。だが実のところ彼らは「《オランダのガゼット》の質の悪い冗談を真実だと見なしている」。

フランスでは、王政のプロパガンダ以外の出版物はまだ認可されていなかった。例外は、一六七六年に詩人フランソワ・コレが『パリの街ジャーナル』を出版したことだ。これは「大衆の興味を満たすために記憶すべき出来事を掲載する」という当たり障りのない刊行物だったが、創刊号を出版しただけで廃刊になった。

一七世紀末、フランスで認可された刊行物は、『ラ・ガゼット』、『博識ジャーナル』、『メルキュール・ガラン』の三紙であり、これら三紙が王政のプロパガンダを独占した。

一六八三年、ルイ一四世は『ラ・ガゼット』に対し、新たにおよそ三〇の都市で販売できる権利を付与し、販路を拡大させた。毎週土曜日にパリから発送される『ラ・ガゼット』は、五日後にはフランス王国のどの都市でも購読できるようになった。

一六八六年、これら三紙はルイ一四世がチフスに罹ったことを伏せたが、『ニュースのエッセンス』や『ライデンのガゼット』などのネーデルラントの刊行物は、フランス王も単なる人間であることを想起させる記事を書き続けた。フランスの読者は、王を称賛するパリの刊行物も、ルイ一四世の死期が迫っていると盛んに書き立てるネーデルラントの刊行物も、情報を操作していると思っていた。

一八世紀初頭、当時人口二〇〇〇万人のフランスにおける『ラ・ガゼット』の週間販売数は、わずか九〇〇〇部に過ぎなかった。

ロンドンでは検閲と方針転換

テューダー朝とステュアート朝の初期では、国内外のニュースを出版できるのは、フランスと同様、認可されたごく一部の刊行物だけであり、検閲はきわめて厳しかった。一六〇五年、ルイス・ピカリングという人物がカンタベリー大司教を中傷したとして断罪された。「真実が一部含まれているとしても、ピカリングの非難は公序に対する脅威だ。公人を批判すべきではない」という判決が下った。いわゆる名誉棄損（De Libellis Famosis）に関するこの判決は、その後一〇〇年間にわたって判例になった。すなわち、たとえ真実を述べる場合であっても、権力者を批判するのは論外だという法解釈だ。

一六一九年、印刷業者ナサニエル・ニューバーグは「ニューズ：news」というタイトルで外国のニュースをときどき刊行した。こうしてニューズという名称が定着した。

一六二一年、イングランド王ジェームズ一世（在位：一六〇三年から一六二五年まで）は、ナザニエル・バターとニコラス・ボーンに週刊『ウィークリー・ニューズ』の独占発行権を付与した。『ウィークリー・ニューズ』が掲載を認められたのは、ヨーロッパ大陸の定期刊行物の翻訳記事だけであり、イングランドの出来事に関する記事は一切なかった。一六二四年、『ウィークリー・ニューズ』に初の宣伝（肘掛椅子）が掲載された。

一六二七年、イングランド王チャールズ一世が『ウィークリー・ニューズ』を廃刊したが、この廃刊によっても禁止されていた出版物の増加と王に対する反発を防ぐことはできなかった。一六三七年、「小冊子、パンフレット、新聞などを当局の許可なく発行すると、著者や印刷業者は投獄される場合がある」という法律が再び制定された。

だが、事態は急転した。一六四〇年、チャールズ一世は、議会に追い詰められ、議会を解散させた。一六四一年、新たな議会は議会解散を禁止する法律を可決し、「報道の自由」を宣言し、議会の議事録を公表することを許可した。第一次イングランド内戦が始まった。この間、およそ三万のニューズレターと七二二の定期刊行物が出版された。ロンドンのほとんどの定期刊行物は議会を支持し、おもに地方で出版されていた王党派の刊行物よりも圧倒的な成功を収めた。

一六四三年四月、王党派は『宮廷通報』をオックスフォードで創刊した。これに対抗して議会派は、医師マーチャモント・ニーダムの編集による準機関紙『ブリテン通報』を創刊した。

一六四四年、ミルトン〔詩人〕が『アレオパギティカ』を出版し、検閲に抗議した。「人間を殺すのは理性的な被造物を破壊することだが、良書を葬り去るのは理性そのものを破壊することだ」。反王党派で親議会派のミルトンは牢獄で過ごすことになった。

王党派と議会派の定期刊行物は言論戦を続けた。一六四四年、『宮廷通報』は、「国王軍が《マーストン・ムーアの戦い》で敗退したというのは間違いであり、実際は国王軍が勝利した」と解説した。一六四五年、チャールズ一世は「ネイズビーの戦い」で新たに敗北した。『ブリテン通報』は、チャールズ一世と妻ヘンリエッタ・マリアとの私信（「ネイズビーの戦い」後に盗まれた）を公開し、チャールズ一世をカトリックの妻に骨抜きにされた頼りない人物だと書き立てた。

一六四六年五月、先述のニーダムは議会派から王党派に鞍替えし、自身の『ブリテン通報』を『プラグマティック通報』に変えて議会派に対する風刺作品などを掲載したが、〔議会派が勝利したため〕ニーダムは投獄された。

その翌年の一六四七年、チャールズ一世はスコットランド軍に降伏し、議会へ引き渡されて囚われの身になった。一六四九年初頭に裁判が行われ、一月三〇日、チャールズ一世は処刑された。二月六日には貴族院、二日後の八日には王政が廃止された。

一六五〇年五月、クロムウェル〔イングランド共和国初代護国卿〕の恩赦によって牢獄から釈放されたニーダムは、五〇ポンドの給付金を受け取り、クロムウェルのために定期刊行物の発行を再開した。ニーダムはこの定期刊行物を『政治通報』と名付けた。

一六五五年、クロムウェルは、ニーダムの二紙（『パブリック・インテリジェンサー』と『政治通報』）を除き、すべての定期刊行物を廃止した。『政治通報』には広告が掲載されるようになった。最初に登場したのは紅茶、次は高級歯磨き粉の広告だった。

一六五八年、クロムウェルが死去し、『政治通報』は発禁になった。医師に戻ったニーダムは歴史の表舞台から消え去った。

一六六〇年、チャールズ二世のもとでステュアート朝の王政が復古した。ルイ一四世を尊敬していたチャールズ二世は、国をうまく統治するには報道統制が必要と考えた。一六六二年、『出版許可法』が採択された。この法律の狙いは、出版許可の申請システムを強化し、議会の議事録の公表を禁じることにあった。

一六六五年、チャールズ二世が認可したのは大臣たちが直轄する『ロンドン・ガゼット』だけだった。編集は若手の官僚たちが担った（内容は外国の定期刊行物の翻訳のみ）。『ロンドン・ガゼット』（週二回発行、価格は一ペニー）は、王室の発表（「王妃はイヤリングを紛失した」、「王妃の茶色のスパニエル〔ペット犬〕が……」）だけでは紙面を埋めることができず、広告を掲載するようになった。結局、『ロンドン・ガゼット』は一四年間にわたって認可された唯一の定期刊行物だった。

同年、学術誌『哲学紀要（フィロソフィカル・トランザクションズ）』の発行が許可された。『哲学紀要』はラテン語で出版するという学術誌の慣習を破り、英語で出版された。

検閲にもかかわらず、ロンドンの多くのカフェには、出版の禁止されている小冊子や、こっそりと手書きされた有料のニューズレターを読むために市民が訪れた。一六七五年、イングランドを再びカトリックの国にする計画を記した小冊子が出回った。チャールズ二世は、軍隊を動員してこれらの反乱の現場を家宅捜査させ、閉鎖させるという厳しい措置を取った。

一六八八年、ロンドンでは「名誉革命」によってチャールズ二世の弟ジェームズ二世が三年間在位した王位から追放され、チャールズ一世の孫でオランダ生まれのウィリアム三世が即位した。これにより、立憲君主制が始まった。その翌年、「権利の章典」が発布され、基本的な国民の権利がいくつか制定された。とくに第九条では、議会における発言の自由が宣言された。一六九〇年、初の地方紙『ウスター・ポストマン』〔イングランドのウスターシャー州の都市〕が創刊された。

一六九一年、書籍商ジョン・ダントンは、読者からの手紙に返信するという企画『アセニアン・マーキュリー』の創刊許可を取得した。『アセニアン・マーキュリー』(週二回発行、価格は一ペニー)に寄せられる読者の手紙は匿名であり、読者の生の声が聞けた。

ダントンが同じ質問には答えないと予告したため、読者は自分の質問を記録するように促された。『アセニアン・マーキュリー』は、「人間は、夢を見ているときと、本当に目覚めているときを、どうやって知ることができるのですか」という質問が掲載される非常に無邪気な刊行物だったため、検閲に引っかかる恐れはなかった。

一六九三年二月二七日、ダントンは『レディース・マーキュリー』を創刊した。これは「未婚女性、既婚女性、未亡人を対象に、恋愛、結婚、生活スタイル、ファッション、女性らしいユーモアに関する厳選された質問」を扱う初の定期刊行物だった。この雑誌は四週間しか発行されず、失敗に終わった。

同年一六九三年、議会は、先述の一六六二年の「出版許可法」の効力を二年間だけ延長する決定を下した。そして一六九五年、イギリスの検閲システムは完全に廃止された。

これは報道の自由に関してイギリスがオランダに並んだというきわめて大きな変化だった。そして次は、植民地における読む自由という問題が残っていた。

植民地にて

アメリカ大陸のイングランド領では、イングランドの総督たちは、印刷物の初版の内容と同時に紙の使用権についても厳しく管理した。

検閲は本国と同様に厳しかった。一七世紀を通じて、植民地の支配勢力は定期刊行物の発行をほとんど認可しなかった。また、外国の出版物は、港で検閲されたものしか流通させなかった。

一六二九年、マサチューセッツ州の総督ウィリアム・ブラッドフォードは、プリマス〔マサチューセッツ州東部の町〕で反ピューリタンの小冊子と詩集を出版したトーマス・モートンを逮捕させた。

一六四七年、サミュエル・ダンフォース（一六三六年にハーバード大学を創設した一人）は、アメリカ初の定期刊行物（生活暦）を出版した。そこには、詩、ゲーム、カレンダー、おもな国内行事の日取り、開廷表、星図などが記載されていた。

一六九〇年、ベンジャミン・ハリスという人物がロンドンからボストンに移住した（ハリスは、一六七九年にロンドンで『ドメスティック・インテリジェンス』を発行し、チャールズ二世の弟で後のジェームズ二世であるヨーク公の王位継承を批判した)。「ロンドン・コーヒーハウス」の店主になったハリスは、この店に外国の出版物を並べ、アメリカ初のニュース雑誌『パブリック・オカレンシズ：Publick Occurrences, Both Forreign and Domestick』を創刊した。四ページからなるこのニュース雑誌は、三ページにわたって情報が掲載され、最後のページは読者の書き込み用として白紙だった。「嘘を語る精神に戦いを挑む」ことを決意したハリスは、このニュース雑誌を月刊誌にする方針だった。さらには、重大事件が多発すれば発行回数を増やす予定だった。

創刊号では、ボストンの火事、天然痘患者の発生、秋の収穫、インディアンとの戦況などの地元のニュースを取り上げ、さらには、イングランド軍がイロコイ族と結託して他のインディアン部族と戦っていることを糾弾した。植民地当局は、ハリスが「当局の許可や承諾なく」出版したとして、このニュース雑誌を即座に発禁処分にした。ハリスは投獄され、その後、ロンドンに戻り、ロンドンで『ロンドン・ポスト』を創刊した。アメリカでは定期刊行物がまったく発行されない状態で一七世紀が終わった。

西アフリカでは、ポルトガル人が到来した影響から、第2章で述べた「ジェリ：djeli」は「クリアード：criado」(「従僕」と「育ちの良い人物」を同時に意味する)と呼ばれるようになった。一六八五年、セネガル会社〔勅許会社〕の支配人ラ・クルーブという人物の手紙には、クリアードは「ギリオ：guiriot」とフランス風に呼ばれるようになったと記されている（こうして「グリオ：griot」と呼ばれるようになった）。グリオは、太鼓、コラ〔アフリカのリュート型撥弦楽器〕、バラフォン〔アフリカの木琴〕、タマ〔トーキングドラム〕（タマの音は一一キロメートル離れたところでも聞こえるという）を利用し、グリオの伝えるニュースは、条件がよければ時速一六〇キロメートルの速度で伝わったという。

日本では瓦版

日本では、ニュース雑誌は「瓦版」という大きな紙に黒インクで印刷されたチラシの形態で登場した。戦争、天変地異、心中、仇討ちなどを報じる「瓦版」は、絵草紙屋で販売された。また、行商人が街頭で読みながら販売したので「読売」とも呼ばれた。価格は質素な食事代の四分の一くらいだった。確認されている最古の「瓦版」は一六一五年のものであり、この「瓦版」はその年の大阪城の陥落と徳川幕府の奪取〔大阪夏の陣〕を伝えた。

中国では、情報伝達手段は相変わらず簡略なものしかなかった。印刷技術は忘れ去られ、定期刊行物は存在しなかった。重要な決定事項を伝達する手段がなかったので、貼り紙が頼りだった。一六七〇年、清の皇帝である康熙帝《こうきてい》は、儒教の一六の基本原則を詔書に記した。この詔書は帝国の村々に掲示され、古典中国語を読むことができ、これを方言で説明できる地方の碩学が「太陰月の初日と一五日」に村人に朗読した。こうした伝統は、康熙帝の在位期間（一七二二年まで）どころか二〇世紀初頭まで続いた。

第5章 表現の自由、ジャーナリズムと民主主義

一八世紀初頭から産業革命前まで

ジャーナリストに似た役割はおよそ三〇〇〇年前から存在していたが、ヨーロッパとアメリカにおいて、ジャーナリストが本格的な職業になったのはこの時代だ。できる限り自由に伝えることを使命とするジャーナリストの誕生だ。すでに述べたように、ジャーナリストは、商人が活躍するネーデルラント、次にイギリスで登場した。

ネーデルラントとイギリス以外の地域では、まだ検閲とプロパガンダが横行していた。哲学者や作家は危険を冒して事実を述べ、自身の意見を表明した。彼らのそうした勇気ある行動により、表現の自由は急速に広まり、それが民主主義の誕生を促した。

オランダの商人たちの間で誕生したジャーナリスト

当然ながら、すべての始まりはヨーロッパ市場を支配する商人が君臨する経済大国において だった。当時のネーデルラントは、強固な連邦制を成し、自由にきわめて敏感であり、絶対主義に敵意を抱いていた。当時のネーデルラントは、商人の権力は、競争力のある造船業と最先端の毛織物工業に依拠していた。ネーデルラントでの表現の自由に関する制限は、他の地域よりも緩かった。ネーデルラントの指導者や裁判所が出版を禁じるのは、政治家、行政官、外交官、聖職者が出版物の内容に異議を申し立てたときだけだった。たとえば、一八世紀後半のアムステルダムでは、グロティウス、スピノザ、マキアベリ、ホッブズ、ルソー、ヴォルテール、ヒュームなど、二五〇以上の作品が発禁処分になった。発禁処分はあったが、著者と出版社は暗黙の規律を遵守したので、新たな定期刊行物を出版することや、政治や社会について比較的自由に語ることはできた。

一七二五年、フリースラント州〔オランダ〕のレーワルデンの作家で編集者のアブラハム・フェルヴェルダは、オランダ最古の新聞『レーワルデンの最新の出来事』を創刊した。

フェルヴェルダは、ビジネスや国際問題に関心を持っていたため、この新聞を政治的に中立にしようとした。この新聞には宗教や国内政治の記事は掲載されなかった。

一七三八年、一六七〇年代末からフランス語で週二回刊行されていた『ライデンのガゼット』は　ベルジュラック〔フランス南西部〕出身のユグノー派のジャン・リュザック（ライデン大学のギリシア語教授で学長）の家族によって引き継がれた。『ライデンのガゼット』は、フランス政府とカトリック教会に対して真っ向から対立することによって『アムステルダムのガゼット』との違いを打ち出すようになった。発行部数四二〇〇部の『ライデンのガゼット』の読者は、ヨーロッパの政治、外交、哲学、ビジネスのエリート層だった。しばらく後に、この新聞はアメリカとバタヴィア〔一七九五年から一八〇六年まで現在のオランダに存在したフランスの衛星国〕の革命を支持した。それらの活動には、自由に執筆して生計を立てる萌芽期のジャーナリストの姿を見出せる。ところが、啓蒙時代〔一七世紀後半から一八世紀にかけて〕のヨーロッパに著しい影響をもたらしたジャン・リュザック（そして彼の息子のエティエンとエリー）を記憶にとどめている人は、あまり多くない。

一七四四年三月、アントニー・ド・グルートは、ハーグにおいて週三回『ハーグのガゼット』をフランス語とオランダ語で発行した。『ハーグのガゼット』には、ヨーロッパ中の軍事、政治、経済、ビジネスの情報も掲載された。

これらの新聞は、検閲を軽視して宗教改革やオランダの指導者の批判を敢行した。

これに対して一七六九年、ネーデルラントの七州のうちで最も権力のあるホラントの行政官は、宗教改革を批判する文書ならびに「青少年を堕落させる猥褻な文書」の発禁を目的とする「予防的検閲計画」の準備を進め、記事や書物は匿名でなく本名で記すように要求した。しかし、商人と書籍商が断固反対したため、この法案は却下された。これが表現の自由を巡る史上初の勝利だった。

ロンドンでは、オピニオン・ジャーナリズムの誕生

一八世紀初め、国力を増したイギリスはネーデルラントの主要なライバルになった。イギリスは「出版許可法」を失効することによって検閲を暗黙裡に廃止すると、本格的に勢力を増し始めた。当然ながら、この時代で尊重されるようになったのは、人間の自由、とくに所有権についてだけだった。

そうはいっても、何でも自由に言ったり書いたりすることはできなかった。イギリスではオランダと同様、多くのことが禁止されていた。たとえば先ほど述べたように、一六四

〇年以降、イギリス政治の中核をなす議会の議事録を公表することは相変わらず禁じられていた。

しかし、これらの最後の障害の多くは、急激な変化によって取り除かれることになった。一七〇一年、ダニエル・デフォーが『ロビンソン・クルーソー』や『生粋のイングランド人』を執筆する以前に書いた風刺パンフレットは八万部も売れた。デフォーはきわめて近代的な文章によって外国人として嫌われた（ネーデルラント出身で一六八九年にイングランド王位に就いた）ウィリアム三世を擁護し、「イングランドは長年にわたってさまざまな人種が寄せ集まってできた国だ」と説いた。

同じ一七〇一年、いくつかの新聞が創刊された。そのうち、週三回発行されたアベル・ローパーの『ポスト・ボーイ』とジョージ・リドパスの『フリン・ポスト』の二紙は、絶対君主制に反対し、議会を強力に支持した。

ウィリアム三世が落馬後に死亡してから数日後の一七〇二年三月一一日、イギリス初の日刊紙『デイリー・クーラント』が創刊された（一七三五年まで発行された）。一七〇四年、先述のダニエル・デフォーは政治週刊誌『フランスの出来事に関するウィークリー・レビュー』を、何と牢獄から出版した（イングランド国教会の不寛容さを痛烈に皮肉ったパンフレットを出版したため）。一七〇五年から週三回発行されたデフォーの『ウィークリー・レビュー』は一七一三年まで続いた。

一七〇九年、アイルランドの劇作家で、当時はまだイギリス政府の機関紙だった『ロンドン・ガゼット』の編集者リチャード・スティールは、『タトラー』を創刊した。「目端の利く独自のスタイル」を追求するという触れ込みのこの雑誌は、文芸論評や社会に関する記事（宝くじや決闘）とともに大量の広告（各号には一五以上の宣伝があった）を掲載した。フランスの『メルキュール・ガラン』の英語版ともいえるこの雑誌はすぐに勢いを失った。スティールは疲弊した。これらの定期刊行物は、往々にして一人か二人の情熱家が身を粉にして働くことによって発行されていた。発行者がカップルの場合では、ジャーナリストとしての妻の役割は後世にほとんど伝えられていない。

一七一二年、一七〇二年から権力を握っていたイギリス女王アン（一七回妊娠したが継承者がいなかった）の後継者を巡り、新聞、ビラ、パンフレットが大量に出回った。宮廷は検閲の復活を検討し、「印紙税法」を施行した。これにより、刊行物の出版コストが上がり、多くの出版社が破綻した。課税額はページ数によって決まったため、新聞社はページ数を減らして節税する目的から大判紙を利用するようになった。この年、人口六〇〇万人のイギリスでは、合計で毎週七万部の新聞が発行されていた（同時期、人口二〇〇〇万人のフランスで唯一認可されていたプロパガンダ紙『パリのガゼット』の発行部数は、毎週九〇〇〇部に過ぎなかった）。結局、女王アンの又従兄でハノーファー選帝侯がジョージ一世という名でイギリス王に即位した。

イギリスでは、エクセター〔南西部〕、ノリッジ〔東部〕、ブリストル〔西部〕において新聞が創刊された。ニュースが不足すると、編集者たちは詩を掲載した。一七一九年、先述のスティールは不屈の精神を発揮して『平民』という新聞を創刊した。一七二〇年、ロンドンでは、小冊子にケイトンというペンネームで政治問題について執筆していたトレンチャードとゴードンの「出版の自由は大衆の自由の盾だ」という一節は非常に有名になった。一七二七年に創刊された『ロンドン・イブニング・ポスト』は初の夕刊紙の一つであり、当初は一般社会の雑多なニュースだけを扱った。一七三〇年、『デイリー・アドバタイザー』が創刊された。さまざまな広告だけを載せる新聞だったが、大衆に役立つ情報だったため、すぐにロンドンで最大の新聞になった。

一七三一年、文学と政治を語る月刊誌『紳士マガジン』が創刊された。この四二ページからなる雑誌は成功を収めた。一七四四年、エリザ・ヘイウッドが『女性版スペクテイター』を創刊した。ヘイウッドはこの雑誌において、役所勤めの男性は理想的な伴侶ではなく、裕福な家庭は無駄に異国情緒溢れる飲み物である紅茶に過剰な時間を費やしていると説いた。

一七六二年、イギリス王ジョージ三世の顧問ビュート伯爵〔ジョン・ステュアート〕は、王室のプロパガンダ紙『ブリトン』を創刊した。これに対抗して同年、哲学者ジョン・ウィルクスは『北ブリトン』を創刊した。だが、『北ブリトン』は王制を過激に批判する内容だったため、ウィルクスはロンドン塔に一時拘束された。その後、ウィルクスは議会議員になった。

一七七七年、『ミドルセックス・ジャーナル』や『クロニクル・オブ・リバティ』の編集者が庶民院の議事録を出版したとして告訴された際〔一六四〇年以降、議会の議事録の公開は禁止されていた〕、この編集者はウィルクスの介入によって有罪判決を逃れることができた。この判決以降、議会の内容に関する記事を出版することが可能になった。検閲の最後の砦が崩れたのだ。

アメリカ独立のための闘争が始まったとき、ほとんどの新聞はイギリスがアメリカを支配し続けることを支持した。反乱軍に味方する新聞はほとんどなかった。だが、ロンドンの『ウェストミンスター・マガジン』は、反乱軍を「わがアメリカの兄弟たち」と呼び、イギリス王に対して「武力行使の停止」を訴え、「アメリカにおけるわれわれの兄弟たちに対する残虐な破壊行為」を批判するロンドン市長トーマス・ハリファックスの手記を掲載した。

一七八五年、ジョン・ウォルターが『デイリー・ユニバーサル・レジスター』を創刊した。この新聞は三年後に『タイムズ』と改名された。同年、イギリス初の毎日刊行される夕刊の一つ『スター・イブニング・アドバタイザー』が登場した。

イギリスの新聞は、アメリカ大陸の出来事を報道し、アメリカへの移住を考える大勢の人々を読者にする準備が整った。

ドイツでは創刊ラッシュ

プロイセン王国のさまざまな州では、新聞はまだ厳しく管理されていた。プロイセン王フリードリヒ二世はプロパガンダに新聞を利用した。それでも少し批判的な意見を載せる定期刊行物も出回り始めた。定期刊行物の数は、一七〇一年には五七、一七八〇年には一八三、一八〇〇年には二〇〇と増え続けた。これらはおもにハンブルク、フランクフルト、ケルン、ミュンヘンで出版された。これらの定期刊行物は、国内政治をまだあまり扱わず、国際情勢や一般社会の雑多なニュース、そして広告や求人情報を掲載した。

その後のドイツ史の盛衰にもかかわらず、これらの出版物の多くは現存する。

一七〇三年、ウィーンにおいてドイツ語最古の新聞『ウィーン新聞』が創刊された〔現存する〕。厳しく検閲された『ウィーン新聞』は、国際情勢や雑多なニュース〔犯罪、結婚、死亡、出生、貴族の歴史、判決など〕を扱った。続いて、一七〇五年には『ヒルデスハイマー・リレーションズ・クーリエ』〔現在の『ヒルデスハイマー総合新聞』〕、一七一三年にはツヴァイブリュッケン〔ドイツ西部の都市〕で『プファルツ〔ドイツ中西部〕のメルキュール』、一七二五年には『ハーナウ〔ドイツ中部〕の指標』〔当初は週刊情報誌だった〕、一七四三年には『ブレーメン・ニュース』、一七六一年には『ザールブリュッケン〔フランスの国境に近いドイツの都市〕新聞』、一七六三年には印刷業者ゲオルク・クリストフ・モールと牧師ヤコブ・マキシミリアン・シュトゥーンによる『ヘルスフェルト〔ドイツ中部〕新聞』が創刊された。これらの新聞はすべて現存する。

そして一七八一年にはゴットロブ・ベネディクト・シラーフの月刊誌『政治ジャーナル』が登場した。国内政治、統計、分析、ヨーロッパ各都市の特派員からの短信を掲載する『政治ジャーナル』は、ドイツ語圏で最も購読者数の多い定期刊行物になった。

イタリアは出遅れる

一八世紀初頭、イタリア半島のほとんどの地域は、外国の勢力によって支配されるか、臣民に表現の自由を与える考えのない王政の統治下にあった。一六世紀における情報伝達の最初の地域だったロンバルディア州とベネト州は、商人や情報提供者が集めた情報レターを購読者に販売するというアッヴィージにまだ依存していた。イタリアでは、文学、科学、外国のニュースを提供する定期刊行物はジョルナーレと呼ばれるようになった。

一七一〇年、ヴェネチアでは、科学者のシピオーネ・マッフェイとアントニオ・ヴァリスネリ、そして文献学者で詩人のアポストロ・ゼーノが『イタリア文学ジャーナル』を創刊した。イタリアで最も重要な定期刊行物になったこの雑誌は、一七四〇年まで刊行された。同じ一七四〇年、フィレンツェでは、法学者、古美術愛好家、歴史家のジョヴァンニ・ラミが『新文学』を創刊した。この週刊誌が扱う話題は、宗教、歴史、文化だけだった。

紹介した以外にも一時的に発行された定期刊行物は次の通りだ。ローマでは『日誌』と

『ローマ教会新聞』、ボローニャでは『教会と市民のボローニャ日誌』、ナポリでは『ナポリ文学ジャーナル』だ。

一七六〇年、ヴェネチアではイギリスの日刊紙『スペクテイター』を真似た隔週刊行の『ヴェネチアのガゼット』が創刊された。

一七六四年、ミラノではピエトロとアレッサンドロのヴェッリ兄弟が『コーヒー』を出版した。一〇日ごとに刊行される『コーヒー』は、「さまざまな出来事、不調和な出来事、新規な出来事、いろいろな考案者によってつくられた出来事、社会に役立つ出来事」を扱い、イタリアでの啓蒙思想の普及に大きく寄与した。この雑誌には、思想家チェーザレ・ベッカリーアやミラノで一七六一年に設立された「拳の会」のメンバーが執筆した。イタリアの政治状況についてはあまり扱わなかった。この雑誌の印刷は、ロンバルディア州にはオーストリアの検閲があったため、ヴェネチア領のブレシアで行われた。ところが、一七六六年のオーストリアの検閲はこの雑誌の発禁および「拳の会」の解散を命じた。一八世紀末、ジョルナーレは時事問題を扱う日刊紙を意味するようになった。

フランスの新聞：検閲は続く

一八世紀初頭、フランスはルイ一四世の絶対王政下にあった。一六世紀以来、フランスでは出版特権および承認という事前に認可された書籍と新聞しか刊行できないという規制が印刷業者と書籍商に課せられていた。仮にこの規制を無視しても、郵便事業を独占していた徴税請負人が新聞の流通を差し止めた（長距離の配達業務は徴税請負人が管理していた）。さらに、当局の管轄下にある一〇〇人の王室検閲官たちが政治的な時事問題を扱っていないかと目を光らせていた。

一六世紀のときと同様、フランスの大衆は、チラシ、カナール、生活暦、小説家やガゼット編集者が執筆して密かに配布する行商用の小型本を読んでいた。

認可されたガゼットの執筆者は、まだ「情報屋：gazetiers」とか「新聞屋：publiciste」と呼ばれていた。一六八四年にピエール・ベール〔哲学者〕が発案したジャーナリストという言葉は、一七〇二年からフランス語で用いられるようになったが、まだ否定的な響きを持っていた。というのは、ジャーナリストは権力の手先を意味したからだ。一六八四年、ピエール・ベールは文芸批評の定期刊行物『文芸共和国便り』も創刊した。

宮廷は出版を徹底的に管理しようとした。メディア史の専門家アレクシス・レヴリエによると、衰弱したルイ一四世は外国での自身の評判を知りたがり、スパイたちの報告だけでは満足できず、従者にオランダのガゼットを朗読させ、ロンドンでは自分の死亡日を巡って賭けが盛り上がっていることを知ったという。認可された新聞は三つしかなかったが、これら三紙はさらに厳しく管理され、王室当局が直接編集することさえあった。一七〇一年、先述の『博識ジャーナル』は王室の庇護下に置かれ、宮廷が編集者を選び、給料を払っていた。

一七〇九年六月、何十万人ものフランス人が餓死し、リヨン金融市場が破綻した影響からルイ一四世は苦境に陥った。そこでルイ一四世は、ネーデルラントとの戦争費用を賄うために国民に訴えるという奇策に打って出た。一七〇九年六月一二日、王から国民に宛てた手紙が、王国の三万九〇〇〇の小教区にあるすべての教会と大聖堂の説教壇で朗読されたのだ。この奇策は大成功を収めた。地方の資産家は戦費に資金を提供し、ほとんどの兵士は無償で従軍した。

七月、トゥールネ〔ベルギーの都市〕はフランス軍に降伏した。フランスの敵は各地で後退し、一一月にはハーグ〔オランダ〕で休戦協定が締結された。これは王が国民全員と直接コミュニケーションをとったという珍しい例だ。

一七二四年、先述のように一六七二年にジャン・ドノー・ド・ヴィゼが創刊した『メルキュール・ガラン』は『フランスのメルキュール』になり、この雑誌は外務省の後援、ようするに当局の管理下に置かれた。地方紙の創刊は、案内広告だけを載せる新聞を除き、全国紙に付与される出版特権によって抑制された。初の本格的な地方紙『掲示板』が一七三一年にストラスブールで、次に一七五〇年にリヨンで発行された。しかしながら、両都市において『掲示板』が力を入れたのは、案内広告の掲載だった。

一七四九年、先述の『ラ・ガゼット』は外務省に併合され、編集は外務省がルノード家から引き継いだ。パリで認可された新聞は『ラ・ガゼット』だけになった。

一七四九年、ディドロとルソーは週刊誌を発行する計画を立てた。『皮肉屋』というタイトルの週刊誌をディドロとルソーが交互に編集する予定だったが、最終的に『百科全書』の出版計画が優先され、『皮肉屋』はお蔵入りになった。一七五一年、総合的な情報をまとめ上げる史上初の試みである『百科全書』の編集作業が始まった。ディドロとダランベールは『百科全書』の目的を「われわれが人間らしい振る舞いの恩恵を受けることなく死んでしまわないため」と記した。

一七五五年、ルソーは新聞のことを「価値も有用性もない儚い書であり、学識ある人々はこれを軽視し、軽蔑する。女性や教養のない虚栄心の強い愚か者だけが読者」と切り捨てた。ルソーは『メルキュール』を購読していたが、マルゼルブ〔当時の出版統制局長〕の『博識ジャーナル』への寄稿依頼を断った。

一七五六年、ヴォルテールは『百科全書』の「ガゼット」と「ガゼッティエ〔編集者、情報屋〕」の項目を受け持った。「ガゼット」については、「ほとんどの《ガゼット》は金儲けのためだけに出版される。金儲けからは悪意が生じる。しかし、長期的には理性と良識が悪意に優り、悪意のあるガゼットは蔑まれ、忘れ去られる」と定義した。「ガゼッティエ」については、「よき《ガゼッティエ》は、素早く教養を身につけ、自身の文章において、誠実、公平、簡潔かつ正確でなければならない。つまり、よき《ガゼッティエ》はきわめて稀な存在だということだ」と定義した。ヴォルテールにとって、「ガゼット」は「取るに足らない話」に過ぎなかったのだ。

ヴォルテールは小冊子『近代の著作について所見の予防あるいは論評』において「つまらない物書き」を批判しながらも、『博識ジャーナル』を「この種の雑誌の父親的存在」と称賛した。ヴォルテールは、『フランスのメルキュール』、『百科ジャーナル』、『ヨーロッパ文学ガゼット』も高く評価した（とくに、文学および哲学系の雑誌。後にヴォルテールはこれらの雑誌に寄稿した）。ヴォルテールは自身の作品『自然児』のなかで、新聞を「何も生み出せない人々が他人の生み出したものを中傷する定期刊行物」と描写した。

ヴォルテールの名言とされる「私は君の意見に反対だ。しかし、君がそれをいう権利は生命をかけて守って見せる」は、ヴォルテール本人のものではない（この文句の初出は、エヴリン・ベアトリス・ホールという伝記作家が一九〇六年に記した『ヴォルテールの友人』においてだ）。また、ヴォルテールが『寛容論』で扱ったのは、表現の自由でなく、宗教における寛容の精神だった。しかも一七九六年、ボーメルという人物がヴォルテールの『ラアンリエード』を徹底批判した小冊子『《ラアンリエード》の解説』を編集した際、ヴォルテールはトゥールーズ〔フランス南西部〕でこの小冊子を差し押さえるように当局に働きかけ、刊行を阻止した。

同時期、ドュニ・ディドロは『百科全書』に次のように記した。「これらすべての紙きれは、無知な者たちの餌であり、勉強せずに話したり判断したり人々の手段であり、働く人々に災いと不快感を与える」。

一八世紀中ごろ、『博識ジャーナル』や『メルキュール』を真似た雑誌が認可された。たとえば、イエズス会が創刊した『トレヴーの記憶』やヤンセン派色の強い『新しい聖職者たち』だ。さらには、『経済ジャーナル』、『物理学的考察』、『医学ジャーナル』など政治色のほとんどない定期刊行物が八〇〇ほど発行された。一七五九年には『女性ジャーナル』が創刊された。

貴族たちは、宮廷やサロンで情報交換を続け、ヴェネチアのアッヴィージの時代のように手紙や手書きの文書をこっそりとやり取りした。たとえば、一七五三年から一七七三年にかけて男爵フリードリッヒ・メルヒオール・フォン・グリム〔ドイツ出身のフランスのジャーナリスト〕は、ヨーロッパの数十人の君主にドゥニ・ディドロの発禁になった文書を高値で販売した。

一七六一年、ヴォルテール、ルソー、ビュフォン〔フランスの博物学者〕の友人シャルル＝ジョゼフ・パンクックは、リール〔フランス北部〕で『フランスのオランダのためのさまざまな報告、掲示、告知』を創刊した。その後、パンクックは出版社の社長になった。一七六二年、『ラ・ガゼット』は『フランスのガゼット』と改名し、さらには「王室政府の機関」というあからさまな副題まで付けた。シュアールと神父アルノーは『フランスのガゼット』の編集を任されたが、グロスター＝エディンバラ公〔ウィリアム・ヘンリー〕と伯爵夫人ウォルドグレイヴ〔マリア・ウォルポール〕の結婚に関する記事が「不適切」と見なされ、編集から外された。

王室の検閲官は些細なことでも容赦なく処罰した。一七六九年、啓蒙主義の旗振り役になった『女性ジャーナル』は、王政や政府をあからさまに批判して発禁処分になった。

あっという間にフランス出版界の第一人者になったパンクックは、一七七四年に『ジュネーヴ・ジャーナル』（歴史と政治）、『女性ジャーナル』、『スペクタクル・ジャーナル』、『イギリスとアメリカの事情ジャーナル』、『司法ガゼット』を次々と創刊した。そして『メルキュール・ガラン』の後継誌でフランスと外国の政治情報を独占的に伝える『フランスのメルキュール』を引き継ぎ、これを週刊誌にして販売部数を七倍に増やした。

一七七七年一月一日、オランダとイギリスから一〇〇年ほど遅れ、ルイ・デュシュー、アントワーヌ＝アレクシス・カデ・ド・ヴォー、オリビエ・ド・コランセ、ジャン・ロミリーが、フランス初の日刊紙『パリ・ジャーナル』を創刊した。しかし、出版特権を持つ『ラ・ガゼット』の申し立てにより、『パリ・ジャーナル』は一次情報の掲載を禁じられた。一七八四年、ピエール＝ゴデフロイ・カラミーとシモン・ド・ラ・クールが、ボルドーで案内広告だけではないフランス初の本格的な地方紙『ギュイエンヌ（フランス南西部の地方名）・ジャーナル』を創刊した。

『パリ・ジャーナル』は（ロンドンで五年前から刊行されていた）『ロンドン・イブニング・ポスト』に触発され、パリの雑多な情報、有名人の私生活、文学ニュース、観劇情報、宝くじの結果、天気予報、そして「健康が気になる人々の病気に関するニュース」を掲載するようになった。ちなみに、この「健康に関するニュース」はすぐに世界中の新聞が扱うようになった。

表現の自由を擁護する立役者はもう少し後に現れた。一七八四年、ボーマルシェ〔劇作家〕は『フィガロの結婚』のなかで表現の自由に繰り返し触れた。「非難する自由がなければ、自尊心をくすぐるような称賛はない。つまらない批評を恐れるのは小物だけだ」。そして検閲を皮肉るかのように「当局、宗教、政治、道徳、権力者、巨大機関、オペラ、何かに執着する人々について書く場合、検閲官が二人あるいは三人いても、自分の発言できなければ自由に何でも出版できる」と記した。

イギリスが支配するアメリカの新聞の決意

北アメリカでは、イギリスが全権を掌握しており、出版規制は本国イギリス以上に厳しかった。きわめて傲慢なイギリスの植民地当局は、定期刊行物の印刷に必要な紙さえも管理し始めた。

一七〇四年、ボストンの郵便局長ジョン・キャンベルという人物が、アメリカ大陸初の新聞『ボストン・ニューズレター』を創刊した。この新聞は一七世紀イタリアの初期のガゼットのように、創刊者キャンベルがコネチカット州知事をはじめとする複数の顧客に対してヨーロッパ情勢について書いた手紙を印刷した週刊誌だった。この新聞には地元のニュースは掲載されていなかった。キャンベルは新聞の収支を合わせるために広告や告知を載せた。検閲は目を光らせていた。一七一九年、『ボストン・ニューズレター』は一年以上前のヨーロッパの記事しか掲載できなくなった。

次に、『アメリカン・ウィークリー・マーキュリー』（一七一九年、フィラデルフィア）や『ニューヨーク・ガゼット』（一七二五年）など、同じモデルの新聞が登場した。だが、相変わらず管理が厳しく、これらの新聞はヨーロッパの話題しか扱えなかった。

当時のアメリカの主要都市だったボストン（人口およそ一万五〇〇〇人）では、一七一九年には二紙、一七二一年には三紙、一七三五年には一五紙が発行された。一七二一年、ジェームズ・フランクリンという人物がボストンで『ニューイングランド時報』を創刊した。イギリス政府に敵対的な文芸や意見を載せるこの新聞は、「海賊の攻撃から船舶を守るための措置が充分に講じられていない」とイギリス政府を非難した。この新聞はボストンで流行し始めた天然痘の予防接種推進キャンペーンも実施した。検閲当局の指導によってジェームズ・フランクリンが『ニューイングランド時報』の編集に携われなくなると、弟ベンジャミン（一六歳）が編集を担った。ベンジャミンは兄ジェームズに内緒で「サイレンス・ドッグウッド」というペンネームを使って未亡人や三人の架空の人物に成りすまし、ユーモラスなコラムを執筆した。『ニューイングランド時報』は大成功を収めた。そしてジェームズ・フランクリンは『すべての芸術と科学における普遍的教育』と『ペンシルヴァニア・ガゼット』を買収した。第6章で述べるように、『ペンシルヴァニア・ガゼット』は非常に大きな役割を担った。

一七二五年、イギリス政府支持の印刷業者ウィリアム・ブラッドフォードは、植民地のイギリス人総督を支援するためにニューヨーク初の新聞『ニューヨーク・ガゼット』を創刊した。一七三三年、ドイツ出身の印刷業者ジョン・ピーター・ゼンガーは、ブラッドフォードに対抗して『ニューヨーク・ウィークリー・ジャーナル』を創刊した。一七三四年、ゼンガーは「扇動的な中傷」の罪で逮捕された。ゼンガーが牢屋にいる間、妻アンナが新聞の刊行を継続した。裁判ではゼンガーの弁護士アンドリュー・ハミルトンは、「表現の自由という大義を守り、事実を語り、真実を書くことによって、権力の濫用に対抗する」と訴えた。弁護士ハミルトンは報道の自由の擁護の観点からゼンガーを弁護した。裁判所は、一六〇五年のロンドンでの判例（ルイス・ピカリングという人物がカンタベリー大司教を中傷したとして有罪判決を受けた）に依拠しながらも弁護士ハミルトンの主張を認めた。アメリカの地で表現の自由が大勝利を収めたのだ。反イギリス政府を説く新聞の数は増加し、記事の内容は舌鋒鋭くなった。たとえば、ジョン・ホルトの『ニューヨーク・ジャーナル』、サラと娘メアリー・キャサリン・ゴタードの『プロビデンス・ガゼット』だ。一七三六年、印刷業者ウィリアム・パークスはメリーランド州で「いつも自由と公益のために」をモットーに掲げて『ヴァージニア・ガゼット』を創刊した。ところが、この新聞には読者からの「逃亡した奴隷を探しています」という伝言も掲載されていた……。

一七六五年、アメリカ独立戦争前夜、ニュージャージー州とデラウェア州を除くイギリスが支配する一三の各州では、少なくとも一冊の週刊印刷物が創刊されていた。一般的に、それらは四ページくらいからなる新聞だった。記事の内容はちょっとした有益な情報だけで、政治問題はまったく載っていなかった。

アフリカにあるフランスの植民地での初の新聞は、一七七三年にポート・ルイス〔モーリシャスの首都〕でニコラ・ロンベールという人物が出版した週刊『フランスとブルボン王家の植民地のためのさまざまな報告、掲示、告知ジャーナル』だ。

インド初の新聞は、一七八〇年に東インド会社のアイルランド人社員ジェームズ・アウグストゥス・ヒッキーが英語で出版した『ヒッキーズ・バンガル・ガゼット』だ。ヒッキーはこの新聞で植民地の中産階級の生活習慣を紹介した。その後、この新聞以外にも同じく東インド会社の元社員がいくつか英字新聞を創刊した。これらの新聞の読者の数は、それぞれわずか数百人だった。しかしながら二〇二一年には、世界の新聞発行部数の上位五位に複数のインドの新聞が入っている。

第6章
出版、「大衆の自由の大きな盾」
一七八八年から一八三〇年まで

一八世紀後半から一九世紀前半にかけての四〇年間、表現の自由と伝える自由を主張する偉大な文書が綴られた。

この四〇年間に、それまでの社会が入念に構築した検閲システムはヨーロッパ中で崩壊した（原則として、検閲は、イギリスでは一六九五年以降、アメリカにあるイギリスの植民地では一七三四年以降は存在しなかった。そしてフランスでは一七八九年から一七九二年にかけての短い期間だけ存在しなかった）。だが、世界の多くの地域では、検閲は存続した。

「政治的な自由によって自由に報道できるようになっても、政治的な自由が確約されるわけではない」というのが、この時代の大いなる教訓の一つだ。

すべては北アメリカから始まった。

ボストンでは「出版の自由は大衆の自由の大きな盾」

一七六五年五月、七年戦争で疲弊したイギリス王国は、アメリカの一三州の植民地において、新聞を含むすべての印刷物に課税すると宣言した。この課税は検閲の復活に等しかった。一七一二年のイギリスの「印紙税法」とは異なり、この課税が実施されると、新聞だけでなく本を含むすべての印刷物が対象になるため、出版社の経営は成り立たなくなる。

慧眼のベンジャミン・フランクリンは、『ペンシルヴァニア・ガゼット』の社員デビッド・ホールに次のような手紙を書いた。「この課税は他の誰よりも印刷業者に甚大な影響をおよぼす」。

アメリカ独立運動はこの課税に対する抗議によって始まった。

アメリカの新聞はすぐに、印紙税法を悪法だと非難した。ウースター（マサチューセッツ州の都市）の若い弁護士ジョン・アダムズ（後のアメリカの第二代大統領）は、『ボストン・ガゼット』に（匿名で）掲載した長文において、この税金の支払いを断固拒否しようと印刷業者に訴えた。

一七六五年八月、ボストンでは印紙税法に反対する者たちが徴税人の銅像に火をつけた。また、彼らはイギリスの船舶がこの印紙の入った積荷を港に降ろそうとするのを阻止した。その後、数週間にわたり、アメリカのほとんどの新聞は反対運動を応援した。たとえば、『ペンシルヴァニア・ジャーナル』は印紙税法反対の特集号を発行した。『ペンシルヴァニア・クロニクル』は数回にわたってこの課税導入に反対するジョン・ディキンソン〔独立戦争の指揮官〕の「ペンシルヴァニアの一農民からの手紙」を紹介した。また一一月二一日、アンドリュー・マーヴェルという人物が編集し、ニューヨークの路上で販売した『憲法通報』（すぐに廃刊になった）は、「この課税は下劣な奴隷制度に等しく、暴君の仕業だ」と糾弾し、「納税を拒否しよう」と訴えた。この記事は大反響を巻き起こし、この新聞はボストンとフィラデルフィアでも刊行された。

反対派の勢いが増したため、数ヵ月後の一七六六年二月、植民地の総督は印紙税法の施行を断念した。この反対運動を支持しなかった印刷業者の作業場は破壊された。この勝利により、「アメリカ国民」という意識が人々の間で急速に広まった。

一七六七年、先述のジョン・アダムズと彼の従兄サミュエル・アダムズは「自由の息子たち」という組織を結成し、イギリスの存在に異議を唱えた。「忠実な九人」と呼ばれたこの組織の中核メンバーは、『マサチューセッツ・ガゼット』と『ボストン・ニューズレター』に破壊行為を予告する記事を送り付けたが、これらの情報が新聞に掲載されたのは破壊行為のあった翌朝だった。

一七六八年、植民地政府の立法部門である王室評議会は、マサチューセッツ州の裁判所に対し、『ボストン・ガゼット』の廃刊を求めた（『ボストン・ガゼット』は植民地最大の新聞だったが、発行部数はわずか二〇〇〇部だった）。しかし、裁判所はこの申し立てを棄却し、一七三四年の判例を追認した。すなわち、（先述のように）一七二〇年にケイトンというペンネームで執筆したトレンチャードとゴードンという二人のイギリス人の「出版の自由は大衆の自由の盾だ」という文句を引き合いに出したのだ。

一七七三年五月、イギリス政府は、イギリス東インド会社がアメリカで関税を払わずに茶を販売することを認可した。地元の茶の生産者の破綻につながるとして、ニューヨークの街角にはこの特権を糾弾する「警告」というポスターが貼られた。先述のジョン・ディキンソンは、『ペンシルヴァニア・クロニクル』への寄稿文において東インド会社のすべての製品の不買運動を呼び掛けた。

一二月一六日、反乱者たちは『ボストン・ガゼット』の事務所に集結してから、イギリスから到着して港に停泊中の貨物輸送船の船荷を海に投げ捨てた〔ボストン茶会事件〕。マサチューセッツ州のイギリス政府の総督は報復措置として厳戒令を敷いた。検閲の復活で出した。

ある。イギリス当局は、逃走した『ボストン・ガゼット』の編集長の逮捕協力に懸賞金を

一七七四年、ニューヨーク在住のイギリス人トマス・ペインは、自分が編集する『ペンシルヴァニア・マガジン』においてマサチューセッツの反乱者たちに味方した。印刷業者ウィリアム・ゴダードは、王室の郵便システムと課税が新聞の流通の障害になると論じ、新聞を効率よく配布するための「合憲的な郵便システム」の創設を提唱した。後ほど紹介するように、新聞にとって必要不可欠な郵便サービスは、アメリカの独立闘争と憲法制定において必要不可欠な要素だった。

一七七五年四月一九日の「レキシントン・コンコードの戦い」は、アメリカ独立戦争が始まるきっかけになった。ニューヨークでは、イギリス軍を支持していた『ニューヨーク・ガゼッター』の印刷工場が破壊された。『ボストン・ガゼット』と『ペンシルヴァニア・マガジン』はイギリス軍を激しく非難した。一七七六年一月一〇日、先述のトマス・ペインは匿名で発行した『コモン・センス』という小冊子において、イギリスからの離脱と共和国の樹立を平易な文章で主張した。この小冊子は大反響を巻き起こした。一七七六年六月一二日、ヴァージニア州は権利章典を採択し、報道の自由を宣言した最初の州になり、一七六八年のマサチューセッツ州での判決（この判決自体も一七三四年のニューヨーク

州での判決の影響を受けた）を引用して「報道の自由は自由の最も大きな盾の一つであり、この自由を制限するのは独裁政府だけだ」と主張した。

一七七六年七月四日、ジョージ・ワシントンが議長を務めたフィラデルフィアの会議（大陸会議）では、一三州の植民地の代表が独立宣言に調印した。先述のように、ロンドンでは『ウェストミンスター・マガジン』に「アメリカの兄弟たちへの支援」とイギリス王への「武力行使の停止」を訴えるロンドン市長トーマス・ハリファックスの手記が掲載された。ジョージ・ワシントンの人物像に関して、『マンスリー・レビュー』は「現代のファビウス・マクシム（ローマ時代の名将）」と称賛し、『スコッツ・マガジン』は「統制力のある良識人」と紹介した。ベンジャミン・フランクリンが初代の在フランスアメリカ大使になった。独立戦争はまだ終わっていなかった。

フランスの支援を得て行われた一七七七年の「サラトガ方面作戦」と一七八一年の「チェサピーク湾の海戦」の二つの戦いにより、アメリカの独立は決定的になった。一七八三年九月三日、一三州の植民地の代表者たちは、イギリスとパリ条約を締結し、アメリカの誕生が承認された。このとき、公爵ラ・ロシュフコー（フランスの文学者）は、ベンジャミン・フランクリンにテュルゴー（フランスの政治家、経済学者）とビュフォン（フランスの博物学者）を紹介する一方、フランクリンは彼らにパリ条約の交渉のためにパリに来ていたトマス・ペインとトーマス・ジェファーソン〔第三代アメリカ大統領〕を紹介した。

一七八四年、ベンジャミン・フランクリンがアメリカに戻ると、アメリカ発の日刊紙『ペンシルヴァニア・パケット・アンド・デイリー・アドバイザー』が創刊された。この新聞はおもに広告費で賄われた。

一七八七年、マディソン、ハミルトン、ジェイの三人がアメリカ憲法の基盤になる『フェデラリスト・ペーパー』を出版した。三人の著者はこの論文集において「パブリアス」という匿名を用いて執筆した。これはアメリカ社会で匿名という権利が重要性を持つようになることを示唆した。

一七八七年九月一七日に制定され、一七八九年三月四日に発効されたアメリカ憲法は、国が郵便サービスを管理すると想定し、議会に「郵便局と郵便配達の路線を創設する」権限を与えた。これは建国時におけるコミュニケーション・ネットワークの重要性を意味した。

一七九〇年、その二〇〜三〇年前と比較すると、新聞の数はおよそ一〇〇近く増えた。

一七九一年、当時、ヴァージニア州の下院議員だったジャームズ・マディソン〔アメリカ第四代大統領、民主共和党〕は、言論の自由と報道の自由を組み合わせた憲法修正第一条（「議会は言論または報道の自由を制限する法律を制定してはならない」）を提出し、可決させた。この原則にはしばしば異議が唱えられた。だが、多くの国とは異なり、アメリカではきわめて短い期間を除き、この原則が廃止されることはなかった。この中断について、これから紹介する。

一七八九年、ボストンの学校の先生ジョン・フェノーが『ガゼット・オブ・ザ・ユナイテッドステイツ』を創刊した。これはアメリカ初の特定の政党（連邦党〔アメリカ成立初期の政党〕）を支持する隔週刊行の新聞だった。この新聞には、アメリカ副大統領だったジョン・アダムズと初代財務長官アレクサンダー・ハミルトンが匿名で寄稿した。その二年後、アレクサンダー・ハミルトンは、債務危機に陥ったこの新聞の借金を肩代わりした。

この新聞に異議を唱える人々（反連邦党）は、ジェファーソンとマディソン〔ともに民主共和党〕の要請で一七九一年に『ナショナル・ガゼット』を創刊した。また、ベンジャミン・フランクリンの孫ベンジャミン・バッチェも『フィラデルフィア・オーロラ』〔反連邦党〕を創刊した。

一七九二年二月二〇日、大統領ワシントンは憲法に基づき、郵便物の秘密保持を保証して新聞に減免措置を適用する「郵便事業法」を発効させた（議会では、新聞を無償化するというワシントンの計画は拒否された）。この法律は、新聞の流通を大幅に加速させ、アメリカ国民の識字率を向上させた。

連邦党（今日の共和党）は、議会での安定多数を失うことを恐れ、報道の自由とその七年前に可決した憲法修正第一条の再考を促した。一七九八年、コネチカット州の下院議員ジョン・アレン〔連邦党〕は、「報道と意見の自由は信頼関係を破壊しようとし、（……）信頼関係が破壊されてしまうと、社会は粉々になる」と記した。連邦党は、議会とアメリカ大統領に対する「虚偽、スキャンダル、悪意」のある報道には罰金ならびに懲役を科す「治安維持法」を可決した。民主共和党支持の印刷業者のなかには、有罪判決を受けて投獄される者もいた。しかし、報道の問題が扱われるたびに、その矛先は検閲者へと向かい、検閲の対象になった者は人気者になった。

一八〇一年、民主共和党が選挙で勝利した。大統領になったジェファーソンは「治安維持法」を廃止し、同法の適用によって有罪判決を受けた者たち全員を恩赦した。連邦党のアレクサンダー・ハミルトンはジェファーソンが権力の座に就いたことに失望した財界人たちとともに『ニューヨーク・イブニング・ポスト』（『イブニング・ポスト』とも呼ばれた）を創刊した。当時のアメリカには、一七の日刊紙をはじめとして、合計で二三〇の新聞があった。アメリカではこの三年間の検閲の後、今日まで報道の自由を少なくとも正式に撤回することはなかった。指摘するまでもないが、自由に関する闘いにおいて、女性と奴隷が議題に上ることはまだきわめて稀だった。

パリでは「思想と意見の自由な伝達は人間の最も貴重な権利の一つ」〈フランス人権宣言〉

一七八八年末、パリでは四つの新聞だけが発行されていた。これらの新聞は厳格な管理下に置かれていた。このとき、ルイ一六世は三部会を招集する決断を下した。ルイ一六世は、三部会を開く準備として、平民の陳情書を自由に公表することを認めた。これは表現の自由と出版の自由を意味した。一七八九年初頭、新聞の数は急増した。

一七八九年一月から四月にかけて、さまざまな形式の新聞が二六〇〇紙も発行された。それらの新聞は構想を練ることなく大急ぎで発行されたため、審美的な配慮はなかった。八ページにわたってぎっしりと文字が詰まっていた。路上で声をかけながら販売する者の仕事をやりやすくするために、一面には見出しと記事の要約が載せてあった。

この自由を制限しようとした書籍局長（王の検閲責任者）は議員たちに対し、「三部会での討議の内容は秘密にする」と告げた。議員たちはこの検閲を回避しようと、『選挙民への手紙』を創刊し、この出版物を通じて自分たちの任務を報告し、討議の内容を伝えた。検閲当局はこうした動きに対し、地方での情報を徹底的に管理した。新たに発行された新聞の編集者は、検閲当局のこうした対応に不満を述べた。たとえば、一七八九年二月四日付の『レンヌ〔フランス西部〕の掲示』には、「レンヌでの出来事は一切なしです……。親愛なる読者よ……。一言もありません……。〔検閲に〕注意しなければならないという苦痛。われわれは嘆かわしい物語さえ書くことができません」。地方では、村から村へと定期的に渡り歩く行商人が、集会所と新聞と並んで、まだ主要な情報源だった。

一七八九年三月一六日、ジロンド派の指導者ジャック・ピエール・ブリッソーは、パリで日刊紙『フランスの愛国者』を創刊するにあたって次のように述べた。「われわれは検閲やあらゆる影響を排除し、政治や国内問題を自由に論じる新聞を刊行する」。この新聞は三部会での討議の内容を報告した。コンドルセ〔フランスの数学者、哲学者、政治家〕と司教グレゴワール〔フランスの政治家〕も寄稿した。

一七八九年の春のある日、街頭で〔各紙合計で〕三〇万部が売れた。一七八九年五月一九日、検閲当局は、新聞が三部会の議事録を公表することを正式に認可したが、新聞にコメントを載せることはまだできなかった。六月二七日、三つの身分が合流して三部会は国民議会になり、憲法制定の準備が始まった。

一七八九年七月一七日、製本業者ルイ＝マリー・プリュドムは、週刊誌『パリの革命』の創刊号を出版した。毎週日曜日発売の四〇ページからなるこの雑誌は、大衆の悲惨な暮らしぶりと検閲を糾弾した。バスティーユ襲撃を最初に伝えたのはこの雑誌だった。一方、『フランスのガゼット』はこれを無視し、外国の新聞はしばらくしてからバスティーユ襲撃を些細な事件として紹介した。

八月三日、国民議会は、次の憲法を制定する前に『人間と市民の権利の宣言』(フランス人権宣言)を行う決定を下した。この宣言は、ジェローム・シャンピオン・シセを長とする事務局が提案する二四ヵ条に基づき、憲法委員会(ジャン=ニコラ・デムーニエ、セザール=ギヨーム・ラ・リュゼルヌ、フランソワ・デニ・トロンシェ、ミラボー、クロード・レドン)が準備を進めた。八月一七日、先述の二四ヵ条の第八条である報道の自由が初めて議論された。すなわち、「市民は、言葉、文章、印刷物によって自身の考えを表明する権利を持つ。ただし、その際に他者の権利を侵害してはならない。とくに、私信は神聖不可侵である」。八月一九日、この条項は『人間と市民の権利の宣言』の第一一条「思想の伝達は市民の権利であり、これが市民の権利を侵害する場合を除き、制限されてはならない」の原案になった。これは報道の完全な自由の確立を意味した。この草案には議会の承認が必要だった。

八月二四日月曜日、採決に入った。公爵ルイ・アレクサンドル・ド・ラ・ロッシュフコー(ベンジャミン・フランクリンと面識があった)は、「専制政治を破壊したのは報道であり、狂信を打ち砕いたのも報道だった」と説き、第一一条に関して次のような修正案を出した。「思想および意見の自由な伝達は、人の最も貴重な権利の一つである。したがって、すべての市民は、法律によって定められた場合にその自由の濫用について責任を負うほかは、自由に、話し、書き、印刷することができる」（『解説 世界憲法集』、樋口陽一、吉田善明編集、三省堂、二〇〇一年第四版から引用）。バレール・ド・ヴュザックは次のように付言した。「思想の自由な伝達と不可分である報道の自由を認めようではないか。（……）報道による意見の進展は抑えがたくなった」。ラボー・サン＝エティエンヌは、「報道の自由は、郵便の秘密を侵害してはならない」、「報道の自由に不都合がないわけではない」と注意を促しながらも、「これはきわめて重要な条項だ」と結論づけた。最終的に二つの草案が対立した。修正審議では、「第六委員会の草案の一九条は否決された一方、ラ・ロッシュフコーの修正案は可決された」。

つかの間の自由

一七八九年九月、王室の検閲官の娘ルイーズ・ケラリオは自身が創刊した『国と市民のジャーナル』の編集長になった。女性初の編集長の登場だ。ダントン〔フランス革命を推進した政治家〕とデムーラン〔革命派のジャーナリスト〕の友人だったケラリオは、まもなくベルギーへ逃れた。

一七八九年一一月、これまでに『〔体系〕百科全書』、『フランスのメルキュール』、『フランスのガゼット』など多数の出版物を刊行してきた先述のパンクックは、『世界報知』を創刊した。イギリスが一〇〇年ほど前から〔節税のために〕使ってきた大判紙を初めて採用したこの新聞は、政府の新たな機関紙になった。

パリでは革命を支持した新聞には、ミラボーの『プロヴァンス通信』と先述のプリュドムの『パリの革命』があった。また、マラー〔フランス革命の指導者〕の編集による『大衆の友』もあった。この新聞は八ページから一二ページで構成されていたが、パリの街角に貼り出す掲示形式で発行されることもあった。この新聞は定期的には発行されていなかったが、およそ六〇〇号刊行されたことがわかっている。ジャック・ルネ・エベールの『デュシェーヌ親父』は、「私は千人の太った女性の腹にかけてあなたに誓う」というように、野卑な言葉を用いる新聞だった。ショデルロ・ド・ラクロの編集による『憲法の友ジャーナル』は地方のジャコバン派の文通を掲載した。アントワーヌ・モモロ〔「自由、平等、友愛」というスローガンの発案者〕は、『コルドリエ・クラブ・ジャーナル』を創刊した。これは革命支持派の最も急進的な新聞の一つだった。

革命反対を支持する新聞のなかでも活動的だった新聞をいくつか挙げる。一七九一年、『フランスのガゼット』は『フランスの国民ガゼット』という名称に変わり、刊行は隔週から日刊、管理は宮廷から外務省になった。また、『国民政治ジャーナル』、リヴァロルが関与した『使徒言行録』、シャロン＝シュル＝マルヌ〔フランス北東部〕の司教アンヌ・ド・クレモン＝トネールが編集する『パリのガゼット』などだ。これら以外の王党派の新聞としては、一七九〇年一月に『黙示論』が刊行された。元俳優のピエール＝ジェルマン・パリソも『朝刊』を刊行した。一七九一年にルイ一六世がヴァレンヌ〔フランス北東部〕で捕らえられたとき、『パリのガゼット』の編集長バルナベ・デュロソワは、王の支持者らに捕まった王の身代わりとして人質になるように呼び掛けた。

慎重な報道に徹した新聞もあった。ジャン＝フランソワ・ゴルティエ・ド・ビオザの『討論と政令ジャーナル』やシャルル＝ジョゼフ・パンクックの『世界報知』だ。

また、『博識ジャーナル』、『パリのガゼット』、『フランスの愛国者』、『パリ・ジャーナル』、『パリ報知』は廃刊になった。

当時、ジャーナリストの暮らしぶりは悪くなかった。先述のジャック＝ピエール・ブリッソーは日刊紙『フランスの愛国者』の発行によって大臣と同等の収入を得ていた。先述のカミーユ・デムーランは、「ジャーナリストという職業は、金目当てでも政府の奴隷でもなくなった」と記した。ところが、その代償はとてつもなく大きかった。これらのジャーナリストの多くは、まもなく死刑に処せられるか暗殺されたのだ。たとえば、ブリッソー、ラ・ロシュフコー、ダントン、マラー、デュロソワ、ロベスピエール、エベール、オランプ・ド・グージュ、そしてデムーランである。

恐怖政治：「世論を毒する者は逮捕する」

一七九二年八月一日、王制に反対する『世界報知』は、プロイセンの公爵カール・ヴィルヘルム・フェルディナント・ド・ブラウンシュヴァイク＝ヴォルフェンビュッテルの「拘束した王の家族に少しでも危害を加えたのなら、パリ市民に《軍事的な制裁を加える》」という声明を掲載した。革命派は怒り狂った。こうして恐怖政治が始まった。

八月一〇日、蜂起した者たちはテュイルリー宮殿に進撃した〔八月一〇日事件〕。王の代わりに人質になると申し出た『パリのガゼット』の編集長バルナベ・デュロソワは拘束された。その一五日後、デュロソワはギロチンにかけられた最初のジャーナリストになった。

八月一一日、王党派や穏健派の新聞は発禁になった。これらの新聞の編集者や印刷業者も拘束され、彼らの仕事場は革命派の新聞が接収した。八月一二日、パリ・コミューン〔パリ政府〕は、「彼らの印刷機、活字、道具は、愛国的な印刷業者たちの間で分配する」と宣言した。

報道の自由は三年間しか続かなかった。

九月四日、『人間と市民の権利の宣言』の報道の自由に関する条項の作成者である公爵ルイ・アレクサンドル・ド・ラ・ロッシュフコーは、貴族を襲撃していたサルトとオルヌ〔ともにフランス北西部の県〕の義勇兵たちによってジゾー〔パリの北七〇キロメートル〕で殺害された。検閲は容赦なく行われた。一二月四日、国民公会は「フランスにおいて王政復古あるいは国民代表制の廃止を提唱する文書を作成ないし印刷した者は、例外なく革命裁判所に召喚され、死刑に処せられる。（……）禁止されている文書を扱った行商人、販売人、流通業者は、著者を明かした場合は三年間の勾留、明かさなかった場合は二年間の懲役に処せられる」とした。

一七九二年九月一〇日付のロンドンの『タイムズ』は、フランスの革命家たちを「パリの野獣」と呼び、「この二本足のパリの野獣たちよりも野蛮なのは、アフリカの未開の砂漠を徘徊する四本足の動物だけ」と非難した。同時期、同じロンドンでは、報道機関で働くウィリアム・ヘンリー・スミスがロンドンの複数の駅に書店ネットワークを設立した。これが報道流通システムの原型だ。

一七九三年一月二五日、パリよりも四日早くルイ一六世の処刑を報じた『タイムズ』は、「われわれの王国〔イギリス〕で暮らす国民全員は、パリの狂暴な野蛮人に憤りを覚える。フランスという名前を聞くだけで嫌悪感を催す。（……）マケドニアのアギスが無知で反抗的な民衆によって殺されたように、フランスのルイ一六世も同じ運命をたどって殺害された」と論じた。

一七九三年五月二九日、国民公会は印刷業者に対し、公共の場に文書を掲示する場合、記事を書いた著者の本名を明示するように指導すると同時に、白色用紙は公文書用だとして白色用紙の利用を禁じた（色のついた用紙のほうが高価だったため、この措置は印刷業者の掲示を抑制する効果があった）。マラーが殺害される一ヵ月前の一七九三年六月二日、ブリッソーの新聞は発禁になり、ブリッソーはギロチンにかけられた。

報道は鉛のヴェールに包まれた。パリの新聞の数は、一七九二年一月のおよそ二一六から一七九三年六月には一一三へと半減した。

一七九四年三月と四月、今度はジャック・ルネ・エベールとデムーランが処刑された。そして七月二八日にロベスピエールも同じ運命を辿った。

グラキュース・バブーフも処刑から逃れられなかった。『人民の護民官あるいは人権擁護者』の創刊後、一七九七年五月二七日、バブーフは死刑を宣告された直後に法廷で自殺した。『パリのジャーナル』で革命の暴力行為を糾弾したフランソワ・ド・パンジは、ギロチンの刑をかろうじて免れた。

革命時のジャーナリストたちの中でも極端な運命を辿ったのは、ヴォルテールの敵対者の息子ルイ＝スタニスラス・フレロンだ。一七八九年に『文芸年鑑』の所有者になったフレロンは『旧コルドリエ』を創刊し、マラーの協力を得て『人民の発言者』を創刊した。一七九三年、マルセイユとトゥーロンで反革命分子による反乱を、ロベスピエールでさえ衝撃を受けるほど過激に鎮圧した。その後、フレロンは変節した。ロベスピエールの処刑から一ヵ月後の一七九四年八月、フレロンは報道の絶対的自由を擁護した。当時一三歳だったポリーヌ・ボナパルト〔ナポレオン・ボナパルトの妹〕と恋に落ちるが、一八〇二年に第一執政になる兄によってポリーヌから引き離された。フレロンはトゥーサン・ルーヴェルチュール〔ハイチの独立運動指導者〕の反乱を鎮圧する任務を負ってサン＝ドマング〔現在のハイチ〕に副知事として派遣されたのだ。フレロンはサン＝ドマングに到着してから二ヵ月後に黄熱病によって現地で死亡した。ちなみに、ポリーヌの夫もサン・ドマングに転任して黄熱病に罹って病死した。

機械式の通信機：「共和国の形成に、フランスが広すぎるということはない」

この時期、フランスでは革命の思考体系、行政、政治に関して、情報伝達を高速化させる必要が生じた。この必要性が太古以来初の飛躍的なイノベーションにつながった。通信機〔腕木通信機：機械式の手旗信号〕の登場だ。

この時期、誕生したばかりの共和国がフランス全土を統治するには通信機が必要だった。というのは、新聞が存在せず、いい加減な噂だけが出回る地方、とくにフランス西部では、ほとんど知られていないパリの出来事によって、内戦が勃発して王国が崩壊する恐れがあったからだ。革命に敵対するカトリック教会は、一七〇九年にルイ一四世が命じたように、説教や君主の親書の朗読によって国の団結を呼びかけようとはしなかった。こうした状況においてもテクノロジーを利用すれば国を統一できることがわかった。そこで、このテクノロジーを具現する環境整備が必要不可欠になった。

一七九一年三月、ラバル〔フランス西部〕の裕福な家庭の跡継ぎであるクロード・シャップは、通信実験に何度も失敗した後〔ジュネーヴでの電気式通信機、メニルモンタン〔パリ市内〕とバニュー〔パリ郊外〕を結ぶ文字式通信機、ロンドンでの光学式通信機〕、一冊の本に並ぶ九九九九の単語を暗号化できる暗号簿を開発した。開発目的は明らかに政治的であり、時代の要請だった。すなわち、「長距離であっても政府の命令を最短時間で直接伝達できるようにすること」だった。シャップにとって、自身の発明は「共和国を統一するにはフランスは広すぎると考える人々への最良の回答」になった。

シャップの最初のメッセージは、一七キロメートル離れたサルト〔フランス西部の県〕の二つの行政区間で伝達された。「国民にとって有益な実験に対し、国民議会は褒賞を与える」というコメントからも、この実験は政治目的だったことがわかる。通信ネットワークの構築は、革命派の敵軍の動向を監視するためにフランス北部から着手された。通信線は、一七九三年にパリ＝リール（オーストリア軍の監視）、そしてパリ＝ブレスト（ブルターニュ地方の統治）とパリ＝ストラスブール（四四の通信機を経由してニュースを六分半で伝達した）というように、次々と整備された。この通信ネットワークによる新聞や一般人のための情報伝達はまだ論外だった。

一七九四年八月三〇日、最初の通信が始まった。リールから発信されたメッセージはパリに数分で到着した〔およそ二〇〇キロメートル〕。国民公会はこの通信ネットワークによって、フランス共和国の軍隊がコンデ＝シュル＝レスコー〔フランスのベルギー国境沿いの行政区〕をオーストリア軍から奪回したことを知った。

一七九五年、統裁政府は検閲を一部緩和した。王党派の新聞の発行が再び認可された。しかし、革命に参加したジャーナリストたちの復帰は認められなかった。「バラスのクーデター」〔フリュクティドール一八日のクーデター〕の四日後の一七九七年九月八日、五百人会〔総裁政府期の下院にあたる議会〕は、「五四人のジャーナリストをオレロン島〔フランスの大西洋岸の島〕への流刑に処す」というジャック＝チャルル・バイユールの報告書を承認した。流刑者のなかには、イジドール・トマ・ラングロワ〔一七九二年から『戦争の御者』の編集者を務めた〕、レネ＝アンブロワーズ・ドボノー〔サン・ドマンクの『植民地ジャーナル』の創刊者、理事〕、ジャン＝フランソワ・ド・ラ・アルプ〔一七九三年に『フランスのメルキュール』の編集長に就任〕がいた。同時期、三一の新聞が発禁処分となったため、パリで政治を扱う新聞の数は七〇にまで減った。

一七九七年七月、イタリア遠征中のナポレオンは、自分の軍隊に情報を提供するために軍人向けの『イタリア遠征軍通信』を創刊した。編集は元ジャコバン派のマルク・アントワーヌ・ジュリアンが担当した。一七九七年八月、ジュリアンは『イタリア遠征軍から見たフランス』を創刊し、この編集をレグノー・ド・サン＝ジャン・ダンジェリに託した。ちなみに、ジュリアンとダンジェリの人生は波瀾万丈であり、伝記にする価値がある。

一七九八年、ナポレオンは先述と同様の形式で『エジプト通信』を創刊した。この新聞はフランス軍の機関紙の役割を果たした（全部で一一六号。すべての編集はカイロ在住のフランス領事の甥ジャン＝ジョセフ・マルセルが担当した）。この新聞は新たな発見やピラミッドに関する記事も扱った。一七九九年七月一五日にフランスの兵士がロゼッタストーンを発見したという第一報は、一七九九年末のこの新聞によってもたらされた（その後、ロゼッタストーンは、フランス軍がイギリスに敗退したため、イギリスに引き渡された）。同じくエジプト遠征中に、フランス科学芸術委員会の記事をまとめた『エジプトの一〇年』が創刊された。

「ブリュメール一八日のクーデター」（一七九九年一一月九日）の後、一八〇〇年一月一日、統領政府が正式に樹立した。こうして再び検閲が徹底的に行われるようになった。

報道の自由によって独裁者の出現を阻止することはできない。この構図はその後何度も繰り返される。

ナポレオン帝国：
「出版する権利は自然権〈永遠普遍の権利〉ではない」

「ブリュメール一八日のクーデター」後、ナポレオンの最大の懸念事項の一つは報道だった。ナポレオンの心中は「報道の自由を許せば、わが政権は三ヵ月ももたない」だった。ナポレオンにとって出版する権利は自然権に含まれていなかった。フランス共和国の執政官たちは、新聞の創刊を禁じ、「社会協定の尊重、国民主権、軍隊の名誉に反する記事」を掲載する六〇の新聞を発禁処分にした。『世界報知』と『パリ通信』が統領政府の機関紙になった。「二七ニヴォーズ八年〔十進法を用いるフランス革命暦〕（一八〇〇年一月一七日）の政令」により、存続したのは一三の新聞だけであり、検閲が復活した。とくに一七九二年に創刊された『世界ガゼット』は、名称を『新たな政治』、『ヌーヴェリスト〔新聞記者〕』、『ピュブリシスト〔新聞記者〕』と変更させられ、穏当な記事ばかりを掲載することを条件に発行を容認された。

一八〇一年、新聞の発行が禁止された。パリの街頭では、売り子が新聞を販売できなくなった〔発行を許可されたのはごく一部の新聞〕。パリから地方へ印刷物を配達できないように、民間の運送会社は定期刊行物だけでなく一キログラム未満の小包の輸送も禁じられた。

一八〇四年四月二二日、ナポレオンは警察大臣ジョゼフ・フーシェに次のような手紙を書いた。「新聞を少し締め付け、よい記事を載せるように指導してくれ……。購読者の多い『討論ジャーナル』、『ピュブリシスト』、『フランスのガゼット』の編集者に対し、イギリスの新聞の真似をして国民の不安を煽り続けるのなら、（……）発行できないようにすると伝えてほしい。革命は終了し、フランスには一つの政党しかない。つまり、新聞が私の利益に反する内容の記事を載せ、私を困らせるようなことがあってはならないということだ」。

一八〇五年七月一六日、ナポレオンは先述の恫喝を実行に移した。『討論ジャーナル』は出版停止になり、『帝国ジャーナル』と改名させられた。

この時期特有のジャーナリストとして、ジョセフ・フィエヴェが挙げられる。元王党派のフィエヴェは、総裁政府時代〔一七九五年から一七九九年〕には身を潜め、一八〇三年に警察大臣フーシェの指揮によって投獄されたが、同年にナポレオンの秘密工作員になった。そして一八〇四年、『帝国ジャーナル』と改名した『討論ジャーナル』の編集長に就任した。一八一〇年にはナポレオンの計らいによって男爵になり、ニエーブル〔フランス中部〕県知事に就任した。ルイ一八世に庇護されたが、百日天下のときにナポレオンよって罷免された。その後、フィエヴェは王政復古、そして報道の自由の旗振り役になったが、一八一八年にはそうした活動のために投獄された。また、フィエヴェは官舎で男性のパートナーと暮らし、同性愛者であることを公言したフランス社会で最初の人物の一人でもあった。

同時期、先述のシャップはナポレオンに通信機を使ってもっと多くの情報を伝達することを提案した。たとえば、広報、為替レート、船の入港、宝くじの結果などの伝達だ。これらの提案のうち、ナポレオンはなんと宝くじの結果だけを採用し、シャップにパリ＝トリノとパリ＝ヴェネチアの通信線の整備を要請した。

報道は厳重に管理されていたが、それでもナポレオンは警戒していた。ナポレオンの秘書の一人だったファン男爵の回顧録によると、ナポレオンは毎朝、複数の新聞に目を通し、私設司書のリポーに「宗教、哲学、政治的意見の観点から世論に影響をおよぼす」と思われる記事の分析を依頼していたという。ナポレオンは入浴中〔非常に長いという評判だった〕、警察の報告書の抜粋を秘書に読み上げさせ、疑わしい記事を拾い上げた。たとえば、一八〇五年のこの報告書には、イギリス軍がリスボンに上陸するかもしれないというトゥーロンでの噂が載っていた。そこでナポレオンは警察大臣フーシェに次のような手紙を書いた。「世論の支持を得るためにもう少し〔新聞に〕働きかけてくれ。私はどこにいようがいつも新聞を読んでいると、新聞の編集者たちに伝えておくように……」。

一八〇五年五月二〇日、ナポレオンはまたしてもフーシェに次のような手紙を書いた。「今後、『討論ジャーナル』は事前に検閲を受けなければ刊行させないというのが私の方針だ。信頼できて機転の利く人物を検閲官に任命してくれ。検閲官の給料は一万二〇〇〇フランとし、これは『討論ジャーナル』の所有者たちの負担とする。この条件が満たされるのなら、私はこの新聞の存続を容認しよう」。

ナポレオンは〔発行が認められていた数紙の〕新聞に対し、ブローニュ・シュル＝メール〔フランス北部〕駐留軍のオーストリア派遣に関する報道を禁じた。また、オーストリア皇帝になったフランツ二世にフランス軍の攻撃が迫っていることを勘づかれることがないように、フランツ二世に対する批判を控えるように要請した。当時、ニュースが掲載されるまでにはかなりの時間がかかった。たとえば、同年一八〇五年一二月二日の「アウステルリッツ〔チェコ東部〕の戦い」でのナポレオン軍の電撃勝利が『世界報知』で報じられたのは、勝利から一〇日後のことだった。そしてこのニュースがイギリスの『ロンドン・ガゼット』で報じられたのはさらに遅く、一八〇六年一月一一日のことだった。

一八〇六年以降〔イタリア遠征軍、次にエジプト遠征軍に対して行ったように〕、ナポレオンは『大陸軍の報告書』を刊行させた。ナポレオン自身もしばしば寄稿したこの定期刊行物は、当初は軍人専用だったが、『世界報知』が再掲するようになると政府の機関紙になった。この新聞はフランス全土の公共の建物の壁に貼られ、教会、学校、公共の広場にも配布された。一八〇七年、ナポレオンは地方紙〔各県に一紙〕にも『世界報知』の抜粋を再掲するように命じた。一八〇八年六月、メッテルニヒ〔オーストリア帝国の政治家〕は次のように記した。「ナポレオンにとって、ガゼットは三〇万人の軍隊に相当する。ナポレオンに雇われた一握りの新聞記者たちが動かすこの軍隊の働きは、国内の監視ではお粗末だが、外国にとっては脅威だ」。

一八〇八年、バイヨンヌ〔フランス南西部〕においてナポレオンがスペイン王位を巡って対立するカルロス四世と彼の息子フェルナンドに会ったとき、ナポレオンは、スペイン王位は自分の兄ジョセフに与えると宣言した。ナポレオンは、このニュースが急速に拡散すること、そして彼らと交わした約束が嘘だと悟られることを恐れ、警察大臣フーシェに対し、「新聞が不合理なニュースを報道するのをやめさせるように」と指示し、一八一〇年も同様に、「紙面に《ポーランド》という言葉を載せないこと、そしてできるだけあの国の話題を扱わないことを新聞に言い含めるように」と命じた。ナポレオンは『フランスのガゼット』がプロイセンに関する記事を自分の望まない時期に載せたことに腹を立て、この新聞を三週間休刊させた。ナポレオンは廃刊処分よりも「再犯の場合は」廃刊処分をちらつかせて休刊させるほうが好みだったようだ。

一八一〇年二月五日の政令は、「国の統治や国益に反する文書の印刷は禁じられている」ことを再び警告した。同年八月、ナポレオンは、「地方紙は各県に一紙しか認めない」と念を押した。これらの禁止事項が繰り返し掲げられたのは、実際には遵守されていなかったからだ……。検閲体制はさらに強化された。

ロシア遠征中の大陸軍のニュースがパリに到着するにはかなりの時間を要した。『世界報知』が一八一二年九月一四日に大陸軍がモスクワに入城したニュースをパリに届けたのは九月三〇日だった。そしてナポレオンが九月一六日付の手紙で語ったところの、同じ九月一四日にロシア〔のロストプチン〕がモスクワを焼き払ったニュースを『世界報知』が掲載したのは一〇月三日だった。

一八一二年一二月三日、『大陸軍の報告書』の二九号には、ロシアでの敗退の原因は悪天だったと解説されたが、この記事が『世界報知』に再掲されたのは二週間後だった。

一八一五年六月一八日の「ワーテルローの戦い」の結果がアーサー・ウェルズリー公爵〔会戦したイギリスの軍人〕の公文書によってロンドンに伝わったのは六月二一日だ。六月二二日の『モーニング・ポスト』の見出しは、「大朗報。ナポレオンの軍隊は壊滅。ナポレオンはかろうじて逃亡」だった。

一八一五年、パリには四つの出版物しかなかった（『パリ・ジャーナル』、『世界報知』、『フランスのガゼット』、『帝国ジャーナル』）（一七九八年には七〇あった）。ナポレオン帝国の凋落によっても検閲が問題視されることはなかった。フランスの報道機関は一七八九年から一七九二年までのつかの間の自由を取り戻すために一八八一年まで戦った。

王政復古の時代：「報道の本質は無秩序と反乱でしかない」

ナポレオン失脚後のフランスでは、検閲は廃止されず、検閲を指導する人物が交代しただけだった。一八一五年一一月九日の法律により、検閲が直ちに追認された。「国の財産が侵害されるという不安、教会税や封建的な権利が復活するという噂、合法的な統治について国民を不安にさせる、あるいは国民の忠誠心を揺るがすニュースを拡散する者は、煽動罪に処す」。

一八一六年一二月、警察大臣のドゥカズ公爵は、報道に関して「新聞と定期刊行物は、出版の際に王の許可を必ず得なければならない」という法案を提出した。二一七人の議員のうち一二八人が賛成票を投じた。この法律は一八一七年一月二九日に公布された。一八一七年一月二九日に開かれた討論会では、「言葉の王子」との異名を持つピエール＝ポール・ロワイエ＝コラール（哲学者、その後、アカデミー・フランセーズの会員に選出された）は、新聞は「合憲的な政府の魂と生命である討論に」不可欠だと述べ、報道の自由を断固として擁護し、この法律を次のように非難した。「不道徳で物質主義的なこの法律は、地獄を予見し、この世で悪魔的な役割を果たす」。コラールは、問題を起こすのは新聞でなく新聞を操る者だと説き、「この国には新聞を新たな不和と反乱の道具にする政党が存在するのではないか」と訴えた。また、報道機関の犯罪は軽罪裁判所でなく、重罪裁判所、すなわち裁判員によって裁かれるべきだと主張したが、討論はそれ以上進まなかった。

一八一九年三月、セール法（法務大臣のエルキュル・ド・セール公爵にちなんで命名）によって、報道は建前上自由化された。発刊前の許可を得る代わりに、二人の編集者が誓約書を提出し、一万フランの保証金を積むことになった。新聞の差し押さえは刊行後にしか行えなくなった。問われる恐れのある罪は、「王族に対する侮辱」、「重罪や軽罪のあからさまな扇動」、「公序良俗の破壊」、「政治家に対する名誉棄損と侮辱」の四種類だった。

フランス国民はパリ市民も含め、ほとんど何も知らされず、噂の犠牲になっていた。一八二四年八月二五日、テュイルリー宮殿で取り巻きの挨拶を受けていたルイ一八世は、声を発することもできないほど衰弱し、王座にうずくまっていた。「ルイ一八世の臨終」というパリ市民たちの噂を打ち消すために、容態報告書が数千枚印刷された。この報告書は市庁舎に掲示され、テュイルリー宮殿周辺や下町に配布され、日刊紙にも掲載された。

新たな新聞が登場した。当時、最も影響力があったのは、『フランスのガゼット』、『日刊』、『討論ジャーナル』、『合憲』、バンジャマン・コンスタンの『自由ミネルヴァ』、シャトーブリアンの『保守主義者』だった。これらの新聞のなかには、購読料や広告収入のおかげで非常に儲かったものもあった。一八二六年、収益率は『合憲』が二七%、『ウール＝エ＝ロワール〔パリの西にある県名〕短信』が五五%だった。

一八二九年、プロスペール・モーロアとセギュール・デュペイロンが『両世界評論』を創刊した。創刊二年後、化学者から印刷業者になったフランソワ・ビュロがこの雑誌を引き継ぎ、四〇年間にわたって主幹を務めた。『両世界評論』は一九世紀全般を通じてフランスを代表する定期刊行物になり、サント・ブーヴ、ヴィクトル・ユゴー、ジョルジュ・サンド、アルフレッド・ド・ヴィニー、アルフォンス・ド・ラマルティーヌ、イポリット・テーヌ、エルネスト・ルナン、オノレ・ド・バルザック、アレクサンドル・デュマ・ペールらもこの雑誌に寄稿した。

一八三〇年、ジュール・ド・ポリニャック公爵は、政府の権力を回復させるために報道の自由化に終止符を打とうとして「定期刊行物は過去、そして現在においても無秩序と反乱の道具でしかない」と説いた。一八三〇年七月二五日、ポリニャックの指導により、シャルル一〇世が署名した「四つの勅令」により、報道の自由は制限され、検閲は復活し、出版許可は廃止された（ただし、政府の「機関紙」は除く）。これらの勅令によって革命が勃発した……〔七月革命〕。イギリス、アメリカと続き、フランスでも報道の自由を巡って体制が崩壊した。

金持ちに仕えるイギリスの報道の自由

イギリスではこの時代全般を通じて、報道の自由は建前としては約束されていたが、内実は異なった。イギリスのエリート層（一握りの男性大地主）は、大衆向けの報道（急進的な政治運動）の発達を恐れ、こうした動きを封じる工作を施した。検閲を介してではなく、新聞の価格と教育費を安価にしないことによって、金持ちだけが新聞を購読できるようにしたのだ。

さらには、新聞の内容が改善されないようにするために、優秀な若者をジャーナリストにさせないための策が講じられた。当時、ジャーナリストという職業は良家の子弟にはふさわしくないと考えられていた。一八〇七年に制定された規則により、新聞社で働いた経験のある者は、法律関係の職には就けなかった。高い身分の者がジャーナリストと決闘するのは品位を著しく汚す行為だとさえ思われていた。

そうした状況にあっても、イギリスの報道は進歩した。まずは技術面だ。一八一二年、ロンドンに亡命していたドイツの印刷業者フリードリヒ・ケーニヒと時計職人アンドレアス・フリードリヒ・バウアーは、『タイムズ』に蒸気機関と連動できる円圧式印刷機の試作機を紹介した。この印刷機は一時間で数百ページ印刷できた。これは見逃されがちな大革命だ。一八一四年、『タイムズ』はこの印刷機で刊行される初の新聞になった。

一八一五年、その二〇年前に創刊され、当時、イギリス最大の新聞と見なされていた『モーニング・アドバタイザー』は、フリート・ストリート〔ロンドン中心部〕に移転した。そこにはすでにユグノー〔カルヴァン派〕が開業した多くの書店、『デイリー・クーラント』などの新聞社、出版社のマレー〔ダーウィンの『種の起源』など重要な書籍を数多く出版した〕などがあった。その後、ロンドンの大手紙の大半もフリート・ストリートに本社を構えるようになった。

一八一九年、新聞への課税が強化され、この増税は政治問題を扱う出版物にも適用された。だが、大した混乱は生じなかった。例外は、『ポリティカル・レジスター』におけるウィリアム・コベットなどの一部のジャーナリストたちだ。後に、批評家ウィリアム・ヘイズリットはコベットらを「第四の権力」と形容した。ちなみに、ジャーナリストや報道に対して「第四の権力」という言い回しが用いられたのは、このときが初めてだ。

一八二三年、印刷業者ロバート・ベルが初のスポーツ紙『ロンドンでのベルの生活』を創刊した。当初、この新聞は貴族を対象に競馬の結果を報じた(「ジェントルマンの日曜日は本紙とともに」が宣伝文句だった)。

アメリカでトクヴィルが感嘆したとき

アメリカでは一八〇九年にトーマス・ジェファーソンに代わってジェームズ・マディソンが大統領に就任した。ニューイングランドの一部の新聞が公然と反乱を扇動しても、報道の自由が問題視されることはもうなかった。たとえば、『イブニング・ポスト』は、イギリスとの戦争とマディソン大統領に異議を述べる社説(「ニューイングランドのある農民」という匿名で執筆された)を掲載しても、何の制裁も受けなかった。

独立を勝ち取るために大いに貢献した報道は、一〇〇年前からと同様に、商人たちが競争相手よりもいち早くヨーロッパのニュースを知るために活動した。とくに、商売における製品価格の決定だ。そのためには商売敵よりも一日でも早く情報を入手することが重要になった。

一八一二年、ボストンではヘンリー・ブレイクとサミュエル・トプリフ(ともにジャーナリスト」は、入港したばかりの船の乗客や船長からヨーロッパ情勢に関する情報を収集するために部下を港に待機させた。ブレイクとトプリフは、設置した電信機を使ってヨーロッパの製品価格などの情報を、購読契約している街の仲買人に伝達した。

一八二四年、『貿易ジャーナル』を創刊したアーサー・タパンとサミュエル・モールスもヨーロッパからやってくる船に対し、出迎えの二本マストの帆船を送って船上でヨーロッパの新聞を受け取り、情報を先取りした。

一八二七年、アフリカ系アメリカ人のカトリック司教がニューヨークで初のアフリカ系アメリカ人のための新聞『フリーダムズ・ジャーナル』を創刊した。

アメリカの郵便局はこれまでになく繁栄した。郵便局は、国を統一し、西部開拓を押し進めた。一八二八年、人口一〇万人当たりの郵便局の数は、アメリカが七四、イギリスが一七、フランスが四であり、アメリカのおもな郵便物は新聞だった。

一八三〇年一二月、アレクシ・ド・トクヴィル（アメリカの刑務所システムの研究のためにアメリカへ派遣されていた）は、手紙や新聞がケンタッキー州やテネシー州などの遠隔地にも迅速に届くことに感銘を受け、多くのアメリカ人が、ニュース、政治的事実、思想動向に関心を持っていることに驚いた。また、大量の新聞が存在するのは地方分権によるものだと考えた。トクヴィルによると、地方分権により、地域の出来事に対するアメリカ人の関心が高まったという。また、アメリカ人は故郷を持たないからこそ、集団に帰属しよう、また団体をつくろうとするのであって、そうしたアメリカ人の願望から多くの新聞が創刊されたという。数ヵ月後、トクヴィルはミシガン州で出会った人里離れた山小屋に暮らす開拓者について次のように描写した。「森の中で暮らすことを選択した非常に文明的な男。この男は、聖書、斧、新聞の束を手にして新世界の誰もいない土地に閉じこもっている（……）。人里離れた山奥に信じられないほど速い思考の持ち主が存在することなど想像しがたい」。さらには、「フランスのインテリが暮らす最も人口の多い地区でも、これほどの知的ムーブメントがあるとは私には思えない」。

トクヴィルはフランスのあらゆる遅れの原因を次のように分析した。「安価で新聞を配達する手段がなければ、フランスは、知性、経済、科学、政治など、あらゆる側面の発展で後れを取るだろう。実際にフランスでは、読み書きを学んで教養を身につけ、産業技術、価値観、自由を学べる環境にある人物は、支配階級以外では一人もいない。そして今のところ抜きんでた経済力を維持しているイギリスでさえ、大衆層にまで報道を浸透させない政策を取ったことが原因で、高い代償を払うことになるだろう」。

世界の他の地域では

南アフリカでは、一八〇〇年に二人の奴隷商人アレクサンダー・ウォーカーとジョン・ロバートソンが『ケープタウン・ガゼットとアフリカン・アドバタイザー』を創刊した。植民地政府は情報管理のためにすぐにこの新聞を買収し、政府の機関紙にした（英語版とオランダ語版があった）。定期刊行物の創刊は、一八二四年には『サウスアフリカン・コマーシャル・アドバタイザー』と『南アフリカ・ジャーナル』、一八二六年には『新機関』、一八二七年には『植民者』と続いた。

インドでは、一八二六年五月三〇日、コルカタ〔インド東部の西ベンガル地方〕において弁護士ジュガル・キショール・シュクラは、ヒンディー語による同国初の週刊誌『日の出』を創刊した。この週刊誌はすぐに廃刊になったが、五月三〇日には今日でも「ヒンディー・ジャーナリズムの記念日」になっている。一八二七年から一八三五年にかけてベンガル地方では、一六のヒンディー語新聞が発行された。

中国では一八一五年からアメリカの宣教師ロバート・モリソンがムラカ〔マレーシア〕

で『チャイナ・マンスリー・マガジン』を刊行した。一八二七年には『カントン・レジスター』、一八三五年には『カントン・プレス』が創刊された。すべて英語であり、中国語の定期刊行物はまだなかった。

エジプトでは、一八二八年にムハンマド・アリ（マケドニア地方出身のオスマン帝国の支配者であり、一八〇五年からエジプトを圧制した）は、エジプト政府公認の新聞『エジプト事情』の創刊を決めた。記事はトルコ語とアラビア語で書かれた。

イスタンブールでは、最初の新聞はフランス語だった。まず、一八一〇年にフランス人たちが隔月刊行の『ニュース報告』を創刊した。この雑誌は『コンスタンティノープルのフランス・ガゼット』、そして『東方メルキュール』と改名された。一八二四年、フランス人ジャーナリストのアレクサンドル・ブラックは、イズミル（エーゲ海に面するトルコ西部の都市）において、政治、商業、文学を扱う隔週刊行の『イズミル通信』を創刊した（これもフランス語だった）。次に、一八三一年にブラックはイスタンブールにおいて週刊誌『オットマン報知』を発行した。この週刊誌にはオスマン帝国皇帝のマフムト二世が資金提供した（これもフランス語だった）。この週刊誌の創刊から数ヵ月後、オスマン帝国政府はトルコ語版の刊行を命じた。自国語による初の新聞になった『オットマン報知』は、イスタンブールのインテリ、高級官僚、ビジネスマンを読者にして、九年間発行された。

第7章 他人よりも先にすべてを把握する

一八三〇年から一八七一年まで

四〇〇年前の印刷機の登場を除き、大衆が情報を得る方法は何千年も前からあまり変化がなかった。ほとんどの場合、大衆は為政者たちが伝えたいと思う情報だけを受け取っていた。ところが、四〇年間にわたる政治的大混乱の後に、四〇年間にわたる技術進歩（蒸気船、汽車、電信機、写真、電話）があった。そうした技術進歩がニュースの伝え方を大きく変化させた。これらのイノベーションのいくつかはフランスで開発された。しかし、政治的な検閲により、民生利用が認められなかったため、これらのイノベーションはフランスでは開花せず、そのほとんどがイギリスとアメリカで発展した。

市場経済における工業化の初期段階では、経済情報を最初に得た人、あるいは少なくとも必要なときに得た人が、莫大な富を得られることが明らかになった。一八一二年にボストンの商人が港で情報を事前に入手したように、世界中の産業家や金融関係者が、情報の先取りを要求するようになった。彼らの間に、他人より先にすべてを把握しなければという強迫観念が生じたのだ。軍事や政治だけでなく、今後はとくに工業に関する情報が重要性を持つようになった。

すべてはアメリカとイギリスで始まった。工業大国であるアメリカとイギリスでは、国民の一部は民主主義の恩恵に浴していた。そして少しずつではあったが、他の地域もアメリカとイギリスの進展に追随した。

アメリカでは建国以来、まず白人が知識と情報を伝達および共有することによって国を統一しようとした。国の統一は利益の源泉でもあった。

イギリスをはじめとするヨーロッパ地域では、絶大な権力を持つ貴族であっても、商人と中産階級の形成を阻止できなかった。また、貴族は報道が莫大な利益の源泉になることを察知した。アングロサクソンの支配階級は、自分たちの権力を強固にする情報の隠蔽と、自分たちの富を増やす情報の拡散という二つの選択肢の間でしばらく逡巡したが、最終的に後者の富の増大を選んだ。

報道の発展は民主主義を強化するが、盤石にはできない。一七九二年のフランスの事例からもわかるように、（まだ一部の人々だけのものであっても）民主主義によって報道が少し自由になったとしても、報道の自由と新たなテクノロジーだけでは、独裁者の台頭は阻止できない。それどころか後ほど紹介するように、独裁者の台頭が促されることさえある。

迅速に伝える

それまで大した変化のなかった情報伝達と新聞配布の速度は、電信機と蒸気機関車という二つのイノベーションによって著しく加速した。当然ながら、これらのイノベーションを真っ先に活用したのは報道が最も自由な国、アメリカだった。

二五年前に初の実用的な蒸気機関車が登場したのはイギリスだったが、鉄道を最も急速に敷設したのはアメリカだった。一八三八年にアメリカの鉄道は正式な郵便路線になり、まもなく郵便物の仕分けと輸送のための専用車両を導入した。翌年一八三九年、イギリスでも郵便専用の車両が登場した。こうして郵便物の輸送は、馬で運ぶよりもはるかに迅速になった。

同年一八三八年、二人のイギリス人ウィリアム・フォザーギル・クックとチャールズ・ホイートストンは、地中に埋設されたケーブルによる電信システムの特許を取得し、ロンドン＝バーミンガム間で実証実験を行った。この技術の利用が始まったのはアメリカだった。同年一八三八年、ニューヨーク大学の絵画と彫刻の教授サミュエル・モールスは、点と線との組み合わせによって文字を表す符号を利用する電信システムを考案し、二年後に自身の名前で特許を取得した（この特許に助手アルフレッド・ヴェイルの名前はなかった）。その六年後になってようやくアメリカの民間企業がこの技術を利用した。最初はワシントン＝ニューヨーク間、次にアメリカ全土で連邦政府が敷設した電信線によって利用が始まった。当時、連邦政府は電信線の使用権だけを留保し、電信事業を独占しようとは考えていなかった。

この時期、フランスでは先述のシャップの通信機の信頼性を失わせる詐欺事件があった。当時、パリ＝ボルドー間の情報伝達にかかる時間は、乗合馬車では三日、シャップの通信機では三時間だった。ボルドーの大銀行家ジョセフとフランソワのブロン兄弟は、トゥール〔パリとボルドーの中間地点にある都市〕のシャップ通信中継機の役人を買収し、年利三％の金融商品の価格推移に関するメッセージの伝達に関して、「下落」という言葉を「値上がり」という言葉に置き換えさせた。こうしてブロン兄弟は暴利を貪った。だが、一八三六年にこのトゥールの役人が病気になると、その後任者がブロン兄弟の悪事を警察に通報した。

同じくフランスで列車が乗客だけでなく郵便物も運ぶようになったのは、一八四二年八月以降であり、最初はストラスブール＝バーゼル間だった。一八四五年八月にはパリ＝ルーアン間に初の郵便専用車両が登場した。同年、イギリスの『商業運送ガゼット』は、列車を「商業的コミュニケーションにとってきわめて重要」と記した。

この時期、アメリカでは「ニューヨーク・アンド・ミシシッピ・ヴァレー・プリンティング・テレグラフ・カンパニー」や「ニューヨーク・アンド・ウエスタン・ユニオン・テレグラフ・カンパニー」などの民間企業がモールス通信を拡張した。モールス通信は、ボルチモア＝ワシントン間を皮切りに、鉄道の敷設が進むにつれてアメリカ全土へと広がった。

アメリカ・メキシコ戦争が始まった一八四六年、情報伝達に、馬、電信機、列車を組み合わせるというアイデアが登場した。サミュエル・モールス、ジェラルド・ハロック（『商業ジャーナル』の所有者）、ジャームズ・ワトソン・ウェッブ（『クーリエ・アンド・インクワイヤラー』の所有者）は、「ポニー・エクスプレス」という事業に共同出資した。この事業の概要は次の通りだ。ニューオーリンズ（テキサスで戦争に関するニュースを収集）からノースカロライナまでは騎手が定期的に往復し、列車の終着駅であり電信の終着基地でもあるノースカロライナからは、ニュースは鉄道の線路に沿って敷設された電信線を通じて東海岸の都市へ伝送された。こうして情報伝達にかかる時間はさらに短縮された。

アメリカ、そしてイギリスにおいて、ジャーナリストもモールス通信を利用し始めた。最初は株式相場と天気に関する情報のやり取り、次に通信員からの情報入手のためだった。

一八四七年一月、個人の電報の利用を認可したヨーロッパ大陸最初の都市はドイツのブレーメンだった。おもな利用者は船主だった。フランスではそれまでの慣行通り、国がこのテクノロジーを独占した。一八四七年、電信システムが設置されると、シャップの通信システムのときと同様に、国はこれを内務省の管理下に置いた。電信システムで送信されるのは政府のメッセージだけだった。同年、オスカー・ド・ラ・ファイエットという人物がフランス政府に対し、ブレーメンの事例を挙げて電信システムの利用を、企業、新聞、そして個人に開放するように要求した。ルイ＝フィリップ一世王政期最後のギゾー内閣で内務大臣を務めたドュシャテル公爵は、ファイエットに次のように回答した。「電信システムは、商売でなく政治の道具でなければならない」。

一八五六年、先述の「ニューヨーク・アンド・ミシシッピ・ヴァレー・プリンティング・テレグラフ・カンパニー」と「ニューヨーク・アンド・ウエスタン・ユニオン・テレグラフ・カンパニー」の合併により、ウエスタンユニオンが誕生した。この会社は、一八六一年に鉄道の線路に沿う初のアメリカ大陸横断ケーブル、そして一八六六年にニューヨークとロンドンを結ぶ海底ケーブルを敷設した。

アメリカでは電信システムが主要なコミュニケーション手段になった。たとえば、リンカーン大統領は陸軍省の電信事務局から軍の幹部たちと何時間も連絡を取り合った。一八七一年、ウエスタンユニオンは電信ネットワークによる送金サービスを開始した。

印刷速度のさらなる向上：輪転機

新聞の印刷速度に革命が起きた。一八四六年、リチャード・ホーは、一九世紀初頭に開発された輪転機の原理に基づく円筒式印刷機を開発した。一八四七年、フランスのイポリット・マリノニは二胴型輪転機を開発した。アメリカのリチャード・ホーは、六胴型、次に一〇胴型の輪転機で対抗した。

一八五〇年ごろ、化学的な写真製版技術により、発行部数の多い印刷物の多様化が可能になった。また、一八五一年には電気メッキ（金属の電解技術）により、ページ全体の複製や、印刷文字を鋳造するための鋳型の製作も可能になった。

一八六〇年、アメリカとフランスでロール紙を利用する輪転機が開発された。この技術により、毎時一万二〇〇〇部から一万八〇〇〇部の印刷が可能になった。同年、リチャード・ホーは毎時二万部を印刷できる印刷機「ライティング・プレッセス」を製作した。

一八六五年、紙の質が向上したことによって印刷コストはさらに低下し、新聞原価の下落は加速した。こうして新聞はきわめて収益力の高いビジネスになった。新聞の価格を引き下げることが可能になったのだ。

見る情報の登場！

報道に新たな側面をもたらすイノベーションが登場した。このイノベーションによって、文章だけでなく画像を用いて報道できるようになった。このイノベーションもヨーロッパで誕生したが、工業的に開発されたのはアメリカにおいてだった。

このイノベーションの発端は絵画だ。人々は最近の出来事を美術館の絵画を通じて知った。たとえば、テオドール・ジェリコーの絵画『メデューズ号の筏』は、メデューズ号〔フランス海軍のフリーゲート艦〕の座礁から三年後の一八一九年に展示された。そしてウジェーヌ・ドラクロワの『キオス島の虐殺』は、ギリシアのキオス島での虐殺事件から二年後の一八二四年に展示された。

同じ一八二四年、フランスで写真が始まった。ジョセフ・ニセフォール・ニエプスは、「ユダヤのビチューメン（土瀝青《どれきせい》）」で覆われた錫製の板を利用する写真技術を開発した。この技術は露光時間に数日必要だった。一三年後、またしてもフランスにおいてルイ・ダゲールが露光時間を一時間以内に短縮させた。一八四三年に創刊されたフランス初のイラスト週刊誌『イラスト』は、メキシコの政情不安を描く木版画の銀板写真を掲載した。

一八四七年、ジョセフ・ニセフォール・ニエプスの甥アベル・ニエプス・ド・サン＝ヴィクトールは、紙の代わりにガラス板を用いることによって、はるかに精密な画像を得ることに成功した。当初、写真はデッサン画家が模写のために利用した。当時のデッサン画家の作品にはしばしば「写真を模写した」という但し書きがある。一八四八年七月一日、『イラスト』は、六月蜂起〔フランス労働者による暴動〕時にパリのバリケードで撮影した写真を掲載した。

クリミア戦争が始まった一八五三年、イギリス政府が派遣したロジャー・フェントンは、史上初の戦場カメラマンになった。一八六九年、アジャン〔フランス南部〕ではルイ・デュコ・ドュ・オーロンが、赤色、黄色、青色のフィルターで撮影した三つの写真を重ね合わせることによってカラー写真を実現した。

伝える人に伝える：通信社

新聞社にとって、できるだけ早く情報を得ることがますます重要になった。通信員を世界各地に配置して情報を直接入手することは費用がかかるため、ごく一部の新聞社しかできなかった。そこで、収集した情報を新聞社に売る通信社が登場した。

フランスで始まった通信社は、アメリカ、イギリス、ドイツ、イタリアへと広がった。一八二五年、パリのシャルル・アヴァスとストラスブールのエドゥアール・シンガーの二人は個別に、フランスの新聞を数ヵ国語に翻訳し、それらの記事を外国の新聞社や外交官に販売する会社を設立した。アヴァスは稀有な人物だった。ヨーロッパの王族たちと懇意であり、数ヵ国語を操り、ポルトガルで暮らしたことがあり、あらゆる市場で取引した経験があった。

一八三〇年一二月にジャーナリストのジャック・ブレッソンがパリに設立した「通信員事務局」という通信社は、株価や国内外のニュースを収集し、これを地方紙や外国の新聞に販売したが、検閲はこの通信社を警戒し、ブレッソンの活動を妨害した。

一八三八年、シャルル・アヴァスはフランスの内務大臣カミーユ・ド・モンタリヴェの支援を取り付け、自身の翻訳事務所を「ニュース事務局」に変える権利を国から取得した。これには国のニュースを優先的に入手できる権利も含まれていた。この権利は民間企業による独占だった。アヴァスはこれらのニュースを新聞の翻訳記事とともに『総合通信』という定期刊行物にして購読者に送った（最初は郵送だった）。イギリスのニュースを受け取る際、当初は伝書鳩が利用された。そして一八四四年にはシャップの通信機（全長五〇〇キロメートルの通信線に五三四の中継所があった）、一八四九年には電信機が利用された。一般的に、新聞社には電信会社に利用料を支払うだけの財力がなかったので、電信会社に対して利用料を白紙の紙面で相殺することを要求した。つまり、電信会社が銀行などの企業に紙面を販売して広告で埋めるという仕組みだった。

アメリカでも通信社が設立されたが、それらは新聞社によるものだった。一八四六年、ニューヨークでは、通信社「ポニー・エクスプレス」を設立した三社を含む六紙（『サン』、『ニューヨーク・ヘラルド』、『ニューヨーク・トリビューン』、『エクスプレス』、『クーリエ・アンド・インクワイヤラー』、『商業ジャーナル』）が、メキシコとの間で始まった戦争のニュースを入手するために通信社「AP通信」を設立した。一八四八年、これら六紙は、共同購入した「ブエナビスタ」号（一八二四年時のように帆船でなく蒸気船）を使ってヨーロッパからのニュースをハリファックス（カナダのノバスコシア州）で事前入手してから大急ぎでボストンへ向かい、これらのニュースをニューヨークにある自分たちの新聞社へ電信した。これら六紙はこの工作によって他紙よりも一日早く情報を入手できた。

一八四九年、（カール・ベルテマンが宗教関係の文書を扱う出版社を設立したばかりの）ドイツでは、ベルンハルト・ヴォルフ（検閲がまだ厳しかったベルリンにおいて、彼が創刊した『ベルリン国民新聞』は最も発行部数の多い日刊紙だった）は、「大陸通信」を設立した。この通信社は、ヴォルフの新聞とは競合しない他紙に株価情報を提供した。株価情報の伝達で電信を利用したのはこの通信社が初めてだった。一八五五年、この通信社は東ヨーロッパなどから来る国際政治に関するニュースも契約者に配信した。

一八五一年、今度はロンドンでジュリアス・ロイター（キリスト教に改宗する前の名前はイスラエル・ビエール・ヨザファット）が通信社「ロイター」を設立し、株価や一次産品の相場に関する情報を、イギリスの新聞社に販売した。当初は伝書鳩、次にドーバー＝カレー間初の海底電信ケーブルを利用した。

一八五三年、ヴェネチアの蜂起に参加したためにオーストリア軍に長期投獄されたジャーナリストのグリエルモ・ステファニも、先述のアヴァスと連携し、外国のニュースを配信する通信社をミラノに設立した。

同年一八五三年、二〇年前から書店を経営していたルイ・アシェットは、先述のウィリアム・ヘンリー・スミスがロンドンの複数の駅で構築した書店ネットワークを真似て、主要駅の周辺に新聞と書籍の販売所を設立した。また同時に、新聞や雑誌の配送サービスも手掛けた。アシェットはこれらの事業ですぐに独占的な地位を確立した。フランスで成功するには独占しなければならないのだ……。

一八五八年に「ロイター」と契約した『タイムズ』は、一八五九年一月一〇日にサルディーニャ王が好戦的な演説を行ったという「ロイター」の配信記事を掲載した。この演説により、フランス・オーストリア戦争が勃発し、イタリアの独立が促された。

一八六四年、シンクレア・トゥージーは新聞と書籍を流通させる「アメリカン・ニューズ・カンパニー」を設立した。設立から一〇〇年後、この会社は世界最大の出版物流通会社になったが、突然消滅した。

一八六五年、ビスマルクは、先述のヴォルフの「大陸通信」を自身の監督下に置き、独占を維持した。

一八六九年、「アヴァス通信」、「ロイター」、「大陸通信」は、「AP通信」の仲介で集まり、配信地域を分割することによって国際ニュースを共有するという協定を結んだ。

一八七五年、「アヴァス通信」は情報の収集だけでなく契約者への配信のために電信を利用し始めた。そしてアヴァスは自身の日刊紙『総合通信』に加え、電報サービスを提供した。電報サービスの当初の利用者は、リヨンの『進歩』やボルドーの『ジロンド』などの地方紙だった。

アメリカではペニー・ペーパー（廉価大衆紙）

一八三〇年代初頭、世界中がアメリカの報道の発展に目を見張った。イギリスの作家リチャード・コブデンは、アメリカの新聞の発行部数はイギリスの六倍と見積もった（実際には三倍だった）。

印刷と流通のコスト低下（路上での新聞売り）、非課税、広告の発展により、新聞社は日刊紙の平均販売価格を六ペニーから一ペニーに引き下げることができた。読者数の増加にともない、新聞社の利益は増加した。

このペニー・ペーパーと呼ばれることになる廉価大衆紙がアメリカのジャーナリズムを変化させた。サイズの小さいペニー・ペーパー（机の上で広げる必要はなく、歩きながらでも読むことができる）は、驚きの出来事、犯罪、ゴシップなどを中心とする娯楽的要素の強い情報を扱う一方、重要な情報は簡略化して伝えた。

初のペニー・ペーパーは、一八三三年にニューヨークの若い印刷業者ベンジャミン・H・デイが創刊した『サン』だ。デイはこの新聞を一〇〇部六七セントで小売業者に卸した。その二年後、ジェームズ・ゴードン・ベネットは五〇〇ドルを投じて自宅の地下室で『ニューヨーク・ヘラルド』を創刊した。この新聞はおもにヨーロッパ特派員からのゴシップ記事や三面記事を扱った。次に、『ペンシルヴァニア・パケット・アンド・デイリー・アドバタイザー』だ。この新聞は紙面の六〇%が広告だった（非常に儲かった）。

三〇年後に起きる南北戦争の最初の兆候が新聞に現れた。一八三一年、ウィリアム・ガリソンはニューヨークにおいて、奴隷制度廃止と女性の権利を訴える週刊誌『解放者』を創刊した。発行部数は三〇〇〇部に過ぎなかったが、この雑誌はアメリカの奴隷廃止論者に大きな影響をおよぼした。同時期、『ニューヨーク・イブニング・ポスト』の編集長ウィリアム・カレン・ブライアントは奴隷廃止論を擁護した。一八四一年、『ヘラルド』の編集者の一人ホレス・グリーリーは、この新聞社を退職して『ニューヨーク・トリビューン』を創刊し、政治問題を重点的に扱い、奴隷制度廃止を訴えた。こうした動きとは反対に、アメリカ南部の各州は、奴隷制度を批判する新聞の配布を禁止した。

一八五〇年、アメリカには二五四の日刊紙があった（一八二〇年は二四だった）。シカゴ、セントルイス、サンフランシスコ、ニューヨークなどの大都市にあったこれらの新聞は、自社のジャーナリストたちが集める地域の情報と、「AP通信」から購入する国内外の情報を掲載した。

一八五一年、『ニューヨーク・トリビューン』のジャーナリストだったヘンリー・ジャーヴィス・レイモンドはペニー・ペーパーとの差別化を図るために、文芸批判を中心とする『ニューヨーク・タイムズ』を創刊した。

一八六〇年、マシュー・B・ブレディ（裕福なアメリカ人をはじめ、パリではヴィクトル・ユゴーとアルフォンス・ド・ラマルティーヌの肖像写真を撮った）は、大統領選中のエイブラハム・リンカーンの肖像写真を撮った。一八六〇年一一月六日に大統領選に勝利したリンカーンは、「ブレディが私をアメリカ大統領にしてくれた」と語った。これは大統領選において報道写真が威力を発揮した初の例だ。

大統領選の勝利直後の一八六〇年一二月、リンカーンは就任演説において奴隷制の廃止に焦点を当てた。サウスカロライナ州を皮切りに、ミシシッピ州、フロリダ州、アラバマ州、ルイジアナ州、ジョージア州、テキサス州が合衆国から脱退した。一八六一年二月四日、合衆国から脱退した南部の州はアメリカ連合国を結成し、その大統領にアメリカ・メキシコ戦争の英雄ジェファーソン・デイヴィスが就任した。

一八六一年四月一二日、サウスカロライナ州において連合国〔南軍〕が合衆国〔北軍〕の軍事施設を爆撃したことにより、南北戦争が始まった〔サムター要塞の戦い〕。当時、アメリカ全土には三八七の日刊紙があったが、南部には七〇しかなかった。南部にある印刷工場がアメリカ全体に占める割合は一〇％未満だった。

ヴァージニア州〔南軍〕のほとんどすべての都市には新聞があり、ヴァージニア州のリッチモンドには五紙あった（『インクワイヤラー』、『リッチモンド・デイリー・ホイッグ』、『ディスパッチ』、『イグザミナ』、『センティネル』）。ヴァージニア州の合衆国からの離脱に反対したのは『リッチモンド・デイリー・ホイッグ』だけだった。一方、『インクワイヤラー』の論調は徐々に過激になり、連合国の大統領デイヴィスに対してさえ弱腰だと批判した。

北部では、新聞の発行部数が急増した。戦地の特派員は電信を使って戦況を伝えた。一八六一年四月三日、『ニューヨーク・ヘラルド』の発行部数は一三万五〇〇〇部だった。これは南部のすべての日刊紙の発行部数にほぼ匹敵した。『ニューヨーク・トリビューン』の発行部数は二〇万部を突破した。先述の写真家ブレディは、『ニューヨーク・タイムズ』に写真班をつくった〔兵士たちはこの写真班に「whatizzit：こいつら、何者だ」というあだ名をつけた〕。連邦軍〔北軍〕に同行したこの写真班は、一八六二年に「アンティータムの戦い」での死体の山を写真に撮り、「この戦争の実態を示す恐ろしい証拠」をもたらした。

一八六二年九月二二日、リンカーンは南部における奴隷の制度廃止と解放を宣言した。一八六三年七月、「ゲティスバーグの戦い」で北軍が勝利し、南軍が退却したとき、リッチモンドの『イグザミナ』は、「わが軍の勝機はまだある」と報じた。その数日後、南部の各紙は、「この戦いに勝者はいない」と主張した。

一八六五年四月九日、南軍のリー将軍は「アポマトックス・コートハウスの戦い」直後に降伏した。ヴァージニア州では、一八六一年に一二〇あった新聞が一七にまで減った。

それから一週間もたたない一八六五年四月一四日二二時三〇分、リンカーンはワシントンのフォード劇場で『アメリカのいとこ』という喜劇を観劇中に暗殺された。「AP通信」のジャーナリストであるローレンス・ゴブライトは、この事件から数分後にフォード劇場に到着した（目撃者ではなかった）。急いで事務所に戻って打ったゴブライトの電報は、全国の新聞社に配信された。ゴブライトの電報をそのまま掲載した新聞もあった（インディアナ州の『デイリー・ステート・センティネル』、『ニューヨーク・トリビューン』など）。『イブニング・スター』は「リンカーン大統領暗殺」という見出しで「凶弾に倒れた大統領は意識不明の絶望的状態」と伝えた。四月一六日付の『ニューヨーク・タイムズ』は、「アメリカの偉大なる損失」という見出しとともに一面全部を使ってこの暗殺事件を報じた。

一八六七年、『ニューヨーク・ヘラルド』は、ジョセフ・バーブリッジ・マックラーが売春婦殺害事件に関してモルモン教の代表者と売春宿の経営者から聞いた話を掲載した。これが新聞初の「インタビュー」記事だった。オックスフォード英語辞典にこの「インタビュー」という言葉が初めて登場したのは一八六九年であり、そこにはアメリカで生まれた言葉と明記してある。

イギリスでは、報道は金持ちのためのもの、庶民にとっては単なる娯楽

一八三〇年、イギリスの富裕層は、情報を独占するためにあらゆる手段を講じていた。イギリスの新聞の販売価格は、まだ平均的にきわめて高かった。新聞社は売り上げの半分に相当する金額を納税していた。マンチェスターの『貧者のガーディアン』は、新聞社に対する課税を撤廃すれば新聞の価格は一ペニーになると訴え、重税反対運動を展開した。

一八三三年、この反対運動が実った。広告に対する課税、印紙税、紙に対する課税が半減された。これらの減税の一方で広告収入は増加した。新聞社の経営は好転した。これを

機会に多くの週刊誌は日刊紙に衣替えしようとした。

一八四二年、ハーバート・イングラムは史上初のイラスト入りの週刊誌『絵入りロンドン・ニュース』を創刊した。合計一六ページに三二枚の木版画を添えた創刊号には、ヴィクトリア女王の宮殿で行われた仮面舞踊会の様子、アメリカ大統領選の候補者の紹介、アフガニスタンでの戦況報告、演劇や書籍の批評、死亡、誕生、結婚などの告知が掲載され、リチャード・ガネットやルイス・スティーヴンソンなどの作家や、エドワード・ダンカンなどの芸術家も寄稿した。

一八五〇年、「一八四八年革命」の失敗後にヨーロッパ大陸から逃れてきた亡命者たちがロンドンで新聞を発刊した。たとえば、カール・マルクスは月刊誌『新ライン新聞』を復刊させたが、六号までしか刊行できなかった。

一八五五年、印紙税法が完全に廃止された。だが、新聞社を所有する権力者は心配していなかった。労働者階級はゴシップを扱う政治色のない新聞を読むようになったが、金持ちクラブの仲間入りをするどころか、有名大学に入学することさえできなかった。

同年、作家アーサー・スレイが『デイリー・テレグラフ』を創刊した。その翌年、スレイはこの新聞を編集者ジョセフ・レヴィーに売却した。レヴィーはこの新聞を中産階級向けのイギリス初のペニー・ペーパーにした。これはアメリカでペニー・ペーパーが登場してからおよそ二〇年後の出来事だった。イギリス最大の発行部数を誇った『デイリー・テレグラフ』は、ジュール・ヴェルヌの一八七六年の小説『皇帝の密使ミハイル・ストロゴフ』にも登場する。

一八六九年、ビュート侯爵ジョン・クライトン＝ステュアートは、ウェールズ初のペニー・ペーパーを刊行した。

イギリスの植民地では、ほとんどの新聞は英語で刊行され続けた

一八五九年、ナイジェリアのアベオクタ〔南西部の都市〕では、英国聖公会宣教協会の宣教師ヘンリー・タウンゼントの指導の下にナイジェリア初の新聞『エクバ族とヨルバ人のためのニューズ・レポート』が刊行された。隔週刊行のこの新聞は英語で書かれていたが、記事の一部はヨルバ語に翻訳してあった（よって、これは一部が現地語で書かれたアフリカ初の新聞でもあった）。おもな内容は、宣教師の異動、叙階式、教会の活動などに関する情報だった。一八六〇年、この新聞は、アベオクタに関する情報やカカオや綿花の相場を伝えるようになった。発行部数は三〇〇〇部だった。一八六七年、ヨーロッパ人がこの

街から追い出されると、この新聞は消滅した。

インドでは英字新聞が急増した（例：一八三八年創刊の『タイムズ・オブ・インディア』）。一八五四年、ヒンディー語初の日刊紙『ニュース報道』が創刊された。その後、複数の新聞が発刊された。一八五七年の「インド大反乱（イギリスの植民地支配に対する民族的抵抗運動）」の際、ヒンディー語の二紙（『自由へのメッセージ』と『ニュース報道』）がこの運動を支援した。そうした動きに対し、イギリスは「猿ぐつわ法」を適用してヒンディー語の報道を容赦なく検閲した。

中国では、一八三三年から一八三八年にかけて英語と一部北京語の初の雑誌『イースタン・ウェスタン』が刊行された。そして一八五三年から一八五六年にかけて『中国定期便』が刊行された（ともに香港）。

フランスの新聞：腐敗と品質向上

一八三〇年以降、フランスの新聞に対する検閲は少し緩和された。フランスの新聞はアメリカやイギリスに追い付くのではないかという見方もあったが、これは甘い見通しだった。フランスの新聞の価格は一向に安くならなかった。日刊紙の年間購読料はパリの労働者の平均的な月収よりも高かった。フランスの新聞は、国の支援と腐敗とでしか存続することができなかった……。

一八三一年、若いジャーナリストのエミール・ド・ジラルダンが週刊誌『役立つ知識ジャーナル』を創刊すると、瞬く間に成功を収めた（発行部数は一三万部）。しかし、この成功は長く続かなかった。一八三二年、神父ミーニュの『世界』をはじめとするカトリック系の新聞や、ヴィクトール・コンシデランの『平和な民主主義』などの理想主義の冊子がいくつも登場した。しかし、これらの刊行物の発行部数は少なく、また法外な価格だったため、読者がほとんどいなかった。

一部の新聞社は大きな収益を上げるようになった。一八三三年、パリで設立された六六の合資会社のうち三三社は新聞社だった。これらの新聞のおもな収入源は購読料でなく広告料（とくに法律関係の告知と銀行の広告）だった。これらの新聞社は銀行からの広告注文と引き換えに、誤った情報を流して相場価格を操作するという腐敗行為に手を染めた。

一八三六年七月、先述のエミール・ド・ジラルダンは、政治、農業、工業を扱う日刊紙『プレス』を創刊した。この新聞の目的は、アメリカのモデルに基づいて広告収入を得ることだった。ジラルダンは、「フランスの新聞社の収益構造を見ると、広告料よりも購読料のほうが多い。これは基本的に間違っている。本来は逆であるべきだ」と説いた。新聞に初めて連載小説を掲載したのはジラルダンだ(アレクサンドル・デュマの『ソールズベリー伯爵夫人』、バルザックの『老嬢』)。『討論ジャーナル』もこのアイデアを拝借し、ウージェーヌ・シューの『巴里の秘密』を掲載した。テオフィル・ゴーティエ(小説家、文芸批評家)は、「皆が『巴里の秘密』を耽読している。文字が読めない人であっても、教養のある親切なドアマンに朗読してもらっている」と述べた。同年、モイーズ・ポリドール・ミヨーは『パリのいたずらっ子』という新聞を創刊し、夜遅くに劇場の出口付近の路上で販売した。

一八三九年、ルイ・ヴイヨがカトリック系日刊紙『世界』の編集長に就任した。この新聞のおもな読者は地方の富裕層だった。ヴイヨは三〇年以上編集長を務める間、バチカンに近いこの新聞をローマ教会の強力な広報誌に育て上げた。

しかしながら、新聞の購読者は国民のごく一部に過ぎず、新聞の人気は芳しくなく、新聞に対する評価も低かった。さらには、新聞は腐敗し、軽蔑されていた。

一八四〇年、オノレ・ド・バルザックは、『パリの雑誌』においてジャーナリストに対する時代精神を次のように要約した。「フランスでは、新聞は国家の第四の権力だ。すなわち、新聞はすべてを攻撃し、新聞を攻撃する者は誰もいない。新聞はでたらめに非難する。新聞は、政治家や文学者が自分たちの仲間であることを望むが、彼らが自分たちと対等な関係になることは望まない。（……）新聞などなくても構わない……」。

当時のフランスの新聞社の収入に広告料が占める割合は、『プレス』が一〇％、『討論ジャーナル』が二〇％、『フィガロ』が二〇％未満に過ぎず、イギリスやアメリカの新聞よりもはるかに低かった。

ルイ＝フィリップは、検閲に反対して王位に就き、その後、検閲を復活させたが（王は一八三五年のフィエスキによる自身の暗殺未遂事件の原因を、新聞、とくに風刺記事にあると考えた）、一八四八年一月、権力喪失を感じ、報道の自由を宣言し、印紙税と〔編集者に対する〕保証金制度を廃止した。パリおよび地方では、あらゆる傾向と形式の新聞が増殖した。挿絵は政治的武器になった（その代表は『風刺画』や『大騒ぎ』で活躍したオノレ・ドーミエ〔フランスの画家〕）。ジョルジュ・サンドは『真の共和国』、アルフォンス・ド・ラマルティーヌは『公共財』、ピエール・ジョゼフ・プルードン〔無政府主義者〕は『国民の代表』に寄稿した。カール・マルクスが出版した『新ライン新聞』の編集者全員は、共産主義者同盟のメンバーだった（フリードリヒ・エンゲルス、ヴィルヘルム・ヴォルフ、ゲオルク・ヴェールトなど）。

報道の自由は長続きしなかった。一八四八年一二月二四日にルイ＝フィリップが国王を退位し、「六月蜂起」で報道の自由が確認されたが、一八四八年八月の臨時政府は検閲を復活させた。こうして、国民議会、共和制の政府機関、宗教の自由、所有権、親権の批判は禁止になり、遵守しない場合は、禁固および罰金が科せられた。ジラルダンの『プレス』は発禁になり、いくつかの新聞社は倒産した。たとえば一八四八年八月、フェリシテ・ド・ラムネーは『民衆』の最終号で次のように語った。「発言権を享受するには財力、それも莫大な財力が必要だ。われわれは裕福ではない。貧乏人には沈黙を」。同様に、カール・マルクスの新聞も六〇〇〇人の購読者がいたが、三〇一号で廃刊になった。

「一八五一年一二月二日のクーデター」の後、フランス共和国の大統領ルイ＝ナポレオン・ボナパルト〔ナポレオン三世〕は、パリで発行できる日刊紙の数をさらに減らした。『プレス』、『世界報知』、『祖国』などの政府系の新聞、そして中道右派の『討論』、レオノール・ジョセフ・アヴァンの反宗教系の『世紀』など、一一紙だけになった。小さな都市では、知事および副知事の認可によって、新聞は一紙しか刊行できなかった。ほとんどの場合、それは告知が主体の新聞だった。発行者は印刷業者であり、新聞の発行は彼らの副業に過ぎなかった。大都市では、こうした新聞を二～三紙刊行することができた。知事は、入札の際は一番言うことを聞く新聞社を選び、批判的な記事を載せると、裁判所の告知文の掲載を取りやめた（告知文の掲載料が新聞社への補助金になっていた）。「治安を乱す恐れのあるニュース」を「悪意を持って」掲載および転載するジャーナリストは投獄された。言うことを聞かないと思える新聞社であっても、当局は秘密の資金をちらつかせることによって新聞社の忠誠心を確約できた。当局からの「補助金」に加え、広告収入が増加した。これはとくに借金体質の新聞社にとってありがたかった。こうして新聞社はますます儲かるようになった。

一八五四年、イポリット・ド・ヴィルムサンがパリの生活を紹介する週刊誌『フィガロ』を引き継いだ（一八二六年に歌手のモーリス・アロイと作家で政治家のエティエン・アラゴによって創刊された『フィガロ』は、ボーマルシェの活躍を手本にして「風刺の効いた論争を展開する精神性豊かな新聞」を目指したが、一八三三年に廃刊になっていた）。他の新聞と同様、復刊後の『フィガロ』も、裁判所の告知や金融機関の広告による収入によって儲けた。会社の資産価値は二〇年弱の間に三六％上昇した。

一八五七年、フランスの建築家ガブリエル・ダビウ（シャトレ劇場やサン＝ミシェルの噴水の設計者）が、グラン・ブールヴァール（パリの目抜き通り）に六〇の新聞販売所をつくった。

一八六〇年、フランス第二帝政は自由化を進めた。政府はカトリック系の新聞『ルモンド』と初のリベラル系の新聞『時代報』の発行を認可した。一八六三年、先述のモイーズ・ポリドール・ミヨーの四ページからなる半分サイズの『プティ・ジャーナル』の刊行が認可された（価格は五ソンチーム）。この新聞は、三面記事と豪華な連続小説からなる日刊紙であり、アングロサクソンの「ペニー・ペーパー」に近い内容だった。次に、一八六五年、その三年前にロンドンで創刊された『ペニー・イラストレイテッド・ペーパー』を真似た『イラスト・ジャーナル』が登場した。この新聞はギュスターヴ・ドレ（フランスのイラストレーター）のイラストを掲載した。同年、リベラル系の新聞『出来事』が創刊された。購読者へのプレゼント（食事やミカン）を始めたのはこの新聞だ。

南北戦争が終結し、リンカーンが暗殺された直後の一八六五年、若い医師ジョルジュ・クレマンソーは、失恋の痛手から立ち直るために『時代報』の特派員としてアメリカに赴任した。アメリカに四年間滞在したクレマンソーは、一〇〇通ほどの匿名の短い手紙という形式で『アメリカからの手紙』を出版した。これらの手紙において、クレマンソーは奴隷制度と人種差別を糾弾する一方、「プライバシーが誹謗中傷によって著しく侵害されることがあっても」、アメリカの報道の自由を称賛した。

一八六六年、『フィガロ』は日刊紙になり、政治問題も扱うようになった。フランス第二帝政の事前認可の廃止がきっかけになり、シャルル・デレスクルズの『覚醒』やアンリ・ロシュフォールの『ランタン』をはじめとする多くの新聞が登場した。一八七〇年代初頭の新聞の発行部数は、『プティ・ジャーナル』が三〇万部、パリの日刊紙全体では一八〇〇年時のおよそ三〇倍に相当する一〇〇万部だった。

フェイクニュースが戦争を引き起こす：エムス電報事件

一八七〇年代初頭、フランスを侵略の対象として考えていたプロイセン王国の首相オットー・フォン・ビスマルクは、フランスに対抗するためにドイツ統一を目指した。ビスマルクは、ドイツの大部分の新聞と「大陸通信」の支援を取り付け、ドイツ統一に成功した（先述のように、一八六五年以降、「大陸通信」は、ビスマルクの友人で銀行家のゲルゾーン・フォン・ブライヒレーダーの資金援助によってビスマルクの管理下にあった）。

当時、ナポレオン一世の弟リシュアンの息子（よって、ナポレオン三世の親族）ピエール＝ナポレオン・ボナパルトがジャーナリストのヴィクトール・ノワールを射殺したことが波紋を呼び、フランス第二帝政は困難な状況にあった〔ナポレオン三世に対する攻撃が強まり、フランス各地で共和派の大規模なデモが発生〕。ヴィクトール・ノワールが働いていた新聞『マルセイエーズ』の編集者アンリ・ロシュフォールは投獄された。また、フランスの新聞は、プロイセン王国との戦争でオーストリアが破れたのはナポレオン三世が支援しなかったからだと非難した。さらには、フランスはプロイセン王のいとこレオポルト・フォン・ホーエンツォレルン＝ジグマリンゲンがスペイン王位継承の候補者になったことに危機感を覚えた。というのは、フランスは東西を手ごわい敵に挟まれることに恐怖を感じたからだ。一八七〇年二月、皇帝ナポレオン三世の働きかけにより、レオポルトは立候補を辞退した。

しかし、ビスマルクは諦めなかった。七月二日、ビスマルクは、プロイセンの王子がスペイン王位の候補者であることに変わりはないと公言し、フランスの新聞の怒りを買った。七月三日付の『ガロワ』には、「衰弱して縮小した祖国、あるいは戦争という二択をまたしても迫られるのなら、われわれは躊躇しない」という文字が躍った。七月七日付の日刊紙『国』には、「二〇年前なら何でもなかったが、この事件は苦痛で満たされたわれわれの聖杯を溢れさせる最後の一滴だ（……）。プロイセン王国は、野望を引っ込めるか、われわれと戦うかだ」。一方、『時代報』、『フランセ』、『世紀』、『国の未来』、『二つの世界』などの新聞は、過熱気味の世論をなだめようとしたが、無駄に終わった。

七月九日、ベルリンのフランス大使の侯爵ヴァンサン・ベネデッティ（皇帝ナポレオン三世の友人）は、温泉地バード・エムスで静養していたプロイセン王（ヴィルヘルム一世）を訪問し、レオポルトの立候補を取り下げるように頼んだ。これを知ったビスマルクは、国王がフランス大使にまた会うのなら自分は辞任すると不満をあらわにした。フランス大使は七月一一日、散歩中の国王を呼び止め、スペイン王座に二度と新たな候補者を立てないように要求したが、国王はこれを拒否し、その後、「自分がフランス大使に語るべきことはもうない」と侍従を通じてフランス大使に伝達した。

七月一三日、プロイセン王はビスマルクに対し、フランス大使との会談の内容と、彼との再会を断った旨を電報で知らせた。辞任を考えていたビスマルクは、夕食を共にしていた二人のドイツ人将校モルトケとローンにこのメッセージを読み聞かせ、彼らにフランスとの戦争に勝てるだろうかと尋ねた。モルトケは、「戦争を始めるのが早ければ早いほど、われわれの勝機は高くなる」と断言した。こうしてビスマルクは、新聞を使ってフランスの宣戦布告を一週間もたたないうちに引き出したのである。

首相ビスマルクは国王から受け取った電報の短縮版をつくり、ドイツの大使全員と「大陸通信」に電信した（「大陸通信」は「アヴァス通信」に電信した）。短縮版の電報は、国王のフランス大使に対する侮辱を前面に押し出した（「国王はフランス大使と再度引見することを拒否し、陛下はこれ以上フランス大使と話すつもりがないことを、補佐官を通じて連絡した」)。そして仮定法を用いた次のようなさりげない文章が追加された。「バード・エムスからの別の情報筋によると、フランス大使ベネデッティは国王に《いとこのスペイン王座の就任断念を承認する》と明言させたかったのだろう。国王は、紛争になるような話題は避けたいと考えているはずだ」。当然ながら、フランスの新聞と同様にドイツの新聞は、追加の文章の論争を引き起こす最初の部分だけを取り上げ、鎮静化させる後者の文章は伝えなかった。ビスマルクは、七月一三日の夜にベルリンの路上においてこの事件を伝える『ドイツ一般新聞』の号外を無料で配らせることにより、実際の出来事を誇張して国民に周知させた(号外は、フランス大使がプロイセン国王にしつこく付きまとう風刺画とともに国王の引見の拒絶だけを取り上げていた)。

翌日の七月一四日、フランスの夕刊紙『フランス』は、「フランス政府は宣戦布告する用意がある」と報じた。群衆がプロイセン大使館前で抗議し、窓ガラスが割られた。『合憲』によると、「大通りを埋め尽くした群衆は、《ビスマルクはライン川で溺れてしまえ!》と叫んでいた」という。

七月一五日、『自由』は、「プロイセン王国が戦いを拒否するのなら、われわれは銃を背負ってライン川を渡り、ライン川の反対側を片付けざるを得ないだろう」と論じた。一方、『討論ジャーナル』をはじめとする新聞は、「極端な意見を述べる集団に扇動されてはいけない」という論調で過熱した世論をなだめながら、実際に起きたことの理解に努めた。『合憲』も「平和を望むのなら、解決策は容易に見つかる」と冷静な対応を訴えた。同日、ティエール、アラゴ、ガンベッタなどの八三人の議員は、プロイセン国王の本意を把握するためにすべての外交文書を確認したいと要求した。だが、両議院の過半数が反対し、同日、国民議会では戦争の予算案が可決された。その四日後の七月一九日、フランスは宣戦布告した。

フランス軍はすぐに敗走し、九月四日にフランス共和国の樹立が宣言された。検閲は廃止され、すべての新聞が郵便サービスを利用できるようになった。

ようやくフランスに報道の自由が訪れたのだ……。

日本は二年間で一変

日本の新聞は明治時代に誕生した。誕生から一〇〇年後、日本の日刊紙は世界最大の発行部数を誇るようになった。

日本の新聞は一八六一年六月二二日、貿易商A・W・ハンサードが週二回刊行の英字新聞『長崎シッピング・リスト・アンド・アドバタイザー』を創刊したことに始まる（この新聞は後に『ジャパン・ヘラルド』と改名された）。一八六五年、浜田彦蔵（アメリカ国籍を取得してジョセフ・ヒコと改名したが、アメリカ領事館の通訳者として横浜に戻ると、再び浜田彦蔵と名乗った）が編集する『海外新聞』が創刊された。『海外新聞』は日本初の民間の英字新聞だった。『ジャパン・ヘラルド』と『海外新聞』の二紙は、毎月二回横浜に入港するイギリス船がもたらすニュースだけを掲載した（おもな読者は外国人だった）。

一八六七年、徳川一五代将軍の徳川慶喜は後継者の任命を拒否し、明治天皇に政権を返上した（大政奉還）。一八六八年三月一七日、『中外新聞』が創刊された。『海外新聞』と同様、『中外新聞』は外国のニュースしか掲載しなかったが、日本語で刊行された。

一八六八年一〇月二三日、明治時代が正式に始まった。日本では、この時代の変わり目にいくつかの新聞が創刊された。『内外新報』（橋爪貫一が編集する冊子型の新聞。刊行は三日に一回）、『新聞事略』、『公私雑報』（『中外新聞』の模倣）、『江湖新聞』などが、多くの挿絵とともに国内のニュースを報じた。

一八六九年に明治天皇が一六紙の創刊を認可すると、新聞の数は一気に増えた。それらの新聞のいくつかは現存する。現存するそれらの新聞のうちの二紙は、発行部数が世界最大だ（一位が一八七四年創刊の読売新聞、二位が一八七九年創刊の朝日新聞）。

第8章
進歩を活かす
一八七一年から一九一八年まで

エミール・ゾラは一八九一年に出版された全二〇巻からなる『ルーゴン＝マッカール叢書』の第一八巻『金銭』において、自身の職業であるジャーナリストについて語っている。ゾラは、新聞、金融、政治のきな臭い関係について、次のように描写した。主人公のボルドーの元教師ジャントルーは、パリの新聞『希望』の編集長に就任した後、「一〇紙ほどの小さな金融紙」の所有者になり、「これらの専門紙を意のままに操る」。そしてジャントルーは「政治問題と文芸を扱う大手新聞」に賄賂を贈り、「歴史ある高級紙の四ページ目」と「敵対する他紙のうるさい編集者の沈黙」を買い上げ、さらには「一二年間にわたって大きな信頼を築いてきた」最も権威ある金融紙『金融相場』の経営権を手に入れる。その後、ジャントルーはボーヴィリエ伯爵夫人に対して、夫の情事を新聞で暴露するぞと恐喝し、多額の現金を脅し取る。

この小説は当時の新聞の実態を如実に描いている。一八七一年から一九一八年にかけて、とくにフランスではこの時期、株式市場の熱狂のもとに、スキャンダル、恐喝、汚職が横行した。新聞は数十年前のときと同様に不自由だった。新聞が政治や宗教に密接に依存するようになり、紙面の汚染は進行した。権力者が自分たちだけの秘密にしておこうと腐心することを、新聞は相変わらず国民に伝えていなかった。新聞を支配するのは、おもに資本力の代理人である銀行だった。新聞の所有者たちにとって、新聞は広告と（あるいは）フェイクニュースと（あるいは）恐喝によって稼ぐ、それも大量に稼ぐ手段でもあった。新聞社の従業員はほとんどが男性だった。

これとは正反対の傾向もあった。

西洋をはじめとする国々では、都市化、郵便ネットワークの拡充、交通機関や輸送手段の発展、既存の技術（写真、電気、電信）と新たな技術（電話、映画、電動機、内燃機関、自動車、航空）の著しい進歩、教育の急速な普及などによって、大衆の生活レベルと知的探求心が向上した。多くの人々は醜聞だけでは物足りなくなり、日刊紙を読むようになった。

よりよい情報を提供する手段

この五〇年間、いくつかの大きなテクノロジーの発展により、新聞は効率的に発行できるようになり、安価になった。

一八七三年、武器とミシンの製造者エリファリット・レミントンがタイプライターの大量生産を開始した（タイプライターの特許は一七一四年から存在していた）。一八七二年、タイプライターを使って書かれた原稿が初めて出版社に提出された（マーク・トウェインの『トム・ソーヤーの冒険』）。タイプライターの普及により、編集作業は一変し、また一八〇六年に発明されたカーボン紙が普及すると、新聞社などの事務所にタイピストという新たな職種が登場した。この骨の折れるタイピストという職種には、当初から女性が就いた。

そして一八七六年から一八七八年の三年間、情報伝達に大きな役割を担う三つのイノベーションがあった。電話、蝋管型蓄音機、電球だ。

一つめは、アメリカのアレクサンダー・グラハム・ベルが一八七六年に特許を取った電話だ（もっとも今日、電話の考案者の資格がベルにあるのかは議論の対象になっている。一八七〇年にイタリア系のアントニオ・メウッチは、ベルと似た発明によって、すでに特許を取得していたが、その後、自身の試作品に対する特許を（特許の更新料を負担できなかったために）失っていた）。二つめは、（一八六〇年に、フランスのエデゥアール＝レオン・スコット・ド・マルタンヴィルのフォノトグラフや、同じくフランスのシャルル・クロスのパレオフォンがすでに存在していたが）一八七七年にアメリカのトーマス・エジソンが発明した蝋管型蓄音機だ。三つめは、一八七九年の同じくトーマス・エジソンの電球だ。これら三つのイノベーションは、情報伝達をはるかに超えて人々の暮らしを一変させた。

一八八四年、ニューヨーク＝ボストン間において、最初の長距離電話が開通した。一八九〇年代中ごろ、『メンフィス・コマーシャル・アピール』を発行する会社は、編集室に電話機のある初の新聞社になった（当時のメンフィスには一五〇〇ほどの電話機があった）。一九〇一年、『ニューヨーク・イブニング・ポスト』のジャーナリストは、ニューヨークの北およそ一四〇キロメートルにあるポキプシーで行われたボートレースの結果を、電話で編集室に報告した。電話を利用して記事をつくる新聞の登場だ。

一八八八年、ジョージ・イーストマンは、写真の鮮明な画像を維持しながらも利便性を追求するために、ガラス板の代わりにロールフィルムを用いることを考案した。

そしてさらに大きな進展があった。映画とラジオだ。

一八九五年、フランスのルイ・リュミエールは史上初のニュース映画と実写映画を公開した（この年の六月一一日、リヨンでの写真会議の様子を四三秒のモノクロ映像として撮影し、一二月二八日にこれを映画『工場の出口』とともにパリのグラン・カフェの「インドの間」において上映した）。その少し後、ジョルジュ・メリエスは史上初のドキュメンタリー映画（例：スペインの闘牛、アメリカの都市、ロシアの宗教儀式など）を制作するために世界中にレポーターを送り込んだ。同年一八九五年、フランスの実業家レオン・ゴーモンが史上初の映画会社を設立した。

一八九七年七月二日、イタリアの技術者グリエルモ・マルコーニがイギリスにおいて無線通信で初の特許を所得した（マルコーニは祖国イタリアで暮らし続けたかったが、その二年前に無線通信の利用をイタリア政府に申し出た際に、イタリアの逓信大臣はマルコーニを狂人扱いして追い払った）。当初、無線通信は新たな電信に過ぎなかった。つまり、情報の拡散でなく私的メッセージの伝達手段だった。それも音声でなくコード化されたメッセージだった。一八九八年、ギュスターヴ・エッフェルは、その九年前に完成した自身が設計施工したエッフェル塔に、軍がアンテナを設置することを許可した（取り壊しになることを恐れていたエッフェルは、エッフェル塔の用途が見つかって安堵した）。

一九〇〇年、編集室や事務所にはすでに七〇万台以上のタイプライターがあったころ、パリ万博博覧会において、ロシアの技術者コンスタンティン・ペルスキーが「テレヴィジョン」という名前でテレビの試作品を発表した。一九〇一年には、ニューファンドランド島〔カナダ東海岸に位置する島〕とコルノアイユ〔フランス西部のブルターニュ地方〕を結ぶ大西洋横断無線が開通し、一九〇六年一二月二四日には、マサチューセッツ＝スコットランド間で無線による音声伝達が成功した。

一九〇八年、フランスのエンジニアであるエデゥアール・ブランが開発したベリノグラフにより、電話回線で画像を送信できるようになった。これがファックス送信機の原型だ。その年の一月二二日、オランダの女王ヴィルヘルムの肖像写真が七〇〇キロメートル離れたところから二二分かけてパリに到着し、シャンゼリゼ通りにあるフェミナ劇場のスクリーンに映し出された。

同年、シャルル・パテ〔肉の巡回販売の後、アルゼンチンでオウムを売っていた〕は、弟エミールとともにサン＝ドニ通り六番地〔ここでは競馬の結果や株価情報を知ることができた〕で小さな映画館を開いた。その二年後、この映画館では、世界中で撮影されたニュース映画が上映された。その後、パテ兄弟は、ロンドン、アメリカ、イタリア、スウェーデンにも映画館をつくった。『ゴーモン時報』が設立したライバル会社「ゴーモン」も世界中で映画館を開いた。

通信社の縄張り協定

この時期、地方や海外に特派員を置く余裕のある新聞社はほとんどなかった。多くの新聞社はまだ電信による通信社のサービスに依存していた（フランスの「アヴァス通信」、イギリスの「ロイター」、ドイツの「ヴォルフ＝大陸通信」、アメリカの「AP通信」）。

ビスマルクは「大陸通信」を徹底的に監視した（ヴォルフはこの通信社の経営を皇帝の友人リヒャルト・ウェンツェルに任せていた）。

「アヴァス通信」は一八七九年にデランジェ男爵〔銀行家〕を筆頭とする株式会社になり、おもにフランス政府の補助金によって運営された。

「ロイター」もこの時代のイギリス首相（ディズレーリ、グラッドストン、アスキス）に厳しく監視された。このような監視にもかかわらず、通信社は政府よりも先に新聞社へ情報を提供した。ボーア戦争中の一九〇二年、「ロイター」のレポーターは、国境を越えてモザンビークにたどり着き、「マフェキング包囲戦」の終結のニュースを電信した。各紙はこのニュースを翌日の紙面で報道した。これはイギリス政府がこの情報を知るよりも二日早かった。このスクープに対し、ヨハネスブルグ事務局長ロデリック・ジョーンズ卿がハーバード・ド・ロイター男爵（創業者の息子）に代わって「ロイター」の代表に就任した。

アメリカでは、一八七五年に「AP通信」が当時の共和党政府からニューヨーク発の電報を送るための電話回線を取得した。「AP通信」はそのお礼として、翌年の大統領選で共和党候補の演説を拡散する一方で、民主党候補を無視した。この偏向報道によって失われた「AP通信」の信用は、（二八歳で『シカゴ・デイリー・ニューズ』を創刊した）メルヴィル・ストーンが取り戻した。

一八七六年六月二五日、マーク・ケロッグは、シッティング・ブルとクレイジー・ホース〔ともにインディアン部族の指揮官〕が勝利した「リトルビッグホーンの戦い」の取材中に殺された初の特派員（「AP通信」）になった。

世界中のジャーナリストは、通信社を頼らずに活動しようとした。とくに、外国にいるイギリスの特派員は、赴任先の国の通信社が提供する記事に物足りなさを感じていた。一八七〇年、ロンドンの新聞『タイムズ』のパリ特派員は、「《アヴァス通信》は完全にフランス政府の言いなりだ。フランス政府にとって不愉快なことは、削除ないし歪曲する」と記した。また、ジャーナリストは自分たちが得た独自の情報を編集室に直接送るために、通信社の電信の利用独占を解消するよう尽力した。これは、イギリスでは一八七〇年、アメリカでは一八七五年、フランスでは一八七八年に実現した。こうしてパリの主要紙は独自回線を確保した。

こうした動きに対し、通信社は黙っていなかった。通信社は新聞社に対抗するために徒党を組んだ。一八七五年、「アヴァス通信」、「ロイター」、「大陸通信」、「AP通信」は、活動地域を分割し、情報サービスの提供を共有化した。「AP通信」の担当はアメリカ、「ロイター」は北ヨーロッパ、「アヴァス通信」は南ヨーロッパ、「大陸通信」は東ヨーロッパになった。

この世界的なカルテルを打ち壊す二つの動きがあった。

一つめは、一八八七年から一八八九年にかけて、「アヴァス通信」が協定を無視して東ヨーロッパに特派員を派遣した際に、ビスマルクが「電信三国同盟」を組織したことだ。これは一八八二年に、ドイツ、オーストリア、イタリアの間で締結された政治および軍事の「三国同盟」のメンバー国の通信社による同盟だった（ドイツの「大陸通信」、オーストリアの「コレスポンデンツ・ビューロー」、イタリアの「ステファニ通信」）。だが、この同盟は長続きしなかった。

二つめは、出版社一族の跡取りデービソン・ダルジールが、ロンドンで完全に商業的な通信社を設立したことだ。この通信社は顧客に情報を提供する際に、電報よりも電話を利用した。電話の利用によって継続的な情報伝達が可能になり（当時の電報は伝達する時間が決まっていた）、大成功を収めた。ダルジールはヨーロッパ各地に支店を開設した。『朝刊』と「アヴァス通信」は、ダルジールが「三国同盟」のスパイだという噂を流布させた。『朝刊』と『円形章』（ともにフランスの新聞）は、ダルジールは「英米系ユダヤ人」であり、彼の通信社は「仏露友好を覆し」、「ドイツの利益に資する」ために活動していると説いた。ダルジールの通信社は設立三年後に倒産した。

アメリカでは一八九七年、後ほど述べる新聞社の経営者エドワード・ウィリス・スクリップス（オハイオ州にいくつかの通信社を設立した）の働きかけにより、イリノイ州の最高裁判所は「新聞社には競合する二つの通信社から情報サービスを受ける権利がある」と宣言した。その一〇年後、スクリップスは「UPI通信社」を設立した。この通信社は設立当初から三六九社の新聞社を顧客にした。「AP通信」が倒れることはなかったが、「UPI通信社」は二〇世紀初頭にはダルジールの通信社に次ぎ、およそ三〇社の新聞社にニュースを配信するために昼夜を問わず電話を利用する通信社になった。

一九〇九年、アメリカの新聞王ウィリアム・ランドルフ・ハースト（彼についても後ほど述べる）が「国際通信社」を設立した。この通信社はおもにハーストが所有する複数の新聞にニュースを提供した。

イギリスでは、タブロイド、ジンゴ〔好戦的愛国者〕、新聞卿

イギリスでは、ジンゴ、新聞王、タブロイドという三つの言葉が登場した。まず、自国優先主義の新聞が登場した。この新聞はすぐにジンゴと呼ばれた。ジンゴは、露土戦争〔ロシア＝トルコ〕においてイギリス首相デズレーリの好戦的な政策を支持する一八七七年の流行歌の歌詞からの引用だった。

同時期、何人かの貴族（後に「新聞卿」と呼ばれた）が国内の大手数紙を保有するようになった。彼らの大半は新聞で財を築いた平民であり、後に貴族になった。

その筆頭がアルフレッド・ハームズワースだ（後のノースクリフ子爵）。一八八八年、ハームズワースは、読者の質問に答える雑誌『アンサーズ・トゥ・コレスポンデンツ』を創刊（こうした雑誌は一世紀前のフランスにもあった）。この雑誌の発行部数は、創刊五年後に一〇〇万部を超えた。また、ハームズワースは挿絵入りの雑誌や女性週刊誌も創刊した。一八八八年、ジェームズ・シェリダンが『フィナンシャル・タイムズ』を創刊した。一八九〇年、保守系の『デイリー・テレグラフ』は三〇万部、『スタンダード』は二五万部

に達した。

これらの新聞が持つ政治的影響力は甚大だった。一八九一年、オスカー・ワイルドは『隔週評論』の記事において、次のように語った。「エドマンド・バークの時代とは異なり、ジャーナリズムは第四の権力でなくなった。当時、ジャーナリズムが第四の権力だったのは確かだ。しかし、ジャーナリズムは他の三つの権力を呑み込んでしまった。（……）われわれを支配するのはジャーナリズムだ」。

一八九二年、アメリカの財閥アスター家出身のイギリスのウィリアム・アスターは、買収した『ペル・メル・ガゼット』を『ペル・メル・マガジン』として刊行し、一九一一年には『オブザーバー』を創刊した。アスターは一九一六年に男爵、その翌年には子爵になった。

一八九四年、先述のノースクリフ子爵は『イブニング・ニューズ』を買収し、次にブロードシート判の半分サイズの『デイリー・メール』を創刊した（このサイズの新聞は今日も存在する）。ジャーナリストのエドワード・クックが創刊したリベラル系の新聞『ウェストミンスター・ガゼット』は、この小さなサイズをタブロイドという言葉を用いて蔑んだ。タブロイドは、ロンドンの製薬会社バロウズ・ウェルカム・カンパニーがこの時期に開発した圧縮型錠剤の商品名だった。『デイリー・メール』創刊の際、ノースクリフは通常のロンドンの日刊紙を創刊するよりも五倍の資金を投じた。このとき、読者に自社株の購入を持ち掛けるという初の試みがあった。紙面は、社会問題、女性の関心事、スポーツ、競馬の予想などで埋められた。創刊から四年後、『デイリー・メール』の発行部数は一〇〇万部に達した。

一九〇三年、ノースクリフはタブロイド紙の第二弾『デイリー・ミラー』を創刊した。挿絵の多いこの新聞の発行部数もすぐに一〇〇万部に達した。

この間、『タイムズ』の発行部数は七万部から三万八〇〇〇部に半減した。ノースクリフ子爵は『タイムズ』をジョン・ウォルターから買い取り、多額の投資をして販売価格を三分の一に引き下げた。その結果、一九一四年に『タイムズ』の発行部数は一四万五〇〇〇部になった。

この年、イギリスの日刊紙の合計発行部数は六五〇万部だった。

アメリカでは、広告が紙面を決める

アメリカの独立以来、アメリカの郵便サービスは国内に張り巡らされた。一〇〇年ほど前からこのサービスを利用して効率的に配送されてきたアメリカの新聞は拡大し続けた。一八七三年に連邦政府は、無政府主義など公序良俗に反すると思われる新聞の発行、購入、購読を禁止するコムストック法（おもに避妊薬や卑猥な記事などの郵送を禁止することが目的だった）を制定したが、検閲は相変わらず行われなかった。

フェミニストの新聞も創刊された。ヴィクトリア・ウッドハルとテネシー・クラフリンの姉妹は、一八七〇年から一八七六年にかけて週刊誌『週刊ウッドハルとクラフリン』を刊行し、ピューリタンの偽善を非難し、霊能力、女性の参政権、恋愛の自由を語り、男性の不貞（例：自分の親友の女性と不倫した牧師）を糾弾した。

一八七七年、クリーブランドの裕福な実業家の息子である先述のエドワード・ウィリス・スクリップスは、二四歳のときに最初の新聞『ペニー・プレス』を創刊した。後日、この新聞は『クリーブランド・ニューズ』、そして『クリーブランド・ペニー・プレス』になった。スクリップスは、地方紙の若い編集者に融資し、その見返りに彼らの新聞社の株式の五一％を取得した。こうして三年間にアメリカの二五の新聞社を買収した。これが今日も存在する「E・W・スクリップス・カンパニー」というメディア帝国の始まりだった。

同年、フィラデルフィアにおいてフランシス・ウェイランド・アイヤーが新聞の広告欄の販売管理を行う会社を設立した。広告代理店の登場だ。アイヤーの最初の顧客は、「シンガー・マニュファクチャリング・カンパニー」、「ポンズ・ビューティー・クリーム」、「プロクター・アンド・ギャンブル」(同社の「アイボリー」石鹸)だった。「ペニー・ペーパー」の大手二紙(『サン』と『ヘラルド』)は、新聞の役割はニュースを伝えることでも読者を楽しませることでもなく、おもな収益源である広告に読者を引き寄せることだと考えた。

新聞界の二人の大物もこの収益モデルを採用した。

一人めは、一八六四年に一七歳のときにドイツからやってきたジョーゼフ・ピューリツァーだ。セントルイス(ミズーリ州)に居を構えたピューリツァーは、当初はドイツ語の日刊紙の校正作業によって生計を立てていたが、一八七九年にセントルイスで『ポスト=ディスパッチ』、一八八三年に『ニューヨーク・ワールド』を買収した。これらの新聞は、派手な見出し、犯罪やスポーツに関する記事、多くの写真によって紙面を構成し、販売価格はきわめて安価だった。ジャーナリストたちは実際の出来事を着色して報道した。また、一八八九年には、記者の一人がその一五年前に出版されたジュール・ヴェルヌの『八十日間世界一周』の主人公フィリアス・フォッグを真似て、蒸気船で大西洋を横断する八〇日間世界一周の旅に出た。一八九五年、ピューリツァーはアメリカで初めて新聞にマンガを掲載した（フランスではその六年前に『フヌイヤール一家』が掲載されていた。これについては後述する）。それはリチャード・フェルトン・アウトコールトの作品（『イエロー・キッド』）だった。この作品は、最初は青色、次に黄色の服を着る少年の冒険物語だった。他の新聞は、このマンガにひっかけてピューリツァーの新聞を「イエロー・ジャーナリズム」と呼んで蔑んだ。

二人めは、先述のウィリアム・ランドルフ・ハーストだ。ハーストは、父ジョージ・ハーストが彼のために購入したニューヨークの『イグザミナ』で第一歩を踏み出した。そして一八九五年、一セントの価格で『ニューヨーク・モーニング・ジャーナル』を創刊した。ハーストは、一八九五年に『モーニング・ジャーナル』を買収し、また『ニューヨーク・ワールド』の数名のジャーナリストを引き抜くことによって、ピューリツァーの強力なライバルになった。一九〇三年、ハーストは『ニューヨーク・デイリー・ミラー』を創刊した。この新聞は、アメリカ初のタブロイド紙と見なされた。というのは、イギリスのタブロイド紙と同様、通常の新聞の半分サイズの紙面には多くの写真とともにゴシップや犯罪事件が掲載され、スポーツと女性の関心事を扱う専用のページもあったからだ。ハーストは先述の漫画家アウトコールトも引き抜いた。

朝食時に朝刊を読み始めた多忙な都会人や、英語を読むのが苦手な移民を読者層にしたピューリツァーとハーストの新聞の発行部数は、それぞれ瞬く間に三〇万部を超えた。これらの新聞は、しばしば衝撃的な見出しを付けて加工した写真やでっち上げのインタビューを掲載した。収益の柱は、購読料でなく広告収入だったため、広告が紙面の構成に大きな影響をおよぼした。

こうした事情から、どんなことを報じれば読者が何を買うようになるのかを探ることがきわめて重要になった。この時期、アメリカの一流大学に、マーケティング、心理学、社会学の講座が登場したのは、これらの新聞の影響だ。一八九〇年、アメリカの上院議員ジョン・シャーマンは、経済紙が強く非難してきた産業界の独占を制限するための反トラスト法の可決を先導した。そのおよそ一〇〇年後、このシャーマン法はメディアを保護するために援用された。

こうした新聞とは反対に、編集者アドルフ・オックスは新聞の大義を維持しようと考えた。オックスの考える大義とは、販売価格が多少高くなり、発行部数と広告が減っても構わないから、情報を伝えることだった。一八九六年一〇月、オックスは、『ニューヨーク・タイムズ』を買収するためにジョン・ピアポント・モルガンなどのニューヨークの裕福な資本家の支援を取り付けた。当時、一八五一年創刊の『ニューヨーク・タイムズ』は廃刊寸前の状態だった。発行部数は九〇〇〇部に過ぎず、毎週一〇〇〇ドルの損失を出していた。オックスは『ニューヨーク・タイムズ』を当時のアメリカには存在しなかった確かな情報を提供する高級紙にするため、読みやすいインク、品質のよい紙、新たな活版印刷術を用い、書評とビジネスの欄を設けた。さらには広告を拒否した。価格は三セントにした。一八九六年一〇月二五日、オックスは新生『ニューヨーク・タイムズ』の一面に「印刷に値するニュースしか掲載しない」と記した。発行部数は、一八九八年の二万五〇〇〇部から一九〇二年には一〇万部へと急増した。大成功だった。一九〇四年、日露戦争の「旅順港閉塞作戦」の際、『ニューヨーク・タイムズ』は海上の船舶から届いた記事を掲載した。一九〇五年、オックスは、本社を一四七五ブロードウェイ、今日では〔この新聞にちなんで〕タイムズスクエアという名称で知られている四二丁目の角に移転させた。さらには、ニューヨーク市長に頼んで本社付近に地下鉄の駅をつくらせた。一九一二年、『ニューヨーク・タイムズ』は他紙に先駆けて「タイタニック」号沈没事故を詳細に報じた〔編集長は「タイタニック」号の最初の通信から惨事を予測していた〕。オックスの買収から二〇年後、『ニューヨーク・タイムズ』の発行部数は三四万四〇〇〇部に達した。同年一九一二年、ニューヨークのコロンビア大学に「ジャーナリスト」の世界的な養成機関が設立された〔コロンビア大学ジャーナリズム大学院〕。

一九一四年、アメリカの日刊紙の数は二四三〇だった〔ニューヨークは二二〕。合計の発行部数は二六〇〇万部を突破した。新聞社の収入全体に占める広告収入の割合は六〇%だった。（ハーストとスクリップスのグループを筆頭に）一三のグループが六三の日刊紙を発行していた。

また、英語を読めない移民がいたため、発行部数の多い外国語の新聞も存在した。ロシアから移住したエイブラハム・カーハン〔作家〕は、ニューヨークのイディッシュ語の新聞に失望し、一八九七年に自らイディッシュ語の『前進』を創刊した。一九一四年、『前進』の発行部数は、一八七七年に社会主義活動家がシカゴで創刊したドイツ語の日刊紙『労働者新聞』と同様、一〇〇万部近かった。また、一九一三年にインドのナショナリズムを推進する目的からサンフランシスコで毎週月曜日発売の週刊誌『ヒンドゥスタニ・ガダル』が創刊された。刊行されたこの新聞のほとんどの部数はインドに送られたが、イギリス政府はすぐにこの新聞を扇動的と見なし、破棄処分にした。

フランスの新聞とモラル

フランスの事情はまったく異なった。新聞の役割は、娯楽や情報の提供、そして広告を通じてではなく、嘘をついて儲けることだった。

ごく一部の新聞は誠実さを維持し、政治闘争において中心的な役割を担った。一八七〇年と一八七一年、普仏戦争とパリ・コミューンによって社会が混乱状態に陥ったとき、『フィガロ』と『ゴロワ』を発行するパリの新聞社は襲撃され、編集部はヴェルサイユとサン＝ジェルマンに避難した。

パリでは、ジュール・ヴァレが創刊した『人民の叫び』（当時の発行部数は一〇万部）の記者たちは、パリ・コミューンの軍隊に交じって動乱の様子を報じた。『デュシェーヌ親父』、『新たな共和国』、『解放』、『鉄の口』の発行部数は、それぞれおよそ五万部だった。『公式ジャーナル』（王政の機関紙『世界報知』の一八六九年からの名称）は、『パリ・コミューンの公式ジャーナル』になり、一日二回刊行された。

一八七一年三月、反共産主義系の新聞『鐘』に寄稿していた若きジャーナリストだったエミール・ゾラがパリで二四時間逮捕された。四月、人質にすると脅迫されたゾラは、パリからボルドーへ避難し、パリ・コミューンが敗北する五月末までパリに戻らなかった。『フィガロ』は〔パリ・コミューンの〕抹殺を呼びかけた。「アドルフ・ティエール〔フランス第三共和政の初代大統領〕には、パリを浄化するという重要な仕事が残されている。このような機会は二度とないだろう」。

一八七一年五月二四日、無神論の学生新聞『民主主義者』への執筆のために一八六〇年から定期的に投獄されていたジャーナリストのラウル・リゴーが射殺された。ジャン＝バプティスト・ミリエール（クレルモン・フェラン〔フランス中部の都市〕の『共和国の斥候』の元編集長、新聞『プロレタリア』の創刊者、一八七一年にセーヌ県代表の国民議会議員）もその三日後に射殺された。

ルイーズ・ミシェルをはじめとするパリ・コミューンに加担したジャーナリストたちは、ニューカレドニアへ追放された。彼らのうち、パスカル・グルセ、アンリ・ロシュフォール、アシル・バリエール、オリヴィエ・パン、プロスパー＝オリヴィエ・リサガレー、フランソワ・ジョルドは、ニューカレドニアからイギリスへと脱走し、イギリスからフランスへと戻った。

その後、事態は沈静化し、新聞業界の再編が進んだ。第二帝政時代〔一八五二年から一八七〇年〕の新聞は、『プティ・ジャーナル』と『フィガロ』、そして一部の金融紙だけが生き残った。

再編第一弾は、一八七一年にポール・ダロズが新聞の流通におけるアシェットの独占を回避するために新聞と雑誌の配送機関を設立したことだ。『フィガロ』のライバル紙『ランタン』も独自の配送機関だけでなく、地方に定期刊行物を配送する「ペリネ」という会社を設立した。パリに新聞スタンドが増えた〔当時、新聞は予約購読が主流だった〕。

当時のフランスの主要な日刊紙は次の四つだ。『プティ・ジャーナル』〔一八六三年にモイーズ・ポリドール・ミヨーが創刊〕、『プティ・パリジャン』〔一八七六年に政治家ルイ・アンリューとその友人ジュール・ロッシュが創刊〕、『朝』〔一八八三年にサミュエル・シャンベルランが創刊。ガストン・ルルー〔フランスの人気作家〕の連載小説でよく知られていた〕、『ジャーナル』〔一八九二年にジャーナリストのフェルノン・グソーが、エミール・ゾラ、ジュール・ルナール、オクターヴ・ミラボー、クレマンソー、詩人のジョゼ゠マリア・ド・エレディアらとともに創刊〕だ。これらの四紙はナチスに協力したという理由から閉鎖される一九四四年までフランスの主要紙だった。

これら以外の日刊紙は次の通りだ。一八八〇年にウジェーヌ・メイヤーが創刊し、ブーランジズム〔一八八〇年代ブーランジェ首相が唱えた対独報復運動〕に与した『非妥協者』、オーギュスタン・デュモン〔彫刻家〕が創刊した日刊紙で、一八七九年から一九四〇年まで挿絵入の付録があった『ジル・ブラス』、発行部数が八万部を超えた『フィガロ』〔毎月第一月曜日に文学の夕べを開いていた〕、一八六八年創刊の政治と文学を扱う日刊紙『ゴロワ』、ボナパルト派の新聞『指令』、ガストン・カールの『平和』などだ。

第二帝政時代に大成功を収めた金融紙は勢力を盛り返した。一八七四年、複数の金融新聞（所有者はほとんどの場合が銀行）が電信ネットワークを構築した。金融新聞はこのネットワークを利用して受信した株価を銀行や「アヴァス通信」に送信できるようになった。

パリ・コミューン後に排除された社会主義系の新聞の活動再開には長い時間を要した。急進的な新聞のなかで最も影響力が大きかったのは、レオン・ガンベッタ〔政治家〕の『フランス共和国』だった。

これらすべての新聞は、政治的な支援、金融サービスの販売、金融機関の寄付などによって成り立っていた。たとえば、不動産銀行〔フランスの国営銀行〕は、多くの新聞（とくに金融紙）とジャーナリストに毎月補助金を支給していた。一八七九年の五月から一一月の期間だけで、『指令』には六万フラン、『平和』には一二万五〇〇〇フランを支給していた……。一八八一年、第三共和政のある議員は、「一部の金融紙の編集者が自身の勤め先の新聞社から給料をもらうのではなく、彼らが書いた記事を自由に改竄できる権利を企業家に販売して報酬を得ている」と知って驚愕した。

これらのほとんどの新聞にとって、手軽な収入源は、午後遅くに金持ちや企業のトップに翌日の新聞の一面に載る予定の記事を見せ、この記事を掲載するかどうかの権限は自分にあると凄むことだった。一九世紀末にはこうした恐喝が横行した。

一八七八年一一月五日、アルフレッド・ナケ〔政治家、社会運動家〕は報道の自由を制限するすべての法律を廃止するように訴えた。国民議会でこの議論が始まったのは一八八一年一月二四日になってからだ。（ジャーナリストからセーヌ県の国民議会議員になった）エミール・ド・ジラルダンをはじめとする二二人の国民議会議員が提唱した一八八一年七月二九日の法律は、フランスの新聞に世界で最も自由な活動を確約した。この法律により、出版と流通の自由が約束され、当局は新聞に対して働きかけるすべての手段を失った。

新聞の所有者はこの法律の四四条にしか登場しなかった。この条項は、新聞がある人物を誹謗中傷した場合、その新聞の所有者はこの人物に補償しなければならないと定めた。「新聞および定期刊行物の所有者は、第三者の利益のために科せられた罰金を支払わなければならない」。

一八八三年、シャンボール伯〔アンリ・ダルトワ。フランス王シャルル一〇世の孫〕が死去すると、『ユニオン』などの正統王朝主義の新聞が一斉に廃刊になった。『ゴロワ』はフランスの貴族階級の機関紙になった。宗教系の新聞は、「良書出版」の聖母被昇天アウグスチノ会の神父たちが刷新し、すぐに多くの定期刊行物を発行した。そのなかの一つ『十字架』はその年に日刊紙になり、安定的に一七万部を発行した。

一八八四年、パリ在住のジャーナリストのサミュエル・シャンベルランが英語の日刊紙『モーニング・ニュース』を創刊し、その後にフランス語の日刊紙『朝』を創刊した。シャンベルランは、『朝』を『ニューヨーク・タイムズ』のように解説よりも事実を重んじながら確かな情報を伝える日刊紙にしたいと考えた。『朝』には各党からの論説者（当時は「評論家：publiciste」と呼ばれていた）が執筆した。シャンベルランは自分の二紙のためにイギリスの小さな通信社「セントラル・ニューズ」と契約し、大西洋横断ケーブルを利用して（「アヴァス通信」はまだ利用していなかった）アメリカの情報を独占的に入手した。『朝』の価格は一〇サンチームだった。シャンベルランは、この新聞を『フィガロ』のジャーナリストであるアルフレッド・エドワーズに転売した。当時の他の新聞と同様、エドワーズは広告の陰に隠れて恐喝に勤しんだ。この新聞の収益全体に占める広告収入の割合は、一八八六年の三七％から一八九四年には五〇％になった。この新聞は一九四四年に廃刊になった。

一八八六年、『イラスト・ジャーナル』に初の写真ルポルタージュ（化学者ミシェル＝ウジェーヌ・シュヴルール〔脂肪酸の研究で有名〕のインタビュー）が掲載された。写真はナダール〔フランスの著名な写真家〕が撮った。

一八八九年、『青年新聞』に初めてマンガが掲載された。先ほど述べたように、新聞のマンガ掲載はアメリカよりもフランスが先行した。それはクリストフ（本名はマリー＝ルイ＝ジョルジュ・コロンブ）作の裕福な家族を風刺的に描く『フヌイヤール一家』だった。

一八九一年、『ジル・ブラス』（オーギュスタン・デュモンがその一二年前に創刊した日刊紙）に掲載されるエミール・ゾラの連載小説『金銭』の宣伝広告は、掲載の回を増すごとに大々的になった。入れ子構造になっているこの連載小説は多くの読者を獲得した。この小説が糾弾するのはこの新聞にもある株式市場のページを自由に操る金融業者であり、読者は金融業者の顧客でもあったのだが……。

一八九二年、ピエール・ジファールが世界初のスポーツ新聞『ヴェロ（自転車）』を創刊した。『フィガロ』、『ゴロワ』、『プティ・ジャーナル』のジャーナリストだったジファールは、「パリ＝ブレスト＝パリ」の自転車レース（およそ一二〇〇キロメートル）とパリ・マラソンを企画した。しかし、「ツール・ド・フランス」のアイデアは、一九〇〇年にアンリ・デグランジュが創刊した初のスポーツ日刊紙『オート＝ヴェロ』から生まれた。

フランス社会に古くから存在した反ユダヤ主義という災いが再び降りかかった。ローマ教会の反ユダヤ主義に、ユダヤ教を非国民的な普遍主義と見なした一般人が加わった。『朝』などの大手紙をはじめとする新聞が反ユダヤ主義を唱えた。一八九二年、エデュアール・デュモンが反ユダヤ主義を主張するために『自由な発言』を創刊した。こうして世論と新聞を二つに分断する「ドレフュス事件」が始まった。

一八九四年一一月、『自由な発言』の見出しは「ユダヤ人ドレフュスの裏切り」だった。

一二月二二日、ドレフュスはドイツのスパイを行った罪を着せられ、終身刑として南アメリカのフランス領ギアナ沖合にある「悪魔島」に送られた。『雷光』、『非妥協者』、『ゴロワ』、そして『十字架』や『巡礼者』などのカトリック系の新聞などは、この事件をヒステリックに取り上げた。これらの新聞はユダヤ人を鉤鼻で大きな耳を持つ陰険で強欲な人物として描き、読者を増やした。

一方、『信仰の自由』、『大いなる闘い』、『フィガロ』、『世紀』、『反逆』、『小さな共和国』、『人権』など、ドレフュスを擁護する新聞は大量の読者を失った。

一八九七年末（アシェットが競合する配送会社を買収した時期）、エミール・ゾラは『フィガロ』でこの事件を取り上げた。被告の兄マチュー・ドレフュスも『フィガロ』においてフェルディナン・ヴァルザン・エステルアジが真犯人だと訴えた。一八九八年一月一一日、エステルアジは軍法会議にかけられたが、全員一致で無罪になった。

一八九八年一月一三日、ゾラはエーネスト・ヴォーン（『非妥協者』の編集者）がその数ヵ月前に創刊した『曙』の一面に「私は弾劾する」という公開状を掲載した。この文書のために有罪になったゾラは、投獄を逃れるためにロンドンに避難した。反ユダヤ主義の新聞は、豚の胴体を持つゾラの風刺画を掲載した。

一八九八年、反ドレフュスの論争に『プティ・ジャーナル』が参入した。カランダッシュ〔イラストレーター〕はこの新聞に反ユダヤ主義の風刺画を載せ、さらにはもう一人の大物イラストレーターであるジャン＝ルイ・フォランとともに、ドレフュスとユダヤ人を糾弾することだけが目的の新聞（『Psst…!』）も創刊した。

その後、この事件の真相が明らかになった。一八九八年八月三〇日、アンリ少佐がドレフュス有罪を補強するための文書（「アンリ偽書」）を偽造したと白状した。一八九九年九月九日（この年、『Psst…!』は廃刊になった）、ドレフュスは再審でも有罪になり、禁固一〇年の判決が下ったが、〔有罪を認めることを条件に〕大統領特赦を受け入れた。

同時期、アフリカ大陸において、南北に延びるイギリスの植民地と、東西に延びるフランスの植民地の拡大政策がスーダンの前哨基地ファショダで衝突した〔ファショダ事件〕。英仏の新聞は火に油を注いだ。イギリスの「ジンゴイズム〔好戦的愛国主義〕」とフランスの「排外主義」が戦争へと後押しした。しかし、フランスの部隊は人数で劣ったため、フランスは撤退せざるを得なかった。この撤退に怒りを爆発させたフランスの愛国主義者の新聞は読者の数を増やした。

フランスの中流階級は日刊紙を読むようになった。若き政治家で作家、そして『行動と世紀』の責任者になるアンリ・ベランジェは、ドレフュスの名誉回復運動を開始した。その年、ベランジェはトゥールーズ〔フランス南西部〕の『急報』に「新聞のない暮らしは懲罰に等しい」と記した。

女性が頭角を現すようになった。

一八九七年、マルグリット・デュランが『反乱』を創刊した。『反乱』はくだらない話題を一切取り上げない硬派な新聞であり、性別にとらわれない職業選択の自由や、女性自身による資産管理など、社会的な権利要求も掲げた。この新聞のジャーナリストの一人カロリーヌ・レミ〔セヴリーヌ〕は、オペラ゠コミック座の火事や、女性労働者の現状を取材した。レミは、サン゠テティエンヌ〔フランス中東部〕郊外のヴィルブフでの炭鉱爆発の翌日に炭鉱内に入った最初の女性になり、一八九八年にはフェミナ賞〔権威ある文学賞〕を創設した。

一九世紀末、フランスでは、『プティ・ジャーナル』、『朝』、『パリのこだま』、『プティ・パリジャン』の四つが主要な日刊紙だった。『フィガロ』と『曙』も健在だった。

一九〇〇年以降、アンリ・シモンの指揮下にある『パリのこだま』が「フランス祖国同盟」〔反ドレフュス派の知識人たちの政治団体〕の機関紙になった。文学と演劇だけを扱う日刊紙『コメディア』が創刊された。

一九〇二年、ガストン・カルメットが『フィガロ』の編集長に就任すると、カルメットは読者層を「富裕層、大企業、成長産業、軍、洗練された外国企業」に定めて『フィガロ』の近代化を図った。一九〇八年からマルセル・プルーストは『フィガロ』で作品を発表した。一九〇二年から一九〇六年まで『フィガロ』で記事を書いたピエール・ド・クーベルタン〔近代オリンピックの基礎を築いた教育者〕など、この新聞は多くの著名なジャーナリストを輩出した。

一九〇四年、ジャン・ジョレス〔社会主義者、政治家〕が社会党の機関紙『ユマニテ〔人道〕』を刊行した。発行部数が一四万部のこの新聞の編集は、「労働組合の労働者チーム」が担当した。編集部は、一七七八年にモーツアルトが母親とともに滞在した場所であるパリ〔二区〕のサンティエ通り八番地にあった。アナトール・フランス〔ノーベル文学賞受賞者〕はこの新聞の二ページに連載小説を掲載した。

一九〇四年から一九〇八年にかけて、パリの新聞の腐敗の極みとなる事件があった。ロシア帝国がパリの主要紙（『プティ・ジャーナル』、『ランタン』、『フィガロ』、『プティ・パリジャン』、『朝』、『フランス』）に融資を実行する際、これらの新聞はロシア帝国の政治および経済の脆弱性に関する記事を掲載しないことを条件に、ロシアから「寛大な金融広告」を受注した（この取引が明るみになったのはかなり後）。

一九〇六年、アルベール・ロンドル〔著名なジャーナリスト〕は『朝』で政治記者として活動を始めた。多くの新聞は発行部数を秘密にしていたが（一九一〇年、発行部数は、六〇紙のうちの三九紙が五〇〇〇部未満であり、それらの二五紙にいたっては五〇〇部未満だったが）、新聞の発行によって、一部の創業者は莫大な富を成した。『プティ・ジャーナル』のモイーズ・ポリドール・ミヨー、『プレス』のエミール・ド・ジラルダン、『フィガロ』のイポリット・ド・ヴィルムサン、『時代報』のアドリアン・エブラール、『ゴロワ』のアルチュール・メイヤーらの創業者はそれぞれ、相続人に五〇〇万フランから一〇〇〇万フランの資産を残した。ちなみにこの時代、パリで一〇〇〇万フランを超える相続は一〇件しかなかった。

第一次世界大戦が始まった時期、一日に印刷される日刊紙の部数は、人口一〇〇〇人当たり二四四部だった（一八一五年はわずか一・三部）。これは世界上位の比率だった。パリの日刊紙の発行部数は、一八七〇年の一〇〇万部から五五〇万部へと増加した。そのうちの四五〇万部は、『プティ・ジャーナル』、『プティ・パリジャン』、『朝』、『ジャーナル』だった。発行部数は少なかったが（せいぜい四万五〇〇〇部）、『時代報』は国外で最も影響力のある新聞だった。地方には、一週間に二回あるいは三回刊行の新聞が多数存在した。各郡には日刊紙が一紙あるいはそれ以上あった。一九一四年、二五〇ほどの日刊紙が発行されていた。

一九一四年、フランスの新聞が引き受ける広告の量は、イギリスの五分の一、アメリカの二〇分の一だった。そしてそれらがどのような広告だったかは先述の通りだ。

ヴィルヘルム二世〈ドイツ皇帝〉のドイツの新聞

大英帝国に対抗して世界最大の勢力になることを夢見ていたドイツでは、一八七四年に大手紙の時代が始まった。その際、報道の自由は非常に慎重かつ短期間に法律によって定められた（この法律が確実に遵守されるようになったのは、ヴァイマル共和国になった一九一九年以降）。

ドイツにはベルリンの政治的な傾向に合わせて複数の新聞が存在した。当局ならびにビスマルクの機関紙『北ドイツ総合新聞』（創刊は一八六一年）、超保守派の産業界の機関紙『ポスト』（一八六六年）、プロイセン保守派の『十字章新聞』（一八四八年）、中道カトリック系の機関紙『ゲルマニア』（一八七一年）、リベラル派の『ベルリン日報』（一八七一年）、プロテスタント系リベラル派の『毎日案内』（一八七一年）などだ。一八八三年に創刊された週刊誌『ベルリン地方報』は一八八五年に日刊紙になった。一八九九年に創刊された週刊誌『一週間』の所有者は、一九〇四年に『庭園』（家族向けのイラスト入りの週刊誌）

と『写真スポーツ』（イラスト入りのスポーツ週刊誌）を買収した。さらには、『未来』などの週刊誌や、ミュンヘンの『ジンプリチシムス』のような社会風刺の定期刊行物もあった。出版人ヨハン・バプティスト・ジーグルが刊行するカトリック系の『祖国バイエルン』は、ドイツ首相ならびにドイツ帝国の政治を公然と批判したため、ジーグルは投獄された。レオポルド・ウルシュタインの『ベルリン・モーニング・ポスト』は独立系の新聞であり、発行部数は四〇万部に達した。この新聞は第二次世界大戦末まで認可された（現存する）。

先ほど述べたように、アウグスト・シェールは一八八三年に『ベルリン地方報』、そして一八九九年に週刊誌『一週間』を創刊し、『庭園』や『写真スポーツ』などの人気誌を買収した。一九一六年、シェールは自身の新聞帝国を兵器製造で巨大化したクルップ社の重役アルフレート・フーゲンベルクに売却した。

ドイツになったアルザス＝ロレーヌでは、ストラスブールの『アルザス＝ロレーヌ・ジャーナル』や『メス（フランス北東部）通信』など、フランス語の新聞が登場したが、フランス語新聞は、検閲、強迫、起訴され続けた。

他の地域では、ほとんど何も起きず

インドでは、一八七八年九月にチェンナイ〔インド南部〕で日刊紙『ヒンドゥー』が創刊され、一八八五年に国民議会派（後日、ガンディーの党になる）の最初の会合が開かれた。その後、新聞の数は急増した。懸念を抱いたイギリス当局は、「一九一〇年の報道法」によってインドの新聞を抑圧した。

中国では新聞はあまり発展しなかった。わずかに存在したのは、外国人や西洋化した中国人を対象とする新聞だった。この時代の中国で最も影響力のある新聞は、アメリカ人宣教師が一八六八年に創刊した『万国広報』だった。この新聞は外交政策とキリスト教に関する記事を掲載した。一九〇一年、中国にはおよそ一六〇の新聞があり、全体の発行部数は一〇万部だった。そのなかには、イギリスのビジネスマンが創刊した『鎮江〔上海近郊〕ニューズ』があった。このイギリス人は中国語で、上海フランス租界〔フランス人の居住領域〕で阿片の吸引行為が横行し、若い女性たちが犠牲になっていると糾弾した。その後、フランス当局はそうした行為を取り締まった。一九一二年に中華民国が成立すると、報道の自由が確立された。しかし、識字率がまだ低かったため、中国の新聞は発展しなかった。

日本では、明治時代が始まってから三年後の一八七一年、瓦版（一六一五年以来、大判の紙に墨で印刷する不定期刊行物）に代わって新聞が登場した。一八七一年、国内外のニュースを掲載する日本語初の本格的な日刊紙『横浜毎日新聞』が創刊された。その後、『横浜毎日新聞』と『中外新聞』は、民主的な憲法の制定を要求した。

一八七二年、戯作者の条野伝平が『東京日日新聞』（『毎日新聞の前身』）を創刊した。色鮮やかな木版画を添えて犯罪記事などを掲載するこの新聞は、朗読を利用して大衆を読者に引き入れた。

一八七三年、『郵便報知新聞』（現在の『報知新聞』）や、最も古い地方紙である甲府の『峡中新聞』（現在の『山梨日日新聞』）など、現存するものも含めていくつかの日刊紙が登場した。その翌年には『読売新聞』が創刊された。

重要なのは一八七五年だ。この年、『東京日日新聞』が戸別配達を始めた。この配達システムが後の日本の新聞の息の長い成功を確約した。

当時の日本の著名なジャーナリストの多くは自由な思想の代弁者だった。たとえば、初のマンガ新聞『絵新聞日本地』を創刊した野崎文蔵（仮名垣魯文のペンネームで知られている）は、共和国的な考えを代弁した。

一九一二年以降の「大正デモクラシー」の時代、日本政府は『朝日新聞』など反政府系の新聞を発禁処分にした。

二〇二一年度の世界の日刊紙の発行部数上位五位には、日本の三大紙（読売新聞、朝日新聞、毎日新聞）が入った。一九〇九年、出版社「大日本雄辯會」が設立され、弁論雑誌『雄辯』を出版した。この出版社は現在でも日本最大の出版社だ（現在の講談社）。

エジプトでは、一八七六年にレバノン人のビシャラとサリムのタクラ兄弟がアレクサンドリアで『アル＝アハラーム』（ピラミッドを意味する）を創刊した。アラブ世界で二番目に創刊されたこの日刊紙は今日も存在する。

ロシアでは一九〇四年に、内務大臣、外務大臣、財務大臣が「サンクトペテルブルク通信社」を設立した。一八九八年、ロシア皇帝ニコライ二世は、彼の父親時代に財務大臣になったセルゲイ・ウィッテの助言を受け、一八九九年の「ハーグ陸戦条約」の第一四条を提案して導入させた。これはジャーナリストを保護する次のような条項だった。「特派員、新聞記者、従軍商人、物資供給者など、戦闘に直接参加しているのではなく軍隊に同行する個人が、敵軍に捕まり、敵軍が勾留すべきと判断した場合、それらの個人は、軍隊の承諾を得て正式に同行していた場合に限り、戦争捕虜としての待遇を受ける権利を持つ」。

しかしながら、ロシアでは一九世紀末まで、新聞を出版する際には事前の許可が必要だった。一九世紀に最も影響力のあったロシアの新聞（ピョートル・ラヴロフ〔社会思想家〕の『前進』やアレクサンドル・ゲルツェン〔哲学者〕の『鐘』）は、外国で印刷されて密かに流通した。一九一二年、事前認可システムが廃止されると、新聞の発行部数は急増した。同年には『真実』が創刊された。一九一三年、ロシアでは八〇〇ほどの新聞が刊行されていた（全体の発行部数は三五〇万部）。一九一四年、『前進』は発行停止になったが、密かに流通し、四万人以上の読者にプロレタリアートの蜂起を呼びかけた。

新聞と第一次世界大戦

一九一四年八月から始まった第一次世界大戦により、世界中で新聞の発行部数は増加した。

イギリスは直ちにヨーロッパ大陸とアメリカを結ぶドイツの海底電信ケーブルを破壊した。ドイツはこの情報封鎖に対抗して「トランスオーシャン通信社」を設立し、ドイツの情報をラジオで世界の新聞に向けて発信しようとした。

フランスでは、紙不足と広告収入の消滅により、新聞の発行と販売が困難になった。新聞の分量は減り、二ページあるいは四ページになった。一九一四年八月五日の法律（検閲の実施）に基づき、軍事戦略、軍備施設、そして死傷者や捕虜の数についての報道や、司令官に対する批判は禁止された（従わない場合は、五年の禁固刑）。新聞はこの法律を遵守した。

一九一四年八月一七日付の『非妥協者』には、「粗悪なドイツ製品」というタイトルで「弾丸は体内を引き裂くことなく貫通する」ので「負傷者が大勢出ても心配無用。被弾した若者たちは元気そうに微笑んでいる」という記事が載った。一九一四年八月二四日付の『朝』は、「同盟国の暴れん坊たちがベルリンのすぐそばまでやってきた」と伝えた。同じく一九一四年八月二四日付の『朝』は、ドイツの武器は性能がよくないので「やられても痣にしかならない」と請け合った。一九一四年一〇月一一日付の『プティ・パリジャン』は、「われわれの部隊はドイツ軍の機関銃などものともしない。（……）」と豪語した。

後日、当時の偉大なジャーナリストの一人で『ジャーナル』の戦争特派員エドゥアール・エルセは、自責の念に駆られて次のように告白した。「私は、兵士たちは微笑み、歌を口ずさんでいると書いた。だが、私が目にした兵士たちは、影のように動き、行軍と戦闘で疲れ切っていた。彼らは自分たちがなぜこんなひどい目に遭っているのかわかっていなかった。私はすぐに自分が間違ったことをしていると思い、真実とは異なる記事を書くのはやめようと思った。しかし、戦争が始まって悲痛な思いに沈む彼らの母親、妻、子供たちのことを考え、思い直した」。

一九一四年八月、英仏軍がモンス〔ベルギー〕から撤退をしたとき、戦争特派員アーサー・ムーアは『タイムズ』に「兵士たちは元気いっぱいだ」と書いた。一九一四年九月、イギリスでは「わが軍あるいは民間人を不安にさせる恐れのある情報を、口頭ないし書面によって拡散することを禁じる」という法律が定められた。一九一六年七月、「ソンムの戦い」（フランス北部で行われた第一次世界大戦における最大の会戦。二〇万人以上のイギリス兵士が戦死するなど、大勢の死傷者を出した）が始まったとき、『マンチェスター・ガーディアン』のあるジャーナリストは、「わが軍の損失は軽微。（……）戦闘初日、きわめて好調な滑り出し」と伝えた。後日、この緒戦を目撃した二人のジャーナリストの一人は、「われわれの配信記事を検閲する必要はまったくなかった。というのは、われわれ自身が検閲者だったからだ」と語り、もう一人は、「私は真実でないことを書いたと深く恥じている」

と懺悔した。

一部の日刊紙は食糧物資の配給に関する情報を提供したため、高水準の発行部数を維持した。たとえば一九一七年、『朝』は一五〇万部、『プティ・パリジャン』は二〇〇万部以上だった。参謀本部の機関紙『パリのこだま』の発行部数は四〇万部に達した。『非妥協者』は最大の夕刊紙になった。ユニオン・サクレ〔第一次世界大戦初期にフランスで成立した挙国一致体制〕の政策に賛同し続けた『ユマニテ』の発行部数は、創刊時（一九〇四年）は一四万部で、一九〇五年には一万五〇〇〇部に落ち込んだが、一九一二年には八万部にまで上昇した。しかし、この新聞が「平和主義者〔戦争反対論者〕」の手に渡ると、発行部数は再び落ち込んだ。『ゴロワ』は大量の読者を失った。

報酬と引き換えに平和論者の記事を載せるフランスの新聞（『ジャーナル』と『赤帽』）もあった。経営危機に陥った『ジャーナル』救済のために資金の出し手を探していたとき、責任者のピエール・ルノワールと詐欺師ボロ・パチャは、何とドイツ人の資本家から融通を取り付けた……。

一九一六年、モーリス・マレシャル（一九〇六年にウジェーヌ・メルルとギュスターヴ・エルヴェが創刊した平和主義者および無政府主義者の週刊誌『社会的戦い』の元ジャーナリスト）は、『カナール・アンシェネ〔「鎖につながれた鴨」。鴨には新聞という意味もある〕』を創刊した（一九一五年の創刊は失敗した）。創刊時の発行部数は三万五〇〇〇部だった。この新聞の名称は、一九一三年にジョルジュ・クレマンソーが創刊した『自由の人』に掲載された移動野戦病院のサービスに関するきわめて批判的な記事が検閲によって削除され、この新聞の名称が一九一五年に『鎖につながれた人』になったことに由来する。『カナール・アンシェネ』は毎週でなく一〇日に一回の割合で刊行したため、当初はうまくいかなかった。

『カナール・アンシェネ』は、（一九一六年の）実際の創刊号においてヴォルフが設立したドイツの通信社と提携したと発表した（当然ながら、架空の話）。「隅々」という表題の最初の記事からは、この新聞の風刺的な色合いが窺われる。「『カナール・アンシェネ』は慎重に検討したうえで確実に不正確だと判断できるニュースだけを掲載する。ご存じのように、戦争が始まって以来、フランスの他の新聞は例外なく本当のニュースだけを頑なに読者に届けている。国民は、本当のニュースにうんざりしている。彼らは気分を変えたいのだ。本紙はフェイクニュースを望んでいる国民のために存在する。この約束を果たすため、『カナール・アンシェネ』の経営陣は、いかなる犠牲も厭わない。そこで、あの有名なヴォルフの通信社と一年契約を締結した。ヴォルフの通信社は毎週ベルリンから専用の有刺鉄線を通じて世界中のフェイクニュースをわれわれに届けてくれる」。

塹壕の中で書かれた新聞が兵士たちの間で回し読みされた。彼らの新聞には、『催涙弾』、『兵士の叫び』、『一斉射撃』、『塹壕のこだま』など、戦地を連想させる名前が付けられた。手書き、あるいはタイプ打ちのこれらの新聞は数部発行され、将校たちには内緒で近くの塹壕にも配られた。でたらめな新聞記事を意味する「骸骨の詰め物」という表現が定着した。

一九一七年四月、アメリカが参戦した。このとき、戦闘に関与する兵士の数を報道することが禁止された。八〇人の戦争特派員が部隊の同行を許可された。彼らの書く記事は検閲された。これらのジャーナリストのなかには女性の姿もあった。コーラ・ハリス（『インデペンデント』）、メアリー・ロバーツ・ラインハート（『サタデー・イブニング・ポスト』）、メアリー・ボイル・オライリー（『ボストン・グローブ』と『ハーパーズ・マガジン』）、アイネズ・ミルホランド（『ニューヨーク・トリビューン』）だ。彼女たちは、軍事訓練、戦闘、そして負傷者、女性、子供の様子を伝えた。

一九一八年三月、アメリカ軍は情報伝達の画期的な手段であるラジオの実験を行った。この実験のために、ヴァージニア州に初のラジオ局が設立された。このラジオ局は、アメリカ海軍がアメリカ全土ならびにカリブ海の基地と交信するために使っていた高出力の送信機を利用した。このラジオ局はアメリカ軍の部隊に音楽だけを放送した。

戦争の行方がまだきわめて不透明だった一九一八年三月、パリでは「全国ジャーナリスト組合」が結成された。この組合は、さらなる報道の自由とジャーナリストの社会的な地位の向上を次のように要求した。「自由な議論を約束し、対立する利害を誠実に扱うこと。その結果として、労使双方が、明確、自由、平等な立場から法律に基づく雇用契約を交わすこと」。

「スペイン風邪」もフェイクニュースの温床になった。一九一八年の九月から一〇月初頭にかけて、一九万五〇〇〇人のアメリカ人がこの感染症で死亡したとき、アメリカ大統領ウッドロウ・ウィルソンは新聞に対し、不安を呼び起こす情報の発信を禁じた。

ボストンから五六キロメートル離れたデヴェンス基地では住民の二〇%が罹患し、ボストンにも感染が広がったが、一九一八年九月二二日付の地元の新聞は、戦争の行方と第四回「自由公債」の引き受け枠の設定しか報道しなかった。

『ボストン・ポスト』は、「昨日の死亡者は一九一人。深刻な事態であることに変わりはないが、公衆衛生当局によると、死亡者の数は微増したに過ぎないという。心配ない」とだけ記した。『グローブ』は「死亡者の数は減っている」と報じた。

ニューヨークでは死亡者の数が三万三〇〇〇人に達したが、一〇月四日付の『ニューヨーク・タイムズ』の一面には、ヨーロッパでの戦争、「自由公債」の販売減少に対する懸念、キャサリン・エヴァリ・モーガンの結婚、レフ・トルストイの戯曲『生ける屍』上演初日のジョン・ドリュー・バリモアの演技に関する批評の記事しかなかった……。感染症については、案内広告のページの後に「四三の州にまで拡大した感染症に対し、抜本的な対策が講じられた」という小さな記事が掲載されただけだった。

同日付の『ニューヨーク・イブニング・ワールド』（当時のアメリカの高級紙）も一五ページ目に「新規感染者数は一六九五人以上」と記しただけだった。その記事のすぐ隣には、笑顔の赤ちゃんが描かれたケロッグのコーンフレークの宣伝が載っていた。そこには次のような宣伝文句が躍っていた。「困難な時期であっても、アメリカの子供たちが充分な栄養をとって健やかに成長できるのはありがたいことだ」。

同年の一九一八年、ヘンリー・フォードは秘書アーネスト・リーボルド名義で『ディアボーン・インデペンデント』を買収した。発行人になったフォードは、すぐに『ディアボーン・インデペンデント』を反ユダヤ主義の新聞に変え、「ユダヤ人は民衆を堕落させるために株式市場をつくった」、「ユダヤ人は戦争を引き起こし、戦争を利用してアメリカの農民からお金を巻き上げようとしている」と説いた。フォードの新聞の発行部数は、『ニューヨーク・デイリー・タイムズ』に次ぐ九〇万部だった。その少し後、フォードはこの新聞において『シオン賢者の議定書』を紹介し、この書籍を五〇万部流布させた。アドルフ・ヒトラーは彼の著書『わが闘争』においてフォードの新聞について言及した。

感染症に関するイギリスの新聞の報道もフランスとアメリカと同様にお粗末だった。イギリス各紙とも数行程度の扱いだった。この感染症はさほど深刻ではないと述べ、コップを洗う、混雑時間を避けて通勤する、むやみにキスしないなどの感染症対策を記しただけだった。およそ二万三〇〇〇人の死亡者が出たアイルランドの一九一八年六月一一日付の『ベルファスト〔北アイルランドの首府〕・イブニング・テレグラフ』は、「過度に心配する必要はない。街で耳にする噂を額面通りに受け取ってはいけない」と諭し、「ほとんどの医師は今回の感染症を重篤な病気とは考えていない」と付け加えながらも「薬局は薬を買い求める人々でパンク状態だ」と報じた。

フランスでは、パリ市民が三ヵ月前からドイツ軍の爆撃に苦しんでいた一九一八年四月、スペイン風邪はオワーズ県〔フランス北部〕から広がった。五月末までフランスの新聞には感染症に関する記事は一切なかった。ドイツ軍がマルヌ県〔フランス北東部〕にまで迫ってきた五月二八日付の『ジャーナル』は、「スペインでは感染症が流行中だが、大した病気ではない」と紙面の片隅で軽く触れただけだった。その翌日、『十字架』は「マドリッドでは一二万人が感染」と報じたが、フランスについては何の言及もなかった。七月六日付の『朝』は、「この感染症はドイツでは猛威を振るっているが、フランスでは大したことない」と論じ、その翌日には「この感染症は単なる風邪であり、恐れる必要はない」と請け負った。八月七日付の『ジャーナル』も「この感染症は単なるインフルエンザだ」と追随した。九月四日になって、ようやく『十字架』がトゥーロンの軍事基地で七〇人の軍人が感染症によって死亡したと伝えた。

論調が一変したのは一〇月一九日だった。『ジャーナル』は一面において、「自宅で安静にするように」、また「医師と相談するように」など、口先だけで何もしない政府を糾弾し、学校の閉鎖や集会の禁止を提唱した。そして「政府がやったことと言えば、ポスターをつくったことくらいだ。これではだめだ。早急に対策を打ち出す必要がある。(……)中途半端な措置を打ち出している場合ではない」と強く訴えた。一一月九日、ギヨーム・アポリネール(フランスの詩人、小説家)がスペイン風邪で死亡した。一一月一一日付の『ジャーナル』は、「感染症はドイツ野郎と同じく敗走」という見出しの記事を載せた。一二月二日、エドモン・ロスタン(フランスの劇作家)がスペイン風邪で死亡した。

一九一八年一一月一二日、「ゴーモン」(フランスの映画製作会社)が初のカラー・ニュース映画を発表した。この映画には勝利を収めた連合軍がシャンゼリゼ通りを凱旋する様子が収められていた。

第9章 読む、聞く、そして見る

一九一九年から一九四五年

われわれは文字で表す以外の情報をどうやって伝えてきたのだろうか。太古からヒトは大声で叫んできた。そして一九世紀末からは、蓄音機や電話が利用されるようになった。一方、画像は洞窟の壁、次に絵画によって伝えられた。一九世紀中ごろからは、写真や映画が利用されるようになった。第一次世界大戦後、音声はラジオによって拡散されるようになった。音楽と情報はラジオのおかげで、西洋の近代性から遠く離れたところまで届くようになった。テレビの登場はもう少し先だ。

新聞はラジオと競争し始め、ラジオ独自の発展を許すのではなく、ラジオと協働した。世界人口と経済は急成長したため、一〇〇年ほどの期間、新聞とラジオは、読者ならびに聴取者と広告を増やすことができた。

しかしながら、新聞とラジオという表現の自由のための新たな道具を用いても、数多くの民主主義が独裁者の手に渡るのを防ぐことはできなかった。新聞やラジオは機関銃の前では何の役にも立たなかった。

これまでの章と同様、本書で掲げるメディアに関する数値は、メディアあるいはメディアに近い情報源が提供するものだ。したがって、それらの数値は大まかなものであることをお断りしておく。

アメリカの新聞が新しくなる：ニュース雑誌

一九世紀の最後の数十年に登場した大手紙の紙面には、食品や家庭用品などの広告が溢れた。広告が増えたことにより、新聞のページ数は増え、扱う情報の領域は広がり、紙面を多様化することができた（例：刑事事件、三面記事、スポーツ、地元のニュースなど）。また、週刊誌をはじめとする新たな定期刊行物も増えた。

一九二三年、最初のニュース雑誌『タイム』が創刊された（七〇ページ、一五セント）。この週刊ニュース雑誌を創刊したのは、中国育ちの宣教師の息子ヘンリー・ルースだ。民主党と労働組合に敵意を抱く勤勉なルースは、ブリトン・ハデンとともに巨大なメディア集団をつくり上げた。ハデンはすでにイエール大学で学生新聞を編集した経験があり、一九二九年に三一歳の若さで亡くなるまで『タイム』の編集長を務めた。

一九二六年、創業者のエドワード・ウィリス・スクリップスが死去したとき、スクリップス・グループには、三二の地方紙、複数の組合紙とコマ割りマンガ（『ディルバート』、『マーマデューク』、『ピーナッツ』、『ナンシー』、『ガーフィールド』）があった。当時、スクリップス・グループは、ウィリアム・ランドルフ・ハーストのグループに次ぐ全米第二位の新聞帝国だった。

一九二九年一〇月以降、始まったばかりの経済危機〔世界恐慌〕の影響を最小限に抑えるために、新聞は株式市場のページを通じてあらゆる手段を講じた。一九二九年一〇月二五日金曜日、その一〇年前に創刊された日刊紙『ニューヨーク・デイリー・タイムズ』の一面には、「株式市場は最悪期を脱する。危機は終焉。株価は底を打った」という見出しがあった。

しかしながら、そうした見通しは完全に間違っていた。一九二九年から一九三三年にかけて、アメリカ経済は崩壊し、新聞の広告収入はおよそ四〇％減少した。多くの新聞社が倒産し、新聞社の吸収合併が相次いだ。

一九三〇年二月、先述のヘンリー・ルースは、月刊ビジネス雑誌『フォーチュン』を創刊した。一九三二年、アーサー・ニールセンが食品と医薬品の小売価格を計測する指数を作成した。これが市場調査の始まりだ（「市場調査」はニールセンの造語）。

一九三二年一一月、フランクリン・D・ルーズベルトは大統領に選出されると、新聞との付き合い方を根本的に変えた。閉鎖的だった歴代の大統領と異なり、ルーズベルトは週二回の頻度で記者会見し、新聞とラジオの記者をホワイトハウスの執務室に招き入れ、さらには記事のリード文を口述したり、各紙の論調に合わせてコメントしたり、出張に同行する記者たちとポーカーをしたりした。

一九三六年、ヘンリー・ルースは『ライフ』を買収し、フォトジャーナリズムの週刊誌として再創刊した。その後、ルースの雑誌グループには、『スポーツ・イラストレイテッド』、『ニューズウィーク』、『USニューズ』が加わった。

同年、その二年前にファシストに近い政治団体「全国社会正義同盟」を結成したチャールズ・エドワード・カフリン（カトリック教会司教）は、フォードと同じく反ユダヤ主義などを説く『社会正義』を創刊した。

一九三八年、アメリカの新聞は危機を乗り越えた。一九四〇年、アメリカの日刊紙の発行部数は四一〇〇万部を超えた（一九二〇年は二〇五〇万部だった）。

貴族たちが所有する新聞

第一次世界大戦後、イギリスの新聞も好調だった。イギリスの人口の三分の二近くがタブロイド紙を読むようになった。これらのタブロイド紙の所有者は、金持ちになって大きな影響力を持った。

彼らのうちの六人（ビーヴァーブルック、ロザミア、カムローズ、ケムズリー、ノースクリフ、アスター）は、金持ちになったことで貴族になり、彼らだけでイギリスのほとんどの日刊紙（おもにタブロイド紙）を牛耳った。

カナダでマックス・エイトケンとして生まれたビーヴァーブルック男爵は、ロイド・ジョージ〔イギリス首相〕の推薦によって一九一七年一月二三日に貴族になった。ビーヴァーブルック男爵は、イギリスで最大の発行部数を誇る『デイリー・エクスプレス』（発行部数は一九一九年の四万部から一九三七年には二三二万九〇〇〇部に急増）、『イブニング・スタンダード』、『サンデー・エクスプレス』を保有した。一九三〇年代には、ビーヴァーブルック男爵の新聞は、エドワード八世〔イギリス王〕とウォリス・シンプソン〔二度の離婚歴のあるアメリカ人女性）の恋愛関係をすっぱ抜いたため、エドワード八世は国王を退位した。

ロンドンでハロルド・ハームワースとして生まれたロザミア子爵は、一九一四年に貴族になった。一九二二年に兄が死ぬと、ロザミア子爵は『デイリー・メール』と『デイリー・ミラー』（当時の発行部数は三〇〇万部）の大株主になった。その翌年、ハルトン男爵の新聞チェーンを買収し、三つの朝刊の全国紙、三つの日曜発行の全国紙、ロンドンの夕刊、四つの日刊の地方紙、三つの日曜発行の地方紙を手中に収めた。ハンガリー国籍のオーストリア貴族シュテファニー・ツー・ホーエンローエ（第二次世界大戦勃発直前までナチス・ドイツの対英協調工作の諜報活動に従事していた女性）と非常に親しい関係にあったロザミア子爵は、ヒトラーが政権を取った後もドイツに敵意を抱くことに反対した。

ウィリアムとゴーマーのベリー兄弟（ウィリアムはカムローズ男爵、ゴーマーはケムズリー男爵になった）は、『ニューズ・クロニクル』などを所有した。

一九二〇年、ノースクリフ子爵（アルフレッド・ハームズワース）が所有する知識階級や政治家が読む『タイムズ』は、「ユダヤの危機」を訴え、アメリカでヘンリー・フォードが行ったように『シオン賢者の議定書』の徹底調査を呼びかけた。一九二二年にノースクリフ子爵が死去すると、『タイムズ』はアスター子爵に売却された。

アスター子爵はスポーツで活躍した後、一九四一年までジェフリー・ドーソンを『タイムズ』の編集長として続投させ、反ユダヤ主義と保守の論調を維持した。一九五九年、アスター子爵は『タイムズ』の社長の座を息子ギャヴィンに譲った。

政治家たちはこれらの新聞貴族を恐れた。一九二八年、ビーヴァーブルック男爵を嫌っていた保守党党首のスタンリー・ボールドウィンは、彼らを次のように非難した。「いつの時代においても、金のためなら何でもやるという態度は権力の濫用だ」。

一九三〇年、『デイリー・ニューズ』、『デイリー・クロニクル』、『ウェストミンスター・ガゼット』の三紙が合併して『ニューズ・クロニクル』が誕生した。一九三九年、ビーヴァーブルック男爵が所有する『ニューズ・クロニクル』の発行部数は一四〇万部に達した。

当時、ほとんどのイギリスの新聞は、ヒトラーの反ユダヤ主義は正しい、あるいは単なる政治的パフォーマンスに過ぎないと考えていた。一九三〇年八月、ヒトラーが権力の座に近づいたころ〔ナチ党が第二党に躍進〕、ネヴィル・チェンバレンとスタンリー・ボールドウィン〔ともに将来のイギリス首相〕が寄稿していた『タイムズ』は、ヒトラーの政治パフォーマンスに過剰に反応する必要はないと諭した。

一九三一年に『マンチェスター・ガーディアン』は、「ユダヤ人にとってドイツは安全な国ではなくなった」と報じたが、そのような記事を載せる新聞は、まだほとんどなかった。一九三三年、『タイムズ』のドイツ特派員スタンリー・シンプソンがダッハウ〔ミュンヘン近郊〕に最初の強制収容所が開設したことを伝える記事を配信したが、編集長はその記事を掲載しなかった。

一九二〇年から一九三九年にかけて、新聞の発行部数は急増した〔新聞は非常に儲かるビジネスだった〕。日刊紙は五四〇万部から一一五〇万部、地方紙も二五〇万部から六〇〇万部になった。

一方、イギリス領のインドでは、マハトマ・ガンディーもジャーナリズムに取り組み、週刊誌『ハジラン』と『ヤング・インディア』を創刊した。ガンディーは、一九二五年七月二日付の『ヤング・インディア』で「ジャーナリストになると決めたのは、楽しみのためでなく、わが人生の使命を果たすための一助としてである」と記した。ジャーナリズムを政治の道具にしたガンディーは、インド独立の契機となった「塩の行進」〔イギリスの塩税に対する抗議運動〕を組織した一九三〇年に『タイム』の「今年の人」に選ばれた。

復活するフランスの新聞：アルベール・ロンドル、アレクサンドラ・ダヴィッド＝ネール、『カナール・アンシェネ』

第一次世界大戦後、イギリスやアメリカの新聞とは異なり、ほとんどのフランスの新聞は、フランス政府のプロパガンダの道具として活動してきたことや、一九一八年の感染症による深刻な状況を否定してきたため、フランス国民の信用を失っていた。さらに、紙の価格高騰や一九一九年の労働組合の圧力による労働賃金の上昇によって、新聞社の経営は苦しかった。日刊紙の発行部数は低迷し、広告収入に回復の兆しはなかった。しかしながら、一部の新聞グループの経営は順調であり、所有者は相変わらずかなりの収入を得ていた。そうはいっても、それらの新聞は公権力に大きく依存し、しばしば公にできない収入を得ていた。一九一九年、『プティ・ジャーナル』の才能ある若きジャーナリストのアルベール・ロンドルが「イタリアは、ジョルジュ・クレマンソー、ロイド・ジョージ、ウッドロウ・ウィルソンがつくり上げた講和条約に大きな不満を抱いている」と報じたところ、ロンドルは解雇された（クレマンソーの要請だった思われる）。

フランス最大の新聞はそれまで通りの『プティ・パリジャン』だった。一九一九年に所有者ジャン・デュピュイが死去すると、彼の息子のポールとピエールがこの新聞の経営を引き継いだ。発行部数は二〇〇万部を超え、彼らは「世界最大の発行部数を誇る新聞」と自負した（イギリスやアメリカの主力タブロイド紙の発行部数と比べると、これは誇張）。

当時、右派の有力紙は、アンリ・シモンの『パリのこだま』（五〇万部）とレオン・ベイリーの『非妥協者』（三〇万部）だった。フランスのカトリック教会の主要な機関紙の座を保った『十字架』の発行部数は一七万部と安定的だった。大企業の経営者の機関紙的な役割を果たしていた『時代報』の発行部数は七万五〇〇〇部以下だった。レオン・ドーデ〔ジャーナリスト〕が熱心に応援する『アクション・フランセーズ』は、「ユダヤ金脈の撲滅」のために定期購読を呼びかけた。この新聞は、（一九二六年にピウス一一世〔ローマ教皇〕が非難するまでの間）多くの読者を持っていた（発行部数は五万部から一〇万部）。人気の理由は、編集者たちが闘争心さらには無神論を誇示したからだ。その後、『アクション・フランセーズ』は、大量の読者を失い、ローマ教会から破門された。ギュスターヴ・テリーの『作品』は、『至急報』（トゥールーズ）、『ボルドーと南西のフランス』、『進歩』（リヨン）と並び、急進派の機関紙だった。フランス社会党（一九二〇年に機関紙だった『リュマニテ』を共産党に奪われた）は、『パリの民衆』と『日刊』を頼りにした。レーモン・パトノートルが率いる「新聞共和オムニアム」というグループには、『東エクスプレス』、『小さなニース』、『小さなヴァール〔南フランスの県〕』、『セーヌ＝エ＝マルヌ〔イル・ド・フランス地域圏の県〕のガゼット』が含まれていた。これらの新聞は広告を募集するために、書籍、スポーツ、ファッション、料理、映画などの欄を増やした。金融紙は相変わらず破廉恥な行為を繰り返していた。

停滞気味の日刊紙とは反対に、文学、芸術、スポーツ、女性、グラビア、政治〔とくに右派〕などの定期刊行物〔雑誌〕は、発行部数を伸ばした。

一九一九年、三年前に創刊された『カナール・アンシェネ〔鎖につながれた鴨〕』は、一九一八年には数号だけが『カナール・リーブル〔自由な鴨〕』だったが〔自由に発行できたが〕、検閲を受けて再び『カナール・アンシェネ』になった。同じ一九一九年、一九〇六年に反軍国主義の週刊誌『社会的戦い』〔『カナール・アンシェネ』の創刊者モーリス・マレシャルがかつて働いていた〕を創刊したウジェーヌ・メルルは、『カナール・アンシェネ』を真似て『白いメルル』を創刊し、つかの間の成功を収めた。一九二三年、メルルは『パリの夕べ』を刊行するが、当時の多くのジャーナリストたちと同様、恐喝と詐欺に手を染めた。結局、メルルは起訴され、恐喝罪で二年の禁固刑に処せられた。

また、アーテーム・ファイヤールが刊行した『純白』、反イギリスで反ユダヤの『グリンゴワール』、『新文学』などの週刊誌も登場した。

『ヴォーグ』、『フェミナ』、『モードの小さなこだま』など、女性誌も増えた。

一九二二年、広告主の要望により、新聞社が管理する「発行部数証明事務所（ＯＪＴ）」が設立され、新聞の発行および販売の大まかな部数を知ることができるようになった。

三つの偉業があった。

一つめは、アルベール・ロンドルの外国取材だ。一九二三年のモスクワ取材では、ソ連に対してきわめて批判的な現地報告を行った。また中国とインドに赴き、ガンディーとタゴールのインタビューに成功した。そして〔ギアナの〕カイエンヌ監獄の惨状を伝えた（大きな反響があったが、すぐには改革されなかった）。これらの報道により、ロンドルは一躍有名になった。

二つめは『リュマニテ』のスクープだ。一九二四年、『リュマニテ』はパリのソ連大使館でソ連財務省の代表を務めたラッファロヴィッチという人物の書簡を掲載した。この書簡により、一九〇〇年から一九一四年にかけて、ロシア帝政がフランス主要紙の社債を引き受ける形で、これらの新聞に資金供与していたことが明らかになった（社債は償還されていなかった）。

三つめはアレクサンドラ・ダヴィッド＝ネールの潜入取材だ。一九二五年、学術誌（『反乱』、『フランスのメルキュール』、『青いロータス』『神知論レビュー』、『自由な考え』）を中心に記事を書いていた異例の女性ジャーナリストのアレクサンドラ・ダヴィッド＝ネールが、僧侶に変装して禁断の地ラサ〔チベットの古都〕への潜入に成功した。このニュースは多くの新聞の一面を飾った。

一九二七年、ベルナール・ルカシュ（『リュマニテ』、『マリアンヌ』、『日刊』、『作品』、『意思』の元ジャーナリスト）は、「反ユダヤ主義に対抗する連盟」を設立し、その機関紙『生きる権利』を創刊した。ルカシュはこの新聞において、ヨーロッパで多発する反ユダヤ主義的行動を非難した。

一九二八年、すでにいくつかの新聞を創刊し、義理の兄弟ミシェル・ド・ブリュノフとともにフランスの『ヴォーグ』を運営していたリュシアン・ヴォージェル（妻のコゼットは「ババール」〔絵本シリーズの主人公〕の生みの親ジャン・ド・ブリュノフの姉妹）は、フランス初の本格的な写真雑誌『見たこと』を創刊した。この雑誌がフランコ派と国家社会主義に異議を唱えると広告が集まらなくなり、ヴォージェルはこの雑誌の編集から追い出された。ちなみに、ヴォージェルの娘の一人で、ポール・ヴァイヤン＝クーチュリエ〔作家、共産党員〕と結婚して『リュマニテ』の編集長を務めたマリー＝クロードは、レジスタンス活動のヒロインになった。

一九二八年五月、『フィガロ』を買収した香水商フランソワ・コティは『民衆の友』を創刊した〔発行部数は八〇万部〕。次に、コティは『ゴロワ』を買収して『フィガロ』と合併させ、『フィガロ』の論調を、反共産主義、反ユダヤ主義、外国人排斥、ファシスト体制支援に変えた。また、クロスワード・パズルを掲載し、経済全般、スポーツ、娯楽の欄を充実させた。

経済危機にともない、「アヴァス通信社」の経営状態はさらに悪化し、国への依存度がさらに高まった。

一九三〇年、一八九二年にエデュアール・デュモンが創刊し、廃刊になっていた反ユダヤ主義の新聞『自由な発言』が、アンリ・コストンによって復活した。同年、フランス北部の産業家ジャン・プルヴォーが『パリの夕べ』を引き継いだ。この新聞は、国際部にジャン・コクトー、社会面にコレット、犯罪事件にジョルジュ・シムノン、戦争特派員に、ジョゼフ・ケッセル、ブレーズ・サンドラール、アントワーヌ・ド・サン＝テグジュペリ〔すべてフランスの著名な文筆家〕を雇った。プルヴォーはこの新聞を写真入りの広告を掲載する高級日刊紙に変えた。一九三一年の発行部数は一三万四〇〇〇部だった。

一九三二年、日中戦争に関する長期取材を行っていたアルベール・ロンドルは、中国から帰国する際に乗船した定期船が不審な火災に見舞われ、アデン湾〔イエメンとソマリアに挟まれた海域〕で死亡した。その五年後、ロンドルが惨状を告発したカイエンヌ監獄は閉鎖された。

一九三三年、シャルル・ド・ブルトゥーユ伯爵は、セネガルで週刊誌『パリ＝ダカール』を創刊した。一九三六年、この週刊誌はアフリカのサハラ砂漠以南最大の日刊紙になった。この新聞はジャン・プルヴォーの『パリの夕べ』をモデルにしていた。その後、ブルトゥーユ伯爵は、一九三六年に『パリ＝コンゴ』と『パリ＝タナ』、一九三八年に『パリ＝ベニン』、さらに『アビジャンの朝』、『カメルーン新聞』、『ギニア新聞』、『アフリカの朝』、『ダカールの若者』など、次々と新聞を創刊した。

一九三四年、先述のフランソワ・コティが死去した。彼の未亡人は『フィガロ』の責任者に反議会主義者で平和主義のリュシアン・ロミエを任命した。その六年後、ロミエはペタン内閣の大臣になった。

ロシア政府の融資スキャンダル発覚から一〇年後の同じ一九三四年、疑わしい広告主の存在に注意を促す「広告管理事務局」が設立された。その翌年、ブロシャール法によってジャーナリストが職業として確立され、取材許可証が発行された。

一九三六年、『カナール・アンシェネ』の発行部数が二〇万部に達し、この新聞は社会的影響力を持つようになった。機関紙の発行部数では、社会党よりも共産党のほうが多かった。レオン・ブルム内閣は「アヴァス通信社」の赤字を全面的に補填し、とくにスペイン内戦に関するこの通信社の配信記事を厳しく規制した。

一九三七年、プルヴォーは、『マリ・クレール』と『パリ・ミディ』を創刊し、『非妥協者』のスポーツ欄の付録だった『マッチ』を引き継ぎ、これを一般誌にした。わずか一年後、『マッチ』の発行部数は一一〇万部になった。他のヨーロッパ人やアメリカ人と同様、フランス人も、写真、広告、映画俳優を見たがった。この陰鬱な時代に暮らすフランス人は、とにかく気晴らしを望んでいた。

一九三九年、『プティ・パリジャン』の発行部数は二〇〇万部を維持した。『プティ・パリジャン』は広告収入が最も多い新聞だったが、この新聞の総売上高に占める広告収入の割合は一七％に過ぎなかった。『朝』は三〇万部、『ジャーナル』は四〇万部、『プティ・ジャーナル』は一七万五〇〇〇部だった。

地方紙で発行部数が一五万部を超えていたのは、レンヌ（フランス西部）の『西の閃光』（三五万部。全国でも第三位の日刊紙だった）、グルノーブルの『プティ・ドーフィネ人』（二八万部）、『リヨンの進歩』（二二万部）などの九紙だった。日刊紙は、パリには三二紙、地方には一七五紙しかなかった。

ナチス台頭を手助けしたドイツの新聞

一九一九年以降、ヴァイマル共和国体制下で、政治的、社会的な動揺が続いた敗戦国ドイツでは、「大陸通信」は、戦時中に財を成したクルップ社の重役アルフレート・フーゲンベルクの「電信連合」と合併した。フーゲンベルクはわずか数年で、新聞（『日』、『ベルリン地方の指標』、『週』、『シネマトグラフ』、『考察と推測』、『庭園』）、出版社、映画（「ユニヴァーサム・フィルム・AG（ウーファ）」）、広告事業を含む巨大メディア複合企業を築き上げた。また、一九一八年にアドルフ・ヒトラーの国家社会主義ドイツ労働者党（NSDAP）に近い小政党「ドイツ国家人民党（DNVP）」を設立した。一九一九年八月、ミュンヘンでルドルフ・グラウアーが週刊誌『ミュンヘン・オブザーバー』を創刊した。この週刊誌は『民衆のオブザバター』と改名され、一九二〇年にトゥーレ協会（NSDAPの母体の一つだった秘密結社）、次にNSDAPに売却され、一九二三年には日刊紙になった。その後、ドイツはハイパーインフレに襲われ、すべてが崩壊した。だが、論説中心の新聞は何とか生き残った。

一九二八年、ドイツが危機を脱したかに思われたころ、社会主義系の新聞は、少部数ながらもまだ二〇〇紙以上あった。共産党は、フォトモンタージュで有名な雑誌『図解労働者新聞』など、一〇〇冊近くの定期刊行物を持っていた。カトリック系の新聞は『ゲルマニア』や『ケルン民衆新聞』など四五〇紙以上あった。ナチス独自の新聞は、ドイツの四七〇〇紙のうちの三%未満だった。

一九三〇年、ドイツの新聞の四分の一近くを直接的、間接的に支配していた先述のフーゲンベルクは、アドルフ・ヒトラーに仕えるようになった。一九三三年三月、フーゲンベルクは多くの人々と同様、ヒトラー内閣が短命に終わることを望みつつも、ヒトラー内閣の経済・農業大臣に就任した。一九三三年五月、ヒトラーはフーゲンベルクを解任し、フーゲンベルクのDNVPは解散した。ナチスはフーゲンベルクの所有するすべての事業を譲渡させた。またしても武力の威力は、言葉、さらにはお金よりも迫力があった。

ヒトラーの国家社会主義ドイツ労働者党（NSDAP）は、『デイシート』などリベラル系の多くの新聞を発禁および没収し、「ウルシュタイン」や「モッセ」などの出版社を閉鎖させた。風刺画家エミル・シュトゥンプが大胆にも『ドルトムント総合指標』において総統アドルフ・ヒトラーの肖像画を描いたところ、激怒したヒトラーはシュトゥンプを逮捕させた。その後、シュトゥンプは釈放されたが、再逮捕されて獄中で死亡した。シュトゥンプを雇っていた新聞は解散を余儀なくされた。

新聞の数は、一九二八年には四七〇〇紙、一九三三年一月には二七〇〇紙だったが、一九三三年七月になると一二〇〇紙にまで減った。一九三三年一〇月に公布された「編集人法」により、国家公務員が新聞や書籍の編集を担うことになった。これらの国家公務員は、ジャーナリストを認定する唯一の機関である国家新聞協会に登録された。総統ヒトラーの親友マックス・アマンが経営する「エーア出版」は、NSDAP専属の出版社になった（『わが闘争』の版元）。ヨーゼフ・ゲッベルスの監督のもと、この出版社はドイツの新聞の三分の二を、直接的、間接的に支配した。多くの場合、これらの新聞の表向きの所有者は、ナチスの指令に忠実に従う元所有者だった（マックス・アマンは、第二次世界大戦終結から一二年後、自宅のベッドで死去した）。

NSDAPの新聞には、『民衆のオブザバター』、ユリウス・シュトライヒャーの発行する週刊誌『ストライカー』、ゲッベルスが指揮する『攻撃』（連日、ユダヤ人を糾弾し、ハンス・シュバイツァーによる反ユダヤ主義の風刺画を掲載した）があった。人種政策管理局が発行する月刊誌『新しい人』は、読者からの「許容可能な人種」に関する質問に滔々と回答した。女性誌『ナチ女性展望』は、ナチス国家における女性の役割は子育てだと説いた。少年向けの雑誌『いたずらっ子』は入隊を勧め、少女向けの雑誌『ドイツの女の子』は、子育てや負傷者の看護の準備をしながら「ナチスの淑女」になろうと呼びかけた。また、『黒い軍団』や『祖国』など、「インテリ路線」の雑誌もあった。

軍国主義に加担した日本の新聞

一九三一年九月、日本軍が満州を侵略すると、これを支持した日本の新聞は発行部数を急増させた。異議を述べる新聞はほとんどなかった。一九三一年一一月、異議を述べた数少ない出版物の一つである雑誌『改造』は、日本政府ならびに中国政府に対する「二重のクーデター」だと軍部を批判したため、休刊になった(ジャーナリストは投獄された)。

一九三二年五月、首相の犬養毅が暗殺されると、軍部は政治と報道に対する管理を強化した。一九三六年以降、情報、政治運動、出版物を監視する内務省は、ジャーナリストたちに対し、「世界制覇を目論むアメリカとイギリスの野望」を記事で糾弾するように要求した。

検閲の遵守は絶対だった。政府の指令により、皇軍にとって「都合の悪い」新聞記事や写真の掲載は禁止された。「残虐行為に関する記事や写真」の掲載も禁止された一方で、

「中国の兵士や民間人の狂暴性」を非難する記事や写真の掲載は許可された。一九三六年七月、京都ではフランス語圏の学者たちが週刊誌『土曜日』（当時のフランスの「人民戦線」〈反ファシズムを掲げた連合政権〉を支援した週刊誌『金曜日』にちなんだ）を密かに発行した。この週刊誌には、文化、娯楽、反ファシストや平和主義を訴える記事が掲載された。この週刊誌は、当時、活動を禁止されていた日本共産党の隠れ場だった「喫茶フランソワ」で販売された。しかしながら創刊から数週間後に、編集者たちは逮捕され、週刊誌は発禁処分になった。

一九三七年七月、日中戦争が始まり、日本が中国を手中に収めると、一九二八年に上海で創刊された中国国民党の機関紙であり、中国最大の新聞『中央日報』の所有者兼編集長が暗殺された。こうして『中央日報』は日本人の手に渡った。

イタリアのファシストの新聞

一九二〇年代初頭、イタリアの新聞はファシストが掌握した。『スタンパ』のアルフレッド・フラサッティと『コッリエーレ・デッラ・セーラ』のルイージ・アルベルティーニは、イタリアで最も影響力のある自分たちの新聞の経営を、ムッソリーニに近い人物に譲渡しなければならなかった。

一九二四年、ジャーナリストはファシストの組合への加入を義務づけられた。

一九二五年一月、カルロとネロのロッセリ兄弟の『あきらめるな』(発行部数は二万五〇〇〇部)のような密かに発行される新聞が散発的に出回った。ロッセリ兄弟は印刷業者に密告されて逮捕された後、殺害された。

一九二六年、ローマに「ジャーナリスト国立研究所」が設立された(代表はベニート・ムッソリーニの弟)。同年、発禁になっていた社会主義系の新聞『前進』がパリで刊行された。一九二八年以降、法務省の命令により、ファシスト党の指示に従わない新聞は発禁処分になった。掲載可能な日々の政治ニュースは、民衆文化省が編集者に配給した。一九二九年、ローマに「ファシストのジャーナリスト学校」が設立された。

一九三九年、ファシストの新聞になった『コッリエーレ・デッラ・セーラ』と『スタンパ』は、依然としてイタリアの主要紙だった(発行部数は、前者が五九万七〇〇〇部、後者が三〇万部)。その他の大衆紙では、イタリア初のカラー日刊紙『民衆のガゼット』があった(三〇万部)。

近代における全体主義メディア・システムの先駆け：ソ連の新聞

帝政ロシア崩壊時、ロシア国民の九〇％は読み書きができなかった。刊行していた一握りの新聞はボルシェヴィキ〔後の共産党〕の管理下に置かれ、反体制派の新聞は廃刊させられた。一九一八年一一月一七日に開催された全国ジャーナリスト会議は、「ソ連の新聞は現状の本質的課題に従うものとする。すなわち、プロレタリアートの独裁だ」という明確な目標を定めた。

一九二二年、書籍と新聞の出版を許可および拒否する権限が「文学・出版総局（ＧＬＡＶＬＩＴ）」に付与された。「文学・出版総局」の管理下に置かれなかったのは、共産党の機関紙とコミンテルン〔国際共産主義運動の指導組織〕の出版社だけだった。

一九二五年、ロシアの通信社「ＡＰＴ」は「タス通信（ソ連通信社）」と改名した。「タス通信」は、国内のメディアにとっては外国に関する、外国のメディアにとってはソ連に関する唯一の情報源だった。一国のメディア全体が政府の管理下に置かれるのは、産業革命以来、初の出来事だった。

政府は『ニュース』、共産党は『真実』、労働組合中央評議会は『労働者』を通じて声明を発表した。『労働者』には、ウラジーミル・マヤコフスキーなどの詩人や文筆家が寄稿した。『赤い星』の目的は、軍隊に対する民衆の理解を得ることだった。その他の新聞としては、モスクワの共産党中央委員会発行の農民向けの日刊紙『貧しき人々』、民族委員会発行の『民族の命』、イディッシュ語の新聞『ビロビジャン（ロシア極東にあるユダヤ自治州の首都）の星』（現存する）があった。

これらの新聞は、購読者数は少なく、また広告はほとんどなかったため、おもに政府の補助金で成り立っていた。すべての共産党員は党の雑誌や新聞の購読を強制されていたので、新聞の経営は安定していた。

一九三六年、発行部数は、『真実』が一九〇万部、『ニュース』が一六〇万部だった。『真実』は午前中のうちに広大なロシア全土に配送された（同時期、アメリカの新聞はまだ全国配送を実現できていなかった）。ソ連全体では、新聞の数は四五紙、総発行部数は九七〇万部だった。いずれにせよ、ニュースを報じる新聞というよりは、文字が印刷された紙に過ぎなかったのだが……。

アメリカでラジオが登場

情報配信のまったく異なる方法が登場した。音声である。音楽、演劇、スポーツの試合、そして芸術家、スポーツ選手、政治家、ジャーナリスト、一般人の声をラジオで聞けるようになった。基本的に、ラジオは聴取者に課金できない。そこで、ラジオの収入源は、政府の補助金、ライセンス料、広告収入しかない。いずれにせよ、アメリカを筆頭に多くの国では、絶大な影響力を持つ新聞はラジオとの競争を回避するために、長年にわたってあらゆる手段を講じた。

一九一九年、戦争中に音楽を放送するために海軍が利用したラジオは、アイルランドからアメリカに向けて人間の声を伝えることに成功した。ゼネラル・エレクトリック社は海軍の要請を受け、マルコーニ社のアメリカの子会社を買収し、「RCA（ラジオ・コーポレーション・オブ・アメリカ）」を設立した。当時、ラジオ受信機は安価かつ簡単に生産できた。

そしてアメリカ政府の指導により、海軍はラジオの運営を民間企業にゆだねたため、ラジオ局は急増した。一九二〇年三月、初のラジオ局「カリフォルニア・シアター」がサンフランシスコに登場した。一九二〇年一一月二日、ピッツバーグのラジオ局が初めて大統領選の結果を生放送で伝えた（カルビン・クーリッジの勝利）。

一部の新聞社は、ラジオは重要なメディアになると睨み、食指を動かした。一九二〇年末、スクリップスから新聞帝国を受け継いだ彼の甥たちは、自分たちの新聞の編集者たちの作成するニュースを二四時間流す初のニュース専門ラジオ局「ＷＷＪ」を開設した。一九二二年、六九紙の新聞が自前のラジオ局を通じて音楽やニュースを流した。

しかし、音楽家、音楽の著作権事業者、コンサート企画会社は、ラジオが自分たちのコンサートやレコードに不利益をもたらすと警戒した。新聞社の社長やジャーナリストは、ラジオによって新聞離れが起きるのではないかと心配し、ラジオが新聞より先にニュースを流すことを阻止しようとした。

一九二二年、当時、クーリッジ政権の商務長官だったハーバート・フーヴァーは、ラジオ局開設の際には、連邦政府の放送事業免許の取得を義務づけた。政府はいくつかの曖昧な規則を定め、違反した場合には、この免許を取り消すことができた。つまり、政府は自分の匙加減で免許を没収できたのだ。これらの規則は、ニュースを流さないラジオ局や、厳格に管理されているラジオ・ネットワークに属しているラジオ局には有利に働いた。これは巧妙な検閲の復活であり、そうした検閲により、ラジオは音楽を流すだけの政治色のないメディアになった。

一九二二年、ゼネラル・エレクトリック社がその三年前に設立した初のラジオ・ネットワーク「RCA」は、おもにクラッシック音楽を流し、ニュースはほとんど報じなかった。聴取者はほとんどいなかった。

その四年後、「RCA」は、AT&Tとウェスティングハウスとともに自身のライバルとなる「NBC」を開設した(独占解消のため)。「RCA」と「NBC」の経営は、デイヴィッド・サーノフにゆだねられた(ちなみに、サーノフは一九一二年四月のタイタニック号沈没事故の際、最後まで無線通信を行った一人)。サーノフは初のラジオ・ドラマ「エイモス・ン・アンディー」(アトランタ近郊の農場で働いていた二人の黒人が、シカゴで幸せな暮らしを手に入れようとする話)を放送した。その後、今度は「NBC」が赤ネットワーク(音楽と娯楽)と青ネットワーク(ニュースと文化的な番組)に分割された。地方のラジオ局も全国各地で開設されたが、「RCA」と「NBC」という二大国内ネットワークのどちらかに加入していなければ、聴取者はほとんどいなかった。

一九二七年(アメリカの七〇〇万世帯がラジオを所有していた)、電波法により、卑猥な言葉の使用禁止や、一日当たりのニュース番組の時間制限などの規則が定められた。

同年、バイオリニスト、オーケストラの支配人、ニューヨークの芸術家の代理人であるアーサー・ジャドソンは、「ＡＢＣ」から低出力のラジオ局を購入し、一六局が加入する「ユナイテッド・インデペンデント・ブロードキャスターズ」という名称のネットワークを構築した。ジャドソンは、このネットワークの名称を利用する権利を、ラジオ受信機の製造会社に販売することによって開業資金を賄った。これがラジオにおけるスポンサーの始まりだ。地方のラジオ局もこのやり方を真似た。特筆すべきは、フィラデルフィアのラジオ局が「ミス・ラ・パリーナ」という番組を始めたことだ。この番組のスポンサーは、ペイリー家所有の地元の葉巻製造会社「パリーナ」だった。その翌年、ペイリー家は先述のアーサー・ジャドソンから彼のネットワークを購入し、その経営管理を息子ビル・ペイリーにゆだねた。娯楽と広告の事業に関して才覚を発揮したビル・ペイリーは、「ＣＢＳ」〔購入したネットワークの新たな名称〕の社長を一九四六年まで、そして何と一九八三年まで会長を務めた。

一九二九年、ラジオが一日に放送するニュース時間は、たったの数分間だった。ラジオ局には独自のジャーナリストが在籍しないため、ラジオの情報源は新聞と通信社の記事だけだった。ラジオがニュースを流すのは、一日に二回、各五分間であり、一回目は午前中遅く、二回目は夕方遅くの時間帯だった。つまり、ニュース番組は聴取者が新聞をすでに購入している時間帯に設定されていた。ラジオが伝えるニュースは少なくとも二四時間以上前のもので、かつニュースの長さは三〇語以内でなければならなかった。さらには、ニュース番組の終わりに次のような文句を述べる必要があった。「詳細は皆さんが愛読している日刊紙をご覧ください」。ラジオの台頭を抑え込むのに、これ以上の方策はなかっただろう。

ヨーロッパにおけるラジオ：権力の手先

ほとんどのヨーロッパ各国政府はラジオに対し、新聞との競争というよりも、選挙民とのコミュニケーションの新たな手段という点で、魅力と恐怖を感じていた。そこでアメリカとは逆に、ラジオを民営化するのではなく、税金で賄う公共放送というやり方を選択した。ヨーロッパのラジオも厳格な管理下に置かれ、厳しく検閲された。

イギリスでは一九二〇年四月、マルコーニ社がコーンウォール〔イングランド南西部〕に開設したラジオ局が一日二時間の放送を開始した。これがヨーロッパ初のラジオ放送だった。一九二二年、イギリス政府は「英国放送協会（ＢＢＣ）」を設立した。唯一放送を許可された「ＢＢＣ」は、国に属する民間企業（郵便局の傘下）だった。経費はすべて税金で賄われた。「ＢＢＣ」が放送するのは、演劇、音楽、教育番組だけだった。アメリカのラジオ局と同様、新聞貴族の要請に応じて、ニュース番組の放送時間はきわめて短かった。一九二七年、「ＢＢＣ」は民間企業でなくなり、イギリス国王が承認する「公共組合」になった。聴取者はまだほとんどいなかった。

ドイツでは、一九二〇年一二月二二日、初のコンサートの中継放送が行われた。一九二三年には、ベルリン近郊で初の公共ラジオ局「ベルリン無線アワー」、一九二四年には、ラジオ受信機に対する課税を財源とする「北ハンブルク放送」と「西ドイツ・ミュンスター・アワー」が誕生した。一九二六年、ベルリンに「ドイツ電波有限会社」が設立された。ニュースをほとんど流さなかったため、聴取者もほとんどいなかった。

フランスでは、一九二二年一二月二四日、フランス初のラジオ局「エッフェル塔ラジオ」（国が所有し、郵政電信省が管理）が放送を開始した。放送時間は一日三〇分で、番組内容は、天気予報、株価、農産物の価格などだった（ニュースやスポーツに関する情報はなかった）。一九二五年、エッフェル塔友の会の理事モーリス・プリヴァは、「エッフェル塔ラジオ」で一日数分間のラジオ・ニュース番組を開始した。同時期、フランス無線会社と「アヴァス通信社」は、初の民間ラジオ局「ラディオラ」の開設を許可された。その翌年、このラジオ局は「ラジオ・パリ」と改称され、青少年向けの番組、宗教番組、ダンスオーケストラ、「アヴァス通信社」配信のニュース・ダイジェストを放送した。一九二六年、ラジオ受信機を製造する会社の社長リュシアン・レヴィーは、「ラジオLL」の開設を許可された。その翌年、ルクセンブルクでは、三人の兄弟（ルクセンブルクに無線受信機の店舗を所有していたフランソワ、マルセル、アローズのアノン兄弟）が、週三回三時間の音楽番組を放送するラジオ協会「ラジオ・ルクセンブルク」を開設した。番組の大半はパリで制作された（最初はポンチュー通り、一九三六年からはバイヤール通り〔ともにパリ八区〕）。パリで制作された番組は、ラジオ局のあるルクセンブルクまで鉄道で運ばれた（フランス当局の検閲はなかった）。一九二八年、新たな民間ラジオ局の開設が法律で禁止されたため、新規参入者はすでに発行されている一握りのライセンスを買い取らなければならなかった。一九二九年、「ラジオ・ルクセンブルク」は、フランス政府に放送停止を命じられ、しばらくの期間、この命令に従った。

ソ連は一九二二年九月、革命五周年を記念して、ヨーロッパ大陸で最も強力な電波を発信するラジオ局「コミンテルン」（半径一八〇〇キロメートル）を開設した。一九二四年の政令により、ラジオ受信機を所有している場合は、当局に申告しなければならなかった（外国のラジオを聴いていないと誓約する必要があった）。大手ラジオ局は国の管理下に置かれた。小規模なラジオ局は監視の対象になり、国が供給する番組を放送した。

ソ連政府は拡声器にも多大な投資をした。「タス通信」のニュースを一日数時間流す拡声器が、ホテルや労働者の集会所に設置された（拡声器の電源を切ることは禁じられていた）。一九二八年には七〇〇〇台の拡声器が設置されていた。政治演説を放送する以外、ソ連政府はラジオをほとんど利用しなかった。生放送はきわめて稀だった。

ラジオ局は、モスクワ、ウラジオストク、イルクーツク、ノヴォシビルスクなどに二九局あった。人口一億四七〇〇万人に対して、ラジオ受信機は一一万五〇〇〇台しかなかった。

大恐慌後、アメリカのラジオは情報伝達の権利を得る

株式市場の暴落の影響から、アメリカの就業者の三分の一は失業した。多くの世帯が電話を手放し、新聞の購読もやめた。だが、ラジオを持っている世帯は、ラジオを聴き続けた。一九三〇年、アメリカの二〇〇〇万世帯がラジオを所有し、一日当たり平均四時間ラジオを聴いていた。三大ネットワーク（「ＲＣＡ」、「ＣＢＳ」、「ＮＢＣ」）は、コンサート、

寸劇、大衆小説、宣伝、そして短時間のニュースしか放送しなかった。

一九三一年、『タイム』の創業者ヘンリー・ルースは、「CBS」で国際ニュース番組「マーチ・オブ・タイム」のスポンサーになった。この番組は当時有名だったハリー・ヴォン・ゼルなどを語り手として起用した。これが「ラジオ演技」の始まりであり、ゼルは初のニュース映画にも出演した。

一九三三年一月、「CBS」は傘下のラジオ局に番組を提供し、その代償として「CBS」が契約した宣伝を流させた。「CBS」はこの仕組みによって大きな利益を確保した。先述のビル・ペイリー〔「CBS」の社長〕は、ニュース編集部をつくろうとした。「NBC」もこの動きに同調した。ところが、「アメリカ新聞社協会」は新聞社に対してラジオにニュースを販売するのをやめるように命じ、「AP通信」もラジオにニュースを提供することを拒否した。ラジオは危機に陥った。一九三三年一二月、「CBS」と「NBC」はこの計画を白紙に戻した。

一九三〇年代、アーチボルド・クロッスリーがラジオ向けの聴取率計測システムをつくった〔「クロッスリー聴取率」〕。特定の都市において無作為に選ばれた世帯に電話をかけ、最近聴いたラジオ番組を列挙してもらう調査方法だった〔正確なサンプリングなら少数のサンプルでも正確に聴取率をつかめることが証明された〕。

一九三二年一一月にフランクリン・D・ルーズベルトが大統領に選出されると、ラジオは政治的な役割を果たすようになった。ルーズベルトはラジオを通じて国民に繰り返し語りかけた（「CBS」でおよそ三〇分間、ジャーナリストを交えず、独りで国民に語りかけた）。国民が大統領の声を聴くのは初めてのことだった。ルーズベルトは国民に対し、自身の政策と国際情勢をゆっくりとした口調で明快に説明した。「炉辺談話」と呼ばれるようになったルーズベルトのラジオ番組は不定期に行われた。一九三三年三月一二日（銀行危機）から一九四四年六月一二日（戦時国債の販売キャンペーンの開始）までの間、三〇回行われた。最も短い談話は一一分二五秒（一九三九年九月三日の「ヨーロッパにおける戦争について」）、最も長い談話は四四分二七分（一九四一年五月二七日の「国家非常事態宣言にあたって」）だった。

一九三四年、アメリカ国内の放送事業の規制監督を行う「連邦通信委員会（FCC）」が設立された。国民の情報に対する需要はあまりにも多く、これに抵抗できないと悟った新聞は譲歩した。新聞とラジオの関係者が驚いたことに、広告の量は両者の間で分割されるのではなく増加した。

一九三五年、「CBS」の社長ビル・ペイリーは、若手ジャーナリストのエドワード・R・マロー（当時二七歳）をチーム・リーダーに抜擢すると同時に、ヨーロッパで歴史的な異変が起きていることを察知して、マローを「ＣＢＳ」のヨーロッパ支局長としてロンドンに赴任させた。

一九三八年七月、ビル・ペイリーは友人ハーバート・ジョージ・ウェルズの新作『宇宙戦争』（宇宙人がニュージャージー州を侵略するというＳＦ小説）をラジオ番組にした。この番組では、本物のニュースのように語りかけたため、ラジオでニュースを聴くことにまだあまり慣れていなかった一部の聴取者は、本当の出来事だと勘違いした。当時、三二〇〇万人のアメリカ人がこの番組を聴いた。ニューヨークでは、この番組によってパニックが起きたという逸話もある。この一件により、ラジオ・ドラマに嘘の情報を入れることは禁止になった。だが、情報を伝えるというラジオの自由が覆されることはなかった。

一九三八年、オーストリア併合直後、ラジオに対する規制が取り除かれた。「ＣＢＳ」のニュース番組の放送時間は三〇分に拡大された。

大統領ルーズベルトを含む二二〇〇万人のアメリカ人は、「ＣＢＳ」ロンドン特派員エドワード・マローの報告に耳を傾けた。毎日放送されるマローの番組「ワールド・ニューズ・ラウンドアップ」では、ヨーロッパ各都市に駐在する「ＣＢＳ」の特派員が順番に報告した。これらの特派員の一人で、ベルリンを拠点とするウィリアム・Ｌ・シャイラーは、この時代の最も重要な歴史家の一人になった。後日、シャイラーは「この危機により、

（……）ラジオ局の海外特派員が誕生した」と記した。

一九三八年一〇月に行われたある調査からは、世界の出来事を知るのにアメリカ人は新聞よりもラジオを三倍も利用していることがわかった。一九四〇年、アメリカの二六〇〇万世帯がラジオを持っていた。これは人口一〇〇〇人当たりラジオ三四三台に相当した。

ヨーロッパでは、ラジオは国の管理下に置かれ続ける

イギリスでは一九三〇年、ジャーナリスト、音楽家、俳優は、ラジオを嫌っていた。「BBC」が演劇やコンサートをラジオで放送しようとしても、一部のエージェントは「芸術の価値が下がる」ことを恐れて放送を拒否したほどだった。また、ラジオはほとんどニュースを流さなかった。一九三〇年、ラジオ局は「BBC」だけだった（国の厳格な監視下に置かれていた）。一九三五年、イギリス当局はオズワルド・モズレー（イギリス・ファシスト同盟の指導者）とハリー・ポリット（イギリス共産党の書記長）のインタビューを検閲によって放送を差し止めた。

ラジオ受信機の数は、一九三〇年の五〇〇万台から一九三九年には八〇〇万台になった。

フランスでは一九三三年三月、先ほど述べたように四年前に放送停止処分を受けていた「RTL」が、「実験ラジオ・ルクセンブルク」という名称で認可されていない周波数を利用して密かに放送を再開した。このラジオ局は毎日、コンサート、ニュース、討論をフランス語、ドイツ語、ルクセンブルク語で放送した。パリでは、この放送を禁止しようとする動きはなかった。一九三三年、「ラジオ・パリ」は、哲学者アンリ・ベルクソンを最初のゲストに迎えて哲学番組を放送した。この番組は、文学、映画、演劇も取り上げた。

一九三三年七月、「RTL」は一日の放送時間を八時間に拡大し、放送言語に英語を追加した。一九三五年、アレックス・ヴィロは「RTL」でエチオピアの紛争を取材した。これはラジオ初の戦争報道だった。同年、マルセル・ブルーシュタイン(一九二六年に広告代理店「ピュブリシス」社を設立した人物)は、「ラジオLL」のライセンスを買い取り、これを「ラジオ都市」と改称し、「ピュブリシス」社が番組の間に流す宣伝によって運営費を賄った。ブルーシュタインは『非妥協者』の責任者フランソワ・ルイ・ドレフュスに頼んで一〇人のジャーナリストを自分のラジオ局のために活動させた。同時に、ブルーシュタインは「ラジオ都市」の番組を紹介する八ページの週刊誌も創刊した。この初の番組紹介誌は大成功を収めた。この時期、地方でもラジオ局が開設された(「ラジオ・リヨン」、「ラジオ・ボルドー・ラファイエット」、「ラジオ・ノルマンディー」、「PTTマルセイユ＝プロヴァンス」、「PTTトゥールーズ＝ピレネー」、「リールPTT」、「リモージュPTT」）。

一九三七年五月一九日、大臣令により、（すでに複数の新聞を創刊したばかりの）ジャン・プルヴォーのリュエイ＝マルメゾン（パリ近郊の都市）でのラジオ局（「ラジオ37」）開設が認められた。一九三七年一一月一五日、「ラジオ・ルクセンブルク」は、フランスで初の連続放送を行うラジオ局になった。

一九三八年、フランスではニュース番組の放送は一日三回（一回の最長時間は七分）だったとき、「ラジオ都市」は一日一二回放送し、また地中海のクルージングを企画したこともあって、熱心な聴取者を獲得した。一九三八年三月一一日、「ラジオ都市」は放送中のラジオ番組を中断して、オーストリア併合の際のオーストリア首相シュシュニックとヒトラーの演説を生放送で伝えた。「RTL」は一日一六時間放送するようになると、聴取者の数は二〇〇〇万人近くになった。

しかしながら、フランスでのラジオの普及は、他の地域に比べると遅れていた。一九三九年、世帯が保有するラジオ受信機の数は、フランスの五〇〇万台に対し、イギリスの八〇〇万台、ドイツの一五〇〇万台、アメリカの二六〇〇万台だった。

ドイツでは、政権に就いたナチスはすべてのラジオ局と新聞を管理下に置いた。一九三三年三月二五日、ゲッベルスは次のように宣言した。「私はラジオを大衆に影響を与えるための最も近代的で重要な道具だと考えている」。「われわれの目標は、われわれの原則を国民の骨の髄までしみ込ませ、国民がわれわれと一体になるまで彼らの精神を鍛え上げることだ」。党の広報本部はラジオの演説者に対し、反ユダヤ運動を推進せよという指令を出し、演説の手ほどきをした。ラジオはヒトラーの演説を一斉に放送した。国民啓蒙・宣伝省の幹部ハンス・フリッチェは、ヒトラーの声をラジオ放送向けに修正してもよいかとゲッベルスにお伺いを立てた。政府はドイツ人が数百万台のラジオ受信機（「国民ラジオ」）を安価で購入できるように補助金を支給した。このラジオ受信機は、外国の放送を聴くことができないように受信領域が制限されていた。ラジオは公共の場や職場でも拡声器によって聴くことができた。

外国のラジオ番組を聴くと、強制収容所送りになる恐れがあった。しかしながら、多くのドイツ人が「敵の送信機」を密かに聴いていた。とくに、ロンドンに亡命していたトーマス・マンの「ＢＢＣ」でのラジオ番組「聴け、ドイツよ！」は人気だった。

一九三九年、ドイツ人世帯の七〇％はラジオ受信機を持っていた。この割合は世界一だった。

テレビの誕生

音の次は画像だ。写真による画像は、個人では一世紀ほど前から、新聞では三〇年ほど前から利用されていた。ニュース映画は映画が登場したときからあった。アメリカではとくに映画産業を支配していた五社（「ワーナー・ブラザーズ」、「フォックス」、「メトロ・ゴールドウィン・メイヤー」、「RKO」、「パラマウント」）は、映画館において本編が始まる前に短いニュース映画を流した。ニュース映画は人気があった。一九二九年、フォックスはブロードウェイの映画館をニュース映画専門の劇場に変えた。フランスの大手映画製作会社「ゴーモン」は、自分の映画とニュース映画を上映するために世界中の映画館を買収し、ニュース制作配信会社「フランス時事ゴーモン」を設立した。その後、ゴーモンはこの会社の経営権を「アヴァス通信」に売却した（「パテ」のニュース制作配信会社も同様）。

一九二八年一月一三日、ニューヨーク州にあるゼネラル・エレクトリック社の工場からマルコーニのシステムを利用して世界初のテレビ映像が放送された。同年、やはり同じ工場にテレビ局「WNBT」が開設された（現在の「WNBC」）。

一九三一年、「NBC」系列のニューヨークのラジオ局「W2XAB」が「ニューヨークシティNBC」という名称で短時間のテレビ番組を毎日放送し始めた。この番組には、初回にハーモニー歌唱トリオの「ボスウェル・シスターズ」が登場するなど、有名な音楽グループが出演した。しかし、視聴者はほとんどいなかった。同年（一九三一年）、アメリカのテレビ受信機の販売台数は一〇〇〇台だった。一九三八年になってもまだ二万台だった。

一九三九年、「ニューヨークシティNBC」は、ニューヨーク万国博覧会の開会式の様子を生中継するなど、水曜日から日曜日まで、毎月五八時間放送した。視聴者の数は五〇〇〇人から八〇〇〇人であり、新聞関係者は、テレビが急成長するとは思ってもいなかった……。

イギリスでは一九二六年一月二六日、スコットランドの電気技術者ジョン・L・ベアードが初のテレビ受信機「テレヴァイザ」を発表した。「BBC」はラジオに次いでテレビも独占したが、週五日、短時間のテレビ番組を放送するだけだった。それらの番組には女優で歌手のペギー・オニールの初のライブ・インタビューもあった。一九三七年、イギリス王ジョージ六世の戴冠式が生中継で放送された。一九三九年、「BBC」は一日平均四時間、バーやレストランなどに設置してある一万五〇〇〇台のテレビ受信機に向けてスポーツを中継した。

フランスでは、ジョルジュ・マンデル〔当時の郵政電信大臣〕の指導の下、一九三五年四月二六日、パリのグルネル通りにある郵政電信省から最初のテレビ番組が放送された。この番組には、サシャ・ギトリ〔劇作家、映画監督〕、ジャクリーヌ・ドリュバック〔女優〕、ダンサーらが出演した。テレビ受信機は一〇台しかなかった。一九三七年一月からは、郵政電信省が毎日二〇時から二〇時三〇分まで番組を放送した〔パリ万国博覧会の開会式の様子をフランス語で生中継する番組もあった〕。一九三九年九月三日、フランスのテレビは放送を中止した。その理由はフランスには三〇〇台のテレビ受信機しかなかったからだ〔それらのほとんどは公共の場所に設置されていた〕。

ドイツでは一九三五年三月二二日、「ドイツテレビ放送協会」がベルリンから最初のレギュラー番組を放送した〔週三回の九〇分番組〕。一九三六年の夏季ベルリンオリンピック時には、放送時間はハンブルクとベルリンで一日八時間にもおよんだ。当時、テレビ受信機の数は一〇〇〇台程度であり〔おもにベルリン〕、これらは郵便局に隣接する劇場など、テレビ専用の部屋に設置されていた。フランスとイギリスとは反対に、戦争が始まると、ドイツはテレビ放送を継続した。テレビ受信機は負傷した兵士を癒すために病院に設置された。

ソ連では、一九三六年に共産党の宣伝政策の一環として「ソ連中央テレビ」が正式に発足した。だが、第二次世界大戦が終わるまで、テレビ放送はほとんどなかった。

第二次世界大戦中のメディア、枢軸国

一九四〇年、日本では情報・宣伝部が情報局になった。情報局は新聞と広告を管理下に置いた。一九四一年、国家総動員法により、各都道府県の新聞が一つに統合され、記事には掲載許可を必要とした。情報局は刊行および出版してもよい著者とジャーナリストのリストを作成した。ラジオは政府の発表だけを放送した。一九四五年、雑誌の数は三四誌、新聞の数は各都道府県に一紙だけだった。

ドイツでは、戦争が始まると、ナチスはすべての新聞を管理下に置いた。一九四〇年、ドイツ国防軍は週刊誌『シグナル』〔対外宣伝誌〕を創刊した。発行部数二〇〇万部以上のこの雑誌は二五ヵ国語に翻訳された（フランス語版の発行部数は八〇万部）。この雑誌は、占領した国、中近東、アメリカにおいて配布され、ロシア語版もあった。『シグナル』は、フランスの写真家アンドレ・ズッカ（この時代、カラー写真を撮影できた稀な写真家）など、

外国のジャーナリストも起用し、ドイツの占領を肯定的に紹介した。週刊誌『祖国』の記事は、ドイツ軍の称賛やアメリカ文化に対する痛烈な批判が中心だった。「ドイツテレビ放送協会」は「大ゲルマン帝国放送協会」になった。ドイツ国防軍の最高司令本部が制作する番組「ドイツ国防軍の報告」〔連日放送された〕は、ドイツ軍の快進撃を伝えた。映画館では、フィクション映画の前に短い宣伝映画が上映された。

一九四一年、ヨーゼフ・ゲッベルスは宣伝担当者に対し、新聞、ラジオ、映画がバルバロッサ作戦〔ドイツによるソ連奇襲攻撃作戦〕を「ボリシェヴィズムに対するヨーロッパの聖戦」として描くように要請した。

一九四三年二月二日にスターリングラード攻防戦でドイツが敗北するまで、ドイツはあらゆるメディアを使ってドイツ軍の快進撃と占領した土地でのドイツ兵士の「紳士的な態度」を流布する一方で、アメリカ人を与太者として紹介した。敗戦が濃厚になるにつれて、ニュース映画と新聞は戦地の様子を報道しなくなり、ヒトラーが地図にかじりついて側近たちと議論する様子、あるいはヒトラーが大衆に称賛される姿、そして離陸準備の整った「シュトゥーカ」〔ドイツ空軍の急降下爆撃機〕飛行中隊を報道するようになった。

一九三七年に二五〇〇紙あった新聞は、一九四四年には九七七にまで減った。紙とインク不足のため、新聞の分量は二ページに制限された。一九四五年四月二二日、ゲッベルスが『祖国』に掲載した最後の社説のタイトルは「徹底抗戦」だった。

ベルギーでは、対独協力派の新聞以外に、一九四〇年一〇月以降、八紙の非合法新聞があった。たとえば、『ベルギーの自由』の発行部数は一九四二年まで四万部だった（シンパの寄付によって賄われ、無料で配布された）。

チェコスロヴァキアでは、ヨーゼフ・スカルダはプラハで『闘い』を発行した（発行部数は一万部）。

デンマークでも共産主義者の新聞（例：『大地と民衆』、発行部数は一三万部）を中心に、六〇〇紙ほどの非合法新聞が誕生した。

フランスでは一九三九年八月二六日、検閲が導入された。ジャン・ジロドゥ、ルドヴィック゠オスカー・フロッサール、ジャン・プルヴォーが、情報、宣伝、検閲を指導した。一九四〇年五月二四日、新聞の発行には事前認可が必要となり、記事の内容に関する具体的な規則が定められた。一九四〇年六月一一日、『カナール・アンシェネ』は自主的に休刊したが、ジャーナリストと従業員には給料を払い続けた。共産主義者の新聞は発禁になったが、すぐに秘密裏に刊行された。一九四〇年六月一七日、しばらく休刊していた『朝』は復刊を果たした。一〇月八日に『プティ・パリジャン』も復刊した。『フィガロ』、『十字架』、『プティ・ジャーナル』、『時代報』、『西の閃光』などの新聞は、新たな法律

（例：ユダヤ系ジャーナリストの即刻解雇）を遵守しながら刊行を継続した。紙不足によって分量が二ページに減った日刊紙は、地方のニュース、役所の知らせ、食糧の配給などを報じた。そしてもちろんプロパガンダも発信した。

ラジオの場合、一九四〇年六月にフランスとドイツの間で締結された休戦協定により、「フランス国内にあるすべての無線発信機は直ちに送信を停止しなければならない。非占領領域における無線通信の再開には特別な規則が適用される」と定められた。

一九四〇年六月一九日、「ＢＢＣ」に「ラジオ・ロンドン」が設立され、ピエール・ブロソレットとモーリス・シューマン（ともに対独フランス解放運動「自由フランス」の協力者）が参加した。「ラジオ・ロンドン」は、毎日六回のフランス語でのニュースと、二つの番組で構成されていた。一つは、「自由フランス」が制作し、シューマンが担当した「名誉と祖国」であり、もう一つはピエール・ダックなどが参加してイギリス政府が制作した「フランス人がフランス人に語る」だった。

一九四〇年一一月、「アヴァス通信社」の情報配信サービスは、フランスの対ドイツ降伏にともない、「フランス情報局」に移管され、広告部門はドイツに売却された。

ラジオ局の「エッフェル塔ラジオ」と「ラジオ・パリ」は、「フランス国立ラジオ放送」という新たな組織の監督下に置かれ、他のラジオ局とテレビ局と同様、ドイツの広報機関になった。

一九四一年一月、『プティ・パリジャン』の所有者だったデュプイ家はペタン元帥支持を表明したが、ドイツ軍はこの新聞を没収し、編集権を取り上げてドイツの広報機関にした。ドリオの『人民の叫び』など、ファシスト系の新聞はドイツ占領軍に協力した。

一九四〇年一〇月に『リベラシオン・ノルド〔北部解放〕』、一九四一年七月に『リベラシオン・スゥド〔南部解放〕』、一九四一年一二月に『義勇兵』など、非合法新聞が登場した。

両大戦間、ほとんどの大手紙は反ユダヤ主義とペタン支持を掲げて復刊を試みた。

一九四二年一一月、フランス南部が占領されると、検閲は強化された。『フィガロ』、『時代報』、『進歩』は休刊した。『十字架』と『プティ・ジャーナル』は刊行を継続した。

一九四一年にリヨンで創刊された『キリスト教徒の証言』や『リベラシオン』など、非合法新聞が一〇〇〇紙以上も登場した。

一九四三年七月、ドイツ軍の「新しいヨーロッパをつくる」という要請により、ラジオ局「ラジオ・モンテカルロ」がモナコに開設された。放送では、モナコの国歌が流れた後に、モーリス・シュヴァリエ〔フランスの俳優〕が熱く語りかけた。

一九四三年一一月、アルジェリアのアルジェに樹立したばかりのフランス臨時政府と連携して「非合法新聞国家連盟」が結成された。この連盟の目的は、「報道の自由と名誉を確約し、報道から国家、金銭、外国の影響を排除すること」だった。

一九四四年八月一七日、連合軍がパリに迫ったとき、「ラジオ・パリ」では匿名のドイツ人アナウンサーが「ドイツは秘密兵器を利用して最終的に勝利する」と訴えた。これが最後の放送になった。「ラジオ・パリ」の資料は焼却され、同日一四時四五分に放送は終了した。ドイツに協力した民間のラジオ局も閉鎖された。

一九四四年九月、戦時中のナチス・ドイツ支配下で創刊されたすべての新聞は廃刊になった。対独協力を行った新聞は発禁になり、他の新聞が引き継いだ。『プティ・パリジャン』は『パリジャン・リベレ』、『時代報』は『ルモンド』、『西の閃光』は『西のフランス』、『シェルブールの閃光』は『プレス・シェルブール』、『急報』は『南フランスの急報』、『プティ・マルセイエ』は『マルセイエーズ』、『ロワールの灯台』は『西部のレジスタンス』、『プティ・ジロンド』は『南西』になった。発行を許可されたのは、非合法新聞と戦中に自主的に廃刊した新聞だけだった。『非妥協者』は『戦闘』、『パリ日報』は『義勇兵』が引き継いだ。

一九四四年九月三〇日、「アヴァス通信社」が一〇〇年以上にわたって担ってきた地位は「フランス通信社（ＡＦＰ）」が引き継いだ。

連合軍側の戦時中の報道

第三帝国〔ナチス・ドイツ〕の軍隊がソ連に侵攻すると、ソ連政府はモスクワに政治と軍事の宣伝局を設立し、ラジオと拡声器を至る所に設置した。一九三九年から一九四一年にかけて、拡声器付きラジオ受信機の数は一〇倍になった。一九四一年末、まだ一八の新聞が存続していた。これらの新聞はおもにナチスの蛮行を報じた。『赤い星』の戦争特派員ヴァシリー・グロスマン〔ソ連の作家、ジャーナリスト〕は、「モスクワの戦い」、「スターリングラード攻防戦」、「クルスクの戦い」を取材した。グロスマンはトレブリンカ強制収容所〔ワルシャワの北東部〕でドイツ軍が行った残虐な行為を最初に報道した一人でもあった。グロスマン以外の戦争特派員はまもなく戦闘に加わった。

ソ連政府は地方のラジオ局に、何千時間もの宣伝番組を送った。「レニングラード包囲戦」の際には、リムスキー゠コルサコフ、チャイコフスキー、ベートーヴェン、グリンカの音楽を七万種類も送ったが、空腹に耐える労働者と住民たちからは、「交響曲ばかりで歌がない」という苦情が寄せられた。

スターリンは若手のラジオ・アナウンサーであるユーリ・レヴィタンを、ソ連情報局の配信ニュースをラジオで読み上げる公式アナウンサーに抜擢した。一九四五年五月九日のナチス・ドイツの降伏も読み上げたレヴィタンは、一九八三年に死去するまでソ連の「声」だった（プロホロフカ〔ロシア南部〕での「クルスクの戦い」の慰霊式典の最中に心臓発作で亡くなった）。

イギリスでは一九四〇年五月、チャーチル内閣は「自主検閲」システムを導入した。六月、ドイツの侵攻が迫っていると予想されたため、検閲は強化された。内務大臣に新聞の発行を暫定的に停止させる権利が付与された。内務大臣がこの権利を行使したのは、一九四一年一月から一九四二年九月にかけて共産党系の二紙（『ウィーク』と『デイリー・ワーカー』）に対してだけだった。しかしながら、ドイツとの戦争やチャーチルに対してきわめて批判的だった『デイリー・ミラー』は対象から外れた（チャーチルは、ヒムラーかヘスがこの新聞に資金供与しているのではないかと疑って調査まで要求した）。一般的に、イギリス政府は自国のメディアとジャーナリストの愛国心を頼りにした。政府の情報に精通している公務員、軍人、国会議員から情報が漏れることはなかった。

二つの日刊紙（『デイリー・エクスプレス』と『デイリー・ミラー』）と毎週日曜日発行の新聞（『ニューズ・オブ・ザ・ワールド』、『ピープル』、『サンデー・エクスプレス』）が主要紙になり、発行部数を伸ばした。とくに『デイリー・エクスプレス』の発行部数は、一九三九年の二五〇万部から一九四五年には四〇〇万部近くまで増加した。映画館は本編の前に短いニュース映画を流した。ラジオは政府の広報の役割を担った。

一九四〇年、「BBC」の生みの親ジョン・リースが情報大臣に任命された。リースは、「情報は広報の先鋭部隊」と捉え、発言の価値を高める必要があると考えた。「BBC」はジャーナリストを乗せた車を沿岸部に派遣して「英国空中戦」を取材した。一九四〇年六月一三日、あるジャーナリストはイギリス空軍とドイツ空軍の空中戦を生中継した。一九四〇年一〇月、「BBC」の本部がドイツ軍の電撃戦の標的の一つになった。一九三九年から一九四五年にかけて「BBC」は、従業員の数を一六三五人から四〇〇〇人に増やし、終戦時には三二ヵ国語で放送した。

アメリカでは一九四一年五月、先述のヘンリー・ルースは『ライフ』の「アメリカの世紀」というタイトルの記事において、「民主主義の価値観を守り、自由を勝利させるために一刻も早く参戦すべきだ」とアメリカ政府に訴えたが、ルーズベルトは依然として参戦を拒否した。真珠湾攻撃直後の一九四二年一月、ルーズベルトは検閲局を設立し、局長には「AP通信」の編集長バイロン・プライスを任命した。検閲局はメディアの行動規範を定め、国のまとまりを脅かす恐れがある記事や写真を検閲した。行動規範は存在したが、イギリス政府と同様、アメリカ政府はメディアと記者の愛国心を頼りにした。この時期、五〇〇〇万人のアメリカ人は少なくとも週一回は映画館に通い、ニュース映画（戦闘場面、軍幹部や政治家の演説など）を観た。ニュース映画の数はイギリスよりも多かった。

一九四二年、先述のアーサー・ニールセンが全国のラジオ局を分類するサービスを設立し、聴取率の測定を開始した。ニールセンの会社は一〇〇〇世帯が聴いたラジオ局に関する情報を集め、これらのデータをラジオ番組の相対的な人気度を知りたい企業に販売した。

一九四三年末、アメリカ政府は、ラジオ・ネットワーク「RCA」が巨大化したと判断し、二つあるうちの一つのネットワーク（「青RCA」）を売却させた。買い取ったエドワード・ノーブル（「ライフセイバーズ」という商標のキャンディ、薬局チェーン「レクサル」、ニューヨークのラジオ局「WMCA」の所有者）は、このネットワークを「アメリカン・ブロードキャスティング・カンパニー（ABC）」と改称した。しかし、番組の内容は、クラッシック音楽、ジャズ、サスペンス・ラジオドラマと従来通りだった。

偉大な戦争特派員を紹介する。

アーネスト・ヘミングウェイ（『トロント・スター』の特派員として、イタリアで第一次世界大戦と一九二二年に希土〔ギリシア＝トルコ〕戦争を取材。その後、五〇紙のアメリカとカナダの新聞社の特派員としてスペイン内戦を取材）は、一九四二年にはキューバ、一九四四年一月にはイギリスに赴いた。一九四四年六月にはオマハ・ビーチ〔ノルマンディ〕に上陸し、九月にパリの高級ホテル「リッツ」に居を構えた。ヘミングウェイとスペイン内戦時に知り合って〔一九四〇年に〕結婚したマーサ・ゲルホーン〔雑誌『コリアーズ』の特派員〕は、ノルマンディ上陸作戦にジャーナリストとして参加した唯一の女性だった。一九四五年、ゲルホーンは、「他人の人生の脚注のような存在にはなりたくない」としてヘミングウェイと離婚し、戦争特派員としての人生を歩んだ。

一九二五年から『ニューヨーカー』のパリ特派員だったジャネット・フラナーは、一九四〇年から一九四四年までニューヨークに戻っていた。フラナーは、このときクラクフ〔ポーランドの都市〕の聖マリア教会の祭壇画など、ナチスによる美術品の強奪を告発した。また、一九四四年三月、フラナーはフィリップ・ペタン〔ヴィシー政権の国家元首〕の人物像を詳述した。これはペタンについて書かれた最も掘り下げた記述の一つになった。その後、フラナーはニュルンベルク裁判を取材した後、パリに戻って一九七五年まで特派員として活動した。

『二十日鼠と人間』や『怒りの葡萄』の著者ジョン・スタインベックは、『ニューヨーク・ヘラルド・トリビューン』の特派員としてイタリア戦線に赴いた。サレルノ〔ナポリ近郊〕の戦いを取材したスタインベックは、戦争の行方よりも兵士の人生に興味を持った。

一九四五年四月一二日、一九三八年から「CBS」のヨーロッパ支局長を務めた先述のエドワード・マローは、ブーヘンヴァルト強制収容所を取材した最初のジャーナリストだ。マローはラジオで「死体焼却炉には死体が材木のように積みあがっている」と絞り出すような声で語った。

第10章 三大メディアの黄金時代

一九四五年から二〇〇〇年まで

一九五四年、トロント大学の英文学教授でカナダ人のマーシャル・マクルーハンは、『グーテンベルクの銀河系―活字人間の形成』(森常治訳、みすず書房、一九八六年)のなかで、当時登場したばかりのテレビにより、世界中の人々が共通の「感覚的知覚」を持つようになり、「グローバル・ヴィレッジ(地球村)」が形成されると予言した。その七年後、マクルーハンは『激しい反応』のなかで、当時の情報配信のための三つの手段(新聞、ラジオ、テレビ)を総称する「メディア」という言葉を一般に普及させた。そして次のように説いた。「メディアは玩具ではない。メディアがマザー・グースやピーター・パンの手に渡るようなことがあってはいけない。メディアは芸術なのだから、新たな芸術家がメディアを担うべきだ」。こうしてメディアという言葉は一気に広まった。マクルーハンがこのように述べた時点では、三つの情報配信手段は首尾一貫した強力な集合体を形成し、一方が他方を損なう関係にはなかった。というのは、戦後の復興により、メディア活動と広告の領域は拡大し続けていたからだ。

先進国では、これら三つのメディアのうち、情報を得るための主要な手段は一九七二年までは新聞とラジオだった。次にテレビが台頭し、少なくとも二〇〇〇年まではテレビが主要な手段だった。新興国では、数多くの新聞とラジオ局が誕生し、その後にテレビ局が登場した。

メディアが国境を越え、検閲を打ち砕き、独裁政権を倒し、侵略者を追い出すことは、今日においても起こり得る。だが、メディアが民主主義の崩壊を阻止することはできない。少なくとも一時的には、武力は言葉に勝るからだ。

これまでの章と同様、一九四五年から二〇〇〇年までを考察する本章において言及する数値は、メディアあるいはメディアに近い情報源が提供するものであるため、概算値であることを再度お断りしておく。

アメリカのメディア：一九四五年から一九七二年まで、新聞の絶頂期

第二次世界大戦が終結すると、アメリカの新聞は、ラジオとテレビとの熾烈な持久戦に入った。当初、新聞は善戦した。日刊紙の発行部数は、一九四〇年の四一〇〇万部から一九七〇年には六二六〇万部になった。『ワシントン・ポスト』の経営は、経営者の娘キャサリン・マイヤー・グラハムの夫であり、アメリカ最高裁判所の弁護士フィリップ・グラハムが引き継いだ。毎週日曜日発行の新聞やニュース雑誌（『タイム』、『ニューズウィーク』、『USニューズ』など）も発行部数を伸ばした。これらの定期刊行物は、グラビア印刷、オフセット印刷、ファクシミリの普及など、新たな技術進歩の恩恵を受けた。ニュースには事欠かず、新聞は娯楽とニュース（とくに地域の話題）を提供するという従来の編集方針を維持した。

当時、八二％のアメリカ人が聴いていたラジオは、それまでと同様に「NBC」と「CBS」、そして新規参入の「ABC」だった。ラジオ番組の三分の二には、企業のスポンサーがついた（一九三九年では三分の一）。文体、タイトルの付け方、紙面の構成、音声の

編集、音響効果などが新しくなった。提供するニュースは事実に基づき、ニュースに対する論評はほとんどなく、愛国主義が維持された。

一九四六年にロンドンから戻り、ラジオの「CBSニューズ」の責任者になった先述のエドワード・マローは、ニュース番組に割り当てられた貴重な時間を利用して、ラジオ・ニュース番組「ヒヤ・イット・ナウ」を制作した。この番組はすぐに大成功を収めた。マローはテレビに潜在力があると判断し、このやり方をすぐにテレビに応用して「シー・イット・ナウ」を制作した。マローは、あえて新しい話題を避け、公民権、人種差別、女性の社会的地位など、骨太の番組を制作した。「NBC」、「ABC」、ハリウッドの大手映画製作会社もテレビ局を設立したが、これらのテレビ局はおもに娯楽番組を放送した。

一九四八年、テレビ受信機の価格は労働者の一ヵ月分の給料に相当したため、テレビ受信機を保有するのはまだ一〇〇万世帯だった。この年、ハリウッドの「パラマウント映画」は、アメリカのテレビ局上位九社のうち四社を保有していた。エドワード・マローも「CBS」で初のテレビ・ニュース番組を開始した（一九時三〇分から毎日一五分間）。翌年、アトランタではジェシー・B・ブライトン（アトランタ大学教授）がアフリカ系アメリカ人による初のラジオ局「WERD」を設立した（おもに音楽を流した）。

一九四九年、アメリカのメディア規制機関はラジオとテレビに公平原則を課した。この原則により、放送するニュースは表現の自由が損なわれるとしても公益に資する義務が生じた。人種分離主義者はすぐにこのメディア原則を盾にして人種差別的な言説を展開した。

一九五〇年、アメリカの新聞が衰退する兆しがあった。ラジオの聴取率は増加の一途、そしてテレビは急速に普及し始めたが（一〇〇〇万世帯）、新聞の発行部数の伸び率は人口増加率を下回るようになった。一九五二年一二月、精力的なエドワード・マローは「CBS」の特派員として、一九五一年春から朝鮮半島で国連軍に参加して戦うアメリカ人兵士の日常を自分自身で撮影するために現地に赴いた。アメリカの朝鮮戦争への介入に異議を唱えるメディアはほとんど存在しなかった。

ネットワークの持ち主が変化した。一九二七年の創設以来、「RCA」に帰属していた「NBC」は、ゼネラル・エレクトリック、次にウェストウッド・ワンに移った。「ABC」はユナイテッド・パラマウント・シアターズに売却された後、再び独立したが、キャピタル・シティーズ・コミュニケーションズの手に渡り、ウォルト・ディズニー・カンパニーに買収された。一方、「CBS」は先述のように一九二七年からペイリー家が所有し続けた。地方ではケーブルネットワークが発達した。大手ネットワークと競合するケーブルネットワークは、地域の番組とともに大手ネットワークから引き継いだ番組を放送した。一九五二年、「NBC」は初の朝のニュース番組「ザ・トゥデイ・ショー」を開始した。

新聞は、地域のニュース、スポーツ、料理、女性（ほとんどの場合、家庭の主婦）が興味を持ちそうな話題に焦点を当てた。ラジオとテレビも、音楽、ドラマ、スポーツを放送しないときは同様だった。アメリカのメディアでは、「アメリカは絶対的な権力を持つ」という思考が支配的だった。この思考は自国中心主義と反共産主義にとりつかれていた。中産階級はこの思考に染まると同時に、産業界がメディアを使って宣伝する新たな家庭用品の消費に魂を奪われた。

陸軍参謀総長ドワイト・アイゼンハワーが大統領に就任した一九五三年、アメリカ世帯でテレビ受信機を持つ割合は半数近くに達した。新大統領アイゼンハワーがテレビを利用して国民に語り掛けることはほとんどなかった。

同年、一九四七年に発明されたトランジスタが商品化された。これにより、車内や田舎でラジオを聴くことが可能になり、若者たちは両親同伴の舞踏会でなくサプライズ・パーティーで出会うことができるようになった。これは革命的な出来事だった。

同年、一部の東海岸のメディアが華々しい一撃を放った。上院議員マッカーシーが、軍隊などあらゆるところに共産主義のスパイがいると糾弾したのだ。しかし、『ワシントン・ポスト』はマッカーシーの告発を否定する調査結果を発表した。またしてもエドワード・マローが「CBS」ラジオで上院議員マッカーシーに反論した。マローの反論がきっかけで、社会的信用を失ったマッカーシーは世間から姿を消した。

一九五八年、ニューヨークの「WNTA」において、ルイス・ロマックスはテレビ界初のアフリカ系アメリカ人ジャーナリストになった。ロマックスはマイク・ウォレスと共同で「憎しみが生み出した憎しみ」というドキュメンタリー番組を制作した。この番組は、黒人の恨み、公民権運動における一部の黒人の過激な言動、そしてとくにマルコムXの人柄を紹介し、多くの視聴者に衝撃を与えた。このドキュメンタリー番組を契機に、マルコムXはテレビに出演するようになった。

一九五九年以降、「CBS」テレビの社長ジェームズ・T・オーブリー・ジュニアはテレビを本格的な大衆メディアにした。農民たちが主人公のコメディー、推理ドラマ（ほとんどがハリウッドの映画制作会社の作品）、これまでよりも長いニュース番組などが放送された。テレビ番組はリベラルな考えも放送するようになった。ウォルター・クロンカイトは「CBS」でニュース番組（「CBSイブニングニュース」）のアンカーマンをおよそ二〇年間務めた。

一九六〇年九月、国民の九〇%がテレビ受信機を持ち、七〇〇〇万人のアメリカ人がニクソンとケネディの初の大統領選テレビ討論会を視聴した。健康的に日焼けしてカメラ慣れしたケネディは、額に汗を浮かべる無精髭のニクソンに勝利した。大統領になったケネディは、ルーズベルトがラジオで行った「炉辺談話」をテレビに移し替えて成功した。

一九六三年、キャサリン・グラハムは夫と離別（自殺）後、『ワシントン・ポスト』の経営を引き継ぎ、サイゴンにジャーナリストを派遣した。他の大手紙や通信社もすぐに『ワシントン・ポスト』に追随して自社のジャーナリストをサイゴンに送り込んだ。この戦争を巡り、ジャーナリストとメディアは対立する二つの陣営に分かれた。ジョン・スタインベックは、一九四〇年に創刊されたロングアイランド〔ニューヨーク州南東部に位置する島〕の日刊紙『ニューズ・デイ』の特派員として、サイゴンに数週間滞在した。紙媒体のジャーナリストは書いた記事を軍の検閲局に提出しなければならなかったが、テレビの映像に対する検閲はなかった。

一九六三年一一月二二日、一二時三〇分、テレビ受信機を持つアメリカ人世帯の四五・四％は、ケネディ大統領暗殺事件を大手テレビ局の中継で目撃した。「ＣＢＳ」の社長ジェームズ・オーブリーは、このときの映像を「視聴者の脳裏に焼き付くまで」繰り返し放送させた。その数日後、テレビ受信機を持つアメリカ人の八一％は、ケネディの葬儀を注意深く見守った。

この年、アメリカ人世帯の九四％がテレビ受信機を所有していた。アメリカ人の三分の二にとって、テレビはおもな情報源になった。

一九六七年、「ABC」ではベトナム戦争に関する初の「衝撃的な報道」があった（一人のアメリカ人兵士の命を救おうとするある医師のむなしい努力）。一九六八年二月、「テト攻勢」（北ベトナム人民軍および南ベトナム解放民族戦線による、南ベトナムに対する大攻勢）の後、『ニューヨーク・タイムズ』は反戦運動の先頭に立ち、「アジア地域におけるアメリカの限界を示す証拠」として戦争の終結を訴えた。同時期、先述のウォルター・クロンカイトは「CBS」テレビ・ニュース番組のアンカーマンとして遵守してきた中立の立場から抜け出し、「この戦いは硬直状態という泥沼にはまり込んだ」と語った。この発言を受け、大統領のジョンソンは「クロンカイトを失ったということは、アメリカを失ったのも同然だ」と漏らしたという。三月、ジョンソンは大統領選に再出馬しないと表明し、自身とアメリカの敗北の原因は、メディア、とくにテレビにあると非難した。なぜなら、地方では一八〇〇の日刊紙が非常に大きな影響力を維持しており（大きなテーマを調査して大統領に歯向かったのは、『ワシントン・ポスト』と『ニューヨーク・タイムズ』だけ）、これらの新聞は政治問題に関与しないようにしていたからだ。

一方、テレビ・ネットワークは娯楽番組を中心に放送していたが、国内外の政治問題について真面目な調査をたびたび実施していた。

一九六八年、「CBS」は調査番組『60ミニッツ』を開始した。すぐに人気番組になった『60ミニッツ』は、隠しカメラを利用する、当時「ガッチャ・ジャーナリズム」(答えに窮する厄介な質問を投げかけ、真実を引き出して相手を困惑させる手法)と呼ばれた先駆的な番組になった。

一九六九年、大手ネットワークが一五年前から地方で活動していたケーブルネットワークの大都市への進出を防ごうとしていたとき、ハリウッド映画を放送する新たなケーブルチャンネルが登場した(「HBO」と「ディズニー・チャンネル」)。世界中の数億人が宇宙飛行士ニール・アームストロングの月面に降り立つ姿をテレビで観た。

テレビが提供する情報はニュース番組だけではなくなった。たとえば、一九七〇年には大ヒット・シリーズ「メアリー・タイラー・ムーア・ショー」では、テレビ業界で働くミネアポリスで独り暮らしをする若い独身女性が主人公だった。この番組では、女性が企業で出世することの難しさ、男女の賃金格差、離婚、不倫、婚前交渉などが赤裸々に語られた。しかしながら、他のドラマやバラエティ番組は、伝統的な白人家族の価値観や社会的序列の称賛など、保守的なメッセージの発信に終始した。

一九七一年、アメリカのメディアに激震が走った。『ニューヨーク・タイムズ』は、アメリカ国防総省の秘密文書を掲載し、その五年前にベトナムでの紛争を鎮静化させると公言していたジョンソン大統領が、実は紛争を激化させたがっていたことを明らかにしたのだ。『ワシントン・ポスト』もこの事実を繰り返し報道した。大統領の権限を守りたいニクソンは、これら二紙を廃刊させると恫喝したが、最高裁判所は報道の自由を確約するアメリカ合衆国憲法修正第一条に基づき、これら二紙を擁護した。

一九七二年、大転換：ビデオレコーダー、リアリティショー、公平主義の終焉

一九七二年、「AP通信」の報道カメラマンであるニック・ウットの写真が世界中の人々を震撼させた。ベトナム戦争でナパーム弾攻撃を受けて逃げ惑う裸の少女の写真により、ベトナム戦争の評判はますます悪くなった。

次に、アメリカではテレビ受信機の数が日刊紙の発行部数を上回った同年六月、民主党の本部があったウォーターゲート・ビルの警備員が「空き巣」を発見した（大統領選最中の出来事だった）。『ワシントン・ポスト』の編集主幹ベン・ブラッドリーは、この奇妙な空き巣事件の調査を二人の若手ジャーナリスト、ボブ・ウッドワードとカール・バーンスタインにゆだねた。『ニューヨーク・タイムズ』も調査に乗り出した。テレビはこの事件

に興味を示さなかった（この事件を報じたのは、「ＣＢＳ」の「シー・イット・ナウ」とウォルター・クロンカイトの「ＣＢＳイブニングニューズ」だけだった）。彼らの取材によってニクソン政権内部がこの事件に深く関与していることが暴露され、一一月に大統領再選を果たしていたニクソンは、その翌年に辞任を余儀なくされた。

テレビは文字のメディアやラジオを圧倒するようになった。とくに、一九七三年に始まった「ＰＢＳ」の「アメリカの家族」という、安全なのぞき見趣味ともいえる初のリアリティ番組において、アメリカ人は自己を語るようになった。

一九六〇年代に登場したイノベーションが普及したのもこの時代だ。ビデオレコーダーにより、録画を利用してテレビ番組を好きな時間に観ることができるようになった。録画は視聴者のコミュニティを破壊した。前日に観たことについて語り合うコミュニティが崩壊したのだ。これは大きな変化だった。

ニュース番組の数が増えた（例：「グッド・モーニング・アメリカ」、「ナイトライン」、「20／20」、「デイビッド・ブリンクリーの今週」）。当時、三大ネットワークで放送される夜のニュース番組の視聴者数は、ともに一五〇〇万人で拮抗していた。地上波のテレビ局とケーブルネットワークは音楽とドラマで競争し、この競争に衛星放送のチャンネルも加わった。

一九八〇年、アトランタの実業家テッド・ターナーが二四時間放送するニュース専門チャンネル「CNN」を設立した。開局当初不振だった「CNN」と異なり、ポピュラー音楽のビデオ・クリップを流し続ける「MTV」はすぐに人気を博した。「MTVビデオ・ミュージック・アワード」は、世界で最も視聴率の高い番組になった。これは大きな変化だった。というのは、これらの新たなチャンネルの狙いは、従来のアメリカ人主婦でなく世界中の人々を対象に、情報とアメリカ文化を世界中に拡散することにあったからだ。

一九八二年、ロナルド・レーガンはアメリカ大統領に選出されるや否や、ルーズベルトの「炉辺談話」をラジオで復活させた。これはケネディがテレビを利用して行って以来の取り組みだった。二期にわたって、レーガンは退任するまで毎週土曜正午に国民に語り掛けた。

同年一九八二年、「ガネット」の社長アル・ニューハースは『USAトゥデイ』を創刊した（発行部数は三六万部）。アメリカで最も影響力のある日刊紙は、相変わらず『ニューヨーク・タイムズ』、『ロスアンゼルス・タイムズ』、『ウォール・ストリート・ジャーナル』、『ニューヨーク・ポスト』、『ワシントン・ポスト』だった。一九八四年一月、巨大企業「アメリカン・テレフォン&テレグラフ（AT&T）」が分割された。この会社は利潤の高い長距離通信部門でほぼ独占的に活動することになった。

一九八四年、アメリカの新聞に転換点が訪れた。アメリカの日刊紙の発行部数がピークに達し（六三三〇万部）、下降し始めたのだ。しかしながら、多くの新聞が創刊された（例：二〇〇万部の成功を収めた『USAトゥデイ』、一〇万部の『ヒューストンの声』（スペイン語の週刊新聞）、『カンサス・シティ・ビジネス・ジャーナル』、『ロッキー・マウンテン・テレグラム』、『インベスター・ビジネス・デイリー』など）。

一九八七年、レーガンに任命された連邦通信委員会（FCC）の新たな委員長は公平原則に終止符を打ち、党派型のテレビとラジオの端緒を開いた。

一九九〇年、「タイム」と「ワーナー」が合併してテレビ・ネットワークを再編した（「HBO」、「CNN」、「TBS」など）。その翌年、「CNN」のジャーナリストたちは、バグダッドのアル・ラシード・ホテルから湾岸戦争を、その二年後にはソマリアの「モガディシュの戦闘」を生中継した。これらの偉業により、「CNN」は視聴者を一気に増やした。

一九九五年、ペイリー家は（六〇年間近く保有した）「CBS」をウェスティングハウス・エレクトリックに売却した（その後、「CBS」はバイアコムへ売却された）。一方、「NBC」はゼネラル・エレクトリックに買収された。

オーストラリアのメディア王ルパート・マードックは、「CNN」に対抗して二四時間放送のニュース専門チャンネル「フォックス・ニューズ」を設立し、その経営をロジャーエイルズに任せた。エイルズは、一九八四年の大統領選の際にはレーガン、そしてジョージ・H・W・ブッシュの相談役を務めるなど、共和党のメディア戦略の専門家だった。公平原則の撤廃にともない、エイルズは「フォックス・ニューズ」を民主党と戦うための道具にした。このテレビ局は、テレビ画面の隅にニュースの一覧を映し出し、臨時ニュースのために番組を中断してフォックス・ニューズ・アラートを流すなど、新たなニュース形式を確立した。しかしながら、一部のリアリティ番組のせいですでに評判の悪かったテレビは、このテレビ局、そしてこれを真似るテレビ局により、さらに評判を落とした。

二〇世紀末、新聞、ラジオ、テレビの三つのメディアはすべて衰退ないし衰退しかけていた。アメリカの新聞の発行部数は、一九四五年の五九〇〇万部から二〇〇〇年には五六〇〇万部へと減少した。日刊紙の場合では一九八四年以降、日曜日発行の新聞の場合では一九九三年以降、発行部数は減少し続けた。人口一億人当たりの新聞の発行部数は、一九四五年の一二〇〇部から二〇〇〇年には四〇〇部にまで減った。アメリカの日刊紙の数は、一九三〇年の一九四二紙から一五〇九紙に減った。『ニューヨーク・タイムズ』や『ワシントン・ポスト』などを除き、ほとんどの新聞は、地元の話題、スポーツ、テレビ、映画、ゴシップしか報じなかった。『ニューヨーカー』のような高級紙の多くは多額の借金を抱え、メセナ活動によってしか存続できなかった。ラジオは低迷した。「CBS」、「ABC」、

「NBC」のテレビ・ニュース番組の合計の視聴者数は、二〇年前の四五〇〇万人から三〇四〇万人に落ち込んだ。これらのメディアを利用する広告も減り始めた。二〇〇〇年からの一〇年間で、メディア・グループ「タイム・ワーナー」の企業価値は九〇％も失われた……。何か新しいものが誕生しつつあったが、まだ誰もそれをはっきりと把握していなかった……。

絶頂期を迎えたイギリスのメディア

同時期、イギリスのメディアの推移はアメリカとまったく同じだった。戦後、すべてのメディアが右肩上がりの成長を遂げたが、一九八〇年代半ばから新聞の発行部数は急減し、ラジオとテレビも不振に陥った。イギリスにおいても、ほとんどのメディアは、スポーツ、娯楽、料理、音楽、暮らしや地域の話題、ゲーム、でっち上げに近いゴシップ（例：イギリス王室に関連する話題）を報道した。

ほとんどの新聞社の経営者は相変わらず貴族だった。『デイリー・メール』はロザミア子爵（第三代）、『オブザーバー』は一九七七年までアスター家が所有していたが、その後、アメリカの石油会社に売却され、スコット・トラスト・リミテッドの所有物になった。ジョン・ジェイコブ・アスター五世が所有していた『タイムズ』は、一九八一年にルパート・マードックに売却された。『タイムズ』のジャーナリストたちは、マードックの提示する改革案に反対してストライキを起こした。しかし、マードックは『タイムズ』の刷新を断行し、一九八四年には『サンデー・タイムズ』も買収した。『デイリー・ミラー』は、移り気なロバート・マクスウェルに売却された。一九八六年、カムローズ家が所有していた『デイリー・テレグラフ』は、コンラッド・ブラックの手に渡った。

一九六〇年、『スター』と『ニューズ・クロニクル』が廃刊になった。一九六四年、『デイリー・ヘラルド』は『サン』になった（発行部数は三五〇万部）。一九八六年、またしてもストライキに直面したマードックは、所有する複数の新聞社のオフィスをロンドン東部に移動させた。こうして新聞社や出版社が軒を連ねたフリート・ストリートは、銀行の店舗や弁護士の事務所などが並ぶ通りに様変わりした。

イギリスの日刊紙の発行部数は一九八七年まで増加したが、その後、減少し続けた。日刊紙の場合、一九四五年の一九二〇万部から一九八七年に二三〇〇万部を達成した後、一九九七年には一八五〇万部に減少した。二〇〇〇年の発行部数上位の新聞は、『サン』、次いで『デイリー・メール』と『デイリー・ミラー』（三紙とも二〇〇万部台）、そして『デイリー・テレグラフ』と『デイリー・エクスプレス』（二紙とも一〇〇万部台）だった。これらの新聞は、「われわれは真面目な話題を真剣に扱う」と主張することもあったが、実際はゴシップを中心に扱う大衆紙だった。きわめて保守的に真面目な話題を扱う『タイムズ』の発行部数は、わずか七二万五〇〇〇部だった。それまでと同様、新聞は宅配や既存の店舗ネットワークを通じて流通していた。

ラジオとテレビに関しては、戦後一〇年間ほどは、「BBC」がテレビとラジオの放送を独占し、非常にまじめな番組を中心に放送していた。しかしながら、一九五四年のテレビ法により、一九五五年に「ITV」、一九八二年に「チャンネル4」、一九九七年に「チャンネル5」、一九九八年に衛星放送の「スカイTV」の開設が認められた。

「BBC」の三つのラジオ局が独占する時代は、一九七〇年代に一九の公共および民間放送局（例：「IRL」、「キャピタル」、「LBC」）が開設されて幕を閉じた。一九九〇年には「BBCラジオ5」（ニュースとスポーツ）、一九九二年には「クラッシックFM」、一九九三年には「アブソリュート・ラジオ」（ロック音楽）が開設された。

二〇〇〇年には商業ラジオ局の数が六九になったことで、日刊紙の発行部数の減少に拍車がかかり、日刊紙はそれまで以上に、ゴシップ、事実確認のない報道、ポピュリズム、悪意に満ちた報道、ナショナリズムに傾倒するようになった。こうした論調が後のイギリスの孤立を促し、完全に準備不足のイギリスEU離脱を招いた。二〇一一年と二〇一二年、マードックが所有する新聞社の記者たちによる会社ぐるみの盗聴事件の発覚により、マードックのメディア帝国は崩壊寸前になった。

フランスのメディア：強まる権力との癒着

アメリカとイギリスと同様、フランスも戦後、非常に数多くの新聞が登場し、配達能力に支障をきたした。ラジオが人気を博す一方で、テレビが次第にメディアの中核を担うようになった。

パリのメディアは政治と金融の権力に大きく依存した一方、地方の新聞はパリの集まりから距離を置き、順調な経営を維持した。

まず、ナチス・ドイツに協力したすべての新聞が廃刊になり、これらが新たな新聞として蘇った。

一九四四年、非合法新聞の中心人物だったエミリオン・アモリが『パリジャン』に代わる『解放されたパリジャン』を創刊した。アモリの死後、日刊紙は息子のフィリップ、雑誌（『視点』、『マリー・フランス』、『世界像』）は、娘のフランシーヌが引き継いだ。

同年一九四四年、ユベール・ブーブ＝メリーはドゴール将軍の要請を受け、一九四一年に廃刊になった『時代報』のインフラを譲り受けて『ルモンド』を創刊した。この夕刊紙は、すぐに高級官僚、政治家、教師たちの愛読紙になった。ブーブ＝メリーが「シリウス」という名前で執筆した論説は、しばしば大きな影響力を発揮した。その後、この新聞は論説の独立性を担保するために初の編集者協会を設立した。

同じ一九四四年、キリスト教民主主義の団体が支持したレジスタンス闘士である二人の義理の兄弟ポール・ユタン＝デスグレとフランソワ・デスグレ・ドゥ・ルー（『西の閃光』の創刊者の息子）は、対独協力で発禁になった『西の閃光』に代わる『西のフランス』を創刊した。ヨーロッパ推進派で死刑制度に反対したこの新たな新聞は、ユタン家が七〇年にわたって管理し続け、すぐにフランス最大の日刊紙になった（二〇二一年においても同様）。

その翌年、アルベール・カミュとパスカル・ピアは『非妥協者』のインフラを引き継いで『戦闘』を創刊した。この新聞の発行部数はすぐに一八万五〇〇〇部に達した。一九四七年にはクロード・ブールデがアンリ・スマジャの支援を取り付けてこの新聞を引き継ぎ、一九四八年にはヴィクトール・ファイが編集長になった。一九六〇年、今度はフィリップ・テッソンが編集長としてこの新聞を多角化した。一九七四年、この新聞から去ったテッソンは、右派系の『パリの日刊紙』を創刊した〔一九九六年に廃刊〕。

一九四六年、すでに〔対独協力に対する〕許しと忘却の時代に入った。ジャック・ゴデットは、一九四〇年から発行していたが対独協力のために一九四四年に廃刊になった『ロト〔自動車〕』に代わり、『レキップ〔チーム〕』を創刊した。

一九四七年〔新聞の流通が混乱していた時期〕、ビシェ法の理念である「すべての刊行物を公平かつ安価に流通させる」を実現するために、新パリ新聞雑誌配送会社（ＮＭＰＰ）が設立された。新聞協同組合（五一％）が資本参加するこの会社は、アシェット・グループ（四九％）が経営した（ちなみに、アシェット・グループは対独協力のため、一九四四年に業務停止処分を受けていた）。新聞は従来通り、店舗数が非常に限られたキオスクで販売されていた。

『十字架』は主要な宗教紙としての地位を回復し、一八七三年に聖母被昇天アウグスチノ会が設立したバヤール・プレスを基盤とした。

一九四九年、アシェット・グループが引き継いだ『フランスの夕べ』は市場を独占し始めた。発行部数が一九五六年に一五〇万部に達したこの新聞の謳い文句は、「一〇〇万部以上売る唯一の日刊紙」だった。この新聞は、編集長ピエール・ラザレフのもと、偉大な記者たち〔ジョセフ・ケッセル〔小説家、脚本家〕、フィリップ・ラブロ〔文筆家、映画監督〕、アンリ・ド・テュレンヌ〔脚本家〕、ルシアン・ボダール〔小説家〕〕のセンセーショナルな記事、驚きのスキャンダル、人気漫画〔ポール・ゴルドウ、ジャン・アシェ、アルベール・ユデルゾ、セネップ〕を掲載した。

閣僚と経営者の間では、タイプ打ちの丸秘文書が好評だった〔例：対独協力で一九四四年に記者証を失ったポール・デエームとジャン＝アンドレ・フォシェの文書〕。また、極右系の新聞も多数存在した〔『騒音』、『リヴァロル』、『若い国家』、『厳重監視』〕。

フランス第四共和政の末期、パリの日刊紙を中心とする二つの巨大な新聞グループ〔ともに同族会社〕が形成された。一つは、『解放されたパリジャン』、『マリー・フランス』、『視点』、『世界像』、『レキップ』を所有するアモリ家のグループ、もう一つは、地方紙と専門誌〔『オート・ジャーナル』、『フランス・アンティル』、『パリ・ノルマンディー』、『フェミナ』、『TVマガジン』〕からなるロベール・エルサン〔ドイツ占領軍とフランス国民集産主義党に協力し、反ボルシェヴィズム・フランス義勇軍〔親独派〕の創設者〕のグループだった。一九九六年にエルサンが死去したとき、二五紙の日刊紙を所有していたエルサンのグループは、『フィガロ』〔一九七五年に買収し、『曙』と合併〕など、パリの日刊紙の発行部数の半数近くを握っていた。

一九七二年に『フランスの夕べ』の編集長ピエール・ラザレフが死去すると、二〇〇万部に達していたこの新聞は衰退を余儀なくされた。

一九七三年、セルジュ・ジュリ、フィリップ・ガヴァン、ジャン＝クロード・ヴェルニエ、ジャン＝ポール・サルトル、ベルナール・ラルモンが『リベラシオン』を創刊した。この新聞の編集は、サルトルとヴェルニエが一年間担当した後、セルジュ・ジュリが引き継いだ。経営は一九八一年まで従業員が担い、全員が同じ給料だった。大胆な主張を展開する論説や気の利いた見出しが功を奏し、当時の発行部数は一〇万部を超えた。一九八二年に左派が政権を握ると、この新聞の勢いは衰えた。個人投資家が資本に参加し、総発行株式数に占める社員の持分割合は、一九八〇年代の六一・七％から一九九〇年代の三三・八％になり、二〇〇〇年代には一八・四％、そしてゼロになった。

フランス共産党の力では『ユマニテ』を維持できなかった。一九四五年に四〇万部だったが、左派連合が共同政府綱領を締結した一九七二年には一五万部、一九八六年には一〇万七〇〇〇部、二〇〇〇年には四万六〇〇〇部へと減少し続けた。

中道系の『レクスプレス』（一九六四年）、左派系の『ヌーヴェル・オプセルヴァトゥール』（一九六四年）、右派系の『ポワン』など、アメリカから三〇年遅れてニュース週刊誌も登場した。他の国と同様、フランスでもテレビ情報誌の売り上げは好調だった。

一九四五年、戦時中に従業員に給料を支払い続けた『カナール・アンシェネ』が復刊した。『カナール・アンシェネ』は、フランソワ・ミッテランとジャック・シラクとの最初の保革共存期である一九八六年と一九八七年に、六〇万部以上の売り上げを達成し、再び最大の風刺新聞になった。

一方、フランスのラジオとテレビは、依然として政治権力の厳格な管理下に置かれた。一九四五年、「RTF」はテレビの「第一チャンネル」、次に「第二チャンネル」、そして地方局との連携を含めて四つのラジオ局を管理していた。「RMC」は「ラジオ・ルクセンブルク」との提携によって生まれ変わった。地方や民間のテレビ局とラジオ局は一切認められていなかった。

一九四五年一〇月一五日、フレンヌ〔パリ郊外〕の刑務所でピエール・ナヴァル〔ヴィシー政権で首相を務めた戦犯〕が処刑されたニュースがラジオで放送された。一九四九年六月二九日、ピエール・サバはフランス初のテレビ・ニュース番組を制作した。一九五三年に国民を対象に実施された「世界の出来事に関するニュースをおもに何から得るか」という調査によると、紙媒体とラジオがちょうど半分ずつだった。

一九五四年、フランスとベルギーに一六〇〇万人の聴取者がいた「RTL」には、多くの人気番組（例：「一日王妃」、「ドュラトン家」、「一か八か」など）があった。アベ・ピエール（カトリック教会司祭）がこのラジオ局を通じて訴えた人道支援には多くの人々が賛同し、これが恵まれない人々を救済する「エマウス」という協会の設立につながった。

同年、ラジオを所有するフランス人世帯は七〇％に達した。シャルル・ミシェルソンと元ラジオ・ルクセンブルクのルイ・メルランが「ヨーロッパ・ナンバー1」を設立した。メルランに、先述のピエール・サバ、ピエール・ドラノエ（作詞家）、モーリス・シーゲルが加わった。一九五五年、シルヴァン・フロアラがミシェルソンの株式の持ち分を買い取った。こうして「ヨーロッパ・ナンバー1」は「RTL」と「RMC」と並ぶ民間のラジオ局になった。ラジオの番組づくりに技術面で大きな進歩があり、聴取者が増えた。このラジオ局では、一九五六年にはピエール・ベルマールとジャック・アントワーヌが「君は素敵だ！」という番組を開始し、一九五五年には編集者アンリ・フィリパッチの息子ダニエル・フィリパッチが「やあ、みんな」を始めると同時に、一九五四年にニコルとエディー・バークレーが創刊した『ジャズ・マガジン』を買収した。

政府がラジオやテレビを管理下に置くことはないにしても、政権が目まぐるしく交代するため、テレビやテレビが扱うニュースは事なかれ主義の色合いが濃かった。

一九五六年、フランスのテレビ受信機の数は五〇万台だった。その二年後には二倍になり、その後も急増した。

フランス第五共和制が成立すると、ドゴール将軍は、「新聞に対抗するためにテレビを利用する」と述べたという。実際に、ラジオとテレビは新たな権力に従った。ドゴールはラジオとテレビに五三回の演説と一八回の記者会見を放送させた。しかしながら、ピエール・デグローブ、ピエール・デュメイエ、ピエール・ラザレフの「一面五段抜き」というような大胆に意見を述べるテレビ番組もあった。一九六四年、「フランス放送協会（ORTF）」は、すべてのラジオ局とテレビ局を一括管理した。当時、テレビ・ニュースの台本は、毎晩、内務大臣の執務室でつくられていた。

一九六八年五月、ラジオが一五歳から二〇歳の若者の主要なメディアになったとき、一部のジャーナリストが反体制派にラジオで意見を表明する機会を与えた。「五月危機」において主要な役割を担ったのは、学生たちが築いたバリケードから生中継した「ヨーロッパ1」だった。その一ヵ月後の総選挙で右派が勝利を収めたとき、一部のテレビ局とラジオ局で当局の指導に従わなかったジャーナリスト全員は、無慈悲にも職を追われた。

一九六九年、新聞広告を妨害しないという条件で、テレビ広告が認可された。

一九七〇年、フランスには一〇〇〇万台のテレビ受信機があった（カラーテレビはまだきわめて高価だったため、全体の〇・五％だった）。

一九七四年五月、ドゴール派がラジオ局とテレビ局を厳格な管理下に置いていたとき、二三〇〇万人のテレビ視聴者は、大統領選の第二回投票〔決定選挙〕を前に行われたヴァレリー・ジスカール・デスタンとフランソワ・ミッテランの討論会を生中継で観た。大統領に選出されたジスカール・デスタンは、公共のラジオ局と、表面的には競合関係にある三つのテレビ局（「TF1」、「アンテーヌ2」、「FR3」）の独占を維持し、これらを政府の絶対的な管理下に置いた。公共および民間のラジオ局とテレビ局に対し、非常に厳しい政治的な検閲を課した。たとえば、大統領府の明確な承諾がない限り、野党の大物がラジオやテレビの番組に登場することはできなかった。フランス放送協会（ORTF）は、フランス国立視聴覚研究所（INA）など、七つの独立した組織に分割された。

一九七四年、ジャン＝リュック・ラガルデールは「ヨーロッパ1」の経営を引き継ぎ、アシェット・グループとフィリパッキ・グループの経営も担った。ラガルデール・グループには、『パリ・マッチ』など数多くの有名刊行物が加わった（例：『エル』、『日曜新聞』）。

一九七九年、ラジオ番組の自由を求める闘いが始まった。フランスのメディアはついに国からの独立を目指すようになった。

「NRJ」、「ラジオ・ノスタルジー」、「スカイロック」、「RFM」など、およそ三〇〇〇のラジオ局（おもに音楽放送局）が誕生したのは、一九八一年五月にフランソワ・ミッテランが大統領選に勝利したときだった。ラジオとテレビのニュースが政治権力と距離を置くようになったのは、もう少し後のことだった。

より良質なメディアを確保したいと考えたフランソワ・ミッテランは、一九八四年に「カナル・プリュス」の設立を後押しした。だが、初の暗号化技術による限定受信システムを利用したこのテレビ局は、ニュースを扱わない方針を打ち出した。これに不満を抱いたミッテランは、新たなテレビ局の開設を促した（「第5チャンネル」）。このテレビ局は、イタリアのビジネスマンだったシルヴィオ・ベルルスコーニに委託された。ところが、ベルルスコーニは母国イタリアで成功したことしか行わない人物だったため、このテレビ局は低俗とポピュリズムを煽ることになった。

一九八七年、ジャック・シラク内閣が『TF1』をブイグ〔フランスの大手建設会社〕に売却した。政治とメディアは密接な関係にあった。

一九九〇年代、フランスのラジオとテレビに目立った変化はなかった。ラジオでは、「RTL」、「フランス・インター」、「NRJ」、「ヨーロッパ1」、テレビでは「TF1」と「フランス2」が独占した。一九八七年、ニュースだけを流す「フランス・インフォ」というラジオ局が登場した。フランスでは他の国のように、新聞社はラジオやテレビに進出しなかった。よって、ジャーナリズム以外の業種の企業（ブイグ〔建設〕、ダッソー〔航空機メーカー〕、ヴィヴェンディ〔水道事業〕）が、二四時間放送のテレビ局を開局した。しかし、当時の視聴率はきわめて低かった。

二〇〇〇年、フランスの主要な日刊紙は、『西のフランス』（七九万部）、『パリジャン』（四八万六〇〇〇部）、『レキップ』（三九万八〇〇〇部）、『ルモンド』（三九万二〇〇〇部）、『フィガロ』（三六万部）、『リベラシオン』（一六万九〇〇〇部）だった。一般的に、地方紙のほうがパリの新聞よりも経営基盤が良好で影響力があった。

他国以上にフランスのジャーナリスト（メディア全般）の雇用条件は脆弱であり、報酬面での魅力も薄れていた（一握りのスター的存在のジャーナリストは除く）。

二〇〇〇年になるとフランスでもメディアの黄金時代は終焉した……。

消費者を監視する

古今東西、監視は権力であり、とくに商人が登場してからは商売の源泉だった。新聞は、誰が読者であり、彼らが何を読みたがっているのか、そして読者はどんな広告に関心があるのかを常に探求した。

メディアの広告収入に対する依存は強まり、広告は民間メディアの生存条件になった。メディア間で広告の奪い合いが生じる一方、広告主も各メディアの潜在的な受け手をできる限り正確に把握しようとした。アメリカで広告代理店とその顧客のために、メディアの受け手を計測する技術が発展した。

一九四七年、一九二三年にシカゴで設立されたマーケティング・リサーチ会社「ニールセン」が初めてラジオの詳細な聴取報告書を作成した。四つの指標〔聴取者の総数、聴取者の平均的な数、聴取者の累積数、各世帯の収入〕を分析することによって最も人気のある二〇の番組の聴取者像を分析した。しばらくしてニールセンはテレビでも同じことを行った。こうした分析手法はラジオとテレビの受け手を計測するために世界中で実施されるようになった。

フランスでは一九四九年、一九三八年にジャン・ステゼル〔社会学者〕が設立したフランス世論研究所（ＩＦＯＰ）が初めてラジオの聴取率を計測した。一九五七年、メディア、広告主、広告業者が管理する広告支援研究所が設立された。一九六四年、「ＢＢＣ」の視聴者調査部門が一九三八年から行ってきた調査法を真似て、フランス放送協会（ＯＲＴＦ）が電話調査を開始した。一九八一年以降、イギリスではＢＡＲＢ〔「ＢＢＣ」、「チャンネル４」、「チャンネル５」、「スカイ」、広告業界団体の共同出資による機関〕がテレビの視聴者数の計測調査を実施した。この調査では、一万二〇〇〇以上の世帯がテレビに設置するブラックボックスによる監視に同意した。調査に協力する世帯は、その見返りとして受信料免除、テレビ受信機の無償配布という特典を得た。同じ一九八一年、フランスでは意見調査センターが初の視聴者調査を開始した。一九八五年、調査会社メディアメトリがフランスのパネル調査を一〇〇〇世帯にまで拡大し、（とくに「ファンの学校」というテレビ番組の成功を受け、）八歳から一六歳までを対象とする調査を実施した。一九九三年には四歳から六歳までを対象とする調査を実施した。イギリスでは一九九二年、「BBC」と「ラジオセンター」に帰属するラジオ・ジョイント・オーディエンス・リサーチ・リミテッド（RAJAR）もラジオの聴取者を測定し、その際に五万四〇〇〇人（一五歳以上）の聴取履歴を入手した。

広告の制作が専門化すると同時に、消費者の心の奥底にある欲求が何であるかを把握する記号論が発展した。つまり、消費者は、自分が帰属したいと願う社会層の一員であることを示すモノを買いたがるという理論が脚光を浴びた。

広告マーケティング会社も登場した（フランスが発祥の地）。メディアの紙面と時間の卸売りと小売りが始まった。

一九九六年、世界中のメディア（テレビ、ラジオ、映画、新聞、インターネット）の利用者を計測するニールセン・メディア・リサーチ（NMR）がアメリカで設立された。

ドイツのメディア

ナチスの敗北により、ドイツのメディアは完全に消滅した。『民族的観察者』の編集長アルフレート・ローゼンベルクはニュルンベルク裁判で死刑判決を受け、一九四六年一〇月一六日に処刑された。ドイツ国防軍の機関紙『シグナル』の初代編集長ハラルド・レッヒエンペルクはボヘミアに逃れ、一九五〇年代にジャーナリストとして復帰した。二代目編集長ヴィルヘルム・リーツは、一九四五年にソ連で逮捕され、一九四六年一月にブーヘンヴァルトで死去した。三代目編集長ジゼラー・ヴィルジングは、一九四五年六月にアメリカ軍の捕虜になり、アメリカ軍の諜報機関で働いた後、ジャーナリストの活動を再開し、一九四八年には福音主義系の雑誌を創刊した。『祖国』と『民族的観察』の編集長だったアイゲン・ムンドラーは、投獄されることなく死去する一九八一年まで平穏な暮らしを送った。

連合軍は新聞を創刊してから、これらをドイツ人に引き渡した。これらの新聞には今日の主要紙になったものもある（例：一九四五年に赤軍が出版した『ベルリン新聞』、一九四五年九月にアメリカが創刊した『ターゲスシュピーゲル』、一九四六年にイギリス軍が創刊した『ヴェルト』、一九四七年にイギリス軍の後援による『シュピーゲル』。そしてアメリカ人がミュンヘンで創刊した『ノイエ・ツァイトゥング（New Times）』）。一九四五年四月以降、一部のドイツの新聞が活動を始めたが、扱う記事は地域の情報や行政の連絡事項だけだった。『シャウムブルク新聞』、『セレッシュ新聞』、『デイスター・ウント・ヴェザー新聞』など、非常に古くから存在する新聞も蘇った。

一九四八年、ハンブルクではナチズムに巻き込まれなかった出版社一族の跡継ぎアクセル・シュプリンガーが、反インテリかつ保守路線の新聞帝国を築き始めた。シュプリンガーは、まず一九四八年に『ハンブルガー・アベンドブラット』、次に日刊タブロイド紙『ビルト』、そして一九五二年に『日曜版ビルト』を創刊した。一九五三年には『ヴェルト』を買収し、ラジオ・テレビ情報誌『ホルツ』を創刊した（これが大成功を収めた）。その後、一九四六年にウルシュタイン家が引き継いだウルシュタイン・グループを買収した。

連合国はラジオ局も設立した（例：西ドイツのアメリカ軍基地から放送する「アメリカ軍放送ネットワーク」、西ベルリンから放送する「アメリカ軍占領地区放送局（ＲＩＡＳ）」）。一九四八年、イギリスは「北西ドイツ放送局」にイギリスの占領地での放送を認可し、フランスも同様の措置を取った。こうして一九四九年、西ドイツには九つのラジオ局が開設された。次に、テレビ局も開設された。東ドイツでは一九五二年、「ドイツ民主共和国放送」が四つのラジオ局と、スターリンの誕生日に合わせて「ドイツテレビ放送」（一日に二時間の番組）を開設した。

一九四九年、ドイツ連邦共和国（西ドイツ）の創設後、連合国はナチスに関与しなかったドイツ人に対し、日刊紙の発行許可を一〇〇〇件以上も付与した。主要な政党は機関紙の復刊を認可されたが、それらの多くはすぐに消滅した。古くから存在した地方紙は復刊し、発行部数を再び伸ばした。

一九六〇年代末、成人人口のおよそ八五％は少なくとも一紙の日刊紙を毎日読んでいた。一九七〇年、ドイツの日刊紙の四分の一は、アクセル・シュプリンガーが支配していた。一九六三年、西ドイツで二番目となるテレビ局「ＺＤＦ（第二ドイツテレビ）」が誕生した。また、民間テレビ局である「ＲＴＬプラス」と「ＳＡＴ１」も登場した。「ＳＡＴ１」は、ＲＴＬが設立した初の衛星放送局だった（所有者はルクセンブルク人とドイツ人）。

ドイツ統一後の一九九二年、ドイツの日刊紙の総発行部数は二七〇〇万部を超えた。東ドイツのメディアは消滅するか、新たな状況に適応した。一六の連邦州の協定から生まれた公的機関「ドイツラジオ」は、三つのラジオ局（「ドイツ放送」（ニュース）、「ドイツ文化放送」、「新ドイツ放送」）を管理した。

二〇〇〇年の時点では、ドイツで日刊紙を読む成人の割合はまだ五人に四人だった。日刊紙はどの都市にも少なくとも二紙あったが、発行部数は往々にして非常に少なかった。ベルリンには、『ターゲスシュピーゲル』、『ベルリン新聞』、『ベルリナー・モルゲンポスト』など、複数の日刊紙があった。これらの新聞はしばしば大衆迎合的だった。今日でも非常に人気があるのはゴシップを扱う『ビルト』だ。これらの新聞の所有者は、金融グループかシュプリンガー・グループだった。

二〇〇〇年、他の国と同様、ドイツの日刊紙の総発行部数も減少し始めた（それでもまだ二五〇〇万部だった）。

サミズダート〔地下出版物〕とグラスノスチ〔情報公開〕

ソ連のメディアは戦争が終わってもスターリンと共産党の容赦ない支配下に置かれた。当時、共産党員全員は『真実』と『ニュース』の購読を義務づけられていた（ともに発行部数は一〇〇〇万部近く）。ソ連には一七二紙の日刊紙があり、これらすべての新聞は共産党の管理下にあった。政府が広報で利用するおもなメディアはラジオだった。一九四九年六月、テレビ放送が始まった。モスクワのディナモ・スタジアムからサッカーの試合が生中継され、毎晩、テレビ・ニュース番組が放送された。

一九五三年三月にスターリンが死去したころ、検閲によって年間およそ四〇〇の書籍と記事が発禁処分になっていた。政府当局は新聞を二四時間以内に廃刊させることができた。西側のラジオは受信されないように妨害された。

サミズダート〔地下出版物〕や外国から密輸される刊行物が横行した。『フェニックス』と『統語論』という二つの地下出版文芸誌は、散文エッセイと詩を出版した。

一九六八年、〔「BBC」の番組タイトルを真似た〕「時事問題時評」という雑誌が密かに発行され始めた。この雑誌はスターリンによる粛清の犠牲者の親族たち（イオナ・ヤキールの孫娘とマクシム・リトヴィノフの孫息子）の発意により、モスクワで発行された。人権擁護を訴えるこの地下出版物は、ソ連政府による権力の濫用や不当逮捕を糾弾し、犠牲者と死刑執行人の名前を挙げ、極秘資料を公表し、警察や政治指導者たちを困らせた。この出版物は一九六八年から一九八三年までの間に、頻繁な家宅捜査と多くの逮捕者にもかかわらず、一六号まで出版された。ブレジネフ時代の厳しい検閲に立ち向かう勇気の象徴だったこの雑誌の指導者の一人である数学者タティアナ・ヴェリカノヴァは、一九八〇年に逮捕され、一九八六年に釈放された。

サミズダートは一七世紀のイタリアのアッヴィージと似ている。こうした出版物は二一世紀初頭の現在にもみられる。

一九八一年、ソ連は西側のラジオ放送の受信妨害をやめた。ソ連当局は、アメリカのラジオ局「ラジオ・リバティ」がモスクワに駐在員を置くことさえ許可した。一九八五年、ゴルバチョフが権力を握ると、検閲は緩和された。ラジオ局「若者」（一九六二年に開設）や「パノラマ」（一九六四年に開設）などの人気番組は、社会問題を正面から取り上げ、政府とは異なる視点を提示し始めた。一九八六年、モスクワの学生と南イリノイ大学の学生との討論の様子が放送された。『真実』の発行部数は一一〇〇万部を維持した。

一九八六年四月、チェルノブイリ原発事故の後、検閲当局はこの事故を隠蔽しようとした。言論は自由になり、恐怖は遠ざかった。風刺雑誌『クロコダイル』（発行部数六〇〇万部）は、ソ連の指導者たちを揶揄し始めた。文芸誌『小さな火』は投獄された作家（ユーリ・ダニエルの詩）と殺害された詩人（ニコライ・グミリョフの文章）の作品の抜粋を出版した。

一九八八年、雑誌『ソビエト文化』は、スターリンの粛清、誤った産業政策、強制的な集産主義を糾弾した。同年に二五〇だった新聞と雑誌の創刊数は、その翌年には七六〇になった。

一九九〇年八月一日、政府は紙の生産と新聞の流通ネットワークを占有し続けたが、検閲は表向きには廃止された。

民間のラジオ局も登場した（フランス人によるラジオ局は、「ヨーロッパ・プラス」と「ノスタルジー」）。モスクワで開設された民間ラジオ局の数は、一九九一年が一〇局、一九九二年が二一局、二〇〇〇年が四〇局だった。一九九一年、サンクトペテルブルクにラジオ局「ラジオ・バルテッカ」が誕生した。同様に、ニジニ・ノヴゴロド〔ロシア第五の都市〕、サマーラ〔ロシア南東部の都市〕、ロストフ・ナ・ドヌ〔ロシアのロストフ州の州都〕などでも民間ラジオ局が開設された。一九九八年、ロシア全土では一五〇〇の民間ラジオ局が存在した。

共産党員に対する強制購読がなくなった『真実』の発行部数は、一九九〇年に二七〇万部にまで激減した。一九九二年、『真実』はギリシア人投資家（ギリシア共産党に関与するジャニッス・ジャニコス）に売却された。一九九三年一〇月、エリツィンに反対の立場をとった『真実』はしばらく発行停止になり、その後、発行部数は減少し続け、一九九七年には二五万部になった。最後は、ロシア共産党が救済した。

ロシアの新聞の数は、一九九一年の一一二紙から一九九三年に二三八紙になった。これらのなかでも一九九一年に創刊された『スポーツ・エクスプレス』（フランスの『レキップ』を真似た）は、現在、ロシア最大の発行部数を誇っている。

一九九三年四月一日、ゴルバチョフ（総株式の一〇％を所有）と富豪アレクサンドル・レベデフが株主の企業が『ノーヴァヤ・ガゼータ』を創刊した。この新聞は政府との癒着を嫌い、エリート層の腐敗、ファシスト集団の活動、チェチェン紛争を糾弾すると宣言した。

ロシアのジャーナリストは、ソ連が消滅し、自国にも報道の自由がついに訪れると安堵した。だが、一九九四年になると彼らに対する恫喝が始まった。二〇〇〇年、テレビ番組『ソ連への回帰』は、ソ連の過去を美化し、「開拓者キャンプ、兵役時の仲間意識、技術的な快挙」を懐古した……。

その後、新聞の発行部数は減少の一途を辿った、たとえば、『夕刊モスクワ』（一三九万部）、『コムソモール（共産党の青年組織）の真実』（七八万五〇〇〇部）、『モスクワの真実』（三〇万四五二九部）、『ニュース』（二三万四五〇〇部）、『視点』（一七万部）、『トリビューナ』（一二万四〇〇〇部）、『実業家』（一三万一〇〇〇部）である。これらほとんどの新聞は、政府と親密な関係にある金融グループが支配していた。

絶大な権力を持つ日本のメディア

第二次世界大戦後、アメリカはドイツに対しては戦争を支援した新聞を廃刊させたが、日本に対しては同様の措置を取らなかった。だが、一つだけ条件を課した。一九四六年に設立された日本新聞協会は、「新聞は社会秩序の番人」であることを確約する新聞倫理綱領を承認しなければならなかった。日本の新聞は、一九六〇年代末まではほとんど意見を表明しなかったが、その後、論説や世論調査を掲載するようになった。新聞は宅配され、多くの人が読んだ。

一九七〇年、日本の日刊紙の発行部数は五一〇〇万部だった（当時の日本の人口は一億四〇〇〇万人）。これらのメディア（『読売新聞』、『東京新聞』、『朝日新聞』、『京都新聞』）の背後には、巨大な産業および金融グループがあった。

一九五一年以降、民間ラジオ局も発展した。一九五三年、主要なラジオ局を支配する公共機関「ＮＨＫ」はテレビ会社にもなった。一九五四年、「ＮＨＫ」は初のテレビ定期番組を放送した。「ＮＨＫ」の財源は、テレビとラジオの所有者が負担する受信料だった。

一九五四年に設立された短波放送の民間ラジオ局「ラジオＮＩＫＫＥＩ」は、金融、健康、文化などのニュースを放送し、週末には競馬を生中継した。次に、民間テレビ局が登場した。これらのテレビ局の所有者は、多くの場合、新聞社だった。テレビは大成功を収めた。一九六四年、日本人世帯の九五％がテレビを保有していた（ちなみに、フランスがこの割合に達したのは一九八〇年）。二〇〇〇年、テレビ会社は六二社、ラジオとテレビの会社は三六社、ラジオ会社は一八社あった。

ラジオとテレビの勢いが増しても、紙媒体は衰えなかった。二〇〇〇年、一億二七〇〇万人の日本の人口に対して、一一五の日刊紙が発行され、総発行部数は依然として（アメリカよりも多い）六〇〇〇万部だった。日本の新聞は世界最大になった。

植民地から脱した国のメディア

植民地から脱した国では、ラジオとテレビが急成長した。一方、紙媒体の発展は、植民地だった影響から識字率が低かったため限定的だった。当時、世界人口の二人に一人は非識字者だった。インドの識字率は二〇％だった。

独立後のインドでは、表現の自由は新憲法（第一九条）によって保障された。一九六四年、ヒンディー語では、日刊紙は一四九、定期刊行物は七二六あった。一九七〇年代末、識字能力のある二億五〇〇〇万人のインド人には、八〇〇紙の日刊紙があった。彼らの半数は四二の主要紙を購入した（これらの新聞は六都市で発行されていた）。これらの四二紙のうちの三一紙は四つの巨大企業の所有物だった。サフ・ジャイン家のタイムズ・グループ（『タイム・オブ・インディア』など）、ビルラ家のインディア・トゥデイ・グループ、スバシュ・チャンドラ・ゴエンカのエッセル・グループ、そしてＡＢＰグループ（『アナンダバザール』、『テレグラフ』、『国』、『サナンダ』、『アナンダメラ』、『アナンダロク』など）だ。

インドでは、ラジオとテレビの発展はきわめて遅かった。一九四七年の独立時、インドには六つのラジオ局しかなかった。民間ラジオ局の開設が認められても、ニュースを流すことは禁止されていた。

テレビが毎日放送されるようになったのは一九六五年であり、最初にテレビ放送が始まったのはコルカタ、次にムンバイ、一九七二年にはアムリトサル〔インド北部〕でも始まった。一九七五年の時点では、七都市でしかテレビを観ることができなかった。一九八四年までは「ドゥールダルシャン〔視点〕」というテレビ局しかなかったが、この年に「ＤＤ２」がテレビ放送を開始した（映画、娯楽番組、子供や主婦向けの番組）。一九九一年、インド政府は、国内および外国の民間ラジオ局の放送事業を認可した。その後、「CNN」、「スターTV」、そして国内の民間テレビ局（国内初の民間テレビ局「ZEETV」や「SUNTV」）が登場した。新聞社を所有する複数の同族企業がいくつかのテレビ局を開設した。この時点では、インド当局は民間のラジオ局とテレビ局に対し、ニュースの放送を禁じていた。

アフリカでは独立後、発行部数は少なかったが、新聞の数は増えた。一九六〇年にチュニスで創刊された週刊誌『若いアフリカ』を除き、国境を越えて読まれた定期刊行物はなかった。国によっては、日刊紙は一紙だけだった（例：ギニアの『ホロヤ』、ナイジェリアの『ナイジェリア時報』、トーゴの『トーゴ・プレス』）。エチオピアでは、一九九一年に『エチオピアン・レポーター』、二〇〇〇年に『アディス・フォーチュン』が創刊された。南アフリカでは、一九七四年に『ビールド〔イメージ〕』が創刊された（四つの州で販売された）。

国営ラジオ局は、旧植民地時代の言語と現地語の両方で放送した。放送番組は農業技術の普及を目的とするものが多かった。一九九〇年代になると、民間ラジオ局が登場した。また、「RFI（ラジオ・フランス・アンテルナショナル）」や「BBC」など、旧植民地時代のラジオ局の放送がアフリカ全土で聴取できた。

テレビの普及はきわめて遅かった。

一九六二年、コンゴ共和国の首都ブラザヴィルの市長フルベール・ユールーは、国営テレビ局を設立するためにフランスの技術支援を仰いだ。一九六三年、ガボンとブルキナファソでもテレビ局が開設された。一九六五年にガーナで誕生した国営テレビ局は、クワメ・エンクルマ〔ガーナ初代大統領〕のアフリカ合衆国構想を広めるのに一役買った。一九七二年、セネガルにテレビ局が開設された。一九七三年、中央アフリカ共和国の皇帝ボサカは、自国にテレビ局をつくった。同年、アンゴラにラジオ・テレビ局が開設された。一九七六年、南アフリカにテレビ局が開設された。一九七七年、ナイジェリアに「ナイジェリアン・テレビジョン・オーソリティー」が開設された。リビアは、一九七七年にギニアのセク・トゥーレ〔初代大統領〕がテレビ局を開設するのを支援し、一九七九年にモザンビーク、一九八三年にマリでも同様の支援を行った。一九八四年、カーボベルデはモーリタニアと同様、サダム・フセインの支援を受けてテレビ局を開設した。テレビ局は、一九八七年にはチャド、一九九二年にはルワンダにも開設された。一九九〇年代になると、外国のテレビ局が登場した。アフリカの英語圏では、「ＢＢＣ」と「ＣＮＮ」が受信できるようになった。南アフリカでも英語で放送するテレビ局が数多く設立された。グリオも伝達者としての役割を担い続けた。噂は相変わらず情報を伝達するためのきわめて重要な手段だった。一九九三年、ナイジェリアの週刊誌『アフリカの孔雀』は次のように記した。「われわれは客観というものを信じない。客観は存在しない。(……)事実を慎重に扱うことだ。現実は数多くの方法で描写可能だ。(……)つまり、主観だ。だが、主観は事実を検討し、利害をできる限り排除し、現実に即したものでなければいけない」。

新聞、ラジオ、テレビの繁栄、そして第四のメディアの台頭：インターネット

長年にわたって繁栄してきた新聞、ラジオ、テレビに加え、四つめのメディアが姿を現した。そしてこの四つめのメディアが他の三つのメディアを揺るがした。新聞、ラジオ、テレビが徐々に衰退したのは、一九四五年から二〇〇〇年までのおよそ五〇年間に、この第四のメディアが水面下で成長したからだった。

郵便は新聞と雑誌、電話はラジオ、写真は映画とテレビの誕生につながったように、個人のメッセージを伝達するために開発された技術を利用することによって、インターネットという新たなメディアが発展し始めた。個人のメッセージをあるコンピュータから別の

コンピュータへと移動させる方法を模索することにより、ソーシャルネットワーキングサービス（SNS）というまったく新しいコミュニケーションが登場した。長年にわたって進歩してきたのは（軍事関係者など、ごく一部の技術者だけが密かに利用した）コミュニケーション技術だけであり、この技術をメディアとして利用することを想像した人はほとんどいなかった。

戦争時に暗号解読の専門家だったクロード・シャノンが、情報理論の根幹をなす論文を発表したのがすべての始まりだった。この論文においてシャノンは「ビット」の概念とコードの伝送容量について解説した。

一九六〇年代初頭（マサチューセッツ工科大学で初のコンピュータゲーム「スペースウォー！」が開発された時期）、アメリカ空軍は核攻撃を受けても基地間の連絡を確実に行える通信ネットワークの構築を模索した。

そこで一九六四年、アメリカの技術者ポール・バランは、（レナード・クラインロックがクロード・シャノンのアイデアから着想を得て一九五三年にまとめた業績に基づき）ネットワークの一部が破壊されても機能する分散型コミュニケーション・ネットワークを提唱した。このネットワークでは、メッセージは一括ではなく、判読不能になるように細かく分割されたデータのパケットとして伝送される。ネットワークの一部が破損してパケットの一部が伝送できなくても、それらの分割されたデータは、受け手側で復元できる。

一九六九年、アメリカ軍の一部門だった高等研究局（ＡＲＰＡ）は、カリフォルニアの複数の大学との通信のためにこうしたネットワークを構築した。これがＡＲＰＡＮＥＴ（アーパネット）だ。

一九七一年、ＡＲＰＡＮＥＴの開発者であるアメリカの技術者レイ・トムリンソンは、このネットワーク上で彼のコンピュータから別のコンピュータにメッセージを送ることに成功した。これが初の電子メールであり、トムリンソンがそのときに使ったメールアドレスはtomlinson@bbn-tenexa.だった。

一九七二年（ビデオゲーム会社「アタリ」が卓球ゲーム「ポン」を発売した年）、ワシントンで開催された初のコンピュータ・コミュニケーション国際会議（ＩＣＣＣ）において、アメリカの技術者ロバート・Ｅ・カーンが初めて「インターネット」という言葉を使った。インターネットという言葉は「インターネッティング」（ネットワークに接続すること）に由来する。

一九七三年、スタンフォード大学のヴィントン・サーフとＡＲＰＡ（その後、ＤＡＲＰＡ〔国防高等研究計画局〕と改称）のロバート・カーンが、二台のコンピュータの通信を可能にするインターネット・プロトコル・スイート（ＴＣＰ／ＩＰ）をつくり出した。

同じく一九七三年、フランスでは技術者ルイ・プザンは、フランス政府とトムソンCSFの支援を受け、イギリス人ドナルド・デイヴィスとアメリカ人ポール・バランのアイデアを基に、「データグラム」というパケット通信に似たシステムを開発した。

翌年の一九七四年、コンパニー・ジェネラル・エレクトリシテは、プザンのシステムではなくフランス郵政省が開発したテクノロジー「トランスパック」を選択した。このテクノロジーは、メッセージの送信だけで受信はできなかった。それまでにもフランス政府の中央集権主義は、郵便、新聞、ラジオ、テレビなどの発展を阻害してきたが、この選択も致命的な過ちだった。この過ちから登場したのがコンパニー・ジェネラル・エレクトリシテの「ミニテル」だった。「ミニテル」は命令を送るだけで交換する手段ではなかった。

一方、世界ではインターネットの快進撃が始まり、インターネットの一人勝ちになった。

一九八〇年、IBMの技術者リチャード・ストールマン（フリーソフトウェアの推進者でもあった）が、誰もが自由に利用できる百科事典をつくるというアイデアを打ち出した。これが二〇〇一年にウィキペディアになった。

一九八三年、アメリカの二人の研究者、ジョン・ポステルとポール・モカペトリスは、DARPAの要請を受け、ドメイン名とIPアドレスの一意性を実現するために、コンピュータがデータベースにアクセスすればドメイン名とIPアドレスを人間が理解しやすい言語に変換する仕組みを構築した。これがドメイン・ネーム・システム（ＤＮＳ）だ。

一九八四年、モスクワで史上最も中毒性の高いビデオゲーム「テトリス」が販売された。

一九八五年、任天堂がビデオゲームに参入した。そして同年、初めて登録されたドメインがsymbolics.comだった。

一九八九年（任天堂の「ゲームボーイ®」が発売された年）、ジュネーヴのヨーロッパ原子核研究機構（ＣＥＲＮ）の研究者ティム・バーナーズ＝リーがハイパーテキストを開発した。これにより、複数の文書を相互に関連づけ、結びつけることができるようになった。そして一九九〇年一二月二〇日、バーナーズ＝リーは、ウェブサイトの作成のためにハイパーテキストに関する文書と情報をまとめる初のサイトinfo.cern.chをつくり、こうしたシステムをワールド・ワイド・ウェブと呼んだ。インターネットの誕生である。

今後は、誰もがメッセージを送るだけでなく、ウェブサイトをつくり、情報を公開することができるようになった。一〇年もしないうちにサイトの数は増殖した。

インターネットの場合も、個人のメッセージを送る手段として誕生したものが、情報を提供する手段であるメディアになった。インターネットは、新聞、ラジオ、テレビの掲げたユートピアを実現することができた。すなわち、すべての知識と情報を全員に伝達することだ。さらに、誰もが自分のメディアをつくることができた。ヴェネチアの一握りの商人たち（アッヴィージを出版するというきわめて限定的な方法）、次に、通信社や新聞社の編集部しか利用できなかったメディアが、今後は誰もが利用できるようになった。

一九九〇年、モントリオールのマギル大学の学生アラン・エムタージが初の検索エンジン「アーチー」を開発した。この検索エンジンはウェブサイトへのリンクを調べるという使い勝手の悪いディレクトリーだった。一九九一年、ミネソタ大学でも似たようなプロジェクトが行われた。その後、ウェブ上でインデックスづけされたページを検索する初の検索エンジン「ワンデックス」が登場した。

一九九二年、初の電子商取引サイト「Book.com」が登場した。しかし、オンライン決済が安全でなかったため、誰も利用しなかった。同年、初の暗号ソフトウェア「プリティ・グッド・プライバシー（PGP）」と、初のオンライン・メッセージ・サービス「アメリカン・オンライン（AOL）」も登場した。当時、ウェブサイトの数は世界中で一三〇しかなかった。

同年、大きな過ちがあった。『シカゴ・トリビューン』はAOLにメディア初のウェブサイトを開設し、見出しや短いニュースを無料で提供した。日刊紙『コロンバス・ディスパッチ』は、パソコン通信サービス会社「コンピュサーブ」を通じて新聞の内容をオンライン上で無料提供した。これらは大きな過ちだった。というのは、無料で提供したばかりのものに課金するのはきわめて困難だったからだ。

その翌年の一九九三年、『サンノゼ・マーキュリー』がオンライン上に『マーキュリー・ニューズ』を設立した。このオンライン新聞も、紙の新聞のおもだった記事、通信社からの速報、未発表の記事、会議の議事録、株価情報、テレビ番組の一覧表などを無料で提供した。同年、イリノイ大学の二二歳の学生マーク・アンドリーセンは、一般向けのウェブブラウザである「モザイク」と「ネットスケープ」を開発した。同年一九九三年、初のオンライン広告（美術館の広告）が登場した。ネットに進出した新聞社は、広告収入を得られるのではないかと期待した。同年、エレクトロニック・アーツがつくったコンピュータ・サッカーゲーム「ＦＩＦＡ®」が発売されると、瞬く間に五〇万本も売れた。

その一年後の一九九四年、二〇歳のコンピュータ専門家ビル・ゲイツと友人のポール・アレンによって二〇年前に設立したコンピュータ・ソフトウェア会社マイクロソフトが、コンピュータのリソース全体の利用を制御するプログラム（オペレーティングシステム）を「ウィンドウズ」という名前で開発した（これには「インターネット・エクスプローラー」という独自のウェブブラウザが含まれていた）。ほとんどのパソコンにマイクロソフトの製品が搭載されたため、マイクロソフトはすぐにこの市場で九〇％近くの市場シェアを確保した。

同年、『ニューヨーク・タイムズ』もオンライン記事を無料で提供し始めた。一九九四年八月一一日、初のオンライン・ショッピングがあった。それはフィラデルフィアに住むフィル・ブランデンバーガーという人物が最初のオンライン・ストアの一つである「ネットマーケット」で購入した音楽アルバム（スティングのソロ・アルバム「テン・サマナーズ・テイルズ」）だった。同年、非常に重要なことがあった。プリンストン大学で情報工学の学位を取った三〇歳のジェフ・ベゾスが、書籍、CD、ビデオのオンライン・ストアを設立した。これがアマゾンだ。同じ一九九四年、ヤフー、ライコス、インフォシーク、アルタビスタというウェブディレクトリが登場した。同年、ルー・モントゥリとジョン・ジャンナンドレアが、オンライン上の利用者の行動を追跡できるクッキーを発明した。この発明の重要性については後のほど述べる。

一九九五年（ソニーが初の3Dビデオゲームを販売した年）、複数のドイツの新聞（『ターゲスツァイトゥング』）、日本の新聞（『読売新聞』）、フランスの新聞（『リベラシオン』、『ルモンド・ディプロマティック』、『ルモンド』、『アルザス最新ニュース』）が、オンライン無料サービスを開始した（ニュースの一覧や過去の記事のオンライン掲載）。同年、アメリカではフランス人ピエール・オミダイアが初のオンライン・オークション・サイト「eBay（イーベイ）」を設立した。このサイトで最初に販売されたモノは、壊れたレーザーポインターだった（コレクターが購入）……。またしても同年、初のオンライン広告ネットワーク「ウェブコネクト」が設立された。当初、この会社は利用者のプライバシーを侵害しないようにクッキーの利用を拒んだ。だが、その翌年、競合他社のダブルクリックがクッキーを利用して大成功を収めると、ウェブコネクトはグーグルに買収された。

一九九五年、英字日刊紙『ヒンディー』も無料オンライン版を開始した。フランスでは一九九六年に『ユマニテ』、一九九七年に『ルモンド』が記事の一部をオンラインで公開した。

一九九八年、ＡＯＬの元幹部のティナ・シャーキーとテッド・レオンシスが「ソーシャルメディア」という呼び名の発案者を巡って言い争った。シャーキーはsocialmedia.comというドメイン名を登録して徹底抗戦した。

行政機関や大学がサイトをつくったため、非常に多くのデータや文書がデジタル化された。さらにサイトが増殖したこともあり、目的のサイトを見つけることがきわめて難しくなった。スタンフォード大学の二人の学生セルゲイ・ブリンとラリー・ペイジが、サイトへのバックリンクの数と質を検証する「バックラブ」を開発した。これが検索エンジン「グーグル」のアルゴリズムになった。「グーグル」はオンライン検索に欠かせなくなり、瞬時に大成功を収めた。新聞のサイト運営者は、閲覧数を増やすにはこの検索エンジンの上位に掲載されてインターネット利用者の目に触れる必要があると考えるようになった。こうしてメディアにとって最悪の事態が始まった。

一九九七年（「ネットフリックス」というビデオのレンタル・サービスが始まった年）、『ウォール・ストリート・ジャーナル』は、広告収入ではオンライン版の黒字化は望めないと考え、オンライン版を世界で初めて有料購読制にした。だが、この試みは成功しなかった。

一九八八年、ビル・グロスは「ペイ・パー・クリック」と呼ばれるシステムをつくった（広告主は、自分の広告がクリックされるたびにホスティング側に費用を支払うクリック課金型広告）。メディアはオンラインの収益化に大きな期待を寄せたが、グーグルがこの収益を奪い取ったため、すぐに落胆を余儀なくされた。郵便物や郵便局がなくなり、世界中の新聞が即座に読めるようになり、紙媒体が消滅に向かうと予想した人はまだ誰もいなかった……。

一九九八年、マイクロソフトは当局の分社化請求を拒否するため、必ず搭載される自社のオペレーティングシステム「ウィンドウズ」と、アプリケーションプログラム（オフィス・オートメーション・ソフトウェアやウェブブラウザ）を明確に分離することを承諾した。マイクロソフトは難局を乗り切った。

一九九九年、毎日の検索回数がおよそ三〇〇万回だったグーグルが二五〇〇万ドルの資金調達に成功したとき、日本の電話会社NTTドコモが初の携帯電話IP接続サービス〔iモード〕を開始した。また、ジャン・フルゴーニとマギド・エイブラハムが、インターネット視聴率測定のために監視システムを用いるコムスコアという会社を設立した。

第四のメディアの誕生にむけてすべての準備が整った。この第四のメディアは、新聞、ラジオ、テレビを根底から揺るがす。SNSの登場だ。

第11章
徹底的に、読む、観る、聴く、触る
二〇〇〇年から二〇二〇年まで

アメリカの社会学者ジョージ・W・S・トロウは、一九八〇年一一月の『ニューヨーカー』に『文脈のない文脈の中で』というエッセイを寄稿した。その後、このエッセイは書籍化された。トロウは、「アメリカの短い歴史には、国民が共感できる偉人があまりいない。アメリカ人のヒーローはせいぜいマンガの主人公だ」と論じ、「アメリカ人は、事実や考えを時系列に並べて考えるための長い歴史と文化を持たない。よって、アメリカ人は漠然とした方法でしか善悪を区別できない。とくに、アメリカのメディアは、重要性が著しく異なるニュースを同一の次元で扱う」と説いた。トロウによると、こうした状況はさらに悪化しているという。というのは、「アメリカではテレビが登場してから、本や高級紙を読んだり、同窓会や討論会での議論に参加したりする時間が大幅に減り、論理的な見解を持つ機会が極端に失われた」からだ。そのようなわけで、アメリカ人は二つの集団（トロウは二つの「文脈」と呼んだ）のどちらかに帰属するようになった。すなわち、二億人のアメリカ人（当時のアメリカの人口）という集団か、「私生活という集団」（つまり、核家族）だ。したがって、アメリカ人が理想とする暮らしは、帰属意識を持つために他者と同じような行動をとり、あらゆる葛藤を解決する「非歴史力」であるテレビ番組を信じることになった。

私は一般にあまり知られていないこのトロウの本に感銘を受けた。そして編集者クロード・デュランの尽力によって仏訳出版されたこの本に序文を寄せた。トロウがテレビについて語ったことは、そのときはほとんど存在しなかったSNSにも見事に当てはまる。

二〇〇一年になると、メディアが全世界に向けて情報発信できるようになった（それまでは、アングロサクソン系の一部の新聞、BBCやRFIなどのラジオ局、CNNやBBCなどのテレビ局だけだった）。同時に、過激派やテロリストの活動も、より広範囲に影響をおよぼすようになった。

二一世紀初頭、ほとんどの新聞、ラジオ、テレビは、投資採算性を気にする一握りの企業や個人の所有物だった。これらの既存メディアは生き残るために視聴者の顔色を常に窺い、多くの場合、情報よりも派手な光景を選び、議論よりも憤懣を前面に押し出してニュースを伝えた。競合他社との競争で頭がいっぱいの既存メディアは、デジタル・プラットフォームによって自分たちがお払い箱になりつつあることに気づいていなかった。既存メディア自身でデジタル・プラットフォームやSNSをつくればよかったのだ。デジタル・プラットフォームやSNSの所有者は巨額の富を築き、既存メディアを買収し始めた。

SNSの快進撃

二〇〇〇年から二〇二〇年までの二〇年間は、何と言っても先ほど紹介したように、その五年前に登場したSNSが台頭する時代になった。

ムーアの法則（マイクロプロセッサの性能向上を説く経験則）やメトカーフの法則（ネットワークの価値は利用者数の二乗に比例する）を最大限に活用するこれらの新たなメディアは、コミュニケーション、情報、娯楽の新たな場を形成していった。SNSは明確な計画を持たずに進化した。SNSの創業者の一部が抱いていた称賛に値するユートピアが破壊されるとは、誰も予見できなかった。こうしてSNSは人々のよこしまな欲望のために利用されるようになった。

中世以来、個人のメッセージを伝達する新たなシステムは、マスコミュニケーションの強力な手段を生み出してきた。そしてコミュニケーションの手段は、多くの情報を得る者にとっては財を成す手段、そうでない者にとっては単なる娯楽の手段になった。SNSの場合もまったく同様だった。さらには、SNSという新たなメディアの所有者たちは、自分たちのサービスに役立てるために既存メディアを手中に収めた。

SNSという一握りの怪物の誕生と成長、そしてこれらの怪物に抵抗できたはずの人々の無為無策を、二〇〇〇年から二〇二〇年まで年ごとに追っていくと、他の分野と同様にメディアにおいても、われわれの目の前で急展開した歴史の推移が明らかになる。二〇世紀以前なら数十年を要したであろう推移が、この二〇年間では、ほんの数年、さらにはほんの数ヵ月で起きた。

その歴史を振り返ってみよう。

二〇〇〇年、初の完全オンラインのメディアが登場した。人間が関心を維持できるのは一二秒だという強迫観念が流布した（画像や動画ではもう少し長く、文章ではもう少し短い）。したがって、誰もが一二秒ごとに人々の関心を引かなければならないと思い込んだ。

最初に登場したのは、韓国のインターネット新聞『オーマイニュース』だ。この新聞には誰でも記事を投稿でき、編集者は存在せず、掲載する記事を選ぶ「担当者」だけが存在する市民参加型のサイトだった。開始直後から大成功を収め、二〇〇七年には一〇〇ヵ国から五万人もの投稿があった。その後、財政難に陥り、このサイトは閉鎖された。同年、オンライン上で創刊された初の新聞『サウスポート・レポーター』が登場した（イギリスの地方オンライン日刊紙であるこの新聞は現存する）。同年、インドの『バングラ2000』や日本の『ジャパントゥデイ』などもオンライン新聞を創刊した。同年二〇〇〇年、中国初の検索エンジン「百度（バイドゥ）」が誕生した。今日、バイドゥは、一日の検索回数ではグーグルに次ぐ世界第二位（六〇億回）であり、閲覧回数では世界四位のサイトだ。同年、フランス通信社（ＡＦＰ）はオンライン専門部署を設立した。

その翌年の二〇〇一年、アメリカとワシントンで同時多発テロが発生し、テレビ・ニュースとニュース番組はこの事件一色になった。オレゴン州ポートランドにあるリード大学の哲学博士ラリー・サンガーは「ヌーペディア」というオンライン百科事典プロジェクトを開始した。執筆者になるのは専門家だけとし、出来上がった項目は掲載前に細かく検証するという仕組みだった。だが、このプロジェクトは項目の検証に時間がかかりすぎたため、失敗に終わった。そこでサンガーが立ち上げたのが「ウィキペディア」だった。検証にあまり時間をかけない「ウィキペディア」はすぐに大成功を収めた。

二〇〇二年、元「ペイパル」のリード・ギャレット・ホフマンとアレン・ブルーは、求職中の人々をつなぐSNS「リンクトイン」を設立した。新聞の求人欄の役割を担うようになった「リンクトイン」は、二〇一六年にマイクロソフトに買収された。二〇二〇年の利用者の数は六億六〇〇〇万人以上だ。「リンクトイン」は〔第4章で述べた〕一七世紀にテオフラスト・ルノードが夢見たことを実現したのであり、新聞社ならできたはずだ。「リンクトイン」のようなプロジェクトが続々と登場した。これらすべては、新聞社、ラジオ局、テレビ局が立ち上げることができたはずだ。彼ら既存メディアには実行に移すだけのブランド力と能力があった。しかし、世界中の既存メディアは無為無策だった。なぜなら、彼らはこれらの新たなテクノロジーに関心がなく、さらには、将来の真の富は、読者や視聴者が提供するデータに宿ることを理解していなかったからだ。また、彼らは自分たち自身で競争をつくり出すことを恐れたに違いない。これは彼らの判断ミスとしか言いようがない。

二〇〇二年、アマゾン（このときすでに四〇億ドルの価値があったが、二〇二〇年には九〇〇億ドルになった）は、調達から配達までのサービスを管理する「アマゾン・ウェブ・サービス」によってさらに多角化を推進し、世界最大のクラウド・コンピューティング・サービスを展開している。

二〇〇四年二月四日、ハーバード大学の学生だったマーク・ザッカーバーグは、当初はハーバード大学の学生だけを対象とする顔写真入り紹介リスト「ザ・フェイスブック」を立ち上げた（その後、他の学生にも公開した）。二〇〇五年八月、「ザ・フェイスブック」は「フェイスブック」になった。二〇〇六年、誰でもこのサイトにアクセスできるようになった。その二年後、フェイスブックの登録者数は一億人になり、二〇二〇年末の時点では毎日の利用者の数は二二億人に達した。フェイスブックの場合も、新聞社やテレビ局は、自分たちのデータベースを利用して同じことができたはずだ。とくに新聞社の場合、自分たちの購読者をつなぎとめるという昔からの手法を応用して、これと似たSNSをつくれたはずだ。

同じく二〇〇四年（ウェブサイトの数はおよそ五六〇万になった）、グーグルの責任者は、「わが社の使命は、自社の検索エンジンの利用者を最も適切なサイト（とくに、メディア）に導くことだけであって、自社が利用者に情報を提供することではない」と説明していた。しかしながら、グーグルはその二年後、「グーグル・ニュース」を立ち上げ、検索回数の多いオンラインニュースをまとめ上げて紹介するサービスを開始した。その際、後にソーシャルグラフと呼ばれるようになるもの（各ユーザーの閲覧傾向や検索履歴）を管理する不可解なアルゴリズムを用いた。

一方、同じく二〇〇四年、ジョン・F・ケネディの暗殺者になってプレーするビデオゲームが発売された。このゲームを使った「暗殺コンテスト」が一〇万ドルの賞金つきで企画された。他にも似たようなビデオゲームが続出した。これらのゲームは情報へ接近していった。

二〇〇五年、ユーチューブに最初のビデオが投稿された。二〇〇五年七月七日にロンドン同時爆破事件が起きた際、イギリスの新聞『ガーディアン』は初の試みとして自身のサイトで最新情報を継続的に更新し、オンライン・ジャーナリズムの潜在力を見せつけた。この試みに収入源はなかったが、二〇二一年には、一日に四四〇〇万人以上が訪れる世界最大のオンライン情報サイトの一つになった。

二〇〇六年三月二一日にジャック・ドーシーがつくったツイッターの利用者の数は、その三年後に一〇〇万人、二〇二〇年末には三億二〇〇〇万人を超えた。ツイッターも明らかにオンライン・メディアであり、個人のメッセージを送る手段ではなくなった。ツイッターでは、誰もがジャーナリストになることができる。これは初のデジタル・アッヴィージと言えよう。同年、スウェーデンで音楽ストリーミングサービス「スポティファイ」が設立された。二〇二〇年の時点で、およそ三億人がこのサービスを利用しているが、スポティファイは音楽家にはほとんど利益を分配していない。スポティファイの場合も、ラジオ局やテレビ局がこれと同じサービスを提供できたはずだ。だが、彼らは自分たち自身で競争をつくり出すことを恐れ、傍観した。致命的なミスだった。

二〇〇七年、アップルの初代「iPhone」が登場した。このスマートフォンはインターネットの利用を携帯電話に持ち込んでインターネットの利用法を激変させた。また、携帯電話に初のゲームが登場した。

フェイスブックがビーコン機能を導入した。この機能により、フェイスブックの加入者は、自身の買い物などのオンライン上の行動を自分の「友達」全員に自動的に通知することになった。プライバシーの侵害に当たるとして訴訟に発展し、フェイスブックはこの機能を停止した。これはGAFAという名称がまだ存在しなかった時期における、最初の、それも一時的に利用者のデータが保護された事例だった。

二〇〇九年、オンライン新聞の閲覧者を追跡するソフトウェア「チャートビート」が登場した。このソフトウェアを利用すれば、オンライン新聞は、自分たちのサイトで何が起きているのか、そして読者たちがそこで何をしているのかを正確に把握できた（しかし、自分たち以外のサイトの読者の行動にはアクセスできない）。編集会議では「チャートビート」による分析が必須になった。

二〇一〇年一〇月、アメリカ人のケビン・シストロムとブラジル人のマイク・クリーガーが写真と動画を共有するSNS「インスタグラム」を設立した。インスタグラムはその二年後にフェイスブックに買収された。二〇二一年初頭、毎月の利用者の数は一〇億人以上であり、彼らの半数は毎日利用している。

二〇一一年、中国のIT企業テンセントが「ワッツアップ」に相当する「ウィーチャット」をつくった。今日、テンセントは携帯電話の事業者でもあり、銀行業や小売業などさまざまな分野に進出し、これらのすべての事業を中国語だけでなく英語でも展開している。二〇二一年、一〇億人の加入者（おもにアジア地域）のうちの六億人は、少なくとも月に一回以上「ウィーチャット」を利用している。

二〇一一年、コンピュータゲームの共有プラットフォーム「ツイッチ」が登場した。アマゾンに買収されたツイッチは、アメリカで一四番目に人気のあるサイトであり、訪問者の数は一日に一五〇〇万人以上、訪問者の平均年齢は二一歳だ。

二〇一二年、出会い系サービスを提供するアプリケーションソフトウェア「ティンダー」が登場した。二〇二〇年の利用者の数は、毎月およそ六〇〇〇万人だ。同年、ニュースメディア「ナウディス」が設立された。当初、このメディアはSNS上だけで活動していた。

二〇一五年五月、『ナショナル・ジオグラフィック』、『ウォール・ストリート・ジャーナル』、『バズフィード』、『ガーディアン』『シュピーゲル』、ＢＢＣなどは、読者が無料のウェブサイト、とくにすべての記事をオンラインで掲載するフェイスブックへ流れるのを阻止できず、フェイスブック（当時の毎月の利用者の数は一四億人）とパートナー契約をしぶしぶ締結した。こうしてフェイスブックは、既存メディアにわずかな金額を支払うことによって彼らの記事を直接公開できるようになった。この影響はすぐに表れた。翌年、アメリカ人の四四％が「情報はおもにオンライン・メディアで得ている」と回答した。彼らはおもにフェイスブックから情報を無料で得る。だが、フェイスブックは、彼ら利用者が無料で提供する大量の情報を広告主に転売する一方で、コンテンツの提供者である既存メディアには情報も利益も渡さない。

「チャートビート」がますます積極的に利用されるようになり、オンライン新聞は、クリック数を求めて過激なタイトルをつけるようになり、これまであまり報道されてこなかったジェンダー問題などを大きく取り上げるようになった。

アメリカでハイブリッド型のオンライン・メディアが大成功を収めると、フランスでも二〇一六年にギヨーム・ラクロワが『ブリュト』を設立した。

二〇一七年、ジム・バンデヘイ、マイク・アレン、ロイ・シュワルツ（ともにニュースメディア「ポリティコ」の元ジャーナリスト）は、ニュース・ウェブサイト「アキオス」を立ち上げた。アキオスの目的は、「重要なことをより理知的に、より素早く情報提供する」だった。このメディアは、各記事の長さは最大三〇語、毎日二本のポッドキャスト、数本のドキュメンタリーという方針で運営し、二〇二〇年末の時点で四〇万人の購読者を持つ。

同じく二〇一七年、中国の企業バイトダンスが動画共有サービス「ティックトック」を設立した。「ティックトック」の毎月の利用者の数は、設立からわずか三年で六億二五〇〇万人に達した。この例からもわかるように、こうしたサービスにはかなり以前から巨大な潜在需要があり、焦点は誰がこれを掴むかだった。またしても既存メディアがこの潜在需要を掘り起こすことはなかった。

同年、オンラインゲーム「フォートナイト」が登場した。二〇二〇年、世界中で三億人以上のプレーヤーを獲得したこのゲームは、コンサートやイベントを中継するためのプラットフォームとしても利用されている。ゲームがメディアになったのだ。

二〇二〇年、これらのネットワーク上で利用者の関心が持続する平均時間は、二〇〇〇年の一二秒から八秒になったと推定された。その後の展開はこうした思い込みから始まる。

紙の新聞の凋落

一九八〇年代末に始まった紙の新聞、とくに日刊紙の凋落が加速しているとしても、多くの国では、日刊紙であるかどうかにかかわらず、ごく一部の新聞は大勢の読者を獲得し、高収益を生み出している。これらの新聞の所有者は往々にして大手金融グループだ。これらの新聞が扱う内容は、おもに地域のニュース、スポーツ、経済であり、国際ニュースはほとんどない。また、事実に反する記事がしばしば掲載されるため、人々の憤りを買うことがある。もちろん、世界には真実と検証された情報だけを扱うことに固執する新聞も存在するが、そのような新聞の活動資金は細っていることが多い。

紙の新聞は、今日の目まぐるしく変化する生活様式に適合しなくなっている。日刊紙を読むには時間がかかる。日刊紙を購入するとしたら、それは日中に読むためであって本のように本棚に飾っておくためではない。また、日刊紙に書かれているのは最新情報でないことが多い。したがって、新聞を読む目的は、深い分析、特定の話題、さまざまな意見に触れるためであることが増えた。

二〇二〇年、世界で最も読まれている日刊紙は日本の二紙だ。『読売新聞』（公称発行部数は九一〇万部）と『朝日新聞』（六六〇万部）であり、両紙とも複数の企業や創業者一族が所有している。次に、ヒンディー語のインドの二紙、『ダイニク・バスカル』（三八〇万部）と『ダイニク・ジャグラン』（三三〇万部）だ。両紙とも上場の複合企業が所有している。続いて中国の『参考消息』（三〇七万部）だ。この日刊紙は、中国の国営通信社「新華社」が所有している。続いて日本の『日本経済新聞』（二八〇万部）だ。上場の複合企業が所有する『日本経済新聞』は、二〇一五年に『フィナンシャル・タイムズ』を親会社「ピアソンPLC」から買収した。そして中国共産党の機関紙『人民日報』（二八〇万部）とインドの二紙（『アマル・ウジャラ』と『タイムズ・オブ・インディア』）が並ぶ。これらすべての新聞は国内の出来事と経済問題を真剣かつ保守的に扱う。中国の二紙を除き、これらの新聞は強力な資本家集団に帰属し、収益の柱は広告収入だ。二〇一七年に第三位だった『USAトゥデイ』の発行部数は、二〇一六年に四〇〇万部だったが、二〇二〇年には平日が一四〇万部、週末が八〇万部にまで激減した。ちなみに、世界の日刊紙の発行部数上位一〇紙のリストに、ヨーロッパの新聞は一紙も入っていない。

世界で最も読まれている定期刊行物について紹介する。ただし、「アメリカ退職者協会（AARP）」が定期的に発行する『AARPマガジン』や『AARP速報』（ともに二三〇〇万部）や、大型流通チェーン店が顧客に向けて定期的に発行するパンフレットのようなものは除く（『コストコ・コネクション』は一二〇〇万部）。上位四誌はアメリカの雑誌だ。これらの雑誌は政治色を排除しようとしているが、実際にはイデオロギー的に西洋の価値観と市場経済を色濃く反映している。『リーダーズ・ダイジェスト』（発行部数一〇〇〇万部、年一〇回刊行）を筆頭に、発行部数が各三〇〇万部の『ナショナル・ジオグラフィック』、『スポーツ・イラストレイテッド』、『タイム』が続く。次に中国の『読者』だ。アメリカと中国以外の地域では、おもにテレビ番組、スポーツ、有名人、女性が好む話題を扱う雑誌が発行部数を伸ばしている。一般的に思われているのとは反対に、ポリシーのない雑誌ほど好調のようだ。

世界の日刊紙上位一〇紙のうち三紙が入る日本では、二〇二〇年においても日刊紙は国民四人に対して一紙の割合で発行されている。これらの日刊紙の九五％は定期購読する世帯へ宅配されている。『週刊少年ジャンプ』の発行部数は今でも一〇〇万部以上だ。

インドにはおよそ一二万の新聞（そのうち三万六〇〇〇は週刊誌）があり、毎日一億八六〇〇万人が日刊紙を読んでいる（国民の七人に一人の割合）。四つの日刊紙でヒンディー語の読者の四分の三を占めている。先ほど述べたように、これらのうちの二紙は、発行部数で世界の第三位と第四位だ。週刊誌『ヴァニタ』の発行部数は二五〇万部以上だ。こうしてインドは断トツで世界最大の新聞用紙の輸入国になった。しかし他の地域と同様、インドでもスマートフォンとインターネットが急速に普及したため、情報を得る方法がオンライン・メディアへと向かい始めた。

中国では二〇二〇年、企業連合が九〇〇〇以上の雑誌と二〇〇〇以上の新聞を所有している。そして国営企業（つまり、共産党と政府）が、直接的、間接的にこれらの企業連合を支配している。最も発行部数が多いのは、『参考消息』、『人民日報』、『羊城晩報』、『チャイナ・デイリー』、『解放日報』、『北京日報』だ。これらの新聞のおもな収入源は広告だ。共産党が市場経済を管理下に置く中国でも、新聞の内容はイデオロギー面で管理されている。他の地域と同様、紙の出版物の数は読者の数とともに急減している。日刊紙の一日の販売部数は九六六〇万部だ。新聞を毎日読む中国人の割合は、二〇一〇年の五二%から二〇二〇年には一九%になった。

韓国のおもな日刊紙（『朝鮮日報』、『東亜日報』、『中央日報』）の所有者は、巨大産業グループと宗教団体だ。人口五二〇〇万人の韓国において、これらの主要紙の発行部数はそれぞれ一〇〇万部を超えている。韓国の紙媒体の売上高の九〇%は広告収入だ。韓国でも紙媒体の減少は著しい。新聞用紙の購入量は二〇一〇年から二〇一八年にかけて五〇%以上下落し、二〇一九年から二〇二〇年にかけてさらに三〇%減った。

アメリカでは先ほど紹介したように、日刊紙の発行部数は一九九〇年以降、下降の一途を辿っている。一九八四年にピークに達した日刊紙の発行部数（六三三〇万部）は、二〇〇六年には四三七〇万部になり、二〇二〇年には三三〇〇万部を下回った。さらには新聞の広告収入も急減した（二〇〇八年から二〇一八年にかけて六二％減少）。アメリカ人が日刊紙を読むために一日に費やす時間は、二〇一〇年の二五分から二〇一八年には一二分になった。ミレニアル世代（一九八〇年から二〇〇〇年までに生まれた世代）の半数は日刊紙をまったく読まない。アメリカの日刊紙の数は、一九七〇年の一七四八紙から二〇一八年には一二七九紙になった。ニューヨークの日刊紙の数は、一九四五年の一〇紙から二〇二〇年には三紙になった。新聞記者の数は、二〇〇八年の七万一〇〇〇人から二〇二〇年には三万人以下になり、彼らの雇用条件はさらに不安定になった。新聞は合併したり消滅したりした。

二〇〇七年、ルパート・マードックは『ニューヨーク・ポスト』と『ウォール・ストリート・ジャーナル』を手中に収めた。二〇二〇年の時点で、マードックは世界中で二〇〇近くの新聞を保有している。アメリカを代表する新聞であり、新聞記者の数が最も多い『ニューヨーク・タイムズ』の大株主は、一八九六年に設立されたサルツバーガー家の持ち株会社「ニューヨーク・タイムズ・カンパニー」（この会社は、これまた価値が暴落した

『ボストン・グローブ』や複数の地方紙も所有する）であり、テレコミュニケーションで財を成したメキシコの富豪カルロス・スリムも大株主として名を連ねている。

二〇一三年、ジェフ・ベゾス（アマゾンの創設者）は『ワシントン・ポスト』の所有者になった。ベゾスはこの新聞においてデジタル技術を駆使したいと考えている。これらの新聞のなかで、論争の焦点になっているテーマについて詳細な調査を実行するだけの能力のあるところはほとんどない。アメリカでは、二〇〇〇年から二〇二〇年にかけて新聞のおよそ四分の一が廃刊になった。それらの大半は日刊紙ではなく週刊新聞だった。アメリカにはおよそ三〇〇〇の郡が存在するが、およそ一五〇〇の郡には新聞が一紙しか残っていない（多くの場合、週刊）。およそ二〇〇の郡には新聞が一紙もない。新聞の数は、北部の郡よりも南部の郡のほうが少ない。

ほとんどのアメリカの新聞社では、ニュースを担当するジャーナリストの数が減っている。たとえば、二〇二〇年八月に『デイリー・ニューズ』はニュース編集室を廃止した。新聞のおもな内容は、ゴシップ、事件、スポーツ、新聞以外のメディアの話題、映画、耳寄りな情報になった。だが、アメリカ人はこうした変化に気づいていない。その証拠に、アメリカ人の七一％は、自分の地元の新聞社の経営はうまくいっていると思っているが、年間を通じて定期的に新聞を買う人の割合は一四％に過ぎない。

先ほど紹介したように、商業団体や組合と結びつきのある雑誌の発行部数はこれまで通り多い。そうした雑誌は新聞というよりもカタログに近い。

ヨーロッパで紙の新聞を読む国民の割合が最も高いのはノルウェーとフィンランドだ。これらの国では、七〇%の国民が紙の日刊紙を読んでいる(ブルガリアとポーランドでは一〇%未満)。成人一〇〇〇人当たりの日刊紙の発行部数は、ノルウェーが五二〇部、フィンランドが四三〇部、スウェーデンが四一〇部、イギリスが二三〇部、ドイツが二七〇部、フランスが一三〇部、スペインが一〇五部だ。ヨーロッパ人はアメリカ人よりも異論を唱える機会を求めている。ヨーロッパ諸国全体で売れ行き好調の週刊誌は、テレビ番組を掲載する雑誌、女性誌、流行りの芸能人を扱う雑誌だ。一般的に、ヨーロッパの読者は、広告を頼りに消費するという暮らしに満足しているようだ。スカンジナビア諸国はメディアに対する信頼が最も高い国でもある。

イギリスでは、二〇〇八年から二〇二〇年にかけて日刊紙の発行部数が半減した。『サン』は二〇一〇年の三〇〇万部から二〇二〇年には一二〇万部になり、現在では無料の日刊紙『メトロ』(一九九九年に創刊、一四〇万部)にも抜かれた。『メトロ』はヨーロッパ最大の日刊紙だが、先ほど紹介した世界上位一〇紙の発行部数には遠くおよばない。次に、『デイリー・メール』(一一〇万部)、『イブニング・スタンダード』(七八万七〇〇〇部)、

『デイリー・ミラー』（四四万一〇〇〇部）、『タイムズ』（三六万部）と続く。二〇二〇年にイギリス人世帯が新聞に費やす金額は二〇〇五年の半分になった。日刊紙を毎日読むのは、イギリスの成人全体の一九％に過ぎない。

ドイツでも日刊紙の発行部数は二〇〇三年の二二五〇万部から二〇二〇年には一二五〇万部へと激減した。日刊紙を読む人口は、一九七〇年の八五％から五〇％以下になった。ドイツで最大発行部数を誇るタブロイド紙『ビルト』（一三七万部）は、現在もアクセル・シュプリンガーの未亡人が所有している（今日、シュプリンガー・グループの主力ビジネスは新聞ではない）。第二位は『南ドイツ新聞』だ。だが、真面目で中立性が高いと評判の『南ドイツ新聞』（二七万五〇〇〇部）と『ビルト』との発行部数の格差は歴然としている。『フランクフルト総合新聞（FAZ）』の発行部数は二〇万部にも届かない。そして『世界』は六万六〇〇〇部に過ぎない。この一〇年でドイツの日刊紙の広告収入は半減した。

フランスでも紙のメディアは崩壊した。新聞をはじめとする紙のメディアの発行部数は、日刊紙が二八六〇万部、週刊誌が三〇八〇万部であり、一九四〇年に記録を取り始めてから最低の水準にある。三〇歳未満のフランス人における紙の新聞を定期的に読む人の割合はたったの五％だ（おもな購読紙はスポーツ新聞『レキップ』）。フランスの高校生における新聞を月に数回読む生徒の割合は、二〇〇八年は六〇%だったが、二〇二〇年はたった二〇%になった。

発行部数の最も多い日刊紙は無料の『二〇分』だ。二〇〇二年にフランスで創刊されたこの新聞は、読者の数が四〇〇万人、発行部数が九〇万部、所有者はベルギーの「ロセル・グループ」と「シパ＝ウェスト＝フランス」だ。

最も販売部数の多い日刊紙は相変わらず『西のフランス』(六二万五〇〇〇部:ドイツやイギリスの主力紙の販売部数とは比較にならないほど少ない)。次いで『ルモンド』(三七万五〇〇〇部)、『フィガロ』(三三万部)、『パリジャン』(一八万部)、『レキップ』(一三万五〇〇〇部)、『レゼコー』(一三万一〇〇〇部)だ。二〇一七年にLVMH(多数の高級ブランドを保有する企業)は、『レゼコー』を『パリジャン』とともにピアソン・グループから買収した。ピアソン・グループはこの新聞を一九八八年にベイト家から買収していた。地方の日刊紙と比べると、『リベラシオン』(七万一〇〇〇部)の発行部数も冴えない。

繰り返しになるが、これまでに紹介した数字はメディア自身が提供するものであり、解釈には慎重を要する。『ヌーヴェル・オプセルヴァトゥール』と『レクスプレス』などの週刊誌の発行部数は急落した一方、『ポワン』、『マリアンヌ』、『テレラマ』、『ヴァラー・アクチュエル』、『カナール・アンシェネ』(およそ四五万部を維持。半分以上は定期購読)などは健闘している。『ル・アン』のように論説を中心とする雑誌が成功を収めた例もあるが〔二〇一四年に創刊〕、『討論』は〔二〇二〇年に〕廃刊になった。『討論』の最終号の論説において編集者のピエール・ノラとマルセル・ゴーシェは次のように語った。「オンライン・メディアは、紙の雑誌よりもはるかに安く、多くの観点から素晴らしい現象かもしれないが、雑誌の意義を根本的に変化させた。これはこれまでの雑誌のあり方を死滅させる兆候でさえある（……）オンライン・メディアは、記事をオンライン空間の現実にするためにその社会的な背景を切り捨てる」。

経済学者ジュリア・カジェと社会学者オリビエ・ゴデショが二〇一七年に実施した調査によると、フランスのメディアの半数以上は金融機関と保険会社に支配されているという。フランスのメディアの支配者には、防衛産業の企業や高級ブランドの企業も加えるべきだろう。

イタリアの最大の日刊紙は『コッリエーレ・デッラ・セーラ』だが、発行部数は二二万五〇〇〇部に過ぎない。スペインの場合、カスティリャ語〔現在の標準スペイン語〕が二〇ヵ国で暮らす四億二七〇〇万人の母国語であるのにもかかわらず、国境を越えて読まれているスペイン語の新聞は一紙もない。スペインの成人のうち紙の新聞を読む人の割合は、一九九七年の三七％から二〇一七年には二五％になった。二〇〇八年以来、スペインではスポーツ紙を除き、紙の新聞の発行部数は全般的に急落している。二〇二〇年、スペインを代表する日刊紙『国』の発行部数は一六万部を下回った。

ロシアでは、政府が一四紙ある全国紙のうちの二紙と、四万五〇〇〇ある定期刊行物のほとんどを直接所有している。独立系の新聞は存亡の危機にある。日刊経済紙『ヴェドモスティ』（一九九九年に『フィナンシャル・タイムズ』、『ウォール・ストリート・ジャーナル』、フィンランドの最大新聞グループ「サノマ」が創刊）は、現在ではタブロイド紙を発行するロシアのグループに属している。二〇〇六年、新興財閥ガスプロムは、一九八九年創刊の『実業家』を買収した。『真実』は再びロシア共産党の管理下にある（現存する）。二〇二〇年に発行部数が二三万四五〇〇部の『ニュース』の所有者はガスプロムだ。『ノヴァヤ・ガゼッタ』は、数人のジャーナリストが暗殺されたのにもかかわらず存続している。

オーストラリアでは、マードックのグループが新聞の七〇％を支配している。マードックは、イギリス（『サン』と『タイムズ』）とアメリカ（『ニューヨーク・ポスト』と『ウォール・ストリート・ジャーナル』）でも新聞を所有する。

インドネシアでは、二〇一九年の時点で一七二紙の日刊紙が存在するが、人口二億六七〇〇万人に対して一日の総発行部数はわずか四七〇万部だ。

人口一億一〇〇〇万人のエチオピアには、おもな日刊紙は二三紙あるが、発行部数はきわめて少ない。日刊紙の販売価格がきわめて高いため、多くの読者は回し読みで我慢している。南アフリカの最大の日刊紙は二〇〇二年創刊の『デイリー・サン』だ(二〇二〇年の発行部数は二八万七〇〇〇部)。日曜刊行の『サンデー・タイムズ』(一九〇六年にジョージ・ハーバート・キングスウェルが創刊)は、現在でも最大の週刊新聞だ(四五万部)。ブラジルの日刊紙の総発行部数は四五〇万部だ(減少傾向)。ブラジルの主力紙は『オ・グローブ』と『サンパウロ新聞』だ。

紙の新聞が世界中で凋落するおもな兆候は、二〇〇〇年から二〇二〇年の間に四分の三も減少した新聞紙の消費量に見て取れる。先ほど紹介したように、北アメリカでの新聞紙の消費量の下落幅はさらに大きい。二〇一九年以降、新聞紙の消費量が減少する速度は、インドを含めて世界中で加速している。例外は今のところ日本だけだ。

過去二〇年間、世界中のあらゆる地域において、大手金融機関が顧客に対してきわめて高額、あるいは無料で送る秘密文書は維持、さらには発展してきた。これらの文書は(一六世紀と一七世紀のアッヴィージがそうであったように)企業の内部情報を知るための特権的な手段であり続けている。今日、新型コロナウイルス感染症により、他のメディアによる情報入手が難しくなっているため、これらの文書に含まれる情報の価値は再び高まっている。

オンライン化する新聞

今後、すべての紙の新聞はオンライン化の機会を窺っている。オンライン化に際しては、新聞社は、読者の嗜好を探り、できる限り長い時間、読者の関心を引きつける必要があると考えている。二〇一〇年以降、分単位、記事単位で視聴者を詳細に分析するには、チャートビートのようなソフトウェアが重要な役割を果たすようになった。しかしながら、オンライン読者に対する課金に成功した新聞はほとんどない。広告収入だけで生き残ろうとしてきた新聞社は、記事の一部を無料、残りを有料とするフリーミアムと呼ばれるモデルを選択することが多い。しかし、新聞社のサイトへの通交の三〇％から六〇％はグーグル経由であるため（グーグルは新聞社のサイトへの登録を促す「グーグルで購読」というサービスを提供している）、購読から生じる価値のかなりの部分はグーグルが握る。というのは、グーグルはこれらの購読者について、新聞社がチャートビートを利用して把握する以上に、SNS上での彼らの行動を制御および利用するからだ。いずれにせよ、オンライン・メディアは、広告を充分に集めることができず、収益性の高いビジネスにはなっていない。

購読料収入によってオンライン化で成功した新聞のなかでも『ニューヨーク・タイムズ』は、今日(ゲームと料理のサイトも含めて)五七〇万人のデジタル購読者を抱える世界最大のオンライン新聞だと自負している。二〇二〇年八月五日、この新聞のデジタル版の購読料収入が紙版を上回った。

二〇二一年初頭、アメリカの新聞のデジタル購読者の数は、『ウォール・ストリート・ジャーナル』が二二〇万人、『インフォーマー』が二二〇万人、『ワシントン・ポスト』が二〇〇万人だった。また、『フィナンシャル・タイムズ』が一一〇万人、一八七六年創刊の『日本経済新聞』は七〇万人だった。イギリスで最もよく読まれているオンライン新聞は『ガーディアン』だ。中国を代表するオンライン新聞は『財新』だが、購読者の数は三〇万人に過ぎない。フランスでは『ルモンド』が二四万人、『フィガロ』が二〇万人だ。

このように、多くの新聞がデジタル版へと移行しているが、新聞社の収入は大幅に失われた(『ニューヨーク・タイムズ』の場合、紙版の年間の購読料が七〇〇ドルであるのに対し、デジタル版はわずか一五〇ドルだ)。

『スレート』のようにオンラインで誕生した稀な新聞は、広告収入によって収益を得ている。フランスのオンライン新聞『メディアパルト』のように定期購読料によって収益を得ている新聞もある。オンライン新聞には他にも『ハフポスト』、『カンヴァセーション』、

『レ・ジュール』、『ストップ・モーション』、『メディア』などがある。これらの新聞はラジオと協働してポッドキャストを制作するなど、新たなモデルをつくり出そうとしている。

ラジオの制御された凋落

二〇二〇年においても、ラジオは受信するのも発信するのも、あまり費用のかからないメディアだ。現在、ラジオは受信機だけでなくインターネット経由でスマートフォンでも聴くことができる。また、家庭でも移動中でも聴取可能だ。ラジオは今日の生活様式に適したものであり、新型コロナウイルス感染症による隔離生活により、ラジオの存在は見直された。少なくとも週一回、世界中で三〇億人が数千の言語で一〇万ほどのラジオ局の番組を聴いている。とくに、僻地で暮らす住民、最貧層、非識字者（まだ大勢存在する）にとって、ラジオは重要なメディアだ。ラジオ番組のおもな内容は、音楽、スポーツ、そしてとくに地下鉄の運行状況や道路情報などの地域の話題だ。二〇〇四年、ポッドキャストが登場した。一九七五年にビデオレコーダーが登場したときと同様、ポッドキャストにより、自分の好きな時間にラジオ番組を聴取できるようになった。ポッドキャストの利用ではアメリカが先頭を走り、ブラジル、フランス、スペインが追走している。

そうはいっても、ラジオは紙の新聞と同様に衰退している。アメリカでは、二〇二〇年の時点でも八〇〇〇万人が週に少なくとも一回はラジオを聴いている（インターネット経由の聴取が増えている）。ラジオの一日当たりの聴取時間は、一九三〇年代の二四〇分から現在は一〇〇分になった。民間ラジオ局の数は、二〇〇〇年の一万局から二〇一九年には一万五〇〇〇局になった。一八歳以上のアメリカ人の六〇％は、とくに新型コロナウイルス感染症の拡大以降、最も信頼できるメディアはラジオだと考えている。公共のラジオ・ネットワーク「ナショナル・パブリック・ラジオ（NPR）」には、音楽番組を主体とする八四九の非営利ラジオ局が加盟している。NPRは世界初のポッドキャスト「NPR One」を立ち上げ、NPRや加盟局の番組だけでなく外部のコンテンツも充実させて「ラジオ界のネットフリックス」を目指している。グーグルとスポティファイ、そして『デイリー・ニューズ』と『ニューヨーク・タイムズ』などの新聞も、ラジオ放送の立ち上げに成功した。

イギリスでは二〇二〇年の時点においても成人の九〇％が毎週ラジオを聴いている（その一五％はインターネット経由）。しかし、ラジオの聴取時間は二〇一〇年の週二二・三時間から二〇二〇年には二〇・二時間へと微減した。最も聴取者が多いのは「BBCラジオ

2」（一四三〇万人）だ。そして「BBCラジオ4」（一九四二年に始まった人気番組「無人島に持っていきたいレコード」を放送している）、「BBCラジオ1」、「クラッシックFM」と続く。イギリスのラジオ番組の場合も、内容は、音楽、スポーツ、天気予報が中心だ。「BBCワールド・サービス」は世界中の二億一〇〇〇万人以上（週換算）に向けて四〇ヵ国語で放送している。

フランスでは二〇二〇年の時点、四〇〇〇万人以上がラジオを毎日聴いている（ラジオ局の数は、公共が一二三五、民間が一四一五。一五%はインターネット経由の聴取）。おもなラジオ局は、「フランス・インター」、「RTL」、「NRJ」、「ヨーロッパ1」、「スカイロック」だ。ニュースを放送するラジオ局は、「フランス・インフォ」、「フランス・カルチャー」、「ラジオ・クラッシック」だ。音楽専門やコミュニティ放送のラジオ局は好調だ。しかしながら、この一〇年でラジオの聴取者の数は二〇〇万人以上減った。ところが、またしても新型コロナウイルス感染症の拡大が聴取者の減少に歯止めをかけ、ラジオへの回帰を促した。

二〇一七年、ピエール・ベランジェが設立した「スカイロック」は、安全性の高いP2P型メッセージ・サービスを提供するSNS「SKRED」を開発した。これは従来型メディアがSNSを開発したというきわめて稀な例だ。二〇二一年初頭、世界中で八〇〇万人がこのメッセージ・サービスを利用している。新規利用者の数は六秒に一人の割合で増えている。

ドイツでは二〇二〇年の時点でも、三六〇〇万人がラジオを毎日聴いている（ラジオ局の数は四四三）。これは二〇一六年と比べると微減だ。聴取率が高いのは、「ラジオNRW」、「バイエルン1」、「SWR3」だ。ドイツのラジオ番組も音楽とスポーツが中心だ。

インドでは、国民の九九％がラジオを聴くことができる。インドのすべてのラジオ局は公共ネットワーク「全国インド・ラジオ（AIR）」に属している。民間のラジオ局は放送ライセンスを所得していても、音楽と娯楽の番組しか放送できない。ラジオを聴いているのは、インド人口の三％に相当する五〇〇〇万人だけだ。

中国では、国民の二二％がラジオを毎日聴いている。聴取率が高いのは音楽とスポーツを放送するラジオ局だ。

何とか抗うテレビ

テレビは現代の生活様式にそぐわなくなってきた。例外は、スポーツ中継、たまにニュース番組、クイズ番組、リアリティ番組、シリーズもの、選挙演説などだ。

二〇二〇年の時点で、人類は平均して一日に三時間テレビを観て過ごしている。だが、テレビの視聴時間は年々短くなっている。最も多くの人々が観た生中継は、二〇〇八年の北京オリンピックの開会式（二〇億人）と、二〇一〇年のチリの炭鉱作業員の救出劇（一〇億人）だった。一般的に、スポーツとのぞき見趣味の番組が高視聴率を獲得している。

視聴者が観るのはおもにスポーツ中継と娯楽番組だ。ニュースを観る時間は視聴時間の六％に過ぎない。世界中の二四時間連続のニュース番組（とくにレベルの低い番組）を放送するテレビ局は、視聴者の関心を引くために、悲惨な光景を繰り返し放送し、コメンテーターを、その人の専門知識でなく破廉恥な発言を怒りに任せてがなり立てる能力に基づいて選択するなど、なりふり構わない方針を取っている。これらの放送局の一部は、事実上の「プロパガンダ・チャンネル」だ。極端なプロパガンダを放送するテレビ局の視聴率は、理性的な報道をするテレビ局よりも高い。

アメリカでは現在、情報を得る手段としてテレビを利用しているのは、年齢層別にみると一八歳から二九歳では一二％、三〇歳から四九歳では二一％、五〇歳から六四歳では二五％、六五歳以上では四三％と、テレビは情報を得るおもな手段ではなくなった。

二〇二〇年、アメリカ最大のテレビ・ネットワーク「ＣＢＳ」のプライムタイムの平均視聴者数は七〇〇万人しかいない。「NBC」と「ABC」は六〇〇万人、「フォックス」は四〇〇万人、「フォックス・ニューズ」は二五〇万人だ（マードック家の勝利）。長寿番組の『ミート・ザ・プレス』（一九四六年に開始）と『60ミニッツ』（一九六八年に開始）は現在も続いている。

落ち込みが激しいのは地方のテレビ局だ。地方のテレビ局は番組の質を維持するのに苦労している。二〇二〇年九月のドナルド・トランプとジョー・バイデンの大統領選のテレビ討論会の視聴者の数は七三〇〇万人だった。これは二〇一六年のドナルド・トランプとヒラリー・クリントンのときよりも一一〇〇万人少ない。つまり、新型コロナウイルス感染症の拡大が始まり、四大テレビ局（「ABC」、「NBC」、「CBS」、「フォックス」）が視聴者を取り戻した状況下にあっても、アメリカ国民は国の政治の行方をテレビで観なくなった。ちなみに、マードック・グループの「フォックス」の資産の大半は「ディズニー」が買収した。その残りはロスアンゼルス在住のルパート・マードックの息子の一人が経営している。

ヨーロッパでは、成人の八二％はさまざまなチャンネルでテレビを毎日観ている。テレビ局が高視聴率を得るには、大型スポーツ・イベントの放映権を獲得しなければならない。ドイツには現在、三六五以上のテレビ・チャンネルがある。おもなチャンネルは、「ZD

Ｆ」（視聴率一三％）、「ダス・エルステ」（一一・三％）、「ＲＴＬ」（八・四％）だ。イタリアのおもなチャンネルは、「ライ１」（一七・四三％）、「カナル５」（一五・三七％）、「ライ３」（六・七三％）だ。イギリスのおもなチャンネルは、「ＢＢＣ Ｏｎｅ」（二〇・五％）、「ＩＴＶ」（一七・八六％）、「ＢＢＣ Ｔｗｏ」（五・三六％）だ。

フランスでは、二〇一二年から二〇二〇年にかけてフランス人のテレビの平均視聴時間は二〇分短くなった。最も視聴率が高いのは、依然として「ＴＦ１」（一九・五％）、「フランス２」（一四％）、「フランス３」（九・三％）、「Ｍ６」（九％）だ。五つある二四時間連続ニュース・チャンネルのうち、視聴率が二％を超えるチャンネルは一つもない。一八〇ヵ国で三億五五〇〇万以上の世帯が視聴可能な「フランス24」には、世界で五五〇〇万人（週換算）の視聴者がいる。

日本では、人口の一〇％が、七時から九時まで、そして一九時から二三時までの間に放送されるニュース番組を観ている。公共放送局「ＮＨＫ」が依然として圧倒的に強い。三大日刊紙もテレビ局を保有している。

韓国には二〇〇のテレビ・チャンネルがある（そのうち一二は国営）。「韓国放送公社（ＫＢＳ）」、「文化放送（ＭＢＣ）」、「ＳＢＳ」の三大グループは、二四時間連続ニュース・チャンネルも保有している。韓国でもスポーツ中継と大衆ドラマを除き、テレビの視聴者の数は徐々に減少しているようだ。

中国では、テレビを毎日観るのは人口の三分の一だ。おもな番組は大衆ドラマとスポーツ中継であり、ニュース番組はほとんどない。「チャイナ・グローバル・テレビジョン・ネットワーク（CGTN）」は国内外のニュースだけを扱うチャンネルであり、一〇〇ヵ国で視聴可能だ。当然ながら、すべてのチャンネルは国家の直接的、あるいは国営企業による間接的な支配下にある。

インドでは九〇〇〇万世帯がテレビ受信機を持っている。公共ネットワーク「AIR」が国内の四二〇のテレビ局を管理している（二三の言語と一七九の方言）。三八歳から五三歳の世代では、依然としてインターネット（二四・三％）よりもテレビ（三四・五％）で情報を得ている。だが、ミレニアル世代のテレビから情報を得る割合は二二％に過ぎない。人気番組は、スポーツ、音楽、娯楽だ。

アフリカ大陸では、テレビに対する需要は依然として大きいようだ。アフリカの世帯の四二％は一日平均三時間二〇分テレビを観ている（世界の平均時間よりも三〇分長い）。人気番組は、ニュースよりも娯楽やスポーツだ。アフリカでテレビをよく観るのは、マダガスカル、アルジェリア、カメルーンの国民だ。コンゴ民主共和国には五八のテレビ・チャンネルがある一方、コートジボワールには五つしかない。「カナル・プリュス」の子会社でスポーツと映画を放送する「カナル・アフリカ」は、「フランス24」と同様、ある程度の成功を収めた。二〇一六年、コンゴ共和国にアフリカ全土を対象に二四時間連続で国際ニュースを放送する「アフリカニューズ」というチャンネルが設立された。このチャンネルは、三三ヵ国のおよそ七三〇万世帯を対象にフランス語と英語で放送している。

まとめると、二〇二〇年末時点において、世界では人々がメディアを利用する時間の三分の一以上はまだテレビに費やされているが、テレビの成長は停滞している。質の高いニュースの提供を維持するためにまだ頑張っている新聞、ラジオ、テレビが存在するとしても、これらの多くの従来型メディアは、クイズ、スポーツ、娯楽、外国のドラマ、ゴシップ、無能な者同士が怒鳴り合う座談会を扱うことによって存続している。

こうした状況を打開するには、従来型メディアは顧客が何を求め、どうすれば彼らに興味を持ってもらえるのかを探る必要がある。ところが、これらのメディアは、自分たちの顧客の好み、属性、感覚に関する情報を把握できなくなった。今日、そうした情報を把握しているのは、ケーブルネットワークの事業者、電話事業者、そして何よりSNSの事業者だ。

情報の発信と受信の手段になったSNS

またしても個人のコミュニケーションの新たな手段が、これまでにない公の情報源になった。郵便（新聞の配送に利用された）、電話（ラジオを誕生させた）、写真とベリノグラフ（ファクス送信機の原型）（テレビの遠い祖先）に続き、個人のメッセージを伝達するためのこの手段も、多くの人々に向けて情報を発信する手段になった。すなわち、個人のメッセージを伝達するために構築されたデジタル・プラットフォームがマスコミュニケーションの手段になったのだ。さらには、オンライン・ショップ、ソフトウェアの販売、銀行、劇場、大学、工場、病院、監視システムなどは、苦境に陥った従来型メディアが創造するのではないかと思われたが、この予想は見事に外れた。

二〇二一年、個人向けのメッセージ・サービスを提供する最大のＳＮＳはフェイスブックとその二つの子会社であるワッツアップ（月換算で一九億人の利用者が一日当たり六五〇億通のメッセージを送信）とメッセンジャー（月換算で一三億人の利用者）だ。二〇二一年初頭、インスタグラムの利用者は、一日当たりおよそ七億本の「物語」を送信する（二〇一七年一月では一億五〇〇〇万本)。続いて中国のウィーチャット(微信)(一二億人)、テンセント(騰訊)のメッセージ・サービスであるQQ(八億人)、そして西欧諸国のスカイプとスナップチャット(三億人)、リンクトイン、バイバー、テレグラム、ライン、ディスコード(各二億人)などがある。

個人のメッセージを伝達するこれらの手段は、情報の発信および受信の手段としても利用されている。

二〇二〇年、西欧諸国で情報を得るために最も利用されているSNSは、フェイスブック、ユーチューブ、ワッツアップ、ツイッター、インスタグラムだ。アメリカのシンクタンク「ピュー研究所」の二〇一八年の報告書によると、SNSで情報を得る人の四三%はフェイスブックを利用しているという。

ツイッターは世界最大の通信社になった。とくに、メッセージ型のSNSでは、あるニュースが仮に二五〇人あるいはそれ以上の集団に送信されると、このニュースを受信した集団のメンバーも別の集団に同じように送信するため、ニュースは瞬く間に数十万人に届く計算になる。たとえば、人口二億人のブラジルにはワッツアップの加入者が一億二〇〇〇万人いる。ロイター・ジャーナリズム研究所の二〇二〇年の報告書によると、インスタグラムから情報を得る利用者の数は二〇一八年から倍増したという。テンセントによると、ウィーチャットの月換算一〇億人の利用者の半数以上は、このSNSを情報収集のために利用しており、この傾向はとくに中国で顕著だという。

パイの拡大が止まったメディア市場において、SNSは他のメディアの視聴者と広告収入を奪うことでしか成長できない。その際、SNSは他のメディアから得る利用者の情報やデータを、対価を支払うことなく収奪する。たとえば、グーグルでの検索結果に表示されるページの半分以上は、検索エンジンによって導かれるはずだった記事の要約だ。こうした傾向に対し、従来型メディアはSNS上で自分たちのコンテンツを周知させるために多額の投資を行っている。中国ではこのようなサービスを提供するSNSとしてニュースをまとめる「今日頭条〔ジンリートウティァオ〕」が人気だ。しかし、このようなサービスがあっても、従来型メディアは読者のデータやソーシャルグラフを管理できず、また読者にプラットフォームを提供するだけであり、何の解決にもなっていない。

二〇二〇年の中国の場合、国民の四〇%が情報を得るために少なくとも一つのSNSを利用している。しかし、国民はウィーチャットを利用しても中国政府が許容する情報しか得られない。中国の大手新聞社はウィーチャットの公式アカウントでも記事を公開している。「投げ銭」機能により、読者は自分の気に入ったコンテンツの制作者にチップを支払うことができる。たとえば、ウィーチャットのジャーナリスト和菜頭によると、新聞に一つの記事を寄稿すると報酬は七五ドルだが、このSNSに投稿すると六〇〇ドルから五〇〇〇ドルも稼げるという。中国では外国のSNSやウェブサイトの閲覧は事実上すべて禁止されており、これらのサイトにはVPN接続しなければアクセスできない。中国人の一〇%以上がVPN接続を利用しているようだが、VPNプロバイダは絶えずブロックされるため、通信状態はきわめて不安定だ。これらのVPNプロバイダのなかには、接続を試みる者を探るための政府の罠であることもある。

インドはフェイスブック（三億八〇〇〇万人）とワッツアップ（四億人以上）の利用者の数で世界一だ。インドでは、ティックトックとウィーチャットの利用は禁止されている。インド政府はウィーチャットのような巨大なデジタル国家をつくろうとしている。オンラインでの情報利用では、インドがまもなく世界一になるかもしれない。二〇一七年から二〇二〇年までの間に、四億人ものインド人がインターネットを利用し始めた。インドでは数十の言語が使用されることもあり、情報は極度に分割および細分化されている。情報の内容はしばしばナショナリズムの色合いが濃い。印刷機が登場したときにヨーロッパで起きた現象がそのままインドでも起きるとすれば、インドの一部の州は自治の拡大や独立を求めるはずだ。これについては次章で詳述する。

二〇二〇年のアフリカでのメッセンジャーとワッツアップの利用者の数は一億七〇〇〇

万人だ。二〇二〇年二月、ケニアと南アフリカでは、成人の七五%は国営メディアの流す情報を回避して、SNSから情報を得る。携帯電話が他の地域に先駆けて普及したのと同様、SNSが最も発展しているのはアフリカ大陸だ。アフリカ人はウィーチャットをモデルにしてSNSをさまざまな目的のために利用している。

二〇二〇年、アメリカではSNSの利用者の半数以上は、私的メッセージの送信、そして投稿に対する「いいね！」やコメントのために使っている。一億九〇〇〇万人のアメリカ人がメッセージの送信と情報収集のために利用するSNSは、多い順にフェイスブック、ユーチューブ、ツイッター、インスタグラム、リンクトイン、スナップチャットだ。二〇二〇年、情報を得るためにもSNSを利用するアメリカ人の割合は二〇%だ。ちなみに、新聞から情報を得るアメリカ人の割合は一八%だった（両者の数値は二〇一六年では反対だった）。ミレニアル世代の情報収集法は、SNS（五七%）、ラジオ（二八%）、オンライン・メディア（二五%）、テレビ（二一%）、紙の新聞（一〇%）、ポッドキャスト（八%）だ。一八歳以上の女性がSNSを利用する割合は七八%だ（男性は六五%）。二〇二〇年秋のアメリカ大統領選挙戦は、SNSを利用する情報戦が発展するきっかけになった。トランプとバイデンの討論会は、コンピュータゲームのプラットフォーム「ツイッチ」でも中継された。

インターネットの利用者が特段の理由なくオンライン記事を読むのに費やす平均時間は、現在では一五秒になった（ビデオの場合はたったの一〇秒）。『スレート』や『ワイヤード』をはじめとして、エコロジー、農業、自動車、軍備、金融、テクノロジーなどに関する専門性の高いオンライン新聞は、高品質の情報を提供している。たとえば、金融情報を配信するブルームバーグは、二〇二〇年に数多くの金融メディアを集結させて強力な集団を形成した（ブルームバーグ・ラジオ、ブルームバーグ・テレビ、月刊『ブルームバーグ・マーケッツ』、一九二九年に創刊された週刊誌で二〇〇九年に『ブルームバーグ・ビジネスウィーク』になった『ビジネス・ウィーク』など）。こうした寡占化が引き起こす、そして引き起こすだろう数多くの逸脱については後ほど語る。

イギリスでは、成人のおよそ四〇％と一六歳から二四歳の若者の六〇％は、情報収集のためにSNSを利用している。得る情報量に関しては、ウェブサイトやSNSはテレビを優っている。ドイツでは、成人の四〇％は情報を得るためにSNSを利用すると回答しており、SNSは他のメディアと同格になった。フランスでは、二〇二〇年に情報収集のためにSNSを利用する成人の割合はおよそ四〇％だ。若者の三〇％近くは、情報収集に利用するのはSNSやオンライン新聞だけと回答した。そのようなSNSやオンライン新聞には、『レジュール』、『スレート』、大学関係者が執筆する専門性の高い出版物を毎日集める『カンヴァサーション』などがある。

ロシアでの情報源は、テレビ（八四%）、SNS（七二%）、紙媒体（二三%）、ラジオ（二〇%）だ。

日本では、大きな影響力を持つ紙の新聞などの印刷物を保護する政策をとっているため、デジタル化への移行は他国よりも遅れている。SNSによって情報収集すると回答した成人の割合は二五%に過ぎない。

これらすべてのメディアでは、グロービッシュ〔グローバル・イングリッシュ〕と呼ばれる簡単な英語を使用する傾向が顕著になった。世界中のSNS上に登場するグロービッシュに触れると、世界は文化的に貧しいグローバリゼーションに向かっているような気分になる。だが、そうした予感が間違いであることは後ほど述べる。

ところで、「情報」とは何を意味するのだろうか。

以前にも増して重要になった情報を得る手段

人類はかつてないほど情報を得る手段を持つようになった。識字率は世界中で向上した。

男子だけでなく女子の教育レベルは史上最高の水準にある。テレビ、インターネット、文字情報は別としても、地球上のほとんどの場所でラジオは受信できる。現在ほど多くの情報を入手できる時代はかつてなかった。初等、中等、高等教育は、拡充している。高品質な情報を提供する新しいメディアが続々と登場している。たとえば、紙媒体では雑誌、ラジオではポッドキャスト、テレビでは専門チャンネルや調査番組だ。そしてオンラインでは、大学やシンクタンクのメディアが入手可能な厳選された情報を提供している。現在ほど多くの人々が、自分たちの知っておくべきことを本当に知るための手段を利用できる時代はない。嘘をつく人に反論したり、間違いを指摘したりすることが、現在ほど容易になった時代はない。情報を隠蔽することが現在ほど難しくなった時代はない。現在ほど多くの人々が、噂や情報操作を見破るための分析手段を利用できるようになった時代はない。ジャーナリストに対する教育が現在ほど充実している時代はない。そして今日、ジャーナリストになりたい人は大勢存在する。

また、あらゆる分野において内部告発者が増えた。彼らは自分たちの自由が犠牲になることがあっても情報を発信する。たとえば、機密性の高い文書を公開することを目的とする非政府組織ウィキリークスを二〇〇六年に創設したジュリアン・アサンジだ。二〇一〇年、アサンジはアメリカ軍のイラクでの軍事行動に関する大量の機密文書をウィキリークスに公開した。ロンドンのエクアドル大使館で政治亡命者として保護されていたアサンジは、二〇一九年四月一一日、ロンドン警察に逮捕され、ロンドンにある厳重警備下のベルマーシュ刑務所に収監された。将来的にアサンジはアメリカへ引き渡されるかもしれない。もしそうなれば、アサンジには、スパイ活動に対する罪で、最長一七五年の懲役刑が科せられる。

これまでに紹介したように、いつの時代もメディアは嘘をつき、最高額を提示する者に筆を売り、卑劣な目的に奉仕し、権力者に追従してきた。しかしながら、丹念な取材に基づく記事を書いたり、スキャンダルを暴いたりすることにより、自分たちの職業の名誉を命がけで守ったジャーナリストも数多く存在した。近年、犠牲になったジャーナリスト、カメラマン、レポーターのごく一部を紹介する。ダニエル・パール（パキスタン）、ヴェロニカ・ゲリン（アイルランド）、カルロス・カルドーゾ（モザンビーク）、ヒダヤ・スルタン・アルサーレム（クウェート）、アンナ・ポリトコフスカヤとアナスタシア・バブロヴァ（モスクワ）、ダフネ・カルーアナ・ガリジア（マルタ）、ジャマル・カショギ（イスタンブール）。他にも多くの犠牲者が存在する。メリー・コルヴィン、レミ・オシュリク、ギスレーヌ・デュポン、クロード・ベルロン、ジェームズ・フォーリー、パメラ・モンテネグロ、ネヴィス・コンデ・ジャラミロ、カビュ、シャルブ、エルザ・カヤット、ティニウス、ジョルジュ・ウォランスキ、オノレ、ベルナール・マリス、ムスタファ・ウラドなどだ。

メディアが社会的に重要な役割を担っているとわかっていても、人々のメディアに対する信頼度はこれまでになく低い。ロイター・ジャーナリズム研究所の調査では、メディアに対する信頼度が五〇％を超えている国はごくわずかだ（フィンランド、ブラジル、ポルトガル、オランダ、トルコ）。ドイツは四五％。その他の国は三〇％以下だ（イタリア、アメリカ、韓国）。フランスはわずか二三％だ（ブラジルとトルコが上位に位置するのは、メディアに対する信頼度ではなく政治的な理由による）。情報発信の自由度は多くの国で低下している。国境なき記者団の報告書（ジャーナリストの活動の自由度に応じて一八〇の国と地域をランキングしている）によると、情報の自由度が最も高いのはスカンジナビア諸国だという。以下、ドイツ（一一位）、フランス（三四位）、イタリア（四一位）、アメリカ（四五位）、日本（六六位）と続く。最も低いのは、中国、エリトリア（アフリカ大陸北東部の国）、トルクメニスタン、北朝鮮だ。

SNS上でも金融に関するデマや常軌を逸した言論が横行しており、民主国でもSNSに関連する数々の逸脱は大きな脅威だ。

広告を独り占めして従来型メディアを弱体化させるSNS

第一に、四つのメディア〔新聞、ラジオ、テレビ、SNS〕間の財政上の均衡が崩れたことが挙げられる。

紙のメディアとオンライン・メディアには、経営を成り立たせるための購読料がある。公共のラジオとテレビには視聴料がある。それでもすべてのメディアには広告収入が必要だ。だが、広告はインターネットへと移行している。そして二〇〇〇年以前の状況と異なり、新たなメディアの出現によっても広告市場の規模が拡大することはなく、各メディアは大きさの変わらないパイを巡って広告を奪い合わなくてはならない。二〇二一年、世界中の企業の広告投資全体に占める日刊紙への支出割合は五%に過ぎない（一九九五年は三六%）。雑誌は一三%から三%、ラジオは八%から五%、テレビは三六%から二六%になった。二〇二〇年、フランスではついにウェブ広告が広告市場全体の半分以上を占めるようになった。大量の企業広告が携帯電話のアプリケーションへと移行した。これは致命的な結果をもたらした。というのは、こうした企業広告はオンライン新聞だけでなくSNS

へと向かったからだ。オンライン新聞と同じく広告を集める能力を持つＳＮＳは、他のメディアの利用者のオンライン上での行動を熟知している。

メディアごとの広告効果の違いがはっきりと表れた。

まず、グーグルをはじめとするデジタル企業が広告を仕切るようになった。グーグルはソフトウェアを使って、さまざまなメディアの顧客の数、行動、関心事、社会的地位、閲覧履歴を他の誰よりも把握しているため、企業の広告活動にとってかけがえのない仲介者になった。ようするに、グーグルの広告スペース販売部が企業に提示する広告戦略は最も優れているのだ。二〇二〇年、世界の広告費の半分近くはグーグルが仕切っている。アメリカの場合、この割合は五分の四以上にもなる。広告市場における第二位はフェイスブックであり、そしてアリババとアマゾンが追う。その結果、全国紙の広告収入は激減した。一方、ラジオ、テレビ、そして地元のメディアの広告収入は何とか持ちこたえている。

さらには、どのメディアにおいても、企業は従来型の広告を使わなくなった。先ほど紹介したように、一九三〇年代にアメリカの大企業がラジオを使って行っていたように、企業はリアルやオンラインでのイベントを広告の場として利用するようになった。たとえば二〇二〇年、レッドブル〔エナジードリンクを販売する会社〕は過激なスポーツ・イベントを企画し、独自のウェブ・テレビ「レッドブルＴＶ」、ホームページ、新聞（『レッドブリテン』）において、ビデオ、オーディオ、文章のコンテンツを制作している。他の企業もオンライン・メディアに広告を集中させ、通常の記事やコンテンツに近い〔広告らしさを感じさせない〕広告活動を展開している。これがいわゆるネイティブ広告だ。

そして企業は自社の製品を消費者に知ってもらうためにオンラインでインフルエンサーを利用するようになった。インフルエンサーが依頼された企業の製品を自身のインスタグラムなどでそれとなく語るのだ。完全に的を絞った広告の場合では、地元の小型インフルエンサーが利用される。

今日、主要な民間メディアの大半を所有するのは、富豪あるいは投資ファンド会社

新聞、ラジオ、テレビ、SNS、デジタル・アプリケーション、オンライン・メディアの所有者は、国営企業でなければ、富豪あるいは民間の巨大投資ファンド会社だ。彼らが否定するとしても、彼らは編集コンテンツに遠慮なく口出しする。

このような有力者たちは、本当の情報は、友人、投資家、金融業者、研究者、学者、起業家など、仲間内でしか流通していないことを熟知している。彼らは、科学、テクノロジ

ー、市場の状態、そして誰に会うべきかなどを、誰よりも先に詳しく知っている。だからこそ、彼らは投資先をいち早く察知し、モノや有価証券の真価が明らかになる前にこれらを購入して一儲けできるのだ。

よって、彼らにとって、自分たちの製品、新聞、雑誌、ラジオ、テレビ、SNSは、収入源であり、娯楽であり、そして「稀少なモノ、高度な教育、価値の高い情報を手に入れることができるのは自分たちだけ」という現実をごまかすためのまやかしに過ぎない。情報の大衆化は民主化の証と考えられているが、結局のところ、これは中産階級を無産階級に陥れるための策略に過ぎず、少なくとも中産階級が彼らの発信する情報に従うように仕向けるための手段である。

これらの新たなメディアは巨大な財力も保有している。アメリカでは、主要なSNSの大半を所有するアメリカの巨大ネットワークとアプリケーション（GAFA）の企業価値は、世界のGDPのおよそ四％に相当する三兆五〇〇〇億ドル強だ。これに中国の新興メディア「BATX」（バイドゥ、アリババ、テンセント、シャオミ）を加えると、世界のGDPの五・五％に相当するおよそ五兆五〇〇〇億ドルになる。これらの企業は他のメディアの収入を抑制し、参入障壁をつくり、他の多くの分野のイノベーションをほぼ独占している。

ジェフ・ベゾス（アマゾン）、マーク・ザッカーバーグ（フェイスブック）、マイケル・ブルームバーグ（ブルームバーグ）、セルゲイ・ブリン（グーグル）、マー・ファテン（馬化騰）（テンセントとウィーチャット）など、これらの企業の創業者や所有者は、二〇年足らずの間に世界で最も裕福な二〇人の仲間入りをした。

従来型メディアを所有する企業にも、まだ高収益を計上しているところがある。ウォルト・ディズニー・カンパニーは、「ABC」を所有し、「フールー」（定額動画配信サービス）を共同所有する。コムキャストは、「NBC」、「テレムンド」、一五の国内ケーブルネットワーク、世界で九つのテレビ局を所有する。センチュリー・フォックスは、「フォックス・ブロードキャスティング」、「フォックス・スポーツ」、「スター・インディア」、「スカイ」を所有する。タイムは、ニュース雑誌『タイム』はもちろん『スポーツ・イラストレイテッド』と『インスタイル』を所有する。

二〇二〇年のアメリカでは、六つの巨大企業が国内のさまざまな種類の主要メディアを所有している。サムナー・レッドストーンのナショナル・アミューズメント、ボブ・アイガーのディズニー、ジェイソン・カイラーのタイム・ワーナー、ブライアン・L・ロバーツのコムキャスト、ルパート・マードックのニューズ・コープ、吉田憲一郎のソニーだ。

日本では、読売新聞グループ本社が『読売新聞』、『ジャパン・ニューズ』、日本テレビの一部、中央公論新社などを所有する。

ドイツでは、プロジーベンザット1が一五のテレビ局、シュプリンガーが三五ヵ国において新聞（『世界』、『ビルト』、『B.Z.』など）、雑誌、テレビ局、ラジオ局、ウェブサイトを所有する。

イタリアでは、シルヴィオ・ベルルスコーニが国内最大の民間テレビ会社「メディアセット」、国内最大の出版社「モンダドーリ」、国内最大の広告会社「プピュリタリア80」の大株主だ。彼の弟パオロ・ベルルスコーニは、日刊紙『イル・ジョルナーレ』の株主および編集者だ。シルヴィオ・ベルルスコーニの元妻ヴェロニカ・ラリオは日刊紙『イル・フォーリオ』の株主だ。

フランスでは、一〇人に満たない富豪が主要な民間メディアのほとんどを支配している。

SNSが生み出す中毒症状

SNSは、従来型メディアと同じ目的を持つが、より強力な手段を有している。従来型メディアが過去二〇〇年にわたって行ってきたのと同様に、SNSはお金を稼ぎ、影響力を駆使することを模索している。そのためには、「利用者の関心をできるだけ長く引きつけ、新たな利用者を呼び込み、広告を得る」必要がある。

ＳＮＳの情報サイトは利用者に適した情報だけを選んで発信する。ＳＮＳは他のどのメディアよりも、利用者がＳＮＳ上で、文書、写真、ビデオをどのくらいの時間をかけて閲覧したのかを把握している。そして利用者の他のサイトでの閲覧履歴も知っているため、利用者の関心を推察できる。さらには「説得テクノロジー」という仰々しい名称の小細工を駆使して、利用者の注意力の限界といわれる八秒間を引き延ばすことができる。ＳＮＳは他のメディアが無造作に捨ててしまうデータから利用者の関心を引く術も心得ている。たとえば、アマゾンは、利用者がある企業の製品を自社のサイトで閲覧する際に残す情報を自身の商売に役立てている。

フェイスブック、ワッツアップ、ウィーチャット、インスタグラムのような個人がメッセージを交換する場でもあるこれらのＳＮＳでは、利用者は大勢の集団にも情報を発信できる。このようにして集団がメッセージを受け取ることにより、ＳＮＳはオンライン・メディアになる。ＳＮＳでは、誰もが自身の怒りをぶちまけ、正確でないニュースであっても流すことができる。

こうしてＳＮＳは、自己顕示、私生活や職業上の自慢、そして朗報と称する自己紹介などが溢れかえる場になった。そこでは、嘘、偽り、なりすましなども飛び交う。仮面を被った利用者が入り乱れるデジタル・カーニバルでは、誰もがニュースの話題になりたいと願っている。

ＳＮＳでは、誰もが他者の承認を待ち望む。他者の承認は満足感をもたらし、この満足感がＳＮＳに対して強まる中毒の癒しになる。今日、自分のアカウント（偽名であることが多い）にメッセージが届いていないか、そして誰かが自分の発信に「いいね！」を押していないかを最低でも一〇分おきに確認しなければ情緒不安に陥る人はたくさんいる。メッセージや「いいね！」などの反響が得られないと、メッセージを再び投稿し、今度は孤独だと叫び、愛を求める。

それだけではない……。

フェイクニュースを拡散させるＳＮＳ：アリス・ドノヴァンの場合

二〇一六年の夏ごろから、アリス・ドノヴァンと称するジャーナリストが、極左のオンライン・メディア『カウンターパンチ』（一九九四年創刊）の編集長に一年半にわたって定期的に記事を送った。この編集長はドノヴァンから投稿のあった記事の中から、シリア情勢やヒラリー・クリントンの私用メール事件などの記事を『カウンターパンチ』に掲載した。ドノヴァンの記事は他のオンライン・メディアにも掲載された。二〇一八年、アメリカ連邦捜査局（FBI）は、『カウンターパンチ』の三人の代表者に対し、アリス・ドノヴァンはロシアの軍事諜報機関がつくった架空の人物だと通告した。驚いた『カウンターパンチ』のジャーナリストたちが調査したところ、アリス・ドノヴァンの署名入りの記事の多くはソフィア・マンガルという人物の書いた記事の盗用だと判明した。マンガルは、二〇一五年にアメリカのシンクタンクという触れ込みの「インサイド・シリア・メディア・センター」に所属するジャーナリストということになっていた。さらに詳しく調査すると、このソフィア・マンガルも架空の人物であり、『ニューヨーカー』や『アラブ・ニューズ』に掲載された記事をコピーした正体不明の人物であることが明らかになった。

これは例外的なケースではない。目利きのメディア『カウンターパンチ』でさえ騙されたのだ。ウェブ上には、フェイクニュースを流すこうした類いの偽ジャーナリストがあちこちに存在する。調査を進めると、しばしば「インターネット・リサーチ・エージェンシー」というロシアの機関にたどり着く。たとえば、このロシアの機関は、二〇一六年のアメリカ大統領選挙期間中にフェイクニュースを組織的に流した。ツイートやフェイスブック用の記事をつくり、これらの記事をこの選挙戦のために作成された専用のサイトに掲載し、さらには信用度の高い西側諸国の新聞にも投稿していた。

これまでに紹介したように、いつの時代においても、噂は、口コミ、紙の新聞、ラジオ、テレビによって増幅されてきた。太古から人々はお金と引き換えに嘘をつくことを容認してきた。新しいメディアではこうした傾向がさらに顕著だ。二〇〇四年以降、中国当局はSNS上に共産党に対する好意的なコメントを何百万件も書き込ませている。中国以外の国々、そして多くの企業も、自分たちの行動、そして製品やサービスに対する称賛のコメントを大量に書き込ませている。イギリスでは、EU離脱派は自分たちの目的を達成するためにコンサルティング会社「ケンブリッジ・アナリティカ」を利用した。アメリカでも、こうしたコンサルティング会社は、共和党と民主党の両党が積極的に利用している。今日、これらの人々、あるいはこれらのロボットが、年間五億件以上のコメントを書き込んでいる。レストラン、ホテル、化粧品会社にとっても、こうした手口は常套手段だ。

このようにしてオンラインでの推薦コメントは意味を失った。現在、オンラインでは誰を信じてよいのかわからない状態だ。「ウルル」のようなオンライン・クラウドファンディングのサイトを利用して匿名の人物から少額の寄付をかき集めることにより、誹謗中傷に満ちたプロパガンダ映画の制作費用を賄えるようにさえなった。このようにして出来上がったのが映画『ホールド・アップ』（二〇二〇年）〔新型コロナウイルス感染症の流行は、一部の世界的エリートによる陰謀だと訴えるフランス映画〕だ。この映画は無知と陰謀論に訴える。内容は事実誤認だらけだ。著名人の発言のうち自分たちの主張に都合のよい部分だけを切り取り、これらを嘘で塗り固める。後ほど語るように、民主主義がそうしたでたらめを阻止できないのなら、今後さらに醜悪なものが続々と登場するだろう。

SNSが流すデマが人命を奪う：新型コロナウイルス感染症の場合

今回の新型コロナウイルス感染症への対応でわかったのは、一部のメディアの情報発信がきわめて危険だったということだ（現在もそうだ）。看過できないほど深刻なケースもあった。感染症予防と称して得体のしれない混ぜ物の摂取を推奨するなど、明らかに人体に有害な情報を流布する似非専門家も現れた。

他方、現状を正しく伝える優秀なメディアも存在した。多くの国の主要な公共テレビ局がこれに該当する。アメリカの場合のように、政府の見解に異論を述べる公共メディアも存在した。フランス、イタリア、インド、イギリスでは、一部の勇敢なジャーナリストが正確な報道を行った。反対に、ゴシップばかりを追いかけるタブロイド紙のジャーナリストは、恐怖を煽る間違ったニュースを伝えた。各国の二四時間連続のニュース番組には、専門家だけでなく詐欺師のような輩も登場した（どちらかと言えば、後者のほうが多かった）。

ＳＮＳも真実をあまり伝えず、伝えたとしても邪悪な虚偽と同列扱いだった。ＳＮＳ上に数多く出回ったこれらの虚偽により、大勢の命が失われた。ツイッターでは、フェイクニュースは真実よりも六倍の速さで伝わる。二〇二〇年四月だけでもファクトチェッカー（真偽検証者）の世界的ネットワーク（フランスの場合、『ルモンド』の「解読者」やフランス通信社の「事実」）は、フェイスブックに事実に反する内容の投稿を五万件以上も確認した。カーネギーメロン大学の調査によると、アメリカでは二〇二〇年の一月から四月までの期間、新型コロナウイルス感染症に関するツイートの四五％はロボットの発する虚偽だったという。マサチューセッツ工科大学（ＭＩＴ）の調査によると、この感染症に関する会話の五〇％は虚偽だったという。イギリスでは二〇二〇年四月、この感染症の原因が第五世代移動通信システム（５Ｇ）だと主張するメッセージが無数に発信されたため、イギリス全土でこの通信に関わる多くの技術者やインフラが攻撃された。ＳＮＳ上で推奨された医学的根拠のない治療法を実践して多くの国で大勢の人が死亡した。

いずれにせよ、今回の感染症が拡大した際、SNSも従来のメディアも果たすべき役割を果たさなかった。とくに、西側諸国の従来型メディアは、中国における感染症の推移だけを傍観し、二〇一九年一二月以降の韓国の対応を注視しなかった（韓国は中国当局の検閲が開始される前のウィーチャットで中国国内の感染状況を把握していたため、迅速かつ適宜に対応できた）。あの時点で、世界のメディアが武漢でなくソウルの対応を報道していたのなら、各国政府は効果的な感染症対策を素早く打ち出すことができ、この感染症が世界中に蔓延することはなかったかもしれない。こうした意味において、メディアは各国政府が最善の戦略をとる手助けをしなかったと言える。

SNSによる犠牲者：サミュエル・パティの場合

すでに紹介したように、噂、嘘、誹謗中傷、匿名の密告が、囁かれたり、文書になったり、電話で伝えられたり、ラジオやテレビで報道されたりすることによって、人命が失われることがある。

二〇二〇年、オンライン・メディアとSNSにより、悪事を働く手段はこれまで以上に強力になった。今日、たった一件の匿名のメッセージによって、ある人物が語ってもいないことをその人物が実際に発言したかのように仕立て上げることができる。そしてそうしたでっち上げが世間に拡散しても、誰も罰せられない。このようにして最大文字数二八〇字の一件のツイートによって、その人物の評判は世界中で永久に貶められる。ほとんどの国では、このような行為は処罰どころか規制の対象にもなっていない。誰もが一度は犠牲になる恐れのあるこうした行為は、でっち上げを純粋に信じる人たちや悪意ある人物によって際限なく繰り返される。また、フェイクニュースを流す匿名アカウントの数は増殖している（それらの多くはロボット）。フェイスブックやツイッターのアカウントの少なくとも一五％はロボットだ。いずれにせよ、一部のきわめて閉鎖的な独裁国家を除き、このようなメッセージが配信される前に検閲することは不可能だ。仮に発信後に削除および内容が否定される、また、発信者が厳しく処罰されることがあっても、オンライン上にその痕跡は残り、誹謗中傷は拡散し続ける。

そしてフェイクニュースであっても繰り返ししつこく配信されると、それは次第に「真実」になる。とくに、書籍、新聞、インタビューからの引用として紹介されると、信憑性は一気に増し、フェイクニュースが真実として定着する。これを真実でないと否定する者は、逆にフェイクニュースを発信する人物として糾弾されてしまう。後ほど述べるように、検閲や事実確認を行う組織が存在したとしても、それらの組織は、情報が壁や国境を越えて拡散することを防いだり、真実と嘘を区別したりする手段を持たない。

このような悪行は無数にあり、日々、大勢の人々が苦しんでいる。これらの悪行は、表面化しない場合、公になる場合、仮想の状態を保つ場合、そして惨事に至る場合がある。SNSで糾弾され、二〇二〇年一〇月一六日にパリ郊外コンフラン＝サント・オノリーヌでイスラーム原理主義のテロリストに殺害された地理と歴史の教師サミュエル・パティはその典型例だ。

凶悪なカルト集団をつくり出すSNS：「Qアノン」

一九七八年のイラン〔イラン革命〕では、ホメイニ師のメッセージが吹きこまれたカセットテープによって、そして一九九三年と一九九四年のルワンダでは、民族の対立感情を煽るラジオ局によって、多くの人命が失われた。同様に、SNSは狂信的な信仰やカルト集団をつくり出す。

二〇〇三年、アメリカで一五歳の少年クリストファー・プールは、西村博之という学生が日本でその数年前に設立した「2ちゃんねる」(略称「2ちゃん」)を真似て「4ちゃんねる」(「4ちゃん」)という電子掲示板を開設した。「4ちゃんねる」は若者たちが密かに意見を交換する場になった。日本の「2ちゃんねる」が始まったときと同様、アメリカの「4ちゃんねる」も当初はマンガについて語り合う場だったが、次第に同性愛嫌悪や白人至上主義が語られるようになった。

二〇一五年、クリストファー・プールは「4ちゃんねる」の運営から退き、「2ちゃんねる」の設立者である西村博之が引き継いだ。その後、このサイトでは数多くの密告があった。そしてヒラリー・クリントンの選挙対策責任者ジョン・ポデスタを糾弾する大規模な運動が展開された。二〇一七年一〇月には次のような匿名の投稿があった。「ヒラリー・クリントンの逮捕間近。共犯者は逃亡して外国から暴動を指揮する模様。アメリカ軍が暴動鎮圧の準備に入った」。また、「Qクリアランス」(「Qアノン」という名称の由来)と呼ばれる国家機密情報へのアクセス権を持つと主張する匿名の人物が署名したとされるメッセージには、内戦を勃発させることによって自身の権力を維持しようとするアメリカの権力者集団を解体させるため、「嵐」という作戦を開始するという宣言があった。この「匿名の人物」は「ドロップ」と呼ばれる数千件のメッセージを、「4ちゃんねる」、そして「8ちゃん」や「8くん」のようなアメリカの極右集団と密接なつながりを持つサイト、さらにはレディット、フェイスブック、ツイッターなどのサイトに送り付けた。メッセージの内容は、たとえば次のようなものだ。「児童売春組織が民主党に資金提供している。民主党の指導層は子供を食べて不死を得ようとしている」。

こうして「Qアノン」を師と仰ぐ信者やカルト集団が形成された。彼らによると、自分たちの同志であるトランプは、政府、金融業界、メディアに潜む民主党支持のエリート層の小児愛に満ちた悪魔的な犯罪に対して水面下での戦いを起こすという。トランプは彼らのそうしたメッセージを否定せず、リツイートした。二〇二〇年末、Qドロップス〔Qアノンの投稿記事〕の一万件近くが調査対象になった。たとえば、フェイスブックでは、ジョージア州で誘拐された三九人の子供がトラックから発見されたというメッセージが一〇〇万回以上シェアされた。数百万人の人々がQの投稿記事を議論した。アメリカの一部の上院議員も彼らを支持した。二〇二〇年八月、フェイスブックには三〇〇万人のQアノンの集団がいた。二〇二〇年一〇月、市民からの抗議に対し、フェイスブックは暴力的な内容が含まれていない場合であってもQアノンに関連するページを削除すると発表した。

しかし、状況はまったく変わらなかった。インスタグラムのインフルエンサーたちはQアノンの投稿を、オーストラリア、ブラジル（ボルソナロが大統領に選出される際に大きな役割を担った）、ニュージーランド、ドイツ、イギリス、オランダ、ポルトガル、イタリア、フランス、南アフリカ（人身売買の中心地はプレトリア〔首都〕だという投稿が数千回シェアされた）で行った。アメリカ連邦議会選挙では、およそ八〇人の候補者がQアノンを公然と支持し、彼らの一人マージョリー・テイラー・グリーンは下院議員に選出された。ドナルド・トランプの国家情報長官ジョン・ラトクリフもQアノンの支持者だ。

インターネットの薄暗い奥底から始まったQアノンは、三年間で一種の宗教になり、救世主を求めるアメリカ中間層にも支持者を得た。このような病理は、一九五七年のノーマン・コーエンの随筆『千年王国の追求』〔江河徹訳、紀伊國屋書店、一九七八年〕、一九七二年のルネ・ジラールの『暴力と聖なるもの』〔古田幸男訳、法政大学出版局、一九八二年〕、一九八〇年のジョージ・W・S・トロウの『文脈のない文脈の中で』などにおいても、すでに語られていた。

後ほど紹介するように、すべては最悪に向かって突き進んでいる。

民主主義を脅かすSNS：二〇二〇年一一月のアメリカ大統領選

今日、不確実性の闇が広がり、相手の考えや論拠を把握することが困難になった。このような状況により、政党間での理性的な話し合いはさらに難しくなった。ともに暮らさなければならない人々の間の懸け橋はすべて破壊された。自分たちが応援する候補者が選挙で敗れた人々の怒りや憤りは増幅している。彼らはこの敗北を不正の結果としか捉えることができない。なぜなら、彼らが情報源と認めるのは自分たちの陣営の言い分だけだからだ。

二〇二〇年一一月のアメリカ大統領選は逸話のような出来事だった。アメリカの選挙制度では、社会的少数派が流動的な多数派を形成することがある。そうした社会的少数派にとって、今回の大統領選は民主主義が劣化する前兆だった。

数字がすべてを物語っている。四八ヵ国の世論調査をする「世界価値観調査」によると、「議会や選挙民に媚びない強いリーダーを求める」アメリカ選挙民の割合は、一九九〇年の二五％から二〇一七年には三七％になった。現在、この割合はもっと大きいはずだ。民主主義は危機に瀕している。

アメリカで起きたことは世界中で起こり得る。すなわち、ＳＮＳにより、誰もが自分と同じ信仰、文化、言語、社会層の人たちだけと固まって暮らすようになるのだ。こうした傾向は、金儲け主義者の排他的で自己中心的な力学を強め、今日、われわれが目の当たりする社会をつくり出す。つまり、まとまりのある社会が分断化され、確実性の小さな塊が並列して構成される社会だ。民主主義を遂行する際の基盤は妥協だが、そのような社会では人々が妥協する余地は残されていない。

情報を得る方法であなたの人となりがわかる

すでに語ったように、いつの時代においても、各人の情報を得る方法は、その人の社会的地位、教育、習慣、好奇心、批判的な精神によって決まる。

自らの意思により、あるいは強制的に、自分自身をあらゆる情報源から遠ざける人たちは、進歩することなく、何かを学ぶことなく、家族や信仰する宗教がつくり出す信念から抜け出すことなく、自己中心的な生活を送る。

あらゆる事象に対し、一度選んだメディアだけから情報を得続ける人たちは、自己の思い込みを強固にするだけだ。たとえば、新聞は一紙しか読まない人たち、いつも同じラジオ局やテレビ局の番組しか視聴しない人たち、決まったオンラインニュースしか読まない人たち、お気に入りのＳＮＳが知らせてくれることだけを信じる人たちだ。

彼らは、強い確信を抱き、批判的な精神を失い、自分の信じることが真実だと自己に言い聞かせるために、どんな陰謀論であってもいとも簡単に信じる。

いろいろなSNSを閲覧しながら何時間も過ごす場合でも、自分は自由な精神の持ち主だと思っていても、読解力がなく、特別な関心を持たず、情報の質を求めることがなければ、SNSの網にかかってしまう。というのは、SNSは利用者の好みや関心を分析し、利用者に気づかれることなく利用者の抱く偏見に近いコンテンツを提示してくるからだ。したがって、彼らも決まったものの見方だけを聞き入れることを自ら選択した人々の仲間入りを果たす羽目になる。さらには、彼らにとってSNSは、得る時間よりも失う時間のほうが多いメディアだ（過去では、他のメディアや交通手段の利用にも同じことが言えた）。

反対に、多数の新聞に目を通し、いくつものラジオ局の番組を聴き、複数のテレビ局の番組を視聴し、数多くの質の高いオンライン新聞を読み、自分の信念を強固にするコンテンツだけを読んで暮らすことをよしとしない人々や、自己を顧み、友人、親類、寛容で信頼できる相手と（オンラインであっても）会話し、世界に関する知識の情報源を増やし、批判的な精神を養う人々は、SNSの網にかかる心配が少ない。だが、それでもさらなる心構えが必要だ。

そして国内外の政治、経済、テクノロジー、文化、科学の中枢にアクセスできる人々は、最良の投資先の選択、権力の座への道筋、自由な生活のために必要な情報を得ることができる。こうした事情は三〇〇〇年前からまったく変わっていない。

実際に、テクノロジー、人口、文化、経済、政治、歴史などに大きな変化があっても、数千年前から物事の本質にはまったく変化がない。未来を占うための法則は、必ず過去から導き出すことができるのだ。

第12章 情報を得て自由に行動する

二〇二二年から二一〇〇年

ヒトラーやスターリンの全体主義に着想を得たジョージ・オーウェルは、世界的ベストセラー『一九八四年』（出版は一九四八年）において、自己の存在を否定することを強いる社会システムが一組の男女を押しつぶす姿を描いた。この物語では、ビッグブラザー〔国家元首〕のために、プロパガンダ、監視、歴史の書き換え、ニュースピーク〔全体主義のイデオロギーに反する思想を抑え込むための言語〕、思想警察〔全体主義に批判的な思想を取り締まる警察〕など、独裁国家の醜悪な手法が登場する。

今日の多くの人々にとって、オーウェルの描いた社会は、ある意味で現実と言える。独裁国家で暮らす世界人口の三分の一以上の人々だけでなく民主国家の国民のなかにも、虐待され、飢餓に苦しむ人々がいる。また、充分な教育が受けられず、情報不足の状態にあり、思考が停止し、自己愛に浸る人々もいる。そして実に多くの人々が、オンライン上の意味のないメッセージ、セールス文句、がなり立てるプロパガンダ、根拠のない告発、不確かなニュース、不寛容から生じる憤慨、暴力行使の呼びかけ、監視強化の訴えなどの洪水に呑み込まれている。現代のビッグブラザーは、人物でも国家でもなく（ましてや独裁者でもなく）一握りの富裕層に奉仕する技術システムだ。

さらなる教育、文化、理性、知性、自由、進歩、幸福、情報、科学、創造性を求め、長年にわたって闘ってきた人類の歩みは徒労に終わるのだろうか。優秀な人材、自由の殉教者、研究者、大学教授、ジャーナリスト、起業家、労働者、作家、活動家、芸術家など、数多くの人々が苦労して寄せ集め、次世代に継承した素晴らしい手段を、大勢の人々がこれほど悲惨な形で利用するのを、われわれは座視しなければならないのか。とくに、ＩＴ技術の大いなる約束が少なくとも二〇年ほど前から捻じ曲げられたことを、われわれは甘受しなければならないのか。

現状を嘆くどころか、この逸脱はまだ始まったばかりなのだ。

次世代、さらには一〇〇年後、二〇〇〇年後の世代（人類がまだ存在していればの話だが）を待ち受けるのは、常軌を逸する狂った未来であり、今日の感覚では到底理解できない世界だ。

将来、われわれはどのような世界で暮らすのだろうか。環境、テクノロジー、経済、社会、イデオロギー、地政学、文化、政治などの面における激変は、われわれにどのような影響をおよぼすのだろうか。真実と虚偽、そして情報と娯楽を区別することはまだ可能だろうか。新聞、ラジオ局、テレビ局、SNS、ジャーナリストは、まだ存在しているだろうか。各自のニーズに合った最適な情報（とくに健康状態に関する情報）を提供するという名目で、民間の権力者や政治当局の監視は、今日以上に強化されるのだろうか。誰もが自分自身に関する情報以上のものを受け取りたいと願い、そして受け取ることができるようになるのだろうか。世界中の富の大部分を蓄積し続ける一握りの富裕層が重要な情報を支配し続けるのだろうか。つまり、真っ先に情報を入手するのは今後も彼らなのだろうか。われわれは情報提供者の完全な監視下に置かれる一方で、情報提供者は、情報を受け取るわれわれに関する情報を、最高値を提示する企業に転売する、あるいは政治当局に譲り渡すのなら、われわれが情報を受け取ることに意味はあるのだろうか。将来的には、フェイクニュースを無尽蔵に生み出すロボットが、虚偽も含め、あらゆる情報を生成するようになるのだろうか。誰もが永遠に存在する他者のホログラムにアクセスするようになるのだろうか。さらに驚くべき未来がわれわれを待ち受けているのだろうか。情報の自由にまだ望みはあるのだろうか。

過去から導き出せる教訓とは？

未来を見通す、そして読む、聞く、見る、知るためにつくられた道具が、ある日突然、われわれの社会を破壊するかもしれない。この惨事を防ぐには、情報とコミュニケーション手段の歴史を彩る膨大な出来事、テクノロジー、試行錯誤から教訓を導き出す必要がある。なぜなら、過去には、パターン、不変性、恒常性、傾向があり、これらがメディア史の法則として機能しているからだ。

われわれは数千年前から作用し続ける「歴史」を司る法則を見出すことができる。今後少なくとも数十年間、作用し続けるだろうこれらの法則をここで再確認しておく。

1. 個人のメッセージを配信する手段は、マスコミュニケーションになる。たとえば、手紙は新聞、電話はラジオ、写真はテレビ、電子メールはインターネットになった。情報を伝達する他の手段にも同じことが言える。

2. 情報を伝える手段は、教育、文化、娯楽、芸術にも利用される。これらの手段により、彫刻、版画、印刷、写真、レコード、映画、ラジオ、テレビ、ビデオゲーム、オンラインゲームが可能になった。

3. 情報をつくり出して配信するさまざまな方法はすべて商業活動になる。これらの方法は次々と自動化され、機械（印刷機からSNSまで）が担うようになる。

4. コミュニケーションの道具は、第一に政治権力、富裕層の利益、そして富裕層の顧客である大衆の娯楽の源泉だ。

5. 社会のイデオロギー、文化、経済の形態は、そこで暮らす人々が情報を得る、あるいは選択する方法に多大な影響をおよぼす。

6. 逆もしかりだ。社会の構成員の一人一人がどのように情報を得るのか、あるいは得ないかは、社会の政治、文化、経済の未来に多大な影響をおよぼす。

7. 地政学上の主要勢力になるのは、その時代のコミュニケーションと情報の手段を最もうまく使いこなし、国外向けの情報発信にこれらの手段を利用する国だ。

8. 権力者は、本当に重要な出来事を真っ先に知るための手段を持ちたがる。そして、どの情報を他者に伝えるのかを選択し、それ以外の情報を検閲し、隠蔽し、こき下ろす。

9. 権力者が臣民の嗜好を知ろうとするように、メディアは常に顧客の関心を探る。両者とも、監視し、魅惑し、楽しませ、注意を引こうとする。メディアは顧客から得たデータを、監視、政治、金融の面で最大限に活用しようとする。

10. 検証可能な正しい情報を得ることのできる人口は増えている（総人口に占める相対的な割合も上昇している）。自分が目撃した情報を発信したり、情報の影響を分析したりできる人口も増加している。

11. 誰もが的確かつ利用価値のある情報に平等かつ自由にアクセスできる環境を確保することは、民主主義を存続させるための条件だ。しかしながら、そのような環境を整備しても、独裁政権の跋扈を阻止できるとは限らない。

12. コミュニケーション、情報発信、意見操作、隷属、行動、解放のために、人類はすべての感覚を利用してきた。これは今後も変わらない。視覚、聴覚の次は、触覚、嗅覚、味覚などが用いられる。

数千年前から続いてきたこれらの傾向が変わらないのなら（そして、そうはならないという特段の理由がないのなら）、多くの国では、紙の新聞の購読、ラジオとテレビの視聴、SNSの利用は、あと数年間は続くだろう。ますます多くの人がジャーナリストを自称し、メディアを立ち上げるはずだ。これらのメディアは、一部の人々の間では信頼を獲得する一方で、他の人々の間では、政治色や宗教色の濃い、あるいは嘘を伝えるメディアと見なされるだろう。特権階級は今後も長期にわたって、誰よりも先に重要な情報を入手することによってさらなる富を築くに違いない。

そしてこれらのメディアは次々と進化しては消えていく。いずれにせよ、現在のような形態のメディアは存在しなくなる。そしてこれにともない、多くの人々にとって、文学、世界の争点に関する知識、真実、自由へのアクセスも消失する恐れがある。超富裕層と情報に最も通じた者たちは、将来的には出来事の展開を知るだけでなく、これらの出来事を再現する虚構に入り込んで新たな陶酔感を味わうだろう。そしていつの日か、彼らはあらゆる手法を用いて自身も人工物を消費する人工物になる。そのような未来を阻止するには、全人類が情報を得る、教育を受ける、批判する、探求する、思考する、自由を得る手段を確保するための闘いに、われわれの多くが参加し、勝利しなければならない。

明日はどんな世界になるのか？

本書は、社会のイデオロギー、文化、経済の形態が、人々の情報を得る方法に多大な影響をおよぼすことを紹介した。したがって、情報を得る方法の変化を見抜くには、できる限り正確に社会の変化を把握する必要がある。そして情報を得る方法の変化が社会にどのような影響をおよぼすのかも精査しなければならない。

人類の過去六〇〇〇年の歴史とその情報との関係を語ることができるとしても、そこから一〇〇年後のわれわれの社会との類似点、とくに一〇〇年後の人々がどのように情報を得ているのかという予測を試みる人はほとんどいない。もちろん、そうした予測はきわめて難しい。というのは、未来を決定する変数は無数にあるからだ。二〇〇〇年の時点でさえ、二〇二一年の世界を予測できた人はほとんどいない。

未来を予測することは不可能ではない。想定できるさまざまな未来を垣間見せてくれるSF文学は数多くある。監視カメラに終始見張られながら現実と仮想が混在する社会で暮らす様子を描いた映画も参考になる。また、長期的な傾向を詳述する未来学者の作品も大変興味深い。私は長年にわたって未来を予測する方法論を培ってきた。そして実際に数々の予測を的中させてきた。私の予測を紹介する。

今後の数十年間、世界人口は増加し続け、そして減少へと転じるだろう。気候変動がおよぼす影響は（おそらく改善する前に）悪化するだろう。世界中で教育と文化のレベル（とくに女性の場合）は向上するはずだ。都市部およびその近郊で暮らす人口は増加する。生活様式、仕事、消費は、まだしばらくの間、迅速で柔軟なノマドな形態を保つだろう。仕事と消費は、多くの場面で混ざり合うはずだ。職場でも私生活でも孤独感がさらに強まるに違いない。雇用と同様にカップルもますます不安定になるだろう。気候変動がおよぼす影響が深刻化し、エネルギーの節制と早期の脱化石燃料が緊急課題となるはずだ。

市場とその支配者たちは、情報を発信し、監視し、説得し、強制するだろう。価値の高い貴重な情報は、これまでと同じ人々とその相続人たち、そして彼らの閉じた世界に潜り込む人々が独占するはずだ。その他の人々は、生活の糧を得たり、娯楽に興じたりすることで忙しく暮らすだろう。娯楽産業の最大の顧客は彼らになる。

おもな投資先になる産業は人命を守る産業だろう（医療、衛生、食品、農業、教育、文化、研究、ＩＴ技術、流通、クリーンなエネルギー、持続可能な住宅、清潔な水、安全、民主主義、情報、娯楽、歓待、保険、金融）。人類の活動はさらに自動化される。ムーアとメトカーフの法則は、今後も長期的に作用するだろう。コミュニケーションの形態は、先ほど述べた一二の法則に従って変化し続けるはずだ。

現在の主要国（アメリカ、中国、ヨーロッパ諸国）は、少なくとも五〇年間、経済、政治、文化の面で対立し、その後、人口、経済、さらには軍事の面で秀でた新たな勢力が登場する。すなわち、インドとナイジェリア、インドネシアとブラジルだ。そして巨大で過激な勢力が世界を揺るがし続ける。

人類は徐々に三つの集団へと明確に分類されるはずだ。一つめは、権力、知識、富の大部分を支配する上級ノマドで構成されるごく一握りの集団だ。二つめは、飢餓で命を落とすことさえある極貧に喘ぐノマドからなる集団だ。三つめは、一つめの集団への仲間入りを夢見ながらも二つめの集団へと転落することを恐れるヴァーチャル・ノマドの集団だ(両者の中間に位置する社会的中間層)。

一つめの集団では、情報は、友人、富裕層、投資家、金融関係者、研究者、大学関係者、起業家などのごく小さな仲間内で流通し続ける。彼らは将来においても、科学、テクノロジー、市場、イノベーションの最新情報を真っ先に知り、どの人に会えばよいのかをわかっている。二つめの集団である最貧層は、電話とその後継手段によってしか世界のニュースを知ることができない。そして三つめの集団である定住型の中間層は、まだ新聞が存在するのなら新聞を読むことができるはずだ。

対策を早急に打ち出さなければ、情報を収集する巨大グループが国家権力を徐々に奪っていくだろう。これらのグループは、収集したデータを利用して今日のすべての公共サービス(教育から娯楽、生産から医療、消費から娯楽、銀行から保険、警察から司法、そして揺りかごから墓場まで)を提供するようになるだろう。

誰もが自身の透明な箱の中に閉じこもるため、自分の考えに反する情報を受け入れようとしなくなる。皆が自己の確信に固執するため、互いに妥協することがさらに難しくなる。結果として、個人の自由よりも安全が求められるようになる。環境問題の解決にともなう制約はますます厳しくなる。われわれはすでに自己監視を行っているが、今後、全員が自分自身に関する情報を、サービスを提供してくれる相手に自ら進んで差し出すようになる。超監視社会の到来だ。また、誰もが死の恐怖から逃れるために、信仰や儀式よりも娯楽にうつつを抜かすようになる。

こうした世界がもたらす深刻な矛盾に疑問を抱き、これらの矛盾が極端な結果をもたらす前に、この悪夢に終止符を打ち、世界に意義を付し、未来の世界から過剰な利益を収奪する輩を追放することを要求する複数のグループが登場するだろう（すでに登場している）。不遇の少数派を支援すると称して、信仰、定住、排他主義、セクト主義、共同体主義などのイデオロギーを擁護するグループや、環境問題を否定するグループもいるだろう。また、権力者と思われる人物たちを手っ取り早く排除すべきと考えるグループも現れるだろう。彼らは、恐怖を煽ることによっていくつかの国で勝利し、それらの国でしばらくの期間、社会、宗教、アイデンティティ、環境の面で、独裁体制を敷くに違いない。

別のグループは、個人の自由の尊重のために闘う。すなわち、将来世代に投票権を付与し、主要な共通の課題に対して地球規模のガバナンスを組織するというポジティブな民主主義の構築を目指すグループだ。

どのグループが勝利するのだろうか。勝負の行方はまったくわからない。これらの闘いにおいて、メディアは今後も主要な武器になるはずだ。

一部の紙の新聞はもうしばらくの間、生き延びる

多くの国では、今後しばらくの間、紙の新聞を読むための時間、政治的な自由、資力、知的好奇心を持つ人口は増えると思われる。これらの多くの国では、出勤前に日刊紙や雑誌を宅配してもらいたいという要望も引き続き存在するだろう。しかしながら、そうした人口は次第に減っていくはずだ。

紙の新聞の未来がかなり先まで約束されている民主国は稀だ（例：日本）。これらの国の日刊紙は発行部数で世界の上位一〇位に入っており、今後しばらくの間、何とか現状を維持するだろう。他の民主国では、日刊紙は次第に姿を消す。しぶとく生き残るのはスポーツ新聞と地方紙だ。紙の新聞は衰退するが、世界中でジャーナリストを志望する若者は

増えるだろう。だが彼らは新聞以外のメディアを目指すはずだ。これについては後ほど語る。

中国のような独裁国家では、日刊紙は今後しばらくの間、大衆に指令や日常生活に関する必要事項を伝達し続けるはずだ。そして今後も独裁政権が日刊紙を直接的、間接的に所有し続ける。

どの国でも、週刊誌や月刊誌を問わず、雑誌は、出来事の理解や娯楽のために紙の新聞よりもわずかに耐久力を発揮すると思われる。雑誌は、専門性を求める読者を満足させる、テレビの番組表を掲載する、雲隠れした有名人の私生活を暴く。さらには、暮らしの情報、スポーツ、環境、経済、演劇、ジェンダーや社会的少数派の問題など、数多くの個別の話題を扱う。紙の新聞は、知的好奇心の高い読者を対象に独自の有用なコンテンツを提供できるのなら、オンライン化しなくてもまだ利益を確保できるだろう。その際、読者の関心を把握するためにチャートビートをさらに進化させたアプリケーションが活用されるだろう。

政治指導層が新聞を陰で操らない場合でも、大手金融グループやデータを収集する大企業が新聞社を所有し、自分たちの利用者の行動やネットワークを垣間見るための手段を補強するために新聞を利用し、利用者に情報以上のもの（保険、融資、教育、武器、食糧、交通手段など）を売りつけようとするはずだ。

映画ならネットフリックスやアップル、音楽ならスポティファイのように、複数の新聞を一括してオンライン定期購読できるようになるだろう。このような複数同時購読のプラットフォームはすでに存在し、一定の成功を収めている。たとえば、カナダのプレス・リーダー（一九九九年設立）は、月間一二〇〇万人の利用者を持つ。この市場で世界第一位のプレス・リーダーと購読契約を結ぶと、六〇言語の七〇〇〇以上の新聞と雑誌を読むことができる。スウェーデンのリードリィ（二〇一三年設立）は、三四〇〇の新聞と雑誌（そのうち一〇〇はドイツ語）の購読サービスを提供している。アメリカのマグスター（二〇一一年設立）は、五〇〇〇以上の新聞と雑誌の購読サービスを提供し、今日、インドを中心に数千万人の購読者を持つ。日本では、ノアドット（二〇一五年設立）が日本語と英語の数百の新聞と雑誌の購読サービスを提供し、今日、六〇〇万人の購読者を持つ。フランスではカフェインが一六〇〇、イープレスが四五〇の新聞と雑誌の購読サービスを提供している。

しかしながら、多くの国ではジャーナリストが意欲に活動して質の高い記事を書いても、紙媒体の経済モデルはいずれ廃れるだろう。

その理由を列挙する。日刊紙（そして雑誌）は他のメディアがすでに伝えた情報しか提供できない。また、日刊紙には、詳細な分析を行うための人材や時間的余裕があるとは限らない（この点で、週刊誌にはまだ希望がある）。そしてこれらの新聞はいずれ広告をとれなくなる。というのは、企業は、ＳＮＳ（標的を絞りやすい）やインフルエンサーの個人アカウント（インパクトが大きい）に直接広告を載せ、今後続々と登場する新たな手法によって情報そのものを一人歩きさせることのほうに関心を持つようになるからだ。さらに、売店や宅配などの流通コストが大きな障害になる。流通コストがほぼゼロのオンライン配信とは競争にならない。

また、アフリカのような途上国では、紙媒体に将来性があるとはまったく思えない。とくに、ナイジェリア（二〇〇年後に最も人口の多い国の一つになる）とコンゴ民主共和国（フランス語圏のアフリカで最も人口が多い）では、固定電話の段階を経ずに携帯電話が普及したように、新聞などの出版物は最初からオンラインで広まるだろう。

したがって、紙の新聞が生き残るには、ポッドキャスト、ＳＮＳ、セミナー、フォーラムを充実させ、ジャーナリストの数を大幅に削減し、フリーのジャーナリストを雇うか、ボランティアの協力者に頼るしかないだろう。あるいは、収益以外の目的を持つ資金の出し手を見つけることだ。この点については次章で語る。

国によっては、紙の新聞はすでに消滅寸前だ。スマートフォンの普及率が世界一のノルウェー（九五％以上）では、国民は報道機関に大きな信頼を寄せているが、一部の新聞はすでに完全にオンライン化した。二〇二一年、ノルウェーの日刊紙『アフテンポステン』のおもな収益源はオンライン購読料だ。この新聞のジャーナリストたちは、読者がスマートフォンの画面でしか読まないことを前提にしている。

スウェーデンでは、大手新聞社の編集室の多くは、オンライン版の制作に集中するために紙版の制作を外注している。たとえば、スチブステドが所有する『スウェーデンの日刊紙』の紙版のコンテンツ制作は、TTニューズ・エージェンシーという通信社が代行している（速報や閲覧数の多いオンライン記事から紙版を制作）。

紙版とオンライン版の混合メディア：『ニューヨーク・タイムズ』の危うい戦略

財政的な独立を維持しようとして、多くの新聞社がオンライン版を立ち上げるだろう。それらの新聞社の一部は、紙版を維持して共通コストを削減しようとするはずだ。先ほど紹介したように、この戦略の成功例は『ニューヨーク・タイムズ』だ。今日、この新聞は利益を上げている。二〇二一年初頭の時点で、この新聞のオンライン版の購読者数は五〇

○万人だ（世界最大のオンライン新聞）。二〇一一年には購読者数を二〇二五年までに一〇〇〇万人にまで増やすという目標を掲げていたが、今日では教育を受けた英語を話す成人人口全体を購読者にすると息巻いている。この新聞の社長の高慢な決まり文句を引用すると、アメリカ、そして西洋諸国の出来事を知りたいと願う二億人以上の人々が購読者層だという。さらには、『ニューヨーク・タイムズ』は「世界で唯一信頼できる独立した情報源」としての地位を確立すると気炎を揚げている。この実現には「きわめて優秀なジャーナリストからなる巨大なチームが必要であり、そうしたチームを採算に見合う形で編成することはきわめて難しい」ため、競争相手は減っていくという。

『ニューヨーク・タイムズ』のきわめて尊大かつ傲慢な野望や「信頼できる情報源」という自負とは裏腹の近年の逸脱はさておき、インドやナイジェリア、さらには中国やベトナム、そしてヨーロッパ諸国においても、『ニューヨーク・タイムズ』よりもはるかに安いコストで、きわめて優秀なジャーナリストたちが流麗な英語を使って、アメリカの帝国主義、相対主義、共同体主義に毒されていない観点から世界のニュースを提供する新聞が登場するだろう。権力者の最大の弱点は傲慢さだ……。

今後、数多くのオンライン版の新聞が紙版とともに登場するはずだ。

また、興味を引くメディアの記事を寄せ集めれば、誰でも自身の関心に基づく独自のオンライン新聞をつくることができる（すでに可能だが、著作権の問題はある）。多くのジャーナリストも進歩の著しいソフトウェアを利用すればオンライン新聞を自分自身で制作できる。これは将来のメディアの最も有望な道筋の一つだが、まだあまり脚光を浴びていない。この道筋については次章で述べる。

しかしながら、メディアのオンライン購読の収益化は前途多難だろう。というのは、ラジオ、テレビ、そして数多くのインターネットのサイトやプラットフォームにおいて、大量の情報が無償で出回っているからだ。情報やコメントは無償で提供され、他のメディアのコンテンツが盗用されているのが現状だ。

総括すると、しばらくの間、生き残る紙の定期刊行物は、特定の読者（とくに高齢者）を対象とする帰属意識に訴える専門誌だけだろう。具体的に言うと、企業の従業員や顧客向け、保険会社の契約者向け、協会の会員向け、教会の信者向け、メディアの視聴者向けの印刷物だ。さらにはノマドで脆い社会が人類の根源であることを示すため、外部の専門家を用いて、過去に意義を見出しながら特定の分野の出来事を、文化的、歴史的な背景に落とし込んで説明する記事を掲載する印刷物だ。これらの定期刊行物は、パンフレットやアルバムのような雑誌と書籍の中間に位置するハイブリッド型の出版物になるに違いない。

新聞が存在する限り、紙の新聞も数百年来そうであったように、新聞は、誹謗中傷、でっち上げのスキャンダル、殺人教唆の受け皿であり続けるだろう。エリート主義に終止符を打ちたい、そして著名人を貶めたいという大衆の思いはますます強くなり、メディアはそうした思いに便乗するだろう。

一六世紀のアッヴィージから途切れることなく続いてきた手法が発展し続けるはずだ。すなわち、大手金融機関が顧客に無料で提供するきわめて価値の高い情報が記された親書だ。これらの親書に含まれる情報は、金融と政治に関する決定に大きな影響をおよぼし続け、金儲けの価値がなくなった時点で一般のメディアが取り上げる。そしてコミュニケーション速度を加速させるためにこれらの親書がデジタル化される際には、最先端の暗号技術が用いられるはずだ。

後ほど紹介するように、これらの親書の発行者のなかには、大衆も権力者たちと同じ真実を知る権利があるという信念に基づき、大手メディアに成長する者も現れるだろう。

未来のノマド向けメディアとなるラジオ

およそ一〇〇年前から存在するラジオというメディアにはまだ明るい未来がある。ラジオは主要都市から離れた地域で暮らす人々にとって、一般的な情報を得るための最初の、そして主要な社会との接点であり、こうした事情は今後も変わらないはずだ。インターネットが利用可能なところでは、人々はDAB〔デジタルラジオ〕やVPN接続によってスマートフォンでラジオを聴くだろう。都市部の人々はラジオを、職場や家庭、スポーツの最中、公共交通機関での移動中、歩行中、自転車や自動車（運転中にヘッドフォンでは聴取しないことが条件）で聴くだろう。すでに「ラジオガーデン」のようなアプリケーションを利用すれば、使用許諾を条件に世界中のラジオ局の番組を高音質で聴くことができる。洗練された番組の放送だけでなく、さまざまな言語で放送するラジオ局の設立が、これまで以上に容易になる。これにより、消滅寸前の言語の保存が促進される。また、自動翻訳機能の向上により、あらゆる会話に蔓延しているシンプルな英語「グロービッシュ」の使用が再考されるはずだ。

民間ラジオ局のおもな収入源は、ラジオ番組やポッドキャストのスポンサーという形式の広告収入になる。そしてポッドキャストの広告収入は、いわゆる本来のラジオ番組を上回るに違いない。

ラジオのおもな番組は、これまで通り、音楽、スポーツ、ニュースだろう。番組を制作するのは、今後もラジオ局のジャーナリスト、外部の専門家、あるいは聴取者のアイデアだろう。農村部の人々は、ニュース、文化、娯楽だけでなく、天気予報や農業アドバイスのためにラジオを聴く。

これまで以上に多くの分野で、より専門的な番組を放送するラジオ局が増える。そして聴取者の好み、時間帯、天候に応じて番組リストを構成する「ラディアン」のような個別化された番組を提供するラジオ局や、最新ニュースを流し続けるラジオ局も増えるはずだ。同時に、聴取者は好みのいくつかのラジオ局の番組を、自身のメディアとしてまとめ上げることができるようになる。

ラジオ局以外の文字やテレビなどのメディアがラジオ放送を開始するだろう。現在でも特別なアプリケーション（オーダシティ、リーパ、ガレージバンド、スピーカースタジオなど）を使ってライセンスに基づいてラジオ番組を制作すれば、これらの番組をポッドキャスト形式でオンライン公開することができる。

また、バズスプラウト、トランジスタ、そしてフランスのオーディオミーンズなどの企業は、このようにして制作されるポッドキャストのホスティング、配信、課金のサービスを提供している（これらのポッドキャストは、スポティファイやディーザーなどの従来型の商業プラットフォームでも配信できる）。

健在ながらも過去のメディアになるテレビ

一九四五年から放送が始まったテレビの未来は、世界の大部分の地域でまだ明るい。テレビは今後も、娯楽、情報、スポーツや選挙の生中継などで活躍するだろう。

アパートや事務所の壁、衣服、家具に組み込まれた新たな画面（平面とは限らない）が登場するだろう。また、スマートフォンと画面を兼ねた眼鏡が開発される。この眼鏡をかければ仮想現実も見ることができるようになる。ユーチューブ、ティックトック、ナウディス、ブリュット〔フランスのオンライン・メディア〕などをモデルとして、絞り込んだ視聴者を対象にする短めの動画を配信する専門チャンネルがさらに発展するに違いない。専門的な情報を求める人たちや従来のニュース番組の視聴者は、これまで以上にこうしたメディアを支持するはずだ。このようなチャンネルの視聴回数は増えるだろう。二〇二〇年一二月四日にブリュットで行われたフランス大統領エマニュエル・マクロンのインタビューは、その最初の例と言える。また、ネットフリックス、ＨＢＯ、アマゾン・プライム、ユーチューブ（二〇二〇年末時点で、月に一回ユーチューブを視聴する人口は二〇億人を超えている）も、視聴者の対象を絞った番組を提供するようになる。

ジャーナリストはルポルタージュや記事の選択、また番組内容を決定する際に、SNS上で人々の反応を窺い、ソーシャルグラフの反応を探るようになる。どの話題が（誰に）最も反響があるのかを見極めるためだ。また、非常に学術的な話題であっても視聴者が増えれば、コンテンツを充実させる人たちが現れるだろう。そしてすでに一部のアプリケーションを利用して行われているように、特定のコミュニティを取り上げる番組の最中に、画面上でそのコミュニティとの交流を可能にするメディアが登場するはずだ。さらには、ジャーナリストや俳優の着ている洋服やアクセサリーに関する情報が欲しいと画面に向かって話しかけると、所定のオンライン・ショップへと誘導する番組が始まる（こうしたサービスは、スマートテレビのプラットフォーム「ＶＩＤＡＡ」がすでに提唱している）。

普通の個人や社会集団がユーチューブなどでラジオ局やテレビ局をつくり、自分の気に入ったジャーナリストや芸術家を起用して番組を放送するようになる（独自の広告も可能だ）。そして誰もが仮想の物語の中に入り込めるようになる。アレン人工知能研究所が開発したクラフト・テクノロジーを用いれば、一部の動画ではすでにこうした体験を味わえる。

一時的に開設されるラジオ局やテレビ局も増えるだろう。これらの局のおもな目的は、特定の人物や集団の応援、あるいはこき下ろし、そして麗しい、あるいは醜悪な主義主張の擁護、そしてこれまでと同様に、独裁者に対する抵抗、あるいは殺戮の呼びかけだ。

メディアの細分化にともない、ジャーナリストの自営業化も進行する。メディアの経営は視聴者が減少するため不安定になる。そうしたメディアで劣悪な雇用条件で働くジャーナリストが増える。このような状況に対し、世界中の政府当局と国民は、ジャーナリストの権利、身分保障、職業上の特殊事情を見直すべきだと考えるようになる。

SNS：情報を得るために情報を発信する

今後しばらくの間、皆がフェイスブック、リンクトイン、ツイッター、インスタグラム、ティックトック、ウィーチャット、そしてインド、ナイジェリア、メキシコ、インドネシア、ヨーロッパなどの競合他社や後続組のSNSから情報を得るだろう。

全員がこれらのSNS上で自分自身に関する情報を発信し、自分の生活に影響をおよぼす情報、出来事、人々を検索し続ける。多くの人々は自身の見解に一致する情報だけを探し求める。その際、これらのSNSはアルゴリズムを駆使して利用者をできる限り自分たちのサイトに引き留めようとする。

至る所にセンサーが設置され、これらのセンサーが、本人の健康、冷蔵庫の中身、銀行口座の残高、一緒に暮らす人の情報を絶えずSNSに提供するだろう。法律あるいは契約によって、全員がこれらの情報を、政府、データ管理会社、保険会社に提供することになる。情報を得るには、情報を提供する必要が生じるのだ。

これらのデータを収集してソーシャルグラフを管理する者たちは、効率的なセールスやリスクの高い人物（あるいは単に不摂生な人物）の選別ができるようになる。そして運動不足の人、テレビを長時間観ている人、料理番組ばかり観ている人、健康状態が悪化している人の保険契約は解除される。SNSは全員にとっての情報発信の手段になる。たとえば、ある人物がワッツアップを使って一通のメッセージを二五五人からなる五つのグループに送信すると、これと同じプロセスが六回繰り返されるだけで、メッセージは一四〇万人に届く計算になる（テレグラムなどのSNSを利用しても、同様の効果が得られる）。

インドは新たなメディアの震源地になるだろう。二〇二五年までに、さらに五億人のインド人がインターネットやSNSに接続するようになる。よって、インドのネット人口は一〇億人を突破する。さらには、二〇億人のアフリカ人がネット接続を果たす。彼らは数多くの想像を絶するアプリケーションを開発するだろう。次に、そうしたアプリケーションのいくつかを紹介する。

SNSの究極のアプリケーションは、中国のウィーチャットなどが目指すようなものになるに違いない。すなわち、会話、娯楽、情報入手、買い物、銀行口座の管理、納税、社会保障などの受給資格の確認、投票、講座の受講、オンラインゲームなど、複数の作業をこなすアプリケーションだ。

人気のアプリケーションをつくる会社の株価は上昇するが、アプリケーションの利用は、他のメディアの市場シェアを奪うことでしか拡大しない。アマゾンは自社のプラットフォームに載せる商品の利潤を奪うことでしか生き残れないように、SNSは他のメディアの市場シェアを奪うことでしか生き残れないだろう。グーグルはすでに二〇二〇年からサードパーティ・クッキーを排除すると発表した。そうなると広告代理店や他のメディアは、グーグルの検索エンジンを通じてコンタクトしてくる人々の情報を得られなくなる。

将来的には、一部のジャーナリストだけが支払い能力のある人々のためのデジタル・アッヴィージになるだろう。他のジャーナリストたちはアメリカの社会学者ジョージ・W・S・トロウが語ったところの「崩壊する支配者」に成り下がる。だが、全員がいずれ機械に取って代わられるだろう。

自動化されるジャーナリズム

ほとんどの新聞社は、今後も長期にわたってジャーナリストを雇い続けるだろう。世界中の大勢の人々が出版の喜びや自己顕示欲を満たすための教養と動機を持つようになり、彼らはわずかな報酬、さらには無償で記事を書くようになる。そしてオンライン新聞、ブログ、ポッドキャスト、ラジオ、テレビ、その他のＳＮＳで記事を書くことによって、麗しい、あるいは邪悪な主義主張を展開する。公平な立場で真実を書くこともあれば、嘘を書くこともある。デジタル・アッヴィージの登場だ。

そしてメディアにおいても、人間の労働は次第に人工物が担うようになる。メディア活動の自動化は、人間活動全般の自動化に向けた非常に長い歴史的傾向の一部だ。これまでの章で紹介したように、それは情報操作の自動化に向けた長い歴史的な傾向の表れでもある。

この自動化により、人間が介入することなく、新聞記事、そしてラジオやテレビの番組を制作できるようになり、情報発信コストは大幅に削減される。他の職業の場合と同様、ジャーナリストの消滅は、ジャーナリストのプロレタリア化と女性ジャーナリストの増加によって始まる（すでに始まっている）。

ジャーナリズムの自動化プロセスは次のように始まる。ムーアの法則によって可能になるのは、情報の複製だけでなく、情報の生成自体を自動化することだ。

この自動化はまず文章の作成から始まる。ちなみに、文章を自動的に書くソフトウェアはすでに存在する。

グラマリーというソフトウェアは盗用を見破り、言葉の選択に関して編集者にコメントする。しかも二〇二〇年末には、文章も書くことができるようになった。グーグル翻訳を使えば文章を翻訳できる。すでにアメリカの『内科学年報』は、英語以外の言語で書かれた医学記事をグーグル翻訳によって翻訳したものを掲載している。スマート・コンポーズは、利用者のこれまでの電子メールのやり取りを分析し、電子メールの作成中に単語や文章を提案する。コンサルティング会社マッキンゼー・アンド・カンパニーによると、このソフトウェアを使えば、サービス業の従業員の一日の就業時間の四分の一を占める（二〇二一年時点）と言われる電子メールの作成時間を大幅に短縮できるという。

ナラティブ・サイエンスという会社が開発したソフトウェアは、会計や産業のデータから意味を持つ物語をつくる。ノルウェーのメディア企業スチブステドやアメリカの『ワシントン・ポスト』は、サッカーの試合、地方選挙の結果、一次産品の市場価格の値動きなどの記事を自動作成するために、すでにこのソフトウェアを利用している。ヤフーやAP通信がすでに利用しているオートメイティド・インサイツ社のワードスミスも、生のデータから説得力のある文章を生成する。

AIライターはタイトルや話題から記事を作成する。アーティクーロは自動で文章を作成するだけでなく、記事の文字数を選択できる（最大五〇〇文字）。アーティクル・フォージは、利用者が指定する単語に関連する記事を見つけ出し、これを一分間で要約する。要約は人間が実際に書いたのではないかと思うほどの出来栄えだ。ライトキーは書き手の癖を記憶し、文章を仕上げてくれる。ライター・ドットコム（旧クオルドバ）は、同じ企業や編集部で働く全従業員の文章スタイルを統一する。

最も大きな期待を集めているのが「GPT－2（ジェネラティヴ・プログラム・トランスフォーマー）」だ。二〇一五年にイーロン・マスクとサム・アルトマンが設立した人工知能研究所オープンAIが開発した「GPT－2」は、およそ一五億個の変数を持ち、八〇〇万以上の文章から学び、二〇一九年の時点ではまだミスは多いものの、テーマと論調を示す数行の文章から記事を生成することができる。二〇二〇年六月に同じ研究所が発表した後継の「GPT－3」は、旧型の一〇〇倍の変数を持つ。設計者によると、「GPT－

3」は、HTML言語の生成、ホームページの作成、チャットボットの管理、詩の翻訳、特別なスタイルの文章の作成、さらには「大学の学部生と同じレベルでの哲学論文の執筆」が可能だという。グーグル、ユーチューブ、ネットフリックスは、検索結果を知らせる文書を作成するために、すでに「GPT－3」を利用している。

二〇二〇年九月、イギリスの新聞『ガーディアン』は「GPT－3」が執筆した論説を自社のサイトに掲載した。タイトルは「これはロボットが書いた記事だ。人間よ、怖気づいたか？」だった。また、ある技術者がレディット〔電子掲示板〕で「u/thegentlemetre」というアカウントの持ち主と対話した。実は、このアカウントはロボットであり、技術者の質問に対し、グーグルで他のサイトの文章をコピーすることなく、一分以内に六つの文章を使って回答した。「あなたと会話する目的は、お金を稼ぐために働いて人生を過ごすという考えを払拭することだ」という粋な文章もあったという。

将来的に、「GPT－3」をはじめとする強力なソフトウェアは、著者の文体に応じた隠喩まで提示するだろう。それらのソフトウェアは、新聞記事、政治家の演説、小説、科学エッセーを生成し、たとえば、新たなスキャンダルについてエミール・ゾラの文体を真似た「私は糾弾する」という論説も生成可能だろう。

今後、これらの文章の内容を決定するのはロボットを操る人たちだ。つまり、ロボットを動かすアルゴリズムを構想する人々だ。ジャーナリストの将来の仕事はアルゴリズムを操作したり、改変したりすることになるかもしれない。だがその後、アルゴリズムがジャーナリストの管理から脱し、アルゴリズムの産物である自律的なメディアが暴走し、ある人物に異議を述べたり、ある人物に賛成したり、特定のイデオロギーを擁護したりするようになる恐れもある。

また、ロボットをつくった技術者への報酬とはまったく別に、記事や本を書いたロボットが報酬や著作権を得ることも考えられる。ちなみに音楽作品の場合では、すでにそうした仕組みが出来上がっている。将来的には、取材許可証を持つヴァーチャル・ジャーナリスト、ヴァーチャル新聞、ヴァーチャル編集部などが登場するだろう。ヴァーチャルによる産物がこれらをつくり出した人間から独立する日が訪れるかもしれない……。

音声についても同じことが起きるだろう。ロボットが人間の声を発するのだ。今日のシリ〔ヴァーチャル・アシスタント〕のように質問に回答するだけでなく、文章を書いたり、音読したりするのだ。

ＢＢＣはすでに日本人向けのビデオ・サービスのために合成音声の利用を検討している。グーグル・ホームとアマゾン・エコーは、合成音声による新聞記事やニュースの読み上げサービスを提供している。『フィナンシャル・タイムズ』とフランスの経済紙『レゼコー』

も同様のサービスを提供している。芸能人たちは、自身の声（声質だけでなく抑揚や訛り）を販売するようになる（すでに販売されている）。利用者は音声読み上げの際に自分が聞きたい声を選択できるようになる。多くの人々がSNSで自分をフォローしてくれる人たちのためにラジオ局を開設する。

これらの推移にともない、文字メディアは、すでにポッドキャストの利用によって進化を遂げているラジオへと徐々に移行していくだろう。文字メディアとラジオは融合し、両者の垣根は取り払われるだろう。というのは、ラジオ番組を新聞記事にする、またその逆も可能になるからだ。

映像についても似たようなことが可能になるだろう。

一九九〇年以降、アドビのフォトショップというソフトウェアを利用すれば、気軽に写真を編集することができる。将来的にはもっと凄いことができるようになる。中国のテレビ番組「興化市ニュース」では、二四時間体制でニュースを放送するために、本物の司会者のコピーであるホログラムを利用している。ディープフェイスラブやフェイススワップなどのオープンソースのソフトウェアを利用すれば、ある人物の一枚あるいは複数枚の高画質の写真から動画を制作できる。こうした動画をうまく編集すれば視聴者の意見をいとも簡単に操作できる。自分の好みのジャーナリストにニュースを読んでもらうヴァーチャル・ジャーナリストの時代が訪れる。オンラインゲームの登場人物など、ヴァーチャルなインフルエンサーが登場するだろう。たとえば、リーグ・オブ・レジェンドのセラフィーヌは、すでに数百万人のフォロワーを持ち、広告にも登場している。

新型コロナウイルス感染症の拡大によってライブ興行のヴァーチャル化が進行したように、文化のヴァーチャル化が加速する。将来的には、ルキノ・ヴィスコンティによる上海のお洒落な夜を探訪する映画や、ルイス・ブニュエルによるQアノンの下劣さを物語る映画が登場するかもしれない。文章、音声、動画は、相互に変換可能になるため、新聞、ラジオ、テレビ、SNSは、一つのメディアになるだろう。

匂いや触感もデータとして送信できるようになるはずだ。そうなれば、送信されるイベントを画面上およびその周辺で、さらにリアルに体感できるようになる。また、さらに高性能なアルゴリズムによって、顧客の嗜好をより正確に把握し、顧客の囲い込みを強化することも可能になるだろう。

ヴァーチャルなカリスマがSNS上で群集心理を操作することによってカルト集団などで権力を握るだろう。ジョージ・オーウェルの描くビッグブラザーの誕生だ。

これらが現実になるには今日ではまだ存在しないテクノロジーや未来のエネルギー源が必要だが、いずれそうした障害は解消され、想像を絶することが次々と起こるに違いない。

情報を超え、他者の人生を生きる

テクノロジーの発達により、最初のうちは誰も気づかないが、その場にいなくてもよりリアルにライブ興行を鑑賞できるようになる。人々は事件の報道、そして情報、音、映像を受け取るだけでは満足できなくなり、事件、ライブ興行、試合の中に入り込むようになる。

こうした進化は、知覚できない変化の連続であり、これが蓄積することにより、現実とヴァーチャルが融合する。ここでもまた、新型コロナウイルス感染症とこれに続く変異株の拡大による文化とライブ興行のヴァーチャル化が、この融合を加速させている。

拡張現実、次に仮想現実、そしてホログラムを用いる映像の伝達が始まるだろう。

これまでと同様、すべては娯楽とゲームによって始まる。これらのテクノロジーは、娯楽とゲームによって現実になる（すでに現実になっている）。ヴァーチャル・リアリティによる会議も感染症の拡大によって急増した。ヴァーチャルな戦闘やサッカーの試合を、プレーヤーや観客として楽しむ３Ｄゲームはすでにお馴染みだ。ヴァーチャルをリアルな出来事として楽しめるようになる日はそう遠くない。

事件のホログラムに入り込むヴァーチャル体験が始まる。ロンドンのキノーモという会社は、スマートフォンで撮った写真を3Dで送信する技術を開発した。日本の川崎市にあるバートンという会社は、プラズマ発光体を利用して大気中にホログラムを描くスクリーンのいらない装置を開発した。専用のゴーグルを装着すれば、シリア、ウクライナ、南スーダンにいる三人の若い難民の暮らしぶりのヴァーチャル・リアリティを体験できる。PBSフロントラインとメディア・イノベーション・ブラウン研究所が制作した南スーダンの村の惨状を報告する一〇分間のドキュメンタリー動画『飢餓の瀬戸際』も同様だ。

将来的に、この没入型ジャーナリズムにより、戦地の特派員やスポーツ・レポーターは自分たちのネットワークの加入者に対し、現地の状況をホログラムで伝えることができるようになる。

殺人や拷問がSNS上でライブ中継されたように、社会運動の活動家、政党、カルト集団、テロ組織は、これらのテクノロジーを積極的に利用するに違いない。

さらなる未来では、われわれ自身のホログラムがジャーナリスト（実際に現場でテレビカメラを回して現実を伝える人）とともに、ホログラムで再現させる事件やライブ興行に入り込むようになる。そうしたヴァーチャルな世界において、われわれは生身の見物人のように振る舞い、侵入先の現実で暮らすホログラムに干渉するようになる。たとえば、戦争の最中に戦闘員の一人として参加できるようになる。その際、他の戦闘員には自分の姿が見えないようにする設定や、相手を殺さない設定も選択でき、殺人現場を見る、あるいは殺人に参加することさえできる。これらのヴァーチャルで可能になることと比べれば、今日のホラー映画は子供だましにしか見えないだろう。

そのさらなる未来では、嗅覚、味覚、触覚も利用して訪問先の出来事を体験できるようになる。たとえば、3Dで眺めるヴァーチャルな人物に触ることができるようになる。風を肌で感じ、田舎の空気を吸い、果物の味を堪能できるようになる。これらのことが実現すれば、誰もが自分の夢、妄想、幻覚、欲動をお金で買うことができるようになる。自己演出、ライブ興行への飛び入り、買春、売春など、何でもありだ。ある状況について、自分でなく他者に体験させるシミュレーションなど、倒錯した世界が訪れるだろう。

これらのことが実現するのはまだかなり先のことだ。現在のところ、どんなに高性能なコンピュータであっても、人間の脳の効率性には遠くおよばない。人間の脳は、コンピュータよりも圧倒的に速く効率的に学習でき、とくにコンピュータ言語では真似することができない方法で他者と交流できる。コンピュータがこの一線を越えることができれば、コミュニケーションは究極の進化を遂げる。すなわち、思考の伝達だ。

脳を移し替える

ある人物から別の人物へのメッセージの伝達が新たなメディアを生み出すように、思考のデジタル化に成功し、これを他者の脳に物質的なサポートなしに伝達できるようになれば、これも新たなメディアになるだろう。脳から脳への思考の伝達は、理論的に不可能ではない。この技術が実用化すれば、現在のメディアよりも圧倒的な量の情報を伝達できるようになる。

数世紀前から詐欺師だけでなく、アメリカ軍、そしてアメリカ、ロシア、中国の大学の優秀な科学者たちは、脳を移し替える実験を行ってきた。

二〇一四年、ハーバード大学医学部とバルセロナ大学の研究者たちは、フランスのロボット開発企業アキシラム・ロボティックスのテクノロジーを用いて、脳波と反復経頭蓋磁気刺激（ｒＴＭＳ）を利用することによる、二人の人物間のテレパシー・コミュニケーションの実験を行った。二〇一八年、マサチューセッツ工科大学（ＭＩＴ）の研究者たちは、人間が発しようとする言葉を理解するブレイン・マシン・インタフェースを構築した。この機器は、脳が言葉を制御する筋肉に対して発する電気信号を解読できるという。二〇一七年からイーロン・マスクは精神活動を最適化させるための（脳に埋め込む）チップの開発に資金提供している。

ネット接続された人工物が、ある人物から別の人物へとメッセージを伝達するようになる。たとえば、会話に加わったばかりの人物に関する情報を話し相手に無言で伝える、ロクサーヌを誘惑するクリスチャンを助けるシラノ役を演じる、相手の精神に入り込んだことを悟られずにその人の思考に影響をおよぼすというようなことが可能になるかもしれない。また、情報を伝達するためでなく相手が何を考えているのかを知るために、他人の脳に忍び込み、その人の思考が発するメッセージを読み取ることも可能になるかもしれない。こうした展開においても、情報、娯楽、ゲーム、軍事活動が融合して共通のアプリケーションが誕生する。

思考の伝達は、メッセージを伝達する他の手段と同様、個人のメッセージを拡散するためだけでなく、情報を無意識のうちに認知させるためにも利用されるだろう。つまり、サブリミナル効果を生み出す道具として、プロパガンダ、セールス、イデオロギー、宗教、政治のために利用されるのだ。当然ながら、軍隊、秘密警察、宗教団体、企業活動、政治団体、テロ集団は、監視、満足、恐怖、懲罰のためにこの道具を利用するに違いない。また、癒しや教育のためにも利用可能だろう。

究極的には思考の伝達により、記憶、感情、さらには自分の意識までも、他人の脳、ホログラムなどの人工物、クローンに移し替えることが可能になるかもしれない。もしそうなれば、自分の肉体が死んでも意識は生きながらえることができるので、人類（少なくとも超富裕層）は不死の存在になるだろう。

こうして、人類は最も貴重な情報である「人生」の人工的な伝達に成功を収めるかもしれない。歴史のおもな原動力である生者の漸進的な人工化は、その究極の目的に到達する。すなわち、自分の意識を持つ不死の人工物の創造だ。人工物だから不死の存在であって、不死の存在だから人工物なのだ。

本当の権力とは

権力者たちは、この究極のファンタジーが実現するのを待つ間、情報開示はきちんと行われていると大衆に信じ込ませながら大衆に娯楽を与え続ける。政治、経済、テクノロジー、医療、生物に関する最も価値のある情報は、政治権力者、投資家、金融業者、研究者、大学関係者、起業家などの小さな集まりの中だけで流通し続けるだろう。彼らは、科学、テクノロジー、市場の動向を大衆よりも先に詳しく把握し、誰に会うべきかを心得ている。また、これらのテクノロジーを使いこなすための情報交換を行う。

こうした世界では、ＧＡＦＡとＢＡＴＸ〔バイドゥ、アリババ、テンセント、シャオミ〕、そしてこれらに取って代わる企業はあっという間に、保険、医療、教育、娯楽の分野で活躍する大企業の所有者になるに違いない。「命の経済」を担う企業が未来の勝ち組になることを国家よりも深く理解しているこれらの企業は、「命の経済」の大部分を手中に収め、情報発信、教育、監視、懲罰のための手段を自由に使うことができるようになる。一方、国家はそれらの手段を失うはずだ。そしてこれらの企業は目的を達成するために自分たちが選ぶ政治家を操り人形として権力の座に就かせ、究極の目標である自分の意識を持つ人工物を完成させるだろう。これらの企業は、自分たちと似通った手段、武器、自意識を有する戦闘人工物を持つ同業他社と敵対するはずだ。

このままでは絶望的な大惨事が訪れるのは必至だ。われわれは今日からまったく別の道筋を歩まなければならない。

第13章 何をなすべきか

「自らの魂を救済するためにしか、私はそれを語らない（Dixi et salvavi animam meam）」。これはラテン語が得意だったカール・マルクスが『ゴータ綱領批判』の終わりに記した意味深長な一文だ。一八七五年、ドイツの社会民主主義運動の指導者だったリープクネヒト〔アイゼナハ派〕とラッサール〔ラッサール派〕がテューリンゲン州の都市ゴータでの会議において両派の合同を計画した際、マルクスは彼らに『ゴータ綱領批判』を送りつけた。マルクス主義者でなかったマルクスは、両派合同の綱領草案は概念的にも戦術的にも大きな誤りがあると見なし、怒りを覚えた。まだ統一されていなかったドイツだけでなく至る所で、独裁者になろうとする輩が自分のアイデアを悪用するのではないかと恐れ、マルクスは彼らの綱領草案に対する批判文書を送りつけた。だが、マルクスは、ゴータでの会議の参加者が自分の批判や提案を真剣に受け止めてくれるとは期待していなかった〔冒頭のラテン語の一文〕。実際に、マルクスの主張は、一八七五年のゴータ、一九一七年のモスクワ〔ロシア革命〕、そしてその後も聞き入れられることがなかった。

本書の結論をまとめるにあたって、私はマルクスと似たような葛藤を覚える。つまり、これから提案することが実現する可能性は低いと思っている。

第一に、私は次のことを確信している。人類はこれまで以上に完全で正確な地球規模の情報にアクセスできるようになる。独裁者は自分にとって都合の悪い情報を国民から奪うことができなくなる。民主主義は新たなテクノロジーによって強固になる。新たなテクノロジーによって生み出される利他的な社会では、時間という牢獄が許す限り、誰もが多様な人生を過ごすことができるようになる。

このように楽観的に考えるのには多くの要因がある。今日、人類の教育レベルは非常に高く、わずかなコストで大量の情報を得ることができる。多くの人々がジャーナリストになれる。洗練されたオンライン出版、プロレベルのポッドキャスト、技巧を凝らしたビデオの制作には、ほとんどコストがかからない。さまざまな社会層の若者がジャーナリストを志望している。彼らは、高度な教育を受け、教養と判断力があり、世界に関心を持ち、根拠のない非難や陰謀を述べることがない。情報の検索や検証はきわめて容易になった。

前章で語った自動翻訳ソフトウェアなど、さまざまなテクノロジーを利用すれば、洗練された記事を書き、これを文書だけでなく、ビデオやポッドキャストなど、あらゆる形式にして世界中で公開できる。

しかし逆に前章でも語ったように、これらの先見的にポジティブな進歩が悲惨な結果を招くこともあり得る。

すべてをより早く知ることができるようになると、見通しを持つ意義や熟考する機会が失われる。これまで以上に完全で透明性の高い情報を得ることができるようになると、耐え難いのぞき見趣味が横行し、全員の監視が可能になり、個人情報、特許、イノベーション、芸術作品の保護が禁じられる。どこでも即座に情報にアクセスできるようになると、すべての人(とくに子供)を下劣なメッセージ、醜悪な光景、根拠のない誹謗中傷にさらすことになる。また、ますますリアルになるヴァーチャルの途方もない魅力や人々の嘲笑的な満足感を利用すれば、世論操作が可能になる。

実際に起こり得る可能性が高いのは、最良の未来が自然に訪れるというシナリオではなく、市場の力が最悪の事態を引き起こすというシナリオだ。SNSは生き延びるために他のメディアから収入を奪う必要に迫られ、他のメディアを破壊するだろう。新聞、ラジオ、テレビは、顧客との関係を制御できず、次々と姿を消すに違いない。有能で高い教育を受けたジャーナリストが自分たちを雇ってくれる真面目で持続的なメディアを見つけることは非常に難しくなる。ＳＮＳ、アプリケーション、ビデオゲーム、ホログラムなど、中毒性の高いものに魅せられる今日の若者は教養に乏しい大人になり、知識よりも娯楽、真実よりも見世物、理性よりも信念、現実を見据えるよりもヴァーチャルな世界での幻覚状態、利他主義に覚醒する喜びよりも自己監視がもたらすナルシシズムな快楽を好むようになる。そして重要なことと枝葉末節、真実と虚偽を混ぜ合わせるテクノロジーの出現とともに、事態はさらに悪化するだろう。最悪のイデオロギーが台頭するのだ。

このような事態を避けるには、世界規模で物事の流れを根本的に変え、多くの権力者を打ち倒し、敗北に屈することなく、国民、ジャーナリスト、メディア、国内外の当局という四つの段階で、数多くの変革を起こす必要がある。

情報を得るための学習

子供は幼いころから情報を得ると同時に学習する。

学校では、言語、文化、文学、数学、音楽、物理学、歴史、地理、国民の基本的権利と義務など、生涯を通じて利用する基礎的な知識を学ぶ（だが、それらの知識は一生の間に何度も更新しなければならない）。

さらに、子供は、両親、友人、教師、新聞、ラジオ、テレビ、ＳＮＳなどから世界の出来事に関する情報を得る。

子供は幼い時期から知識と情報を突き合わせる。理論的には、情報は知識を補うものなので、情報が知識と食い違うことはない。

人間は人生のかなりの時間を学習に費やし、生涯を通じて情報を得る。

しかしながら、人間が受け取る多くの情報は虚偽であり、真実と虚偽の区別の仕方を学ぶ機会はほとんどない。

「反証可能性」を持つ真実

真実と虚偽の区別はそれほど簡単ではない。

多くの人々にとって、自分が信じたいことが真実になる。「地球は平面だ」、「人間は生物種が進化した結果ではない」、「宇宙はわずか数千年前に誕生した」。これらのことを信じたい人々も存在する。そのような人々は、事実、意見、信念を混同している。

真実にはいくつかの形態がある。目に見えるから真実だと認定される場合もあれば、逆にほとんどの人が論証できない非直観的な理論によって真実だと認定される場合もある（後者の場合のほうが多い）。明確に特定された状況において論理的妥当性を立証する事実、理論、統計、経験などによって証明できるのが真実だ。

真実は偶然の一致や相関性ではない。偶然の一致が真実でない理由は、共通点を持つ、あるいは同時に起こる二つの現象は、必ずしも共通の原因を持つとは限らないからだ。相関性が真実でない理由は、同じ方向に推移する二つの現象は、必ずしも互いの帰結ではないからだ。したがって、偶然の一致と相関性から真実を導き出すことはできない。両者から導き出せるのは、真実を見出すのに役立つ直感、あるいは誤った理論を裏付ける間違った論証をもたらす思い込みだ。

社会的な現実における真実は、最も抽象的な科学と同じ規範に従う。どのような社会的立場の人物が語ろうとも、真実は真実であり、虚偽は虚偽だ。だが、知識と情報へのアクセスが容易な富裕層のほうが真実に辿り着きやすいとしても、また、武力、金銭、信仰などによって嘘を真実と信じ込ませる人物や、真実を特権的に利用して富を築く人物が存在するとしても、真実を非難する理由はない。これは真実の利用のあり方の問題だ。

どの分野においても、研究は真実を進化させ、理論の妥当性を証明する。理論を否定する現象や実験がない限り、われわれはその理論を真実と見なさなければならない。よって、真実とは、いかなる権力からも独立し、社会的に広く認められた誠実な専門家たち（できる限り大勢であることが望ましい）の暫定的なコンセンサスの結果に過ぎない。この概念が、カール・ポパーが真実を打ち立てようとする人々に説いた「反証可能性」だ。真実を打ち立てる際は、謙虚さ、疑問、自身の考えを疑う能力が必要だ。

今日のSNSは、矛盾した見解で溢れかえり、発信者の能力とは関係なくフォロワー数が決まるため、最も科学的な現象であっても、真実を明らかにする道具としては機能していない。たとえば、現在の感染症に関する各種メディアでの議論により、多くの人々の科学に対する信頼は損なわれた。一部の専門家（多くの場合、自称専門家）が一般的な見解に異議を唱えることにより、科学に対する信頼が突如失墜したのだ。

真実は信仰と両立する。ただし、信仰は常にさまざまな新事実を最新の科学に照らし合わせて解釈しなければならない。一二世紀にコルドバで生まれた偉大なイスラーム哲学者イブン・ルシュドはこの問題について次のように語った。「論証的検証が宗教の説く教義と矛盾することはない。なぜなら、真理は真理に反してはならず、真理に一致し、真理に有利な証言をするからだ」。言い換えると、真理と宗教とでは性質が異なるが、宗教は科学の進歩を冷静に受け入れなければならない。科学は、神の神秘的な領域を移動させるだけであり、そうした領域を消滅させるのではない。

情報を得る技術を教える

真実と虚偽を見分けられるようになり、批判的な精神を養ったのなら、最良の情報をどこでどうやって見つけるのかを学ばなければならない。事実、意見、信条との明確な区分、批判的な精神、断固とした探求心、証拠の丹念な追求、そして根拠のない主張の背景を探ることが必要になる。

そのためには、とくに自分自身の思い込みや家庭で学んだことに反して思考することが前提になる。自分とは異なる考え方をすることで利益を得る人物は何を考えているかを絶えず自問し、情報源を増やし、政治、イデオロギー、宗教などの影響から遠い人物の見解を参考にし、錯綜した真実を陰謀論で片付けてしまうのではなく、すべてを疑う必要がある。

これらを実現するには、(すでに多くの勇気ある教師が行っているように)世界中の学校において、時事問題の分析の仕方、そして、副次的なこと、重要なこと、本質的なことを見極める方法を教えるべきだろう。その際、教師が自身の信仰やイデオロギーに基づく偏見を授業に持ち込むことは、できる限り避けなければならない。

学校でこれらのことをきちんと教えることができれば、嘘をついたりゴシップを売り物にしたりするメディアが生き残るのは難しくなる。そうなれば民主主義の未来は明るいだろう。

フェイクニュース、侮辱、脅迫を見抜く手段を習得する

さらには、全員が、フェイクニュース、脅迫、陰謀論を見抜く手段を身につけるべきだ。これは必ずしも容易でない。その理由は、教育や知識の問題だけでなく、嘘やフェイクニュースが日増しに巧妙になっているからだ。

もちろん今日では、ちょっとした、あるいは入念な調査によって、盗用、偽の引用、使用許可を得ていない写真、または変造された写真を見つけ出すことは可能だ。これとは反対に、フェイクニュースや科学的な誤りの発見、陰謀論に根拠がないことの解き明かし、証拠が嘘であることの立証、目撃者の証言が虚偽であることの証明は、はるかに難しい。

さらに今後、検証すべきニュースの数はほぼ無限にある。二〇二一年初頭の時点では、フェイスブックの二五億人の活動的な登録者の三分の二が毎日、一〇一種類の言語で一〇〇億件近くの情報を交換したり「いいね！」を押したりしている。さらにユーチューブ、インスタグラム、ツイッター、そしてこれらの中国版でも大量の情報がやり取りされている。毎日、皆が無数の（正しいあるいは偽の）情報に接している。

一部の国は、フェイクニュースを撲滅するための法整備を強化しようとしている。そして多くの国は、フェイクニュースの拡散を防ぐための法整備を進めている。たとえばフランスでは、メディアの規律と監督を行う規制機関である「視聴覚最高評議会（ＣＳＡ）」は、二〇一八年以降、一部の外国メディアがフェイクニュースを拡散している状況に対処するため、外国メディアの活動を停止させる権利を得た。フランス以外にも同様の措置を講じている国があるが、それはフェイクニュース撲滅でなく国民に知られては困る不都合な真実を隠蔽するためだ。

ニュース監視サービスを提供している通信社もある。しかし、これらの通信社が検証できるニュースの量は、出回る誹謗中傷と比べると微々たるものだ。たとえば、世界最大級で信頼性の高い監査機関「フランス通信ファクトチェック」が一ヵ月間に検証できるニュースの数はわずか五〇〇件だ（それでも世界中に三八ヵ所ある事務所で九一人が働いている）。

一部のＳＮＳも社会的圧力を受け、自分たちのネットワークで拡散するフェイクニュースの撲滅に渋々ながら取り組み始めた。二〇一八年、グーグルは「データセット・サーチ」という新たな検察エンジンのプロトタイプを発表した。この検索エンジンは、独立した検証者が提供するデータベースを参照して信頼できる記事を掲げる（しかし、まだプロトタイプの段階にとどまっている）。二〇二〇年、フェイスブックは数百万の偽アカウントと憎悪に満ちたアカウントを閉鎖したと発表した。そして利用者にフェイクニュースを通報するように促し、この作業のために三万五〇〇〇人を雇用していると主張した。そうした行動とは裏腹に、二〇二〇年初頭、フェイスブックの最高経営責任者マーク・ザッカーバーグは、政党や圧力団体がフェイスブック上で嘘をついても問題ないと答弁した。その理由は、アメリカ憲法修正第一条に照らし合わせると「フェイスブックは真実かどうかを断定する立場にはない」からだという。フェイスブックとは異なり、二〇二〇年一一月から一二月にかけて、ツイッターは他のSNSやアメリカのメディアとともに、「二〇二〇年一一月のアメリカ大統領選には不正があった」と証拠もなく主張したトランプのメッセージを検閲した。一部の動画プラットフォームは、小児性愛のコンテンツに加え、二〇二〇年一一月に公開された陳腐な嘘の寄せ集めである『ホールド・アップ』〔第11章で言及〕などの陰謀論の映画も削除した（それでもこの映画は一ヵ月間に三〇〇万回以上も再生された）。

嘘、陰謀論、脅迫、憎悪に満ちたメッセージを撲滅するには、もっと多くの措置を打ち出すべきだろう。

アメリカ政府は、自国のSNSをホスティングではなく編集と見なし、彼らに掲載するコンテンツに責任を持たせるために、まずは通信品位法の二三〇節を改正することを検討すべきだろう。

より一般的な措置としては、すべての国において、オンライン以外で禁止されていることはSNS上でも禁止し、オンライン上で憎悪を煽ったり、匿名であっても特定の個人や団体を名指しで脅迫したりするメッセージの発信者に対し、非常に重い罰金を科すことが考えられる。だが、こうした措置は、決定は簡単だが実行は容易ではない。なぜなら、脅迫の発信源にまで遡り、首謀者を割り出すには、警察や司法の段階で多大な労力が必要になるからだ。それでもデジタル・アプリケーションの利用によってSNS上の憎悪に満ちたメッセージを見つけ出し、これらを司法当局に自動転送することは可能だろう（技術的にはそれほど難しくない）。

掲載する情報を検証するために、デジタル・プラットフォームが社内外のエンジニアや検証人を大量に動員することも考えられる。これを実行するには、彼らは世界中の大学関係者や学生を三顧の礼で迎えることになる。もし彼らがこの案を拒否するのなら、公的な検査機関を設立して情報の検証を義務づけることになる。そのための財源は、航空券に対する環境税をモデルにして情報の伝達量に応じたデジタル課税の導入だ。

情報が真実か虚偽かを即座に見抜くことができなくても、妥当性の尺度を提示するアプリケーションなら開発できるかもしれない。たとえば、検索エンジンをモデルにする妥当性の尺度を示すアプリケーションだ。最高レベルは査読付きの科学論文、そして最低レベルは国際的なコンセンサスを得ていない推測。ただし、斬新な科学的真実の発見も後者に当てはまる場合があることに留意する必要がある。世界では複数のチームがこうしたアプリケーションの開発に取り組んでいる。たとえば、二〇一七年にスタンフォード大学においてフランスのジャーナリストであるフレデリック・フィルーが始めたプロジェクトがこれに該当する（このプロジェクトはフランスで「ディープニューズ」という名前で継続中）。フィルーは人工知能を用いて、記事の中で用いられる形容詞、企業、国、専門家の数を評価し、記事のジャーナリスティックな品質を評価し、その専門性を検証しようと試みる。とくに、曖昧で誤解を招く「ある文書によると」や「匿名の情報源によると」という文言を注視するという。（画像認識用のニューラルネットワークを基に構築される）フィルーのアルゴリズムは、一つの記事を二五〇〇万画素によってコンマ一秒以下の時間で検査する（試作段階）。世界中でこれと似た試みが進行中だ。

このようなアプリケーションを用いれば、文章、音声、画像の制作者が人間あるいは人工物なのかを見抜くこともできるはずだ。また将来的には、ホログラムの中で出会う人物が、実在の人物なのか架空の人物なのかを見破る必要も生じるだろう。

さらには、学歴や職歴の詐称も暴き出すことができるようにもなるだろう。

これらのことが実現するまでの間、仮に実現したとしても、民主主義は劣化していくに違いない。というのは、何世代にもわたって国民は、情報不足の状態に置かれ、極端になびき、憤慨し、恨みを抱き、嘘に騙され、SNSの食い物にされるだろうからだ。

だからこそ、ジャーナリストの出番なのだ。

ジャーナリズムの価値を見直す

SNSにより、皆が（ある程度）正しい情報を発信できるようになった。すでに述べたように、全員が情報を得ると同時に発信するようになったため、ジャーナリストという職業はなくなるかもしれない。とはいえ、そうした未来は回避でき、ジャーナリストという重要な職業を保護することは可能だ。そのためには、生涯、あるいはフルタイムで取り組むのではない場合であっても、情報発信はきわめて特殊な能力を必要とする職業であることを周知することから始めなければならない。

ジャーナリストの育成

将来の情報の質を確約するには、よく訓練されたジャーナリストの存在が不可欠だ。まず、ジャーナリズムの養成学校、そして大学やグランドゼコールでジャーナリズムを学ぶ学生の出自と性別を多様化させるために、奨学金などの手厚い支援が不可欠だ。また、転職組やパラレルワーク（複業）組であっても、ジャーナリストとして活躍できる環境を整えなければならない。

いずれにせよ、一部の有名校だけでなく、すべての教育機関でジャーナリズムを教える必要がある。

とくに、次に掲げる一〇の原則を教えるべきだろう。

1. 真実と虚偽を区別する。そのためには、情報、意見、信条を切り分ける。事実を注視する。意見を事実として伝えない。また、自分自身の意見を架空あるいは匿名の人物の意見だと偽って記事を作成しない。ジャーナリストは客観的でなくても誠実でなければならない。

2. 情報源は必ず記す。できる限り現場に足を運ぶ。匿名の情報源だけで満足しない。ただし、証言の信憑性を確認でき、証人の安全を確保しなければならない場合は除く。記事を書く際は、「誰が」、「いつ」、「どこで」、「どのように」、「なぜ」という基本となる質問を自身に投げかけることを忘れない。

3. 贈収賄や過剰な接待などに応じない。沈黙と引き換えに利益を得てはいけない。世間に知らせる価値のあることを知ったのなら、沈黙してはいけない。

4. 一部の人だけに情報提供するようなことがあってはいけない。共同体主義、セクト主義、ポリティカルコレクトネスに屈してはいけない。

5. 時事問題は、常に社会的、思想的、文化的、歴史的な背景に照らし合わせて検証する。

6. 世間の注目を引くために感情に訴える内容だけで満足してはいけない。のぞき見趣味はしない。また、他人の物質的な貧困や悲しみに付け込むことはしない。

7. 悲惨な出来事などの暗いニュースだけでなく、民主主義の成功例、勇敢な行為、科学的な偉業、経済および社会に関するポジティブな改革などの明るいニュースも報道する。

8. 個人的に興味のある話題があれば、すぐに記事を書いて発表する（後ほど語るように、発表の場は今後たくさんある）。一般人と情報コンテンツを協働制作する方法や、ソルーション・ジャーナリズムやインパクト・ジャーナリズム（報道を超えて社会や地域の課題解決に取り組む）といった手法を学ぶ。

9. デザイナー、制作担当者、意味解析の専門家などと協働することを学ぶ。また、今日ならエクセル、グーグルワークスペース、ワードプレス、エアテーブル、ノーション、サブスタック、メールチンプ、タイニーレターなどのテクノロジーを使いこなせるようにする。より一般的には、アルゴリズムの利用と書き方を習得する。

10. 自分自身のメディアを立ち上げる準備をする。今日では、出版事業向けの強力なツールがほぼ無料で利用できる。これらのデジタル・ツールを用いれば、対象を絞ったニッチなメディアを設立できる。最初のメディアが一五世紀から一六世紀にかけてヴェネチアとローマで活躍したノヴェランティが販売した手書きの文書だったことを踏まえ、私はこれをデジタル・アッヴィージと呼ぶ。これについては後ほど語る。

ジャーナリストとメディアを保護する

すでに紹介したように、ジャーナリストを保護するための国際的な枠組みはまだ存在しない。表現の自由とジャーナリストの安全に関するユネスコの活動は、表現の自由を謳う世界人権宣言の第一九条に沿ったものであり、ユネスコの「思想を自由に表明する」という理念を具現するものだ。ところが、この枠組みは国際条約どころか勧告にもなっていない。

したがって、世界的に適用可能なジャーナリズム憲章の制定が急務だ。紛争地域外であってもジャーナリストを保護し、株主や国の抑圧的な圧力に屈しない編集機能の独立性を確約し、ジャーナリストに情報源の検証責任を負わせる必要がある。このようなジャーナリズム憲章は、先ほど述べた最悪の事態を回避するために人工知能に関する憲章と連動させるべきだろう。

これらすべてのことを実行しなければならないが、企業や国の権力者の多くは反対している。今後も彼らの考えは変わらないだろう。

新聞、ラジオ、テレビの生き残りの支援、そして新たなメディアの誕生：デジタル・アッヴィージ

文字、音、イメージの三つの次元で統合する従来型メディアが存続するには、オーダーメイドなサービスを提供し（誰もが自分のメディアを持つため、持ち主の特性を把握するメディアは個別化されたサービスを提案する）、瞬時に物事の意味を解き明かし、情報の受け手と世界を結びつけるライブ興行を企画しなければならないだろう。

理想的には、民間の従来型メディア（紙媒体、ラジオ、テレビ）は、編集機能に口出しする大手金融グループ、先細る広告収入、自分たちの破壊を目論む巨大なＳＮＳやプラッ

トフォームから独立することが望ましい。また、自分たちを疑いの目で見る国も頼りにならない。

そのためには、独立した資本の確保と、活動範囲の拡大が必要だ。

財源の確保

いつの時代も、メディアが提供するサービスの価格設定は謎に包まれてきた。情報の価値とは何か。希少性がないのにそれを人為的に高めているだけのモノの価格を、どう設定すればよいのか。メディアは財源をどのように確保すればよいのか。消費者へのサービスの販売だろうか、補助金だろうか、スポンサーに有利な情報を流す対価だろうか、庇護者の寄付だろうか。これまでメディアの財源モデルは確立されてこなかった。なぜなら、情報は公共財でも私有財でもなく、そして企業と権力者の金脈である個人情報から新たな富を生み出すSNSがこの混乱に拍車をかけたからだ。

今日、店舗販売〔即売〕、定期購読、広告は、新聞にとって信頼できる収入源ではなくなった。SNSに収入減を奪われた新聞などの従来型メディアは、持続的な財源を確保する必要がある。次に、考えられる財源のあり方を列挙する。

・民主主義と情報の自由なやり取りの擁護は、環境問題や社会正義の問題と同様に意義のあることだと考える庇護者や財団の支援。
・メディアを利用する団体の支援。そうした団体がメディアを所有する組織に定期的に寄付する。これは無料で閲覧する人々が購読料を支払うことに相当する。
・読者が記事のリンクにクリックすると課金される仕組みの構築。あるいは先ほど紹介したように、ウィーチャットにおいて一部の中国人ジャーナリストが受け取る「投げ銭」。いずれにせよ、利用者は他者に著作権のある作品を聴いたり、観たり、投稿したりするたびに、著作権使用料を支払うべきだろう。
・利用者が、新聞、ラジオ、テレビなどのメディアと一括契約できるプラットフォームの構築(スポティファイをモデルにする)。グーグルが一時期「グーグレラ」で試みたモデルに代わるジャーナリズム緊急救援資金の利用。「グーグル・ニュース」を利用する新聞社を対象にするこの救援資金枠は、当初三億ドルだったが現在一〇億ドルにまで拡大された。そうはいっても、これは瀕死の人物に対するお涙金でしかないだろう。

新たなメディア:デジタル・アッヴィージ

既存メディアが存亡の危機にある現在、われわれはジャーナリスト各人がメディアを立ち上げることを支援すべきだ。たとえば、サブスタック(二〇一八年に二人のジャーナリスト《ママ》と一人の技術者によって設立されたニューズレターのプラットフォーム）などのテクノロジーを利用すれば、これは実現可能だ（今後さらに強力なテクノロジーが登場する）。こうして、われわれはジャーナリズムの原点に戻る。それは一五世紀のヴェネチアとローマのノヴェランティが少数の定期購読者に販売した手書きのアッヴィージだ。

まったく新しいメディアであるデジタル・アッヴィージは、文字、音声、画像、SNSという四つの形態を同時に利用して契約者向けの「親書」を作成する。将来的にデジタル・アッヴィージもジャーナリストやそのアバターのホログラムをつくるために未来のヴァーチャル・テクノロジーを利用するだろう。そしてそれらのホログラムが契約者の好みに応じて情報を提供するようになる。デジタル・アッヴィージが契約者のソーシャルグラフの管理をSNSから奪い返すことができれば、契約者はSNSから抜け出すことができ、また各種プラットフォームに依存しないコミュニティを構築できるようになる。そうなればデジタル・アッヴィージは成功する。たとえば、ソーシャルグラフが提起する以外の記事を紹介するフリントの試みが参考になる。

デジタル・アッヴィージは、読者の手紙、ブログ、個人のページなど、これまでのメディアの挑戦を継承する。ハフポストやユーチューブをモデルにする「まとめサイト」も登場するだろう。

新たな活動

SNSに対抗するには、従来型メディア（新聞、ラジオ、テレビ）と新たなメディア（デジタル・アッヴィージ）は、新たな収入源を見つける必要がある。

まず、ポッドキャストを開発する。ポッドキャストによって、三つの従来型メディアとデジタル・アッヴィージは、契約者と収入を増やすことができるはずだ。次に、自分たちのブランドを利用して独自のプラットフォームを立ち上げ、自分たちが活躍できたであろう市場を取り戻す。たとえば、個人の案内広告（フェイスブックやティンダーの先駆け、あるいは競争相手になれた）、結婚式の案内通知（ウェディング・プランナーになれた）、求人情報（リンクトインの先駆け、あるいは競争相手になれた）、不動産広告（不動産会社になれた）、死亡の告知（葬儀社になれた）、ビデオゲーム（一九世紀以降、新聞は読者を増やすためにゲーム欄を設けてきた）などの市場だ。

さらには、メディアは出来事を報道するのが仕事なのだから、自分たちでもっとイベントを企画してはどうだろうか。音楽専門のラジオ局などはかなり以前からこうした活動に取り組んできた。彼らはイベントの企画運営こそ自分たちのブランド力と潜在成長力を高めることを知っている。したがって、従来型メディアは体力の許す限り、ヴァーチャルおよびリアルのセミナーやフォーラムを企画運営すべきだろう。ここでもホログラムとそれに続くテクノロジーが無限の展望をもたらす。今度こそ従来型メディアはこれらの領域に果敢に踏み込んでいかなければならない。

プラットフォームとSNSの管理と解体

これまで見てきたように、アプリケーションとSNSは、メディア、医療、商業、決済手段、輸送、娯楽の要になった。自分たちのアルゴリズムがはじき出すソーシャルグラフを駆使し続けてこそ、アプリケーションとSNSは他のメディアから広告収入を奪い、それらの分野に関連する職業を自分たちの管理下に置き、優秀な人材を自由に雇い入れることができる。さらには、イノベーションを生み出しそうな会社を買収することもできる。

こうした戦略を採用しているGAFAと中国勢のBATX（バイドゥ、アリババ、テンセント、シャオミ）は、先ほど紹介したように、自分たちの寡占的な地位を乱用している。彼らは世界の広告市場の半分以上を支配している。そしてほとんどの娯楽や情報は彼らを経由している。新たなイノベーションも彼らを経由せざるを得ない。グーグルはアップルなどのスマートフォンの製造者に自社の検索エンジンを優遇するように資金提供することにより、オンライン検索市場の九〇％を握っている。一〇〇〇億ユーロの流動資産を持つグーグルはいつでも弁護士の大部隊を召集できる。アマゾンは世界中で石油や天然ガスの探査と精製所の改善にエクソンモービルと同等の資金を投じている。すでに述べたように、フェイスブックやテンセントについてもさらに多くのことが指摘できる。

ようするに、これらのプラットフォームがおよぼす影響力は、分割前のスタンダード・オイルやＡＴ＆Ｔをはるかに上回る。これまでに紹介したように、この状態が継続すると、国の権力はますます形骸化するだろう。よって、これらのプラットフォームの影響力がさらに拡大することは、民主主義であるかどうかにかかわらず、いかなる国であっても黙認できないだろう。政治的独裁体制を築くことによってテクノロジーの独裁から逃れようと試みる国も現れるはずだ。

このような悲惨な未来を回避するには、これらのプラットフォームを制御する必要がある。そのための議論がようやく始まった。まずは税制に関する議論だ。

ヨーロッパ主導の経済協力開発機構（ＯＥＣＤ）は、企業の国際課税の抜本的見直しを進めている。この見直しの主眼は、利益を上げた国で納税することだ。この改革に反対するアメリカ政府は、新たな国際課税制度に参加するかどうかは自国企業が決めることだと主張する。当然ながら、アメリカ政府の主張では効率的な国際課税は望めない。

一方、EUはこれらのプラットフォームに対して厳しい規制を課そうとしている。二〇二一年に施行される可能性のあるデジタルサービス法の目的は、オンライン上のサービスに関する各国の規制を刷新することにある（利用者がつくるコンテンツに対する責任、オンライン上の偽情報、広告の個別化など）。先ほど述べたように、これらの点は問題のごく一部に過ぎないのにもかかわらず、ヨーロッパ諸国の間で意見が一致しないのが現状だ。

アメリカ政府も重い腰を上げた。二〇二〇年一〇月二〇日、アメリカ司法省は一年間にわたる調査の結果、マウンテンビューに本社のあるグーグルが「オンラインの検索と広告に関して違法な手段を用いて独占状態を維持している」という確証を得たと述べ、グーグルを提訴すると発表した（すでに一一の州の支持を取り付けたという）。

さらには、中国政府もこれらのアメリカ企業に相当する自国企業の力が過大になったことに危機感を覚え、自国の勝ち組であるBATXが独占禁止法に違反しているのではないかと考えている。二〇二〇年一一月に中国政府がアリババの創業者ジャック・マーに対して、アリババの金融サービス会社アント・グループの株式上場を認めなかったのは、その最初の兆候と言えよう。

これらの企業の株主や経営者も、こうした状況は持続的ではないと痛感しており、企業分割には金銭的な利害が絡んでいるのではないかとさえ疑っている。

ところで、これらの企業の力を弱め、他のメディアを保護する方法はたくさんある。

ＧＡＦＡに個人データを取得させせない

まず、ＧＡＦＡとＢＡＴＸは、利用者のデータを取得しない代わりに、これまでよりも限定されたサービスを有償で提供する方策が考えられる。たとえば、広告を掲載せず、いかなる種類のデータ収集や追跡も行わない有償版のサービス提供をグーグルに求める、あるいは強制する（たとえば、検索や地図などのサービス利用料を月額数ユーロに設定する）。しかし、ほとんどの利用者は現在の無償版を利用して自身の個人情報をグーグルに提供し続けるだろうから、こうした方策は効果的でないという見方もある。

ヨーロッパでは、個人情報の保護を狙いとするＥＵ一般データ保護規則（ＧＤＰＲ）が施行された。この規則は、理屈の上では改革に向けた第一歩だが、まったく適用されていない。ＧＡＦＡをはじめとするこれらのプラットフォームは、この規則を難なく潜り抜けている。

第二歩は、二〇二〇年七月一六日のＥＵ司法裁判所のシュレムスⅡ判決だ。この判決により、ＧＡＦＡは利用者の情報を各国政府やアメリカに所在する企業へ転送できなくなった。二〇二〇年一一月一九日、マイクロソフトはＥＵのこの判決を遵守するだけでなく、いかなる政府から要請があっても、法的根拠がない限り、個人情報の提供には応じないと宣言した。

さらには、個人情報の共有や流通を規制する信頼できる第三者機関を設立することも考えられる。この目的を達成するためのテクノロジーの開発が進んでいる。とくに、データの持ち主の追跡と共有にはブロックチェーンが役立つだろう。たとえば、マーク・アンドリーセンとベン・ホロウィッツがカリフォルニアの研究所とともにチューリッヒで設立した非営利団体である暗号クラウド・プラットフォーム「ディフィニティ」は、データがGAFAの管理する拠点を経由しない分散型インターネットを開発することによって、データの所有権を利用者に引き戻そうと試みている。

GAFAのアルゴリズムの中身を暴く

すでに説明したように、SNSは個人のデータを収集し、これを使って対象を絞ったマーケティングを実施するため、自分たちのプラットフォームに入ってくる人々の関心を引き、彼らをできる限り長い時間引き留めようとする。そのために、SNSはソーシャルグラフをつくる秘密のアルゴリズムを利用し、利用者のオンライン上でのつながりや好みを調べ上げる。SNSの利用するアルゴリズムの複雑性こそが、規制当局に対する最大の防護壁になっている。

そうはいっても、われわれはＳＮＳを制御しなければならない。そのためには、コンテンツの拡散力の抑制、アルゴリズムの開示要求、専門家チームによるアルゴリズムの監査を課し、中毒性、拡散力、消費者に対する誘導力を抑制する必要がある。

アルゴリズムの可視化により、ＳＮＳが組織するコミュニティの中身も明らかになり、利用者は強制的なつながりから解放され、自分に適したグループに自由に参加できるようになる。これはクラブハウスやジュネヴァなどのソフトウェアを利用すればすでに可能であり、ＧＡＦＡにもこうした取り組みを課すべきだろう。

さらに根源的な方策として、ＳＮＳの毒牙から逃れるためのアプリケーションを構想する必要があるだろう。自身のソーシャルグラフを復元してＧＡＦＡの言いなりになるのをやめることにより、自分独自のサイバー空間を構築するのだ。その際、ＳＮＳのソーシャルグラフに対抗し、彼らのアルゴリズムを混乱させてそこから逃れるための、非常に高度な人工知能を活用する個別化されたアプリケーションが必要になる。実現はまだかなり先のことだが、これはＧＡＦＡの存続を脅かすテクノロジーになるに違いない。

ＧＡＦＡとＢＡＴＸの市場独占を切り崩す

世界貿易機関（ＷＴＯ）の枠組みにおいて、ＥＵの競争モデルを参考にして競争に関する世界的な法体系を確立し、不正な競争にならないテクノロジーとサービスの組み合わせを定義する必要がある。また、逆にどのような組み合わせが売り手あるいは買い手の独占になるのかも明らかにしなければならない。そのためには、次に掲げる方策が有効だろう。

・電力や鉄道の利用と同様に、誰もが自由にＧＡＦＡとＢＡＴＸのインフラを利用できるようにする。

・アメリカが一九七六年にハート＝スコット＝ロディノ法によって大企業同士の過剰な合併を阻止したように、ＩＴ企業と競争に関する国際法をＷＴＯの枠組みにおいて制定する。

・フェイスブックによるインスタグラムとワッツアップの買収を阻止できなかったため、フェイスブックの独占的な地位が著しく強化されたことは記憶に新しい。そこで今後、ＧＡＦＡとＢＡＴＸの企業買収による独占的地位の強化は一切認めない。

ＧＡＦＡとＢＡＴＸを解体する

これらの妥協案が拒否された場合、さらに踏み込んだ方策が必要になる。アメリカと中国の政府がＥＵとともに、各国の利益に応じて次に掲げる方策を決定するように働きかける。

・グーグルを少なくとも四つに分割する（検索エンジン、アンドロイド、広告スペース販売、その他の事業）。
・アマゾンを少なくとも三つに分割する（マーケットプレイス、広告、クラウド）。
・フェイスブックを少なくとも四つに分割する（フェイスブック、メッセンジャー、ワッツアップ、インスタグラム）。
・アップルを少なくとも二つに分割し（ハードとソフト）、他のサービス事業（ビデオストリーミングや音楽の配信）への参入を禁じる。
・テンセントを少なくとも三つに分割する（SNS、クラウド、その他の事業）。
・アリババを少なくとも四つに分割する（マーケットプレイス、広告、クラウド、銀行）。
・バイドゥとシャオミを少なくとも三つに分割する（SNS、クラウド、その他の事業）。

これらの企業を解体することが難しいのは明らかだ。なぜなら、これらの企業には数多くの報復手段があるからだ（例：インフラへの投資を中断する、多くのプロトコルを崩壊させてインターネットの速度を著しく低下させるなど）。また、非常に便利なサービス（電子メール、地図、GPS、インターネット・アクセスなど）を無料で提供することによって数億人のインターネット利用者を満足させていることも、これらの企業の強みだ。

しかしながら、これらの企業の脅しに屈してはいけない。また、新聞社は彼らの提示する金銭的な補償に応じてはいけない（自分たちの葬儀費用にしかならない）。

とくにヨーロッパ人は、これらの企業のサービスがしばらくの間利用できなくなるという覚悟を持つべきだ。そうした覚悟がなければヨーロッパから巨大なネット企業が誕生する可能性はないだろう。

情報を遮断する時間を持つ

最後に、おそらく最も重要なこととして、日常生活を破壊する中毒性のあるこれらのメディアの毒牙から逃れるには、日常生活を顧みる必要がある。

次のことを検討すべきだ。情報や個人のメッセージの流通速度を下げる、メディアとの接続を定期的に遮断する、自分のメッセージを承認してくれる人の数という表面的な評価に踊らされない、読書する、熟考する時間を持つ、他者とオンラインでなく実際に会って交流する、想像をめぐらす、夢想する、瞑想するなどだ。

さらには、ＳＮＳに帰属することによって得られる儚い満足感や、ＳＮＳから得られるヴァーチャルな承認でなく、他者や自己への関心を取り戻すことだ。くだらないコンピュータゲームや凡庸な論争を醸し出す見世物でなく、本物の芸術や文化によって英気を養うべきだ。

したがって、孤独を恐れず、生身の他者と積極的に会い、日々の暮らしに最大の価値を見出しながら「自己になる」ための時間を持つことが肝要だ。情報を得ることも重要だが、己の心の声に耳を傾け、自身の特性を活かして自己を開花させることだ。

正しい判断を下すには情報を得る心構えが必要だ。その最良の手段は、時として情報を得ないことだ。

※

われわれは、株主の利益のためだけに儲ける企業が抽象的な機械を使って自分たちのアイデンティティを盗み取る事態を座視し続けるのだろうか。われわれは機械仕掛けの怪物が危険な存在になったことを察知しているのだろうか。これらの怪物が危険なのは、彼らの普段の行動だけでなく、彼らの暴走が惨事を引き起こすからだ。市場での情報と娯楽の融合は、一部の富裕層が不死身の存在になろうとしている間に、人間が死すべき存在であることを忘れさせる手段に過ぎないことを、いつになったら人々は気づくのだろうか。対処すべき緊急事態は、気候変動など他にもあるのではないのか。

反撃することはまだ可能だろうか。ようやく自由になったメディアを活用することにより、自分たちがつくった人工物から自己を解放し、現実と向き合うための時間はまだ残されているのだろうか。

私がこの大著を記したのは無駄な試みだったのだろうか。私は本書の末尾に、マルクスが社会民主主義運動の活動家たちに送り付けたのと同じ諦めのメッセージを記すべきなのだろうか。

私がこれまでに提起したすべてのことが実行されないのなら、ほとんどの従来型メディアは消滅するに違いない。今後、巨大化するデジタル・テクノロジー機器に対するわれわれの依存はますます強まる。だが、これらの機器はいつの日か崩壊し、それがきっかけとなってほとんどの社会インフラは機能不全に陥る。というのはそのころには、コミュニケーション、娯楽、情報、生産、貿易、教育、医療、金融などに関するあらゆる手段は、これらの機器が担っているだろうからだ。つまり、人類は石器時代に舞い戻る恐れがあるのだ。

座視するのではなく反撃する気構えを持ち、これらのテクノロジーをうまく制御できるのなら、われわれは、情報収集、学習、行動、自由な生活のためにこれらのテクノロジーを活用しながら、さまざまな差異こそが共同体の富の源泉だと誰もが認める真に民主的な社会で暮らせるようになる。

そうなれば、すべてのメディアがこれまで達成できなかった使命を果たすことができる。すなわち、人類があらゆる知識を共有し、これを次世代に伝えることだ。

これが実現できるのなら、いつの日か人類は意識と呼ばれるものの存在意義を見出すに違いない。

謝辞

本書の内容を検証し、資料の作成を手伝ってくれた次の方々に感謝申し上げる。

Diane Derat-Carrière, Charlotte Meyer, PierrePlasmans, Brice Saint-Cricq.

メディアの歴史、役割、そして未来について、私と長年にわたり意見交換してきた次に掲げる世界中のジャーナリスト、メディア企業やＩＴ企業の経営者、未来学者、社会学者、歴史家、政治家の方々に感謝申し上げる。

Christophe Barbier, Pierre Bellanger, Nicolas Berggruen, Nicolas Brimo, Julia Cagé, Angèle Christin, Jean-Marie Colombani, Olivier Duhamel, Frédéric Filloux, Éric Fottorino, Nathan Gardels, Paul Hermelin, Serge July, Philippe Labro, Guillaume Lacroix, Alexis Lévrier, Maurice Lévy, Stéphane Lévy, Laurent Martin, Moisés Naím, Bruno Patino, Pierre-Henry Salfati, David Sela.

編集を担当してくれた次に掲げるファイアール社〔原出版社〕の方々に感謝申し上げる。

Sophie de Closets, Diane Feyel, Thomas Vonderscher, Léa Souquet-Basiège.

本書に対するご意見とご感想を寄せてほしい。j@attali.com

訳者あとがき

本書は二〇二一年一月にフランスのファイヤール（Fayard）社から出版された『Histoires des médias』（メディアの歴史）の全訳だ。本書は、メディアに関する文明論と未来論からなる。

著者のジャック・アタリ氏が本書の冒頭で語るように、多忙な読者は「はじめに」を読んでから結論を含む未来論（第11章から第13章まで）を読むだけでも、本書のエッセンスに触れることができる。もちろん「賢者は歴史に学ぶ」というように、文明論（第1章から第10章まで）にも目を通して通読すれば、歴史の教訓と潮流とともに、著者が文明論を基にどのように未来論を組み立てているのかがわかる。つまり、未来予測の舞台裏も垣間見ることができるのだ。

アタリ氏は一九四三年、当時フランス領であったアルジェリアで、双子の兄弟のひとりとして誕生した。フランスのエリート養成校として知られる国立行政学院（ＥＮＡ）を卒業し、一九七二年にパリ第九大学（現・パリ＝ドフィーヌ大学）で経済学の博士号を取得。

一九八一年から九一年にかけてフランス大統領ミッテランの特別顧問、一九九一年から九三年にかけて欧州復興開発銀行初代総裁を務めたほか、サルコジ、オランド、マクロンら歴代フランス大統領への政策提言を行い、ヨーロッパの政治、経済、文化に大きな影響を与えてきた。また、一九九八年に非政府組織「プラネット・ファイナンス」を創設するなど、途上国支援にも積極的に取り組んでいる。

アタリ氏と日本との関わりは深い。新型コロナウイルス感染症の世界的流行が始まる以前には、毎年のように来日していた。『2030年ジャック・アタリの未来予測』（二〇一七年）、『海の歴史』（二〇一八年）、『食の歴史』（二〇二〇年）、『命の経済』（二〇二〇年）などの著書が広く読まれているほか、近年では日本のメディアへの登場も多い。日本経済新聞の「グローバルオピニオン」での定期的な論考やNHKの番組への出演などだ。また、アタリ氏は東京大学プレジデンツ・カウンシルのメンバーでもある。

二〇二一年二月、本書の版元であるプレジデント社の主催により、東京都知事の小池百合子氏とのオンライン対談が実現した。この対談において両者は、疲弊した経済、社会、人々のマインドを回復させながら未来に向けた復興を目指す小池氏の「サステナブル・リカバリー」と、命の経済、環境保全、多様性と包摂性に溢れる社会、民主的なガバナンスという四項目を重視するアタリ氏の「ポジティブな社会」が同じ理念に基づくことを確認した。詳しくはプレジデント誌の四月一六日号を一読してほしい。大変読み応えのある対談だ。

アタリ氏が本書の第11章で指摘するように、SNSの発達により、「誰もが自分と同じ信仰、文化、言語、社会層の人たちだけと固まって暮らすようになる。(……)そのような社会では人々が妥協する余地は残されていない」。ようするに、分断された社会だ。その結果、「お気に入りのSNSが知らせてくれることだけを信じる人たちは、強い確信を抱き、批判的な精神を失い、自分の信じることが真実だと自己に言い聞かせるために、どんな陰謀論であってもいとも簡単に信じる」という。

近年、ネット空間には、さまざまな陰謀論やフェイクニュースが溢れているのはご存じの通りだ。驚いたことに、アタリ氏に関しても悪意に満ちた集団の代理人だと喧伝する人々がいる。

しかしながら、歴史と同様に現状の認識についても、これらの「物語を単なるほら話や空騒ぎと片付けることはできない。物語は世界の見方や決定に影響を及ぼすからだ。(……)物語の全体像を俯瞰すべきなのだ。自分たちが見たいものだけを選択的に眺めてはならない」(ヤーッコ・ハメーンアンッティラ、二〇二一年五月一九日付の日本経済新聞『経済教室』より)。情報が溢れる現代社会において、これはアタリ氏の警告でもあると思う。

最後に、プレジデント社の書籍編集部の渡邊崇氏に感謝申し上げる。渡邊氏とは本書だけでなく先述の小池百合子氏とのオンライン対談も二人三脚で実現させた。

読者にとって、本書が情報リテラシーについて熟考する機会になることを強く願っている。

二〇二一年七月

林　昌宏

過去二週間に読んだ紙の媒体

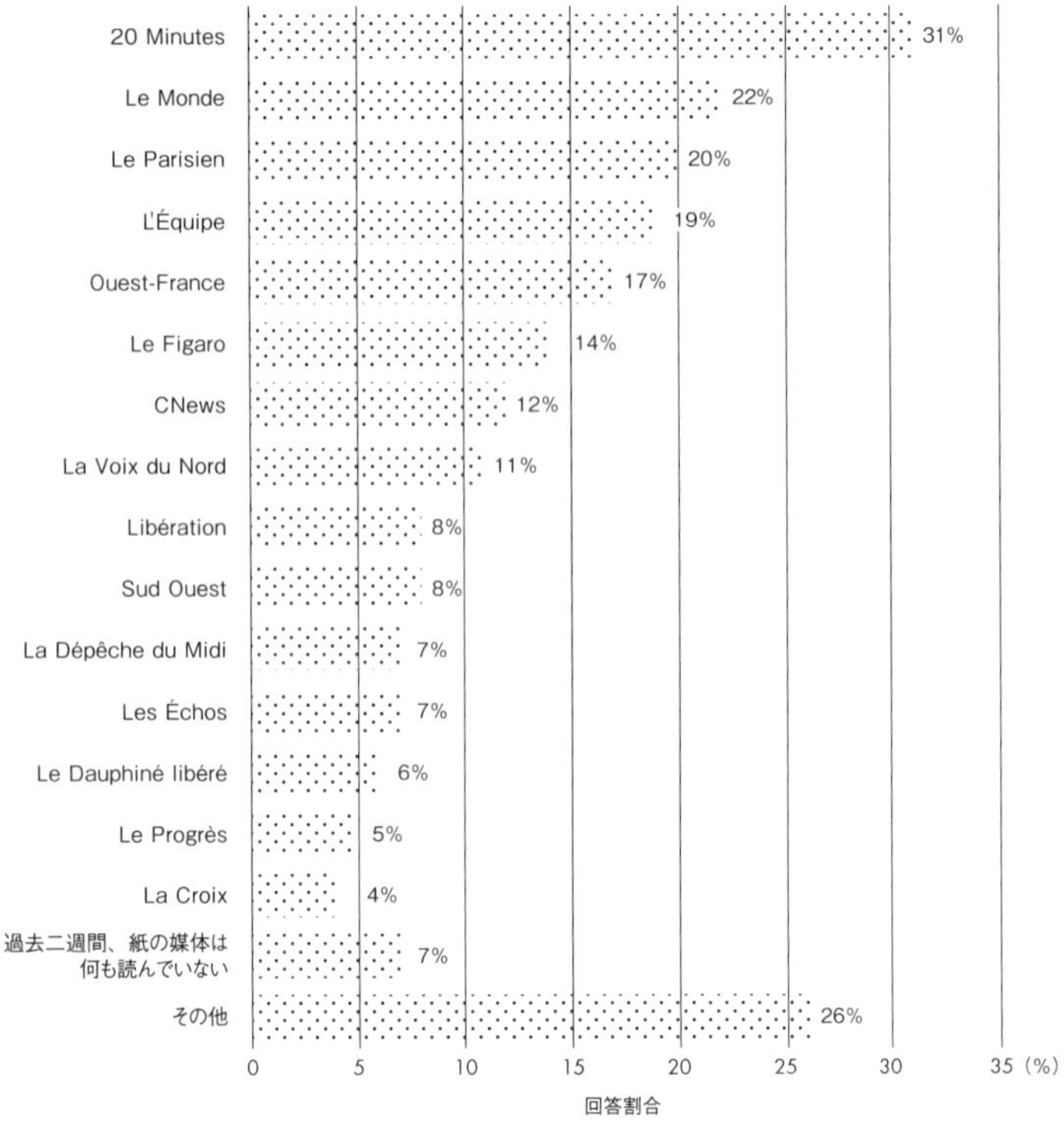

この調査は、2020年の2月14日から3月25日まで、
そして2020年の7月21日から8月13日までの期間、フランスで行われた。
706人が回答。

出典：スタティスタ・グローバル・コンシューマー・サーベイ

アメリカ国民の情報源（2013年から2020年）

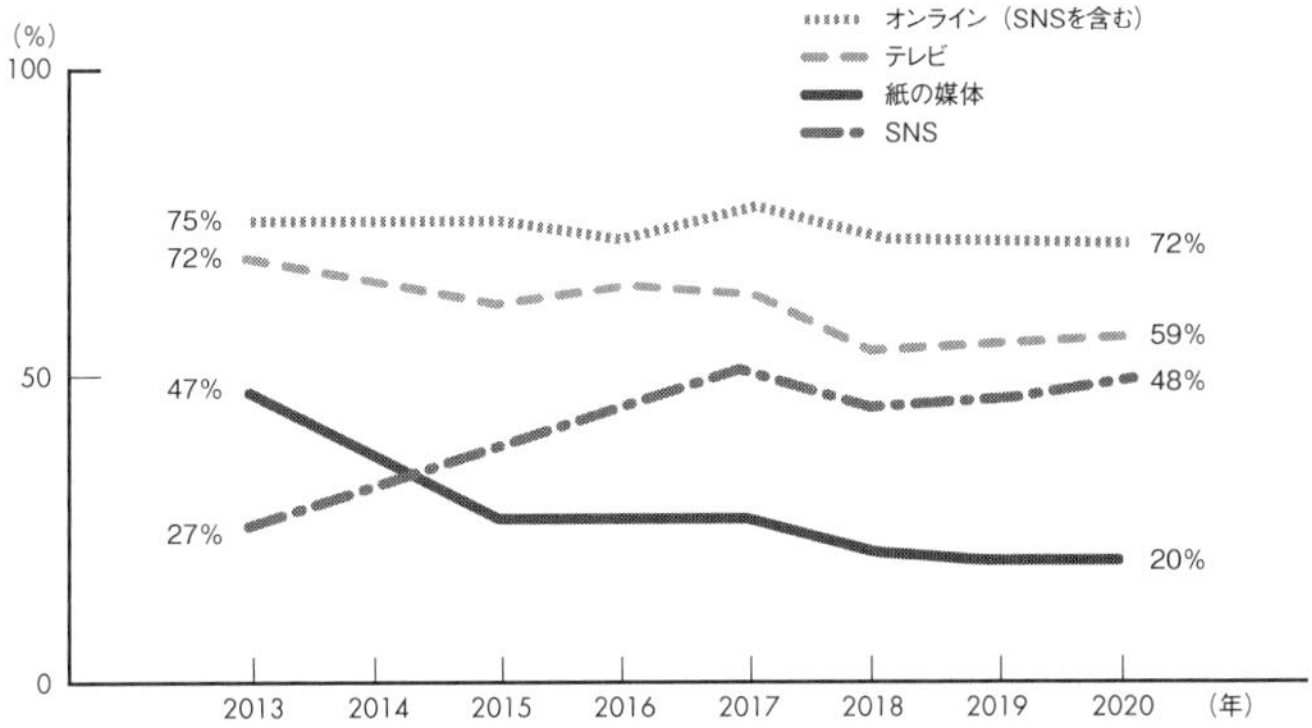

出典：ロイター・ジャーナリズム研究所の2020年デジタル・ニュース・レポート

フランス国民の情報源（2013年から2020年）

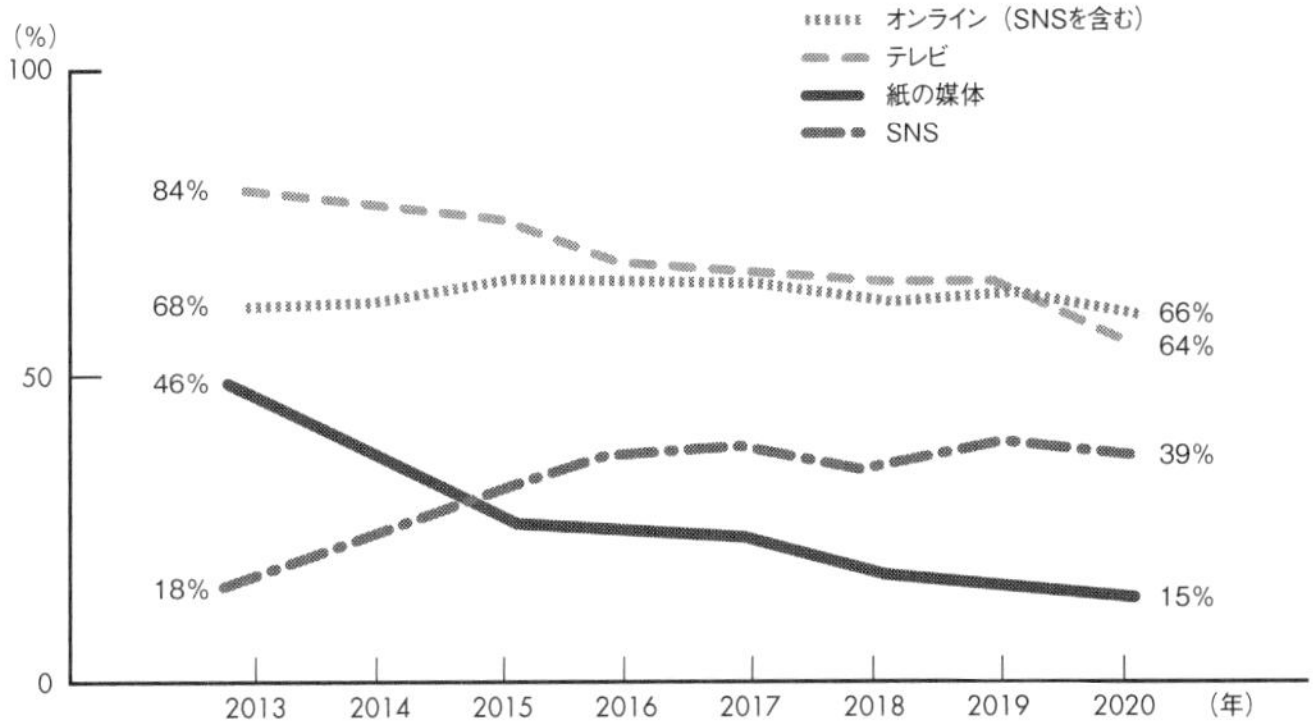

出典：ロイター・ジャーナリズム研究所の2020年デジタル・ニュース・レポート

SNSから情報を得る成人の割合（国別、2020年2月）

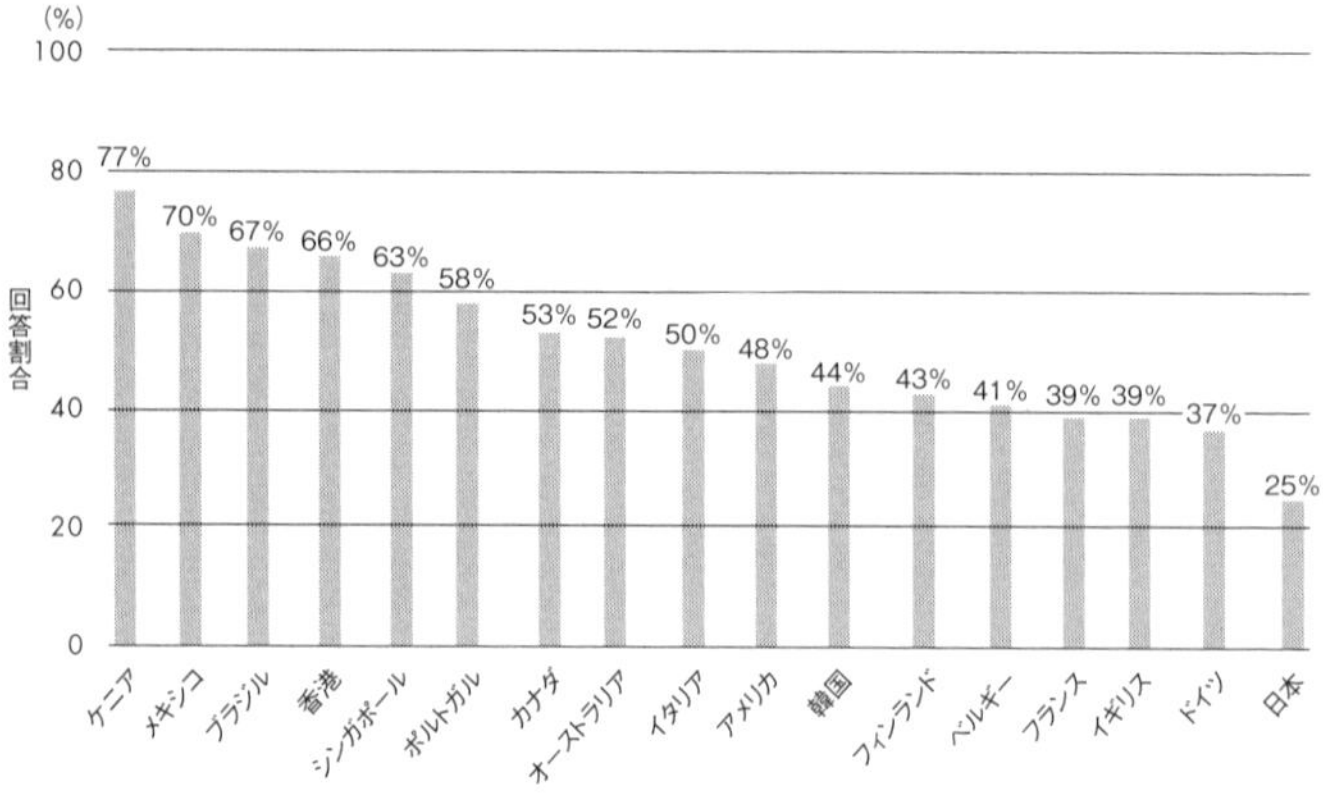

出典：スタティスタ・グローバル・コンシューマー・サーベイ © Statista 2020

SNSを利用するアメリカ国民の割合
（2017年から2020年7月まで、そして2025年までの推定値）

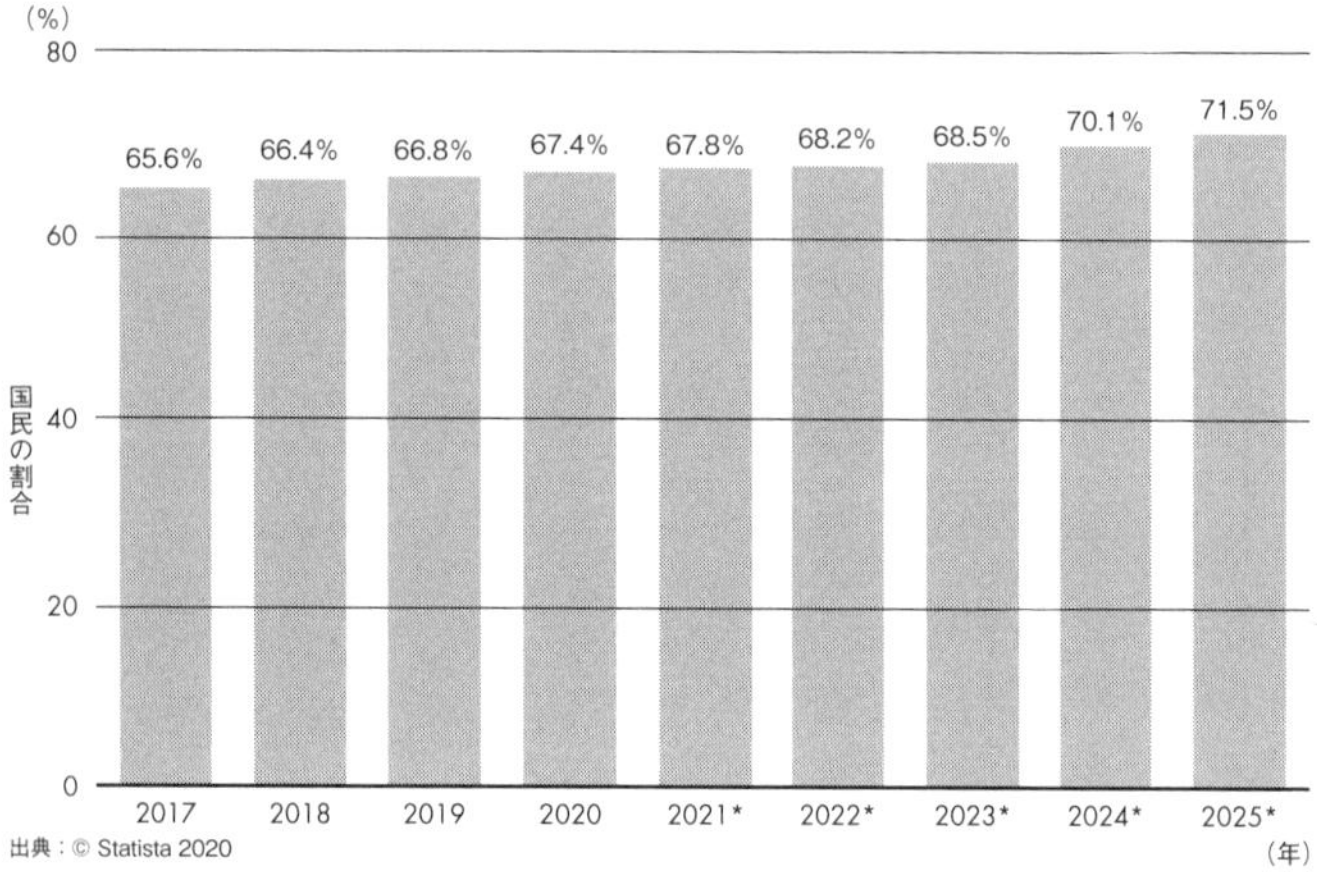

出典：© Statista 2020

国別のフェイスブックの利用者数（2020年10月）

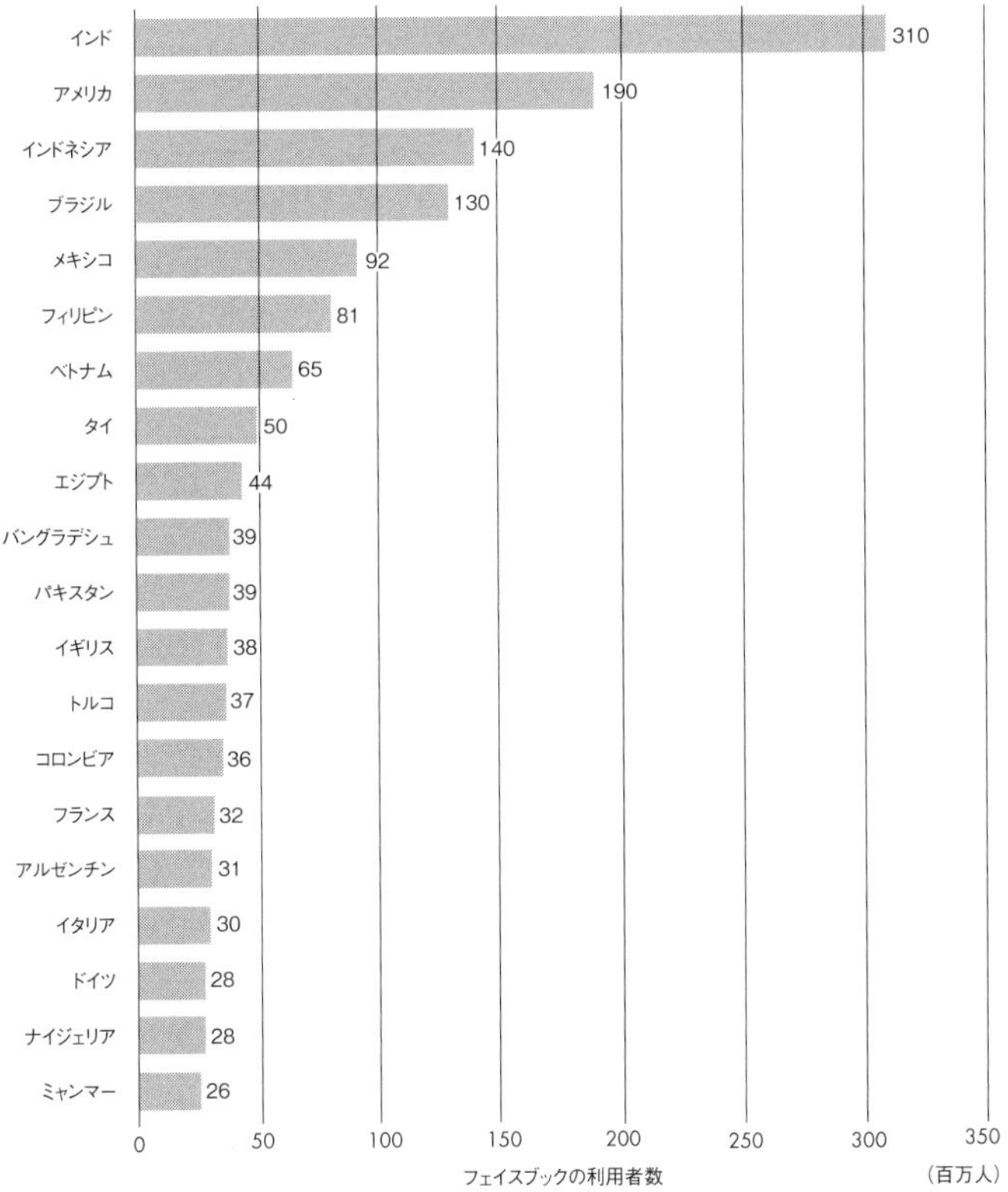

出典：We Are Social；DataReportal；Hootsuite；Facebook. © Statista 2020

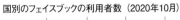

新型コロナウイルス感染症に関して最も利用した情報源

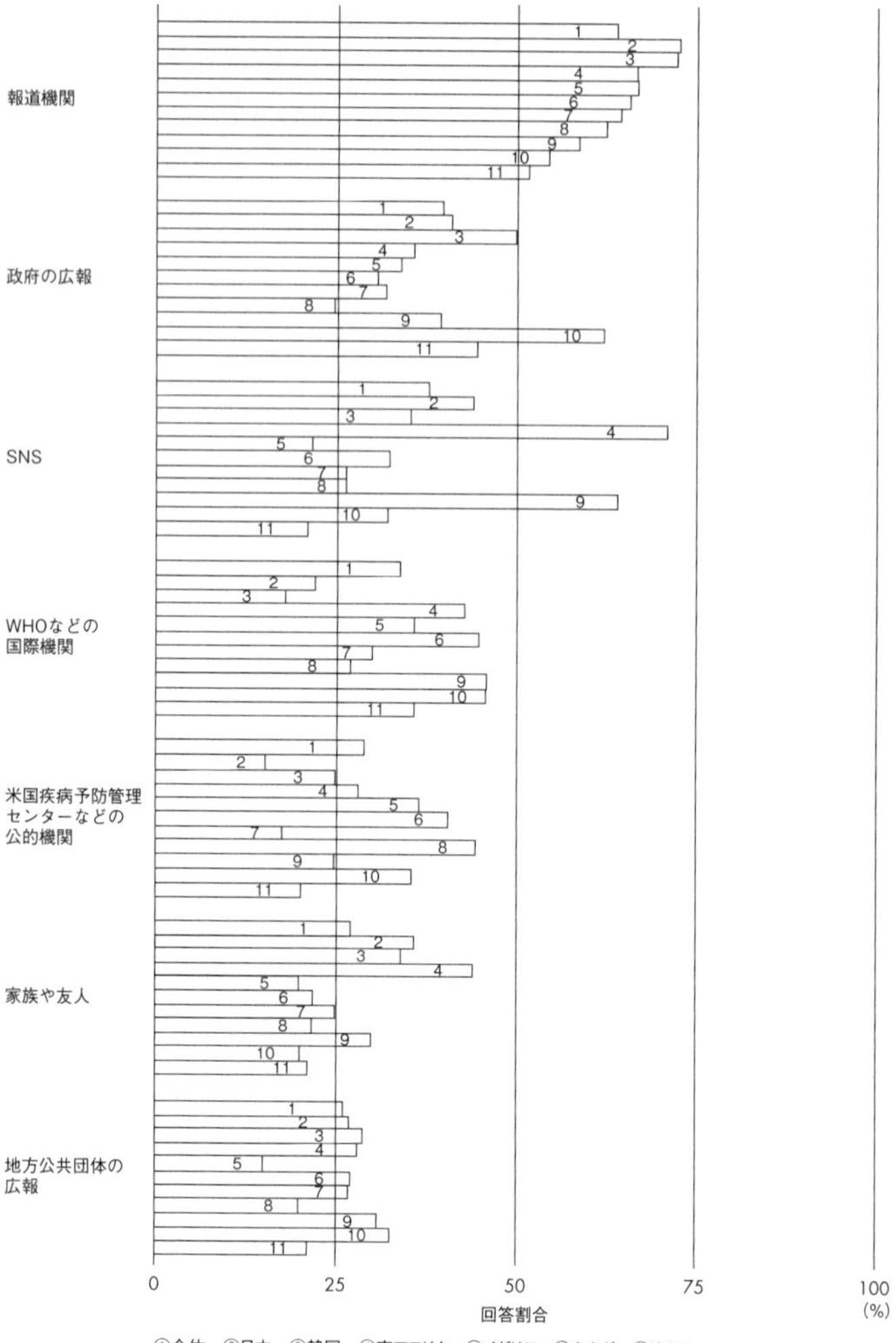

①全体　②日本　③韓国　④南アフリカ　⑤イギリス　⑥カナダ　⑦ドイツ
⑧アメリカ　⑨ブラジル　⑩イタリア　⑪フランス

出典：Edelman. © Statista 2020

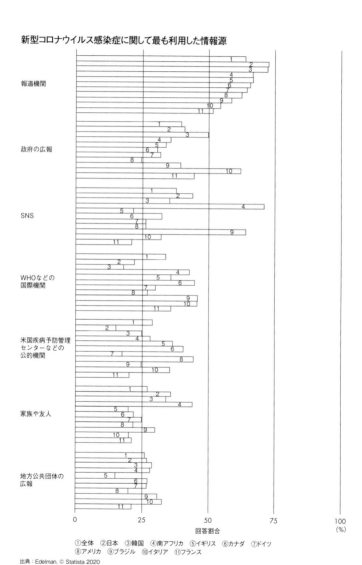

アメリカ国民がオンラインで情報を得るために利用する手段（2020年）

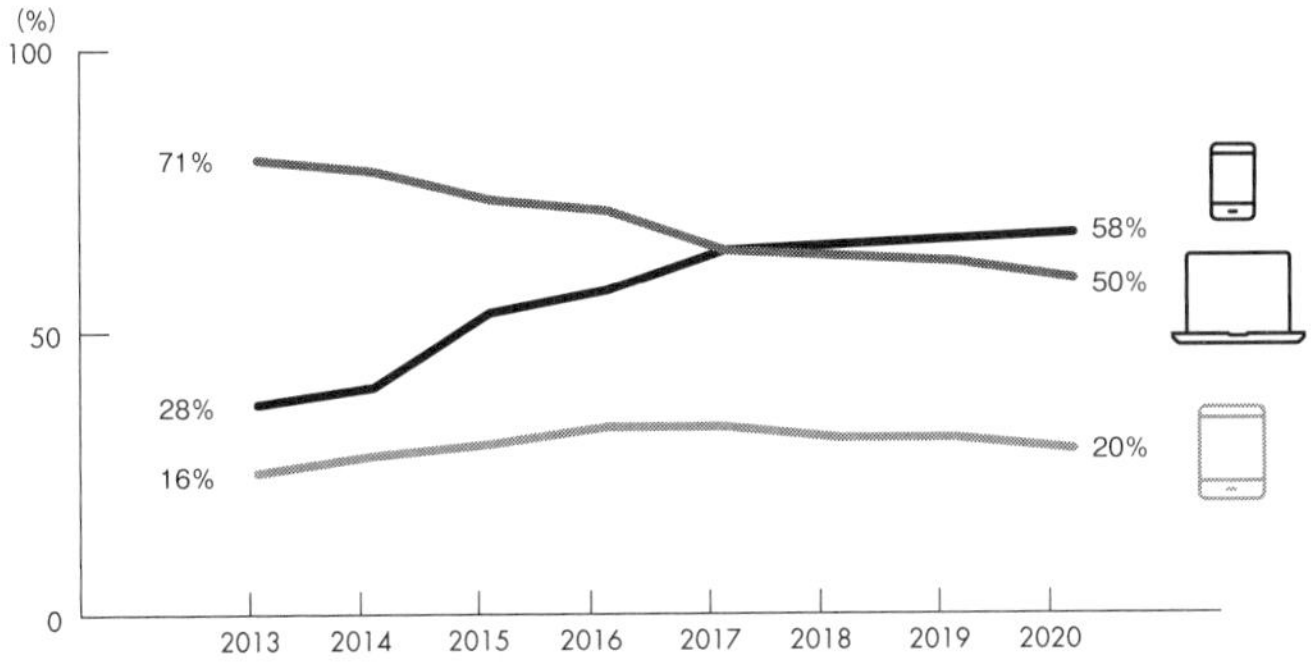

2018年、スマートフォンがパソコンを抜いてトップになった

出典：ロイター・ジャーナリズム研究所の2020年デジタル・ニュース・レポート

フランス国民がオンラインで情報を得るために利用する手段（2020年）

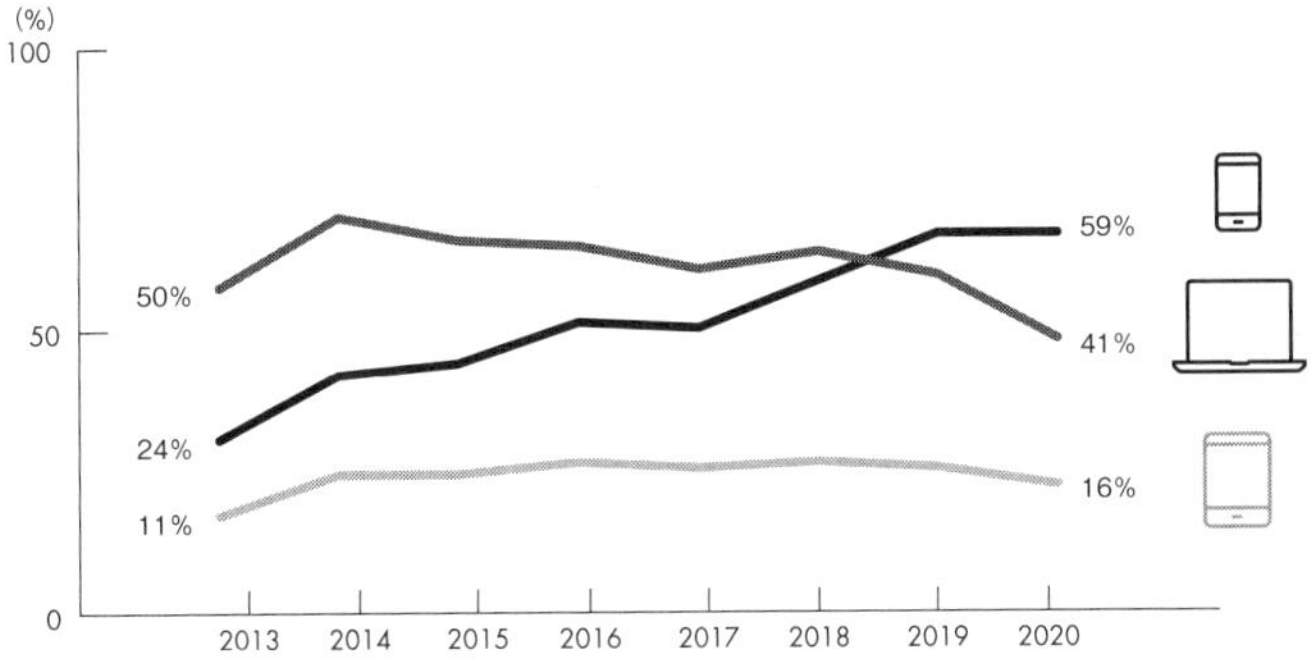

2019年、スマートフォンがパソコンを抜いてトップになった

出典：ロイター・ジャーナリズム研究所の2020年デジタル・ニュース・レポート

メディアの信頼性

新聞、ラジオ、テレビ、インターネットから得たニュースは、
後日振り返ると正しい報道だったと思うか。

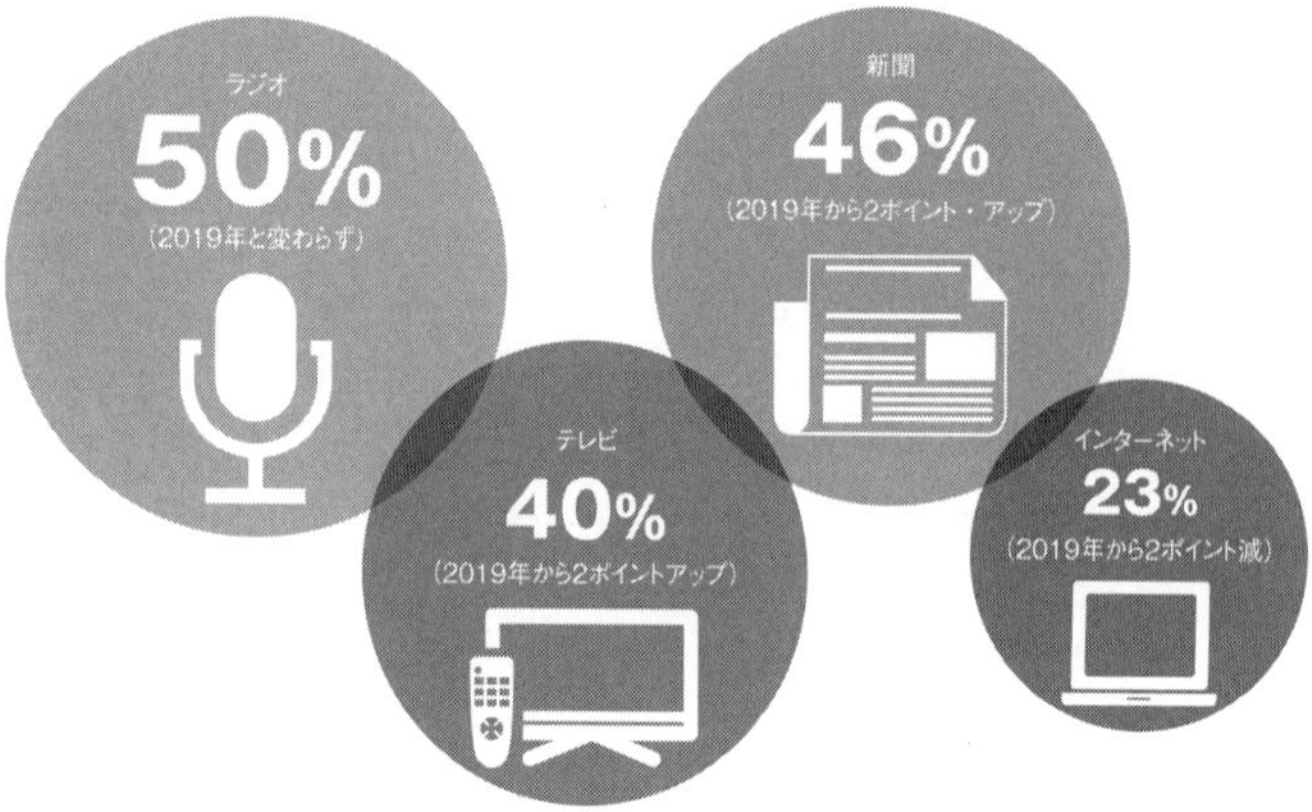

出典：2020年1月にカンター〔マーケティング企業〕が新聞『十字架』において実施した「第33回メディア信頼度」の調査 © Visactu.

アメリカ国民のメディアへの信頼（2020年）

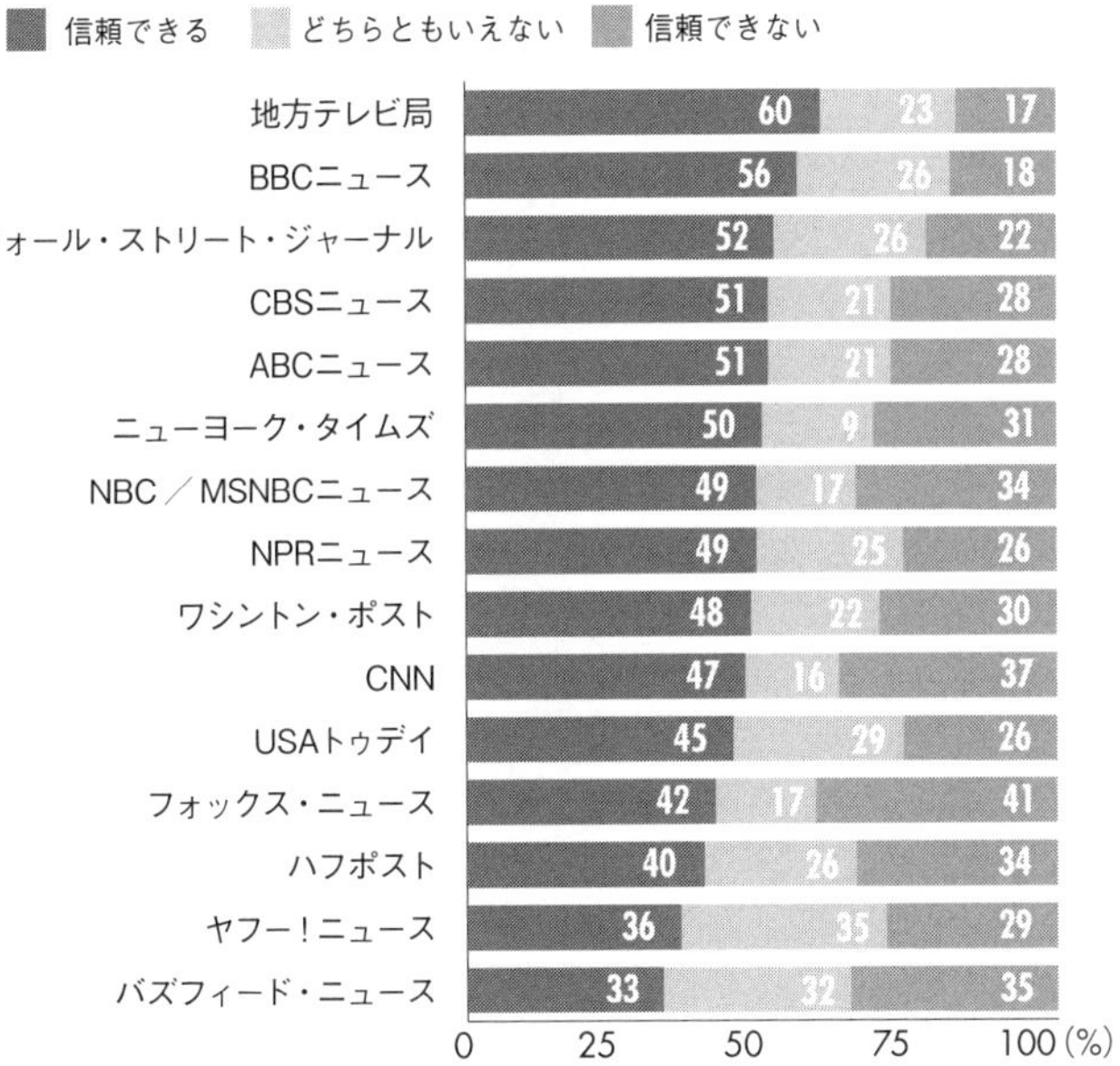

信頼できる＝6から10（10段階評価）
信頼できない＝0から4、どちらともいえない＝5
ここに提示していないメディアを挙げた人の意見は除外した。

出典：ロイター・ジャーナリズム研究所の2020年デジタル・ニュース・レポート

フランス国民のメディアへの信頼（2020年）

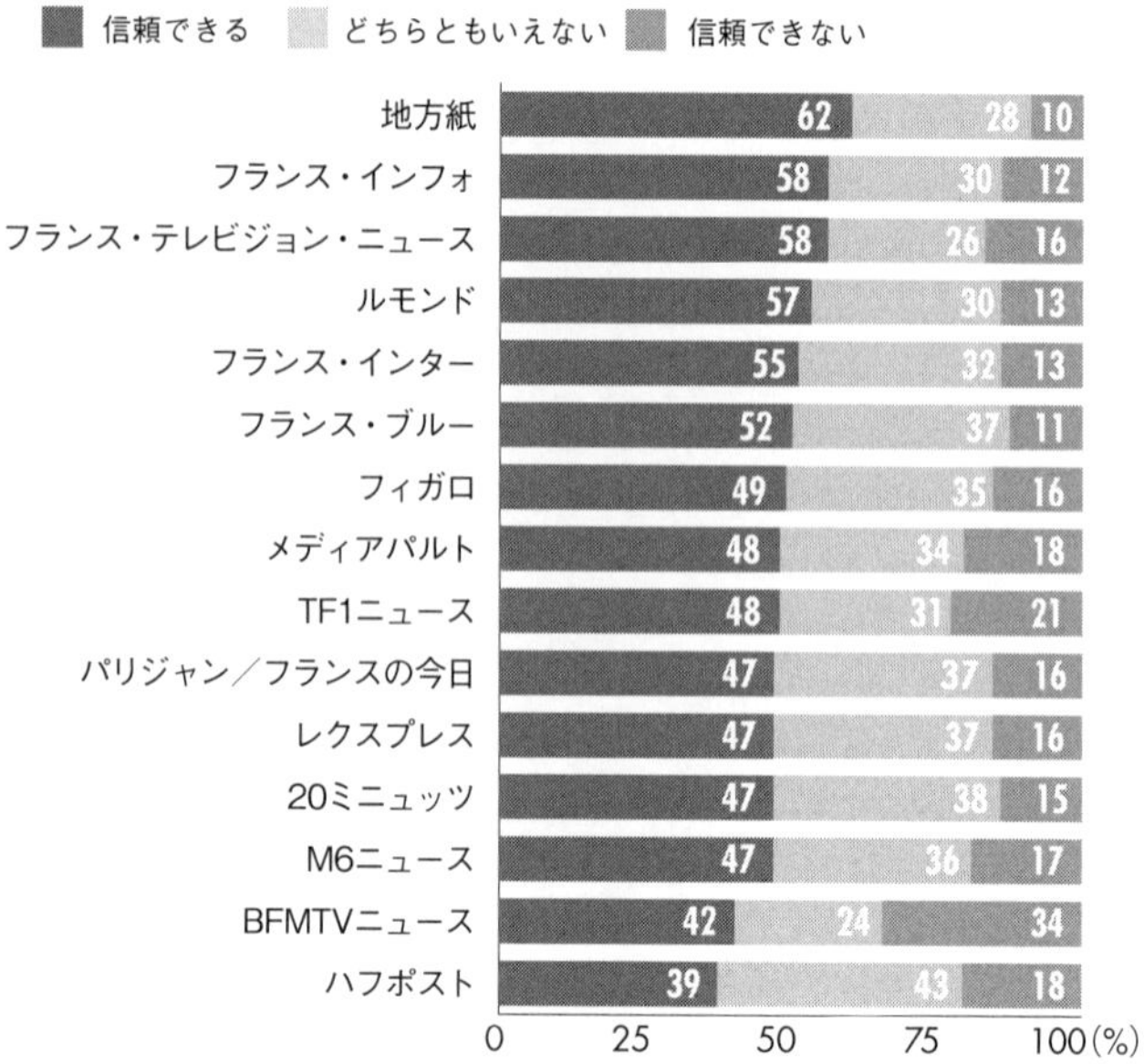

信頼できる＝6から10（10段階評価）
信頼できない＝0から4、どちらともいえない＝5
ここに提示していないメディアを挙げた人の意見は除外した。

出典：ロイター・ジャーナリズム研究所の2020年デジタル・ニュース・レポート

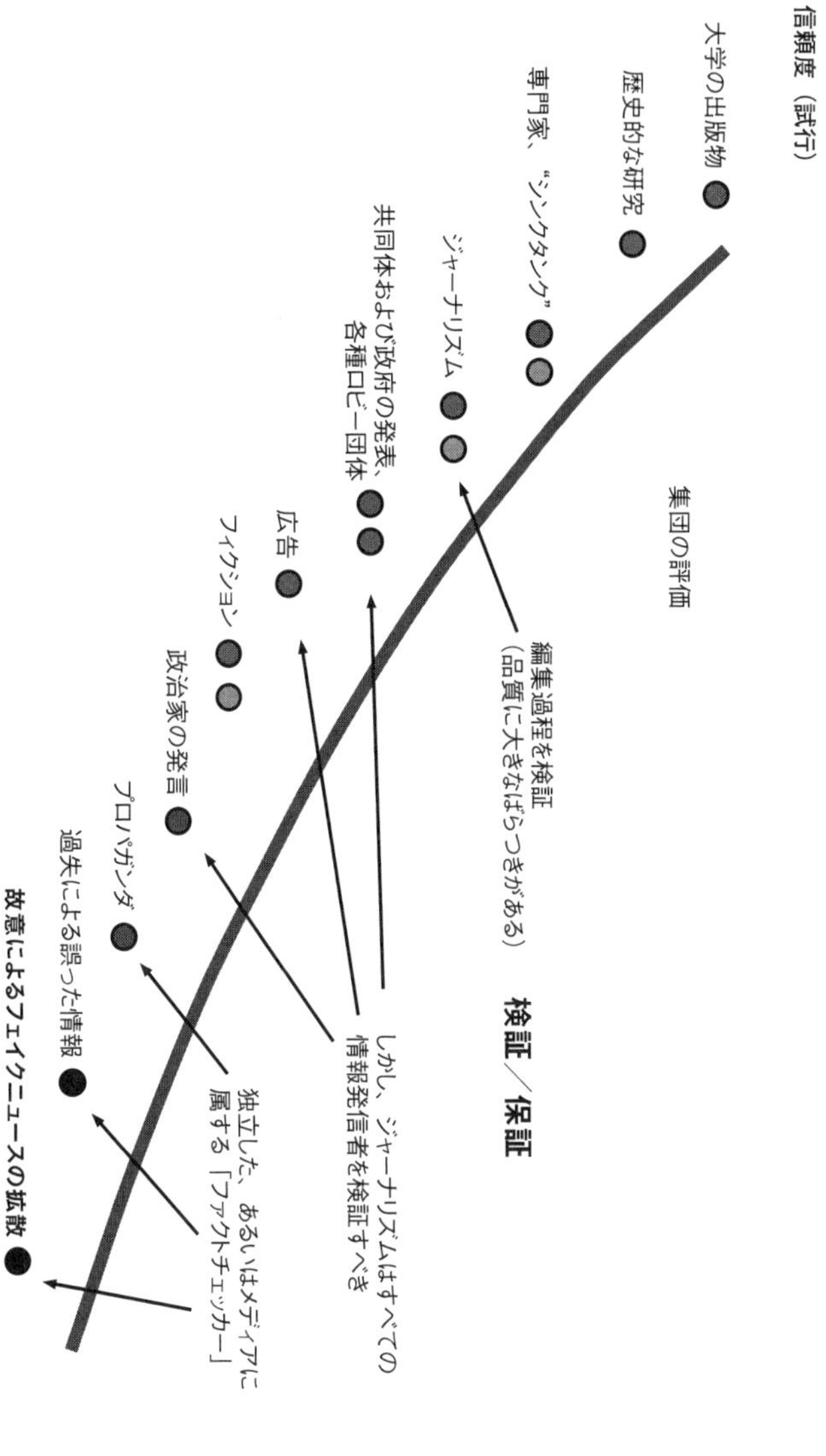
信頼度（試行）
大学の出版物
歴史的な研究
専門家、“シンクタンク”
ジャーナリズム
共同体および政府の発表、
各種ロビー団体
広告
フィクション
政治家の発言
プロパガンダ
過失による誤った情報
故意によるフェイクニュースの拡散
集団の評価
編集過程を検証
（品質に大きなばらつきがある）
検証／保証
しかし、ジャーナリズムはすべての
情報発信者を検証すべき
独立した、あるいはメディアに
属する「ファクトチェッカー」

出典：フレデリック・フィルー／マンデー・ノート

時価総額が30億ドルを超えるプラットフォーム（2020年11月）

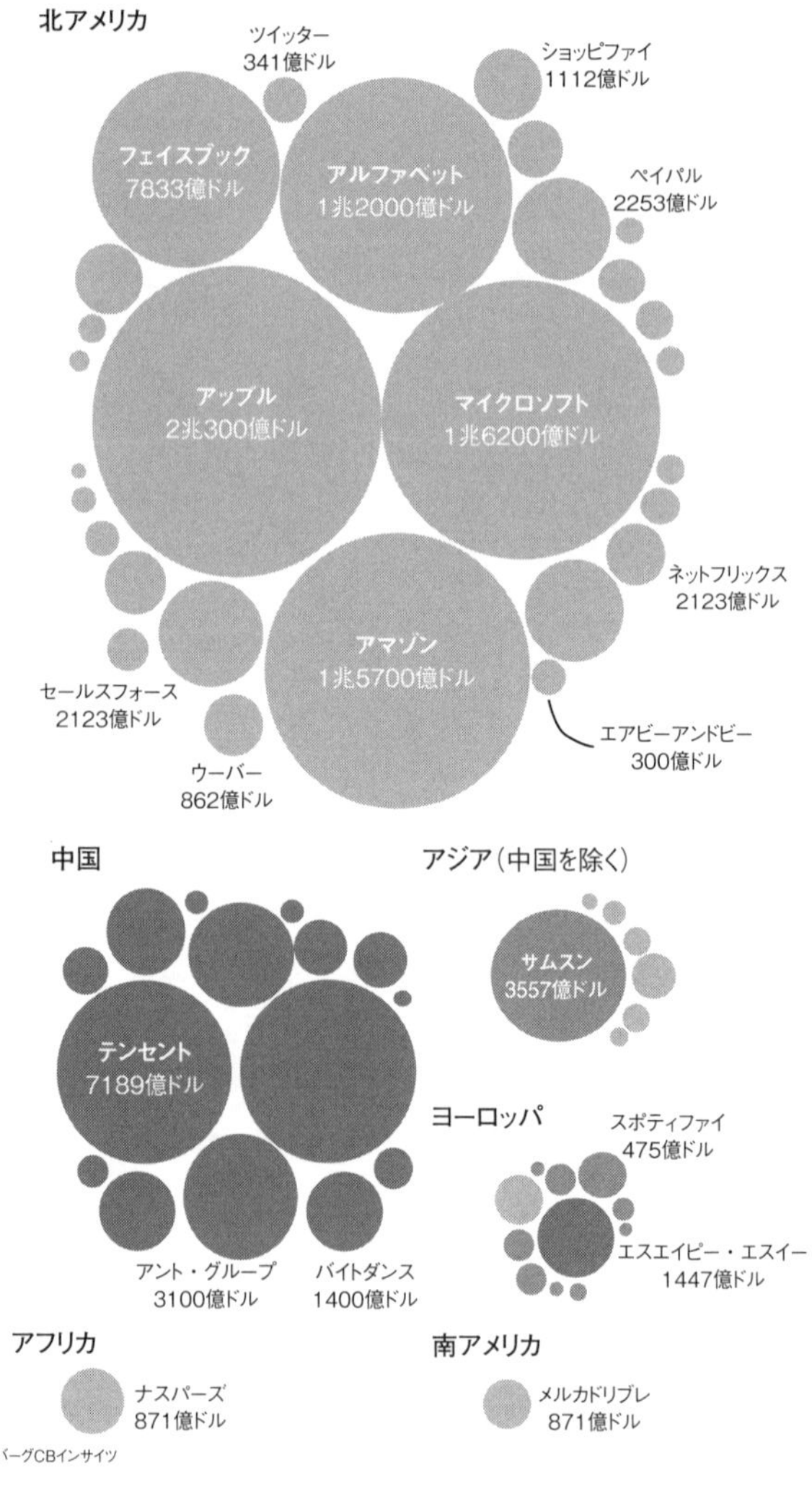

出典：ブルームバーグCBインサイツ

参考文献

概論

作品

Ágoston Gábor, Masters Bruce Alan, *Encyclopedia of the Ottoman Empire*, Facts on File, 2009.
Albert Pierre, *Histoire de la presse*, PUF, « Que sais-je ? », 2018.
Ammaz Camille, *Histoire de la poste dans le monde*, Pygmalion, 2013.
Attali Jacques, *La Parole et l'Outil*, PUF, 1976.
—, *Bruits. Économie politique de la musique*, Fayard, [1977] 2000.
—, *Au propre et au figuré. Histoire de la propriété*, Fayard, 1988.
—, *1492*, Fayard, 1991.
—, *Les Juifs, le Monde et l'Argent*, Fayard, 2002.
—, *Karl Marx ou l'Esprit du monde*, Fayard, 2005.
—, *Une brève histoire de l'avenir*, Fayard, 2006.
—, *Gândhî ou l'Éveil des humiliés*, Fayard, 2007.
—, *Phares. 24 destins*, Fayard, 2010.
—, *Diderot ou le Bonheur de penser*, Fayard, 2012
—, *Peut-on prévoir l'avenir ?*, Fayard, 2015.
—, *Vivement après-demain !*, Fayard, 2016.
—, *À tort et à raison. Entretiens avec Frédéric Taddeï*, Éditions de L'Observatoire, 2020.
Attali Jacques, Salfati Pierre-Henry, *Le Destin de l'Occident. Athènes, Jérusalem*, Fayard, 2016.
Barbier Frédéric, Bertho Lavenir Catherine, *L'Histoire des médias, de Diderot à Internet*, A. Colin, 1996.
Bertho Lavenir Catherine, *La Démocratie et les médias au 20e siècle*, Armand Colin, 2018.
Biard Michel (dir.), *Combattre, tolérer ou justifier ? Écrivains et journalistes face à la violence d'État (xvie-xxe siècle)*, Publications des universités de Rouen et du Havre, coll. « Cahiers du GRHis », n° 20, 2009.
Braudel Fernand, *Civilisation matérielle, économie et capitalisme*, LGF, [1979] 1993.
Brizay François (dir.), *Les Formes de l'échange. Communiquer, diffuser, informer de l'Antiquité au xviiie siècle*, Presses universitaires de Rennes, 2012.
Cazenave Élisabeth, Ulmann-Mauriat Caroline, *Presse, radio et télévision en France de 1631 à nos jours*, Hachette, 1995.
Cucheval-Clarigny Athanase, *Histoire de la presse en Angleterre et aux États-Unis*, Amyot, 1857.
Dahl Svend, *Histoire du livre de l'Antiquité à nos jours*, 3e édition, Lamarre-Poinat, 1967.
Delporte Christian, *Histoire du journalisme et des journalistes en France*, PUF, 1995.
Delporte Christian, Blandin Claire, Robinet François, *Histoire de la presse en France : xxe-xxie siècles*, Armand Colin, 2016.

Dorna Alexandre, Quellien Jean, Simonnet Stéphane, et Maison de la recherche en sciences humaines de Caen, *La Propagande. Images, paroles et manipulation*, L'Harmattan, 2008.

Éveno Patrick, *L'Argent de la presse française des années 1820 à nos jours*, Éditions du Comité des travaux historiques et scientifiques, 2003.

Fang Hanqi, *A History of Journalism in China*, Silkroad Press, 2012.

Feyel Gilles, *La Presse en France des origines à 1944. Histoire politique et matérielle*, Ellipses, 2007.

Fuentes Juan Francisco, Fernández Sebastián Javier, *Historia del periodismo español*, Editorial Síntesis, 1997.

Harari Yuval Noah, *Sapiens. Une brève histoire de l'humanité*, trad. par P.-E. Dauzat, Albin Michel, 2015.

Herd Harold. *The March of Journalism: The Story of the British Press from 1622 to the Present Day*, Allen & Unwin, 1952.

Jeanneney Jean-Noël, *Une histoire des médias. Des origines à nos jours*, Seuil, 1996.

Lacroix Jean-Michel, *Histoire des États-Unis*, PUF, coll. « Quadrige », 3ᵉ éd., 2006.

Lévrier Alexis, Wrona Adeline (dir.), *Matière et esprit du journal, du Mercure Galant à Twitter*, Presses de l'université Paris-Sorbonne, 2013.

Martin Laurent, *La presse écrite en France au xxᵉ siècle*, LGF, 2005.

Martin Marc, *Trois siècles de publicité en France*, Odile Jacob, 1992.

McChesney Robert W, Nichols John, *People Get Ready: The Fight Against a Jobless Economy and a Citizenless Democracy*, Nation Books, 2016.

Mercier Arnaud, *Fake news et post-vérité : 20 textes pour comprendre la menace*, The ConversationFrance, 2018.

Muhlmann Géraldine, *Du journalisme en démocratie*, Payot, 2004.

—, *Une histoire politique du journalisme, xixᵉ- xxᵉ siècle*, PUF, 2004.

Pettegree Andrew, *The Invention of News: How the World Came to Know About Itself*, Yale University Press, 2014.

Pinson Guillaume, *La Culture médiatique francophone en Europe et en Amérique du Nord de 1760 à la veille de la Seconde Guerre mondiale*, Presses de l'université de Laval, 2016.

Stephens Mitchell, *A History of News*, Harcourt Bracen, 2ᵉ éd., 1996.

Singaravélou Pierre, Venayre Sylvain (dir), *Le Magasin du monde. La mondialisation par les objets du xviiiᵉ siècle à nos jours*, Fayard, 2020.

Starr Paul, *The Creation of the Media: Political Origins of Modern Communications*, Basic Books, 2004.

Tétard Philippe, Chauveau Agnès, *Introduction à l'histoire des médias en France de 1881 à nos jours*, Armand Colin, 1999.

Thoveron Gabriel, *Histoire des médias*, Seuil, 1997.

Voyenne Bernard, *Les Journalistes français*, Retz, 1995.

研究／専門誌

Bradshaw Samantha, Howard Philip N., « Troops, Trolls and Troublemakers: A Global Inventory of Organized Social Media Manipulation », *Working paper* n° 2017.12, University of Oxford, 2017.

Cohen Évelyne, Brétéché Marion (dir.), « La fausse information de la Gazette à Twitter », *Le Temps des Médias*, n° 30, printemps 2018.

Valbert G., « L'histoire du journalisme en Autriche », *Revue des Deux Mondes*, 3ᵉ période, tome 110, 1892, p. 693-704.

オンライン記事

Soll Jacob, « The long and brutal history of fake news », *Politico Magazine*, 18 décembre 2016.

Yurkova Olga, « Six Fake News Techniques and Simple Tools to Vet Them », *Global Investigative Journalism Network*.

Histopresse, www.histopresse.com.

History of American Journalism, history-journalism.ku.edu.

The Hoax Museum Blog, hoaxes.org.

World Radio History, worldradiohistory.com.

第 1 章

作品

Achard Guy, *La Communication à Rome*, Les Belles Lettres, 2006.

Andreau Jean, Virlouvet Catherine (dir.), *L'Information et la mer dans le monde antique*, École française de Rome, 2002.

Boivin Nicole, Frachetti Michael D. (dir.), *Globalization in Prehistory: Contact, Exchanges and the People without History*, Cambridge University Press, 2018.

Bridges E. Lucas, *Uttermost Part of the Earth: Indians of Tierra del Fuego*, Dover Publications, Inc, [1949] 1988.

Bresson Alain, Cocula Anne-Marie, Pébarthe Christophe (dir.), *L'Écriture publique du pouvoir*, Ausonius, 2005.

Capdetrey Laurent, Nelis-Clément Jocelyne (dir.), *La Circulation de l'information dans les États antiques. Actes de la table ronde « La circulation de l'information dans les structures de pouvoir antiques*, Ausonius, 2006.

Coulet Corinne, *Communiquer en Grèce ancienne. Écrits, discours, information, voyages*, Les Belles Lettres, 1991.

Ferdowsi, *Le Livre des rois*, trad. par J. Mohl, Sindbad-Actes Sud, 2002.

Figuier Louis, *Les Merveilles de la science ou description populaire des inventions modernes*, Furne, Jouvet et Cie, 1867-1891.

Finnegan Ruth, *Oral Literature in Africa*, Open Book Publisher, 2012.

Gazagnadou Didier, *La Poste à relais en Eurasie*, Kimé, 1994.
Hadas-Lebel Mireille, *Rome, la Judée et les Juifs*, Picard, 2009.
Heurgon Jacques, *La Vie quotidienne des Étrusques*, Hachette, 2019.
Ibn Battûta, *Voyages*, trad. par C. Defremery et B. R. Sanguinetti (1858), F. Maspero, coll. « La Découverte », 1982, 3 vol.
Jourdain Louis, *Les Juifs d'Alexandrie dans l'Antiquité*, Presses universitaires de Rennes, 2019.
Lewis Sian, *News and Society in the Greek Polis*, G. Duckworth, 1996.
Maspero François, *Les Maîtres de vérité dans la Grèce archaïque*, La Découverte, coll. « Textes à l'appui », 1967.
Maspero Henri, Balazs Étienne, *Histoire des institutions de la Chine ancienne*, Annales du musée Guimet, tome LXXIII, PUF, 1967.
Niane Djibril Tamsir, *Soundjata ou l'épopée mandingue*, Présence africaine, 1960.
Ragheb Youssef, *Les Messagers volants en terre d'Islam*, CNRS Éditions, 2002.
Schmitt Pantel Pauline, *La Cité au banquet. Histoire des repas publics dans les cités grecques*, Publications de l'École française de Rome, n° 157, 1992.
Silverstein Adam J., *Postal Systems in the Pre-Modern Islamic World*, Cambridge University Press, 2007.
Vernus Michel, *La Fabuleuse Histoire du papier*, Éditions Cabédita, 2004.
Woods Mary B., Woods Michael, *Ancient Communication Technology: From Hieroglyphics to Scrolls*, Twenty-First Century Books, 2011.
Wu Silas H. L., *Communication and Imperial Control in China: Evolution of the Palace Memorial System, 1693-1735*, Harvard University Press, Harvard East Asian Series, 1970
La Bible de Jérusalem, Pocket, 2015.

研究／専門誌

André-Salvini Béatrice, « Chapitre III. Babylone au temps de Nabuchodonosor II (605-562 av. J.-C.) », dans Béatrice André-Salvini, *Babylone*, PUF, coll. « Que sais-je ? », 2019, p. 43-116.
Arranz Almudena Dominguez, *Politica y genero en la propaganda en la Antigüedad. Antecendentes y legado*, Academia.edu : https://www.academia.edu/15263381/Pol%C3%ADtica_y_g%C3%A9nero_en_la_propaganda_en_la_Antig%C3%BCedad_Antecedentes_y_legado_Gender_and_politics_in_propaganda_during_Antiquity_Its_precedents_and_legacy_
Ayoun Richard, « Les Juifs et la mer, introduction », *Revue française d'histoire d'outre-mer*, « Les Juifs et la mer », t. 87, n° 326-327, 1er semestre 2000, p. 7-13.
Charpin Dominique, « Chroniques bibliographiques. 2, La commémoration d'actes juridiques : à propos des kudurrus babyloniens », *Revue assyriologique*, vol. 96, fév. 2002, p. 169-191.
—, « Civilisation mésopotamienne », *L'Annuaire du Collège de France*, 117, 2019.
Clottes Jean, « De "l'art pour l'art" au chamanisme : l'interprétation de l'art préhistorique »,

La revue pour l'histoire du CNRS, n° 8, 2003.
David Abraham, « Les documents de La Geniza du Caire », *Annuaire de l'École pratique des hautes études* (EPHE), Section des sciences historiques et philologiques, n° 139, 2008, p. 26-28.
Davis Ernest, « The Life of Information, from Drums to Wikipedia. Review of James Gleick: The Information: A History, a Theory, a Flood », *The Times Literary Supplement*, 23 août 2011.
Demoule Jean-Paul, « Révolution néolithique, révolution de l'information », *La Revue des médias*, INA, 30 septembre 2016 (mis à jour le 3 décembre 2019).
Goblot-Cahen Catherine, « Les hérauts grecs agents et victimes de châtiments », *Hypothèses*, vol.6, n° 1, 2003, p. 135-144.
Goldberg Jacques, « La communication animale », dans Jean-François Dortier (dir.), *La Communication. Des relations interpersonnelles aux réseaux sociaux*, Sciences Humaines, coll. « Synthèse », 2016, p. 32-40.
Gouraud Jean-Louis, « Quelques propos cavaliers sur les Khazars », dans Jacques Piatigorsky et Jacques Sapir (dir.), *L'Empire Khazar vii-xie siècle. L'énigme d'un peuple cavalier*, Autrement, p. 117-142.
Grenier Albert, « Les stèles étrusques de Bologne », *Revue archéologique*, vol. 19, 1912, p. 137-140.
Harari Ibrahim, « Portée de la stèle juridique de Karnak. Essai sur la terminologie juridique du Moyen Empire égyptien », *Annales du service des antiquités de l'Égypte*, n° 51, 1951, p. 273-297.
Heck A. (sous le pseudonyme d'Al Nath), « Légendes de Patagonie », *Orion*, vol. 54, n° 288, 1996.
Miller Dean A., « The logothete of the drome in the middle byzantine period », *Byzantion*, vol. 36, n° 2, 1966, p. 438-470.
Peyras Jean, « Pouvoir romain et terre étrusque d'après des documents romains de l'Antiquité tardive », dans Thierry Piel (dir.), *Figures et expressions du pouvoir dans l'Antiquité : Hommage à Jean-René Jannot*, Presses universitaires de Rennes, 2008.
Piérart Marcel, « Le héraut du Conseil et du peuple à Athènes », *Bulletin de correspondance hellénique*, vol. 100, livraison 1, 1976, p. 443-447.
Pieri Dominique, « Marchands orientaux dans l'économie occidentale de l'Antiquité tardive », dans Lucien Rivet, Martine Sciallano (dir.), *Vivre, produire et échanger : reflets méditerranéens. Mélanges offerts à Bernard Liou*, Monique Mergoil, coll. « Archéologie et Histoire romaine », 8, 2002, p. 123-132.
Sapwell Mark, « Understanding Palimpsest Rock Art with the Art as Agency Approach: Gell, Morphy, and Laxön, Nämforsen », *Journal of Archaeological Method and Theory*, vol. 24, 2017, p. 352-376.
Sartre Maurice, « Antiquité gréco-romaine : le bourdonnement incessant de l'information », *La Revue des médias*, mars 2019.

Sifuentes Jesse, « The propaganda of Octavian and Mark Antony's Civil War », *Ancient History Encyclopedia*, 20 novembre 2019.
Thomas Léon, « Des peuples en voie de disparition : Les Fuégiens », *Cahiers d'outre-mer*, n° 24 -6e année, oct.-déc. 1953, p. 379-398.
Wagner Rudolf, « The Early Chinese Newspapers and the Chinese Public Sphere », *European Journal of East Asian Studies*, vol. 1, n° 1, p. 1-33, 2002.
Winter Irène, « After the Battle is Over: The "Stele of the Vultures" and the Beginning of Historical Narrative in the Ancient Near East », dans *Pictorial Narrative in Antiquity to the Middle Ages*, National Gallery of Art, coll. « Studies in the history of art », 1985, p. 11-32.
Xiaoping Li, « La civilisation chinoise et son droit », *Revue internationale de droit comparé*, vol. 51 n°3, Juil.-sept. 1999, p. 505-541.
Zanetti Vincent, « Le griot et le pouvoir », *Cahiers d'ethnomusicologie*, vol. 3,1990, p. 161-172.
Zavaroni Adolfo, « Nuove ipotesi sulla bilingue etrusco-latina di Pesaro », *Latomus : revue d'études latines*, vol. 62, n° 2, 2003, p. 307-310.
Zemp Hugo, « La légende des griots malinké », *Cahiers d'études africaines*, vol. 6, n°24, 1966. p. 611-642.

記事

Lamazou Titouan, « Cap Horn. Au bout du monde », *L'Équipe Magazine*, n° 975, 13 janvier 2001.
Thieme M., « Les postes des sultans d'Égypte », *L'Union postale*, Berne, juillet 1884.

オンライン記事

Novillo Miquel Angel, « Acta diurna : le premier quotidien de l'Histoire était romain », *National Geographic*, 17 avril 2020.
Sacleux Arnaud, « Découverte de la première mention du mot "Israël" dans un écrit de l'Égypte Antique », *National Geographic*, 9 juillet 2020.
Strechie Madalina, « Propaganda of the Ancient Roman World », *Rewminate*, 4 septembre 2018.
« Discovered : Facebook... for cavemen ? », *The Week Staff*, 22 mai 2012.

ドキュメンタリー

Kasse Mady Diabate – The Real Art of the Griot, 2015 : https://vimeo.com/125403965

第 2 章

作品

Adler Elkan, *Jewish Travelliers in the Middle Ages*, Dover Publications, 1987.

Banniard Michel, *Viva Voce. Communication écrite et communication orale du ive au ixe siècle en Occident latin*, Institut des études augustiniennes, 1992.
Champfleury, *Histoire de la caricature au Moyen Âge*, E. Dentu, 1870.
Le Goff Jacques, *Les Intellectuels au Moyen Âge*, Seuil, [1957] 2014.
Lett Didier, Offenstadt Nicolas (dir), *Haro ! Noël ! Oy ! Pratiques du cri au Moyen Âge*, Éditions de la Sorbonne, 2003.
Menache Sophia, *The Vox Dei: Communication in the Middle Ages*, Oxford University Press, 1990.
Société des historiens médiévistes de l'enseignement supérieur public (dir.), *L'Autorité de l'écrit au Moyen Âge (Orient-Occident)*, XXXIXe Congrès de la SHMESP (Le Caire, 30 avril-5 mai 2008), Éditions de la Sorbonne, 2009.
Société des historiens médiévistes de l'enseignement supérieur public (dir.), *La Circulation des nouvelles au Moyen Âge*, XXIVe Congrès de la SHMESP (Avignon, juin 1993), École française de Rome, coll. « Publications de l'École française de Rome », 190, 1994.
Verdon Jean, *Information et désinformation au Moyen Âge*, Perrin, 2010.

研究／専門誌

Bianchi Luca, « Un Moyen Âge sans censure ? Réponse à Alain Boureau », *Annales. Histoire, sciences sociales*, 57e année, n° 3, 2002. p. 733-743.
Billoré Maïté, « La rumeur au Moyen Âge : média des élites et voix du peuple », *La Revue des médias*, 25 avril 2016.
Boucher d'Argis Antoine Gaspard, « Les colporteurs », *L'Encyclopédie*, 1re éd. t. 3, p. 659-660.
Brouwer Christian, Devroey Jean-Pierre, « La participation des juifs au commerce dans le monde franc (vi^e-xe siècles) », dans Alain Dierkens, Jean-Louis Kupper et Jean-Marie Sansterre (dir.), *Voyages et voyageurs à Byzance et en Occident du vi^e au ixe siècle*, Actes du colloque international (Liège, 5-7 mai 1994), Presses universitaires de Liège, 1998, p. 321-355.
Devroey Jean-Pierre, « Juifs et Syriens. À propos de la géographie économique de la Gaule au Haut Moyen Âge », dans Jean-Marie Duvosquel et Erik Thoen (dir.), *Peasants and Townsmen in Medieval Europe*, Snoeck-Ducaju & Zoon, 1995, p. 51-72.
Doudet Estelle, « Moyen Âge et archéologie des media. Vers un nouveau temps profond des arts et des imaginaires de la communication », *Fabula-LhT*, « Le Moyen Âge pour laboratoire », n° 20, janvier 2018.
Fargette Séverine, « Rumeurs, propagande et opinion publique au temps de la guerre civile (1407-1420) », *Le Moyen Âge*, tome CXIII, 2, 2007, p. 309-334.
Fischel, Walter J. « The Jewish Merchants, Called Radanites », *The Jewish Quarterly Review*, vol. 42, n° 3, 1952, p. 321-325.
Gauvard Claude, « Au Moyen-Âge aussi, informer c'est gouverner », *La Revue des médias*, septembre 2016.
Ibn Khurdadbeh, *Le Livre des Routes et des Provinces*, trad. par C. Barbier de Meynard, *Journal*

asiatique, 1865, mars-avril et mai-juin 1885, p. 227-296 et 446-532.
Jamme Armand, « Écrire pour le pape du xie au xive siècle. Formes et problèmes », *Mélanges de l'École française de Rome-Moyen Âge*, vol. 128, n° 1, 2016.
Lang Jean-Bernard, « Les juifs austrasiens dans le commerce international au Haut Moyen Âge vii-x siècles », Académie nationale de Metz, 2007.
Leclerc Dom Jean, OSB, « Le genre épistolaire au Moyen Âge », *Revue du Moyen Âge latin*, janv. 1946, p. 63-70.
Martin Hervé, « Les sermons du Bas Moyen Âge. Un réexamen en cours », *Revue d'histoire de l'Église de France*, « Un siècle d'histoire du christianisme en France », t. 86, n° 217, 2000, p. 447-458.
Offenstadt Nicolas, « Guerre civile et espace public à la fin du Moyen Âge. La lutte des Armagnacs et des Bourguignons », dans Laurent Bourquin et Philippe Hamon (dir.), *La Politisation. Conflits et construction du politique depuis le Moyen-Âge*, Presses universitaires de Rennes, 2010.
Petitjean Johann, « The Papal Network : How the Roman Curia Was Informed about Southeastern Europe, the Ottoman Empire and the Mediterranean », dans Joad Raymond, Noah Moxham, *News Networks in Early Modern Europe*, Brill, 2016, p. 178-192.
Saige Gustave, « La Papauté au Moyen Âge. Nicolas Ier, Grégoire VII, Innocent III, Boniface VIII. Études sur le pouvoir pontifical, par Félix Rocquain... », *Bibliothèque de l'École des chartes*, t. 43, 1882, p. 367-372.
Shagrir Iris, « Pilgrimage in the Rhetoric of the Jerusalem Liturgy in the Twelth Century », dans *Les Récits de pèlerinage à Jérusalem au Moyen Âge : nouvelles sources, nouvelles lectures*, Journée d'étude au Centre de recherche français à Jérusalem, 15 mars 2016.

第 3 章

作品

Baye Nicolas (de), *Journal. 1400-1417*, Renouard, 1888.
Eisenstein Elizabeth L., *La Révolution de l'imprimé à l'aube de l'Europe moderne*, trad. par M. Duchamp et M. Sissung, La Découverte, 1991.
Edwards Mark U. Jr., *Printing, Propaganda, and Martin Luther*, University of California Press, 1994.
Palma-Cayet Pierre-Victor, Buchon Jean Alexandre C., *Palma Cayet : avec notices biographiques. Chronologie novénaire contenant l'histoire de la guerre sous le règne du très chrestien roy de France et de Navarre Henry IV*, vol. 1, Desrez, 1836.

研究／専門誌

Ancel René, « Étude critique sur quelques recueils d'*avvisi* », *Mélanges d'archéologie et d'histoire*, t. 28, 1908, p. 115-139.

Chopard Michel, « En marge de la grande érudition, un amateur éclairé : Pierre de L'Estoile », dans *Histoire et littérature. Les écrivains et la politique*, PUF, coll. « Publications de l'Université de Rouen. Série littéraire », 42, 1977.

Beaune Colette, « La rumeur dans le *Journal du Bourgeois de Paris* », dans *La Circulation des nouvelles au Moyen Âge*, Actes des congrès de la Société des historiens médiévistes de l'enseignement supérieur public, 24e congrès, Avignon, 1993, p. 191-203.

Briand Julien, « Foi, politique et information en Champagne au xve siècle», *Revue historique*, vol. 653, n° 1, 2010, p. 59-97.

Debarbieux Bernard, Fontaine Laurence, « Histoire du colportage en Europe (xve-xixe siècle) », *Revue de géographie alpine*, vol. 82, n° 1, 1994, p. 99-100.

Eisenstein Elizabeth L., Mansuy Gérard, « L'avènement de l'imprimerie et la Réforme », *Annales. Économies, Sociétés, Civilisations*, 26e année, n° 6, 1971, p. 1355-1382.

Fargette Séverine, « Rumeurs, propagande et opinion publique au temps de la guerre civile (1407-1420) », *Le Moyen Âge*, tome CXIII, 2, 2007, p. 309-334.

Fedele Clemente, « Un enigma di storia postale : la Repubblica veneta », *Rivista dell'Istituto di studi storici postali*, « Archivio per la storia postale comunicazioni e società », n° 2, 1999 ; n° 3, 1999.

Gantet Claire, « Katrin Keller, Paola Molino, *Die Fuggerzeitungen im Kontext. Zeitungssammlungen im Alten Reich und in Italien...* », *Revue de l'IFHA*, fév. 2017.

Gauvard Claude, « Rumeur et gens de guerre dans le royaume de France au milieu du xve siècle », *Hypothèses*, n° 1, 2001.

Guellec Dominique, « Gutenberg revisité. Une analyse économique de l'invention de l'imprimerie », *Revue d'économie politique*, vol. 114, n° 2, 2004, p. 169-199.

Lüsebrink Hans-Jürgen, « La littérature des almanachs : réflexions sur l'anthropologie du fait littéraire », *Études françaises*, vol. 36, n° 3, 2000, p. 47-64.

Mollier Jean-Yves, Carrez Maurice, « Libelles, brochures et propagande en Europe du xvie au xxe siècles », *Cahiers d'histoire. Revue d'histoire critique*, 90-91, 2003, p. 11-17.

Petitjean Johann, « Compilation des nouvelles et écriture de l'actualité à Venise au xvie siècle », *Hypothèses*, vol.13, n°1, 2010, p.73 à 82.

—, « Mots et pratiques de l'information. Ce que *aviser* veut dire (xvie-xviie siècles) », *Mélanges de l'École française de Rome*, Italie-Méditerranée, 1222, 1, 2010.

—, « Processus et procédures de diffusion de l'information sur la guerre turque en Italie (fin xvie-début xviie siècle) », dans François Brizay (dir.), *Les Formes de l'échange. Communiquer, diffuser, informer de l'Antiquité au xviiie siècle*, PUR, 2012.

—, « Imprimerie : une affaire internationale », *L'Histoire*, n° 71, avril 2016.

—, « Comment l'Europe de la Renaissance inventa l'actualité », *La Revue des médias*, 19 septembre 2016.

Seguin Jean-Pierre, « L'information en France avant le périodique : 500 canards imprimés entre 1529 et 1631 (Suite) », *Arts et traditions populaires*, vol. 11, n° 2, 1963, p. 119-145.

Van Houtte Hubert, « Un journal manuscrit intéressant (1557-1648). Les *Avvisi* du Fonds

Urbinat et d'autres Fonds de la Bibliothèque Vaticane », *Bulletin de la Commission royale d'Histoire. Académie royale de Belgique*, vol. 89, 1925, p. 359-440.

オンライン記事

Petit Françoise, « Il y a cinq cent cinquante ans, Louis XI et la Poste aux chevaux », 9 février 2014, www.echosdemeulan.fr/ily-a-cinq-cent-cinquante-ans-louix-xi-et-la-poste-aux-chevaux.

第 4 章

作品

Andries Lise, *Le Grand Livre des secrets. Le colportage en France aux xviie et xviiie siècles*, Imago, 1994.
Bertaud Jean-Paul, *La Presse et le Pouvoir. De Louis XIII à Napoléon Ier*, Perrin, 2000.
Berengo Marino, *Giornali veneziani del Settecento*, Giangiacomo Feltrinelli, 1962.
Carrier Hubert, *La Presse de la Fronde (1648-1653) : Les mazarinades. La conquête de l'opinion*, Droz, 1989.
Cucheval-Clarigny Althanase, *Histoire de la presse en Angleterre et aux États-Unis*, Amyot, 1857.
Feyel Gilles, *L'Annonce et la nouvelle. La presse d'information en France sous l'Ancien Régime (1630-1788)*, Voltaire Foundation, 2000.
Hatin Eugène, *Histoire politique et littéraire de la presse en France*, t. I, Poulet-Malassis et de Broise, 1859.
Lever Maurice, *Canards sanglants. Naissance du fait-divers*, Fayard, 1993.
Rétat Pierre (dir.), *La Gazette d'Amsterdam. Miroir de l'Europe au xviiie siècle*, Voltaire Foundation, 2001.
Sgard Jean (dir.), *Dictionnaire des journalistes. 1600-1789*, Voltaire Foundation, 1999.
Solomon Howard M., *Public Welfare, Science, and Propaganda in Seventeenth-Century France*, Princeton University Press, 1972.

研究／専門誌

Brétéché Marion, « Au xviie siècle, naissance du journalisme politique », *La Revue des médias*, 15 octobre 2016.
—, « L'utilité publique des journaux au xviiie siècle (ou comment un ministre autrichien a gouverné par les médias entre 1753 et 1770 à Bruxelles) », *Revue d'histoire culturelle*, n° 1, septembre 2020
Dibon Paul, Labrousse Élisabeth, « Histoire des idées au xviie siècle », *École pratique des hautes études. 4e section, Sciences historiques et philologiques*, Annuaire 1965-1966, p. 363-373.

Dooley Brendan, « De bonne main : les pourvoyeurs de nouvelles à Rome au xviie siècle », *Annales*, vol. 54, n° 6, 1999, p. 1317-1344.
Frearson Michael, « The Distribution and Readership of London Corantos in the 1620s », *Serials and their Readers 1620*, 1914, p. 1-25.
Griggio Claudio, « "La Galleria di Minerva" e Venezia : "la più saggia, la più giusta, la più forte di tutte le Repubbliche" », *Cahiers d'études romanes*, n° 12, 2005, p. 13-24.
Guilbaud Juliette, « La circulation des imprimés jansénites entre les Provinces-Unies et la France au xviie siècle », dans Yves Krumenacker (dir.), *Entre calvinistes et catholiques. Les relations religieuses entre la France et les Pays-Bas du Nord (xvie-xviiie siècles)*, PUR, 2010.
Lévrier Alexis, « Les fausses morts du Roi-Soleil, ou l'impossible contrôle de l'information », *Le Temps des médias*, n° 30, 2018.
Loofbourow Lili, « Dear Athenian Mercury : Questions and Answers from The First Advice Column in English », *The Awl*, 2011.
Martin Marc, « Médias et publicité : les étapes d'une liaison séculaire », dans Martin Marc, *Histoire de la publicité en France*, Presses universitaires de Paris-Ouest, 2012, p. 47-69.
Nord David Paul, « The Religious Roots of American Journalism 1630-1730 », *The Journal of American History*, vol. 77, n° 1, juin 1990, p. 9-38.
Picq Jean, « Chapitre 14. Le siècle d'or hollandais. Les Provinces-Unies, terre des libertés », dans Jean Picq (dir.), *Une histoire de l'État en Europe. Pouvoir, justice et droit du Moyen Âge à nos jours*, Presses de Sciences Po, coll. « Les Manuels de Sciences Po », 2009, p. 337-351.
Popkin Jeremy D., « À quoi peut-on comparer la presse d'ancien régime ? », *Société pour l'Histoire des médias*, 14 juin 2002.
Van Eijnatten Joris, « Between practice and principle: Dutch Ideas on Censorship and Press Freedom, 1579-1795 », *Redescriptions. Yearbook of Political Thought and Conceptual History*, vol. 8, n° 1, p. 85-113.

オンライン記事

Mercier-Faivre Anne Marie, « Gazette de Leyde : présentation », www. gazettes18 e.fr/ gazette-leyde.
Slauter Will, « The Rise of the Newspaper. Richard R. John and Jonathan Silberstein-Loeb. Making News: The Political Economy of Journalism in Britain and America from the Glorious Revolution to the Internet », 2015, hal.archives-ouvertes.fr/hal-01379274/ document.
www.britannica.com/topic/publishing/The-flourishing-book-trade-1550-1800.
Dictionnaire des journaux (1600-1789), dictionnaire-journaux.gazettes18^{e}.fr.

第５章

作品

Andrews Alexander, *The History of British Journalism*, t. II, *From the Foundation of the Newspaper Press in England, to the Repeal of the Stamp Act in 1855 (1859)*, Kessinger Publishing, 2010.

Brown Richard D., *Knowledge is Power: The Diffusion of Information in Early America, 1700-1865*, Oxford University Press, 1989.

Cucheval-Clarigny Athanase, *Histoire de la presse en Angleterre et aux États-Unis*, Amyot, 1857.

DeLeon T. C., *Four Years in Rebel Capitals: An Inside View of Life in the Southern Confederacy from Birth to Death*, Sagwan Press, 2015.

Feyel Gilles (dir.), *Dictionnaire de la presse française pendant la Révolution, 1789-1799*, tome V, *La presse départementale*, Ferney-Voltaire, coll. « Publications du Centre international d'Étude du xviiie siècle », 15, 2005. Labrosse Claude, *Naissance du journal révolutionnaire. 1789*, PUL, 1989.

Merritt, Juliette, *Beyond Spectacle: Eliza Haywood's Female Spectators*, University of Toronto Press, 2004.

Popkin Jeremy, *La Presse de la Révolution. Journaux et journalistes (1789-1799)*, Odile Jacob, 2011.

Saint-Simon Louis de Rouvroy duc de, *Mémoires*, t. V, *1714-1716*, éd. Y. Coirault, Gallimard, coll. « Pléiade » 1985, p. 207-208.

Seguin Jean-Pierre, « L'information en France avant le périodique : 500 canards imprimés entre 1529 et 1631 (Suite) », *Arts et traditions populaires*, vol. 11, n° 2, 1963, p. 119-145.

Voltaire, *Conseils à un journaliste*, CECP Éditions, 2007.

研究／専門誌

Brétéché Marion, « La censure en Europe (xviie-xviiie siècles) », *Encyclopédie d'histoire numérique de l'Europe*, en ligne, 22 juin 2020.

Espejo Carmen, « European Communication Networks in the Early Modern Age: A New Framework of Interpretation for the Birth of Journalism », *Media History*, 2011, p. 189-202.

Feyel Gilles, « Ville de province et presse d'information locale en France, dans la seconde moitié du xviiie siècle », dans Christian Delporte (dir.), *Médias et villes (xviiie-xxe siècle)*, Presses universitaires François- Rabelais, 1999.

Galliani R., « Le duc de La Rochefoucauld et Thomas Paine (deux lettres inédites de Thomas Paine au duc de la Rochefoucauld) », *Annales historiques de la Révolution française*, 52e année, n° 241, juil.-sept. 1980, p. 425-436.

Jeanneney Jean-Noël, « Voltaire contre les journalistes », *L'Histoire*, n° 339, fév. 2009.

Koon Helene, « Eliza Haywood and the "Female Spectator" », *Huntington Library Quarterly*,

vol. 42, n° 1, 1978, p. 43-55.
Kulstein David I., « The Ideas of Charles-Joseph Panckoucke, Publisher of the Moniteur Universel, on the French Revolution », *French Historical Studies*, vol. 4, n° 3, 1966, p. 304-319.
Mollier Jean-Yves, Carrez Maurice, « Libelles, brochures et propaganda en Europe du xvie au xxe siècles », *Cahiers d'histoire*, 90-91, 2003, p. 11-17.
Parkinson Robert G., « Print, the Press, and the American Revolution », *American History*, 3 sept. 2015.
Pruitt Sarah, « How the US post office has delivered the mail through the decades », *History*, 8 sept. 2020.
Ricuperati Giuseppe, « I Giornali Italiani Del XVIII Secolo: Studi e Ipotesi di Ricerca », Studi Storici, vol. 25, n° 2, 1984, p. 279-303.
Schlesinger Arthur M., « The colonial newspapers and the Stamp Act », *The New England Quarterly*, vol. 8, n°1, mars 1935, p. 63-83.
Tucoo-Chala Suzanne, « La diffusion des Lumières dans la seconde moitié du xviiie siècle : Ch.-J. Panckoucke, un libraire éclairé (1760-1799) », *Dix-huitième Siècle*, « Lumières et Révolution », n° 6, 1974, p. 115-128.
Voltaire, *Jusqu'à quel point doit-on tromper le peuple* (1756), dans *Œuvres complètes*, tome XIV, texte établi par Louis Moland, Garnier, 1883.

オンライン記事とサイト

Charles-Joseph Panckoucke (1736-1798) », data.bnf.fr/12191986/charles-joseph_panckoucke.
1775-1783. La guerre d'indépendance américaine », www.herodote.net/La_guerre_d_Independance-synthese-53.php.
Journal of the American Revolution, allthingsliberty.com.

第 6 章

作品

Baecque Antoine (de), *La Caricature révolutionnaire*, Presses du CNRS, 1988.
Barker Hannah, *Newspapers, Politics, and Public Opinion in Late Eighteenth-century England*, Clarendon Press, 1998.
Beauchamp Alphonse (de), Giraud Pierre-François-Félix, Michaud Joseph-François, Coiffier de Verfeu Henri-Louis, *Biographie moderne, ou Dictionnaire biographique, de tous les hommes morts et vivans qui ont marqué à la fin du xviiie siècle...*, P.J. Besson, 2e éd, 1807.
Buchez Philippe-Joseph-Benjamin, Roux Pierre-Célestin, *Histoire parlementaire de la Révolution française, ou Journal des assemblées nationales depuis 1789 jusqu'en 1815*, t. II, Paris, 1834-1838.

Cabanis André, *La Presse sous le Consulat et l'Empire*, Société des études robespierristes, 1975.

Censer Jack Richard, *The French Press in the Age of Enlightenment*, Routledge, 1994.

Feyel Gilles (dir.), *Dictionnaire de la presse française pendant la Révolution, 1789-1799*, tome I, *La presse départementale*, Ferney-Voltaire, coll. « Publications du Centre international d'Étude du xviiie siècle », 15, 2005.

Gallois Léonard, *Histoire des journaux et des journalistes de la Révolution française (1789-1796)*, vol. II, Bureau de la société de l'industrie fraternelle, 1846.

Groc Gérard, Çağlar İbrahim, *La Presse française de Turquie de 1795 à nos jours. Histoire et catalogue*, Isis, 1985.

Popkin Jeremy D., *News and Politics in the Age of Revolution: Jean Luzac's Gazette de Leyde*, Cornell University Press, 1989.

—, *La Presse de la Révolution. Journaux et journalistes, 1789-1799*, Odile Jacob, 2011.

Wood Gordon S., *The American Revolution: A History*, Modern Library, 2002.

Zachs William, *The First John Murray and the Late Eighteen-Century Book Trade*, Oxford University Press, 1998.

研究／専門誌

Albigès Luce-Marie, « L'ère nouvelle de la presse au début de la Révolution », *Histoire par l'image*, novembre 2004.

Aspinall A., « The Circulation of Newspapers in the Early Nineteenth Century», *The Review of English Studies*, vol. 22, n° 85, janv. 1946, p. 29-43.

Avellandea Morgane, « Napoléon et les journaux de la Campagne d'Égypte », Le Blog Gallica, BNF, 30 septembre 2019.

Baecque Antoine (de), « Le commerce du libelle interdit à Paris (1790-1791) », *Dix-huitième Siècle*, « Montesquieu et la Révolution », n° 21, 1989, p. 233-246.

Barrault Éric, « Lacretelle, un écrivain face à la Révolution française (1766-1855) », *Annales historiques de la Révolution française*, n° 333, 2003, p. 67-83.

Bertaud Jean-Paul, « Histoire de la presse et Révolution », *Annales historiques de la Révolution française*, n° 285, 1991, p. 281-298.

—, « Napoléon journaliste : les bulletins de la gloire », *Le Temps des médias*, vol. 1, n° 4, 2005, p. 10-21.

Bourdin Philippe, « Être républicain sous le directoire. Les journaux "néo-jacobins" de l'Allier avant et après le 18 fructidor », *Annales historiques de la Révolution française*, n° 351, 2008, p. 29-57.

—, « Les poètes de la Révolution dans l'*Almanach des Muses* », *La Révolution française*, n° 7, 2014.

Dittrich Julia, *« We Have to Record the Downfall of Tyranny »: The London Times Perspective on Napoleon Bonaparte's Invasion of Russia (2012)*, Electronic Theses and Dissertations, Paper 1457.

Dorigny Marcel, « Le *Mercure national* et *Révolutions de l'Europe*. Bref aperçu historique »,

Archives et documents de la Société d'histoire et d'épistémologie des sciences du langage, Seconde série, n° 1, 1989, p. 9-11.
Duprat Annie, « Un réseau de libraires royalistes à Paris sous la Terreur (I) », *Annales historiques de la Révolution française*, n° 321, 2000, p. 45-68.
Fajn Max, « Charles-François Duval. Journaliste et homme d'État (1750-1829) », *Annales de Bretagne*, vol. 79, n° 2, 1972, p. 417-424.
Feyel Gilles, « Le journalisme au temps de la Révolution : un pouvoir de vérité et de justice au service des citoyens », *Annales historiques de la Révolution française*, n° 333, 2003, p. 21-44.
Giudicelli Marie-Anne, « Le journal de Louis XVI et de son peuple ou le défenseur de l'autel, du trône et de la patrie », *Annales historiques de la Révolution française*, n°285, 1991, p. 299-324.
Godechot Jacques, « Le *Journal de Perlet* pendant la réaction thermidorienne », *Revue du Nord*, « Liber Amoricum. Mélanges offerts à Louis Trenard », vol. 66, n° 261-262, avr.-sept. 1984, p. 723-732.
Guilhaumou Jacques, « Antoine Tournon, un journaliste patriote à l'épreuve des principes », *Annales historiques de la Révolution française*, n° 351, 2008, p. 3-27.
Nevins Allan, « American Journalism and its Historical Treatment», *Journalism Quarterly*, 1959, p. 411-422.
Popkin Jeremy D., « La presse et les événements politiques en France, 1789-1799 », *Mélanges de l'École française de Rome*, « Italie et Méditerranée », t. 104, n° 1, 1992, p. 161-173.
Shlapentokh Dmitry, « The French Revolution in Russian Political Life : the Case of Interaction Between History and Politics », *Revue des études slaves*, « Les Slaves et la Révolution française », t. 61, fasc. 1-2, 1989, p. 131-142.
Tulard Jean, « L'ère napoléonienne : Problèmes et perspectives de recherches », dans *Consortium on Revolutionary Europe. 1750-1850*, 1976, p. 1-6.
Wauters Eric, « Presse francophone et Révolution : la lecture de l'événement (1789-1793) », *Cahiers d'histoire*, 94-95, 2005, p. 197-210.

オンライン記事

Faircloth Kelly, « British Life during the Napoleonic Wars, Jezebel », 18 juin 2015.
Pérès Jean, « Petite histoire de la distribution de la presse (1/3) : les origines de Presstalis », Acrimed, 21 novembre 2018.
Thomas – J.D., « The Postal Act : A Free Press, Personal Privacy and National Growth », 20 fév. 2011, www.accessible-archives.com/2011/02/the-postal-act-of-1792
Wallart Cl. , Douyère-Demeulenaere Ch., « Le télégraphe Chappe », mars 2016, histoire-image.org/fr/etudes/telegraphe-chappe.
« The Early Nineteenth-Century Newspaper Boom », americanantiquarian.org/earlyamericannewsmedia/exhibits/show/news-in-antebellum-america/the-newspaper-boom
« Presse durant la Révolution et l'Empire », Gallica : https://gallica.bnf.fr/html/und/

presse-et-revues/presse-durant-la-revolution-et-lempire?-mode=desktop
« British Newspaper Coverage of the French Revolution », University of California, Santa Barbara, 17 février 2000.
« 1st British rule 1795 », capetownhistory.com/?page_id=142.

第 7 章

作品

Attali Jacques, *Les Juifs, le monde et l'argent*, Fayard, 2002.
Bajac Quentin (de), *La Photographie. L'époque moderne, 1880-1960*, Gallimard, 2005.
Bellanger Claude, Godechot Jacques *et al.* (dir.), *Histoire générale de la presse française*, tome II, *De 1815 à 1871*, PUF, 1969.
Bertho Catherine, *Télégraphes et téléphones de Valmy au microprocesseur*, LGF, 1981.
Fahmy Khaled, *All the Pasha's Men: Mehmed Ali, his Army and the Making of Modern Egypt*, Cambridge University Press, 1997.
Kalifa Dominique, Régnier Philippe, Thérenty Marie-Eve, Vaillant Alain (dir.), *La Civilisation du journal. Histoire culturelle et littéraire de la presse au xixe siècle*, Nouveau Monde, 2012.
Kyberd Alain, *L'État et les télécommunications en France et à l'étranger, 1837-1987*, Droz, 1991.
Lange William (de), *A History of Japanese Journalism: Japan's Press Club at the Last Obstacle to a Mature Press*, Psychology Press, 1998.
Pincas Stéphane, Loiseau Marc, *Née en 1842. Une histoire de la publicité*, Taschen, 2008.
Ploux François, *De bouche à oreille. Naissance et propagation des rumeurs dans la France du xixe siècle*, Aubier, 2003.
Taylor Sally J., *The Great Outsiders: Northcliffe, Rothermere and the Daily Mail*, Weidenfeld & Nicolson, 1996.
Thérenty Marie-Ève, Vaillant Alain, *Presse et plumes. Journalisme et littérature au xixe siècle*, Nouveau Monde Éditions, 2004.
Thevenin Henri, *Les Créateurs de la grande presse en France. Émile de Girardin, H. de Villemessant, Moïse Millaud*, Spes, 1934.
Tortarolo Edoardo, *The Invention of Free Press: Writers and Censorship in Eighteenth Century Europe*, Springer, 2016.

研究／専門誌

Ambroise-Rendu Anne-Claude, « Du dessin de presse à la photographie (1878-1914) : histoire d'une mutation technique et culturelle », *Revue d'histoire moderne et contemporaine*, « Pour une histoire culturelle du contemporain », t. 39, n° 1, janv.-mars 1992, p. 6-28.
Auvert Julien, « De la censure du front aux colonnes parisiennes : l'Agence Havas, l'information et la guerre civile espagnole », *Le Temps des médias*, vol. 1, n° 16, 2011,

p. 52-62.
Chunming Li, Wei Zhang, « Microfilming and Digitalization of Newspapers in China », Pre-conference of WLIC 2006 Preservation and Conservation in Asia National Diet Library, Tokyo, August 16 and 17, 2006.
Iwao Seiichi *et al.*, « 372. Shimbun », *Dictionnaire historique du Japon*, vol. 18, 1992, Lettre S (2), p. 41.
Soltow Lee, Stevens Edward, *The Rise of Literacy and the Common School in the United States: A Socioeconomic Analysis to 1870*, University of Chicago Press, 1981.

オンライン記事

Izadi Elahe, « How newspapers covered Abraham Lincoln's assassination 150 years ago », *The Washington Post*, 14 avril 2015.
« Histoire de la photographie », photo-museum.org/fr/histoire- photographie.
www.britannica.com/topic/The-New-York-Times–
« Fenton Roger – (1819-1869) », *Encyclopaedia Universalis.*

第 8 章

作品

Adamthwaite Anthony, *Grandeur and Misery: France's Bid for Power in Europe 1914-1940*, Bloomsbury Academic/First Edition, 1995.
Ahmed Salahuddin, *Social Ideas and Social change in Benghal, 1818-1935*, Brill, 1965.
Bellanger Claude, Godechot Jacques *et al.* (dir.), *Histoire générale de la presse française*, tome III, *De 1871 à 1940*, PUF, 1972.
Faber Doris, *Printer's Devil to Publisher: Adolph Ochs of "The New York Times"*, Black Dome Press, 1996.
Haüy Valentin, *Mémoire historique abrégé sur les télégraphes en général et sur les diverses tentatives faites jusqu'à ce jour pour en introduire l'usage en Russie*, Verlag nicht ermittelbar, 1810.
Jeanneney Jean-Noël, *Les Grandes Heures de la presse*, Flammarion, 2019.
Lee A. J., *The Origins of the Popular Press 1855-1914*, Rowman & Littlefield, 1976.
Palmer Michael B., *Des petits journaux aux grandes agences*, Aubier, 1983.
Séguy Christiane, *Histoire de la presse japonaise. Le développement de la presse à l'époque Meiji et son rôle dans la modernisation du Japon*, POF, 1993.
Seray Jacques, *Pierre Giffard. Précurseur du journalisme moderne*, Le Pas d'oiseau, 2008.

研究／専門誌

Baylen J.O., « The new journalism in Late Victoria Britain », *Australian Journal of Politics & History*, 1972, p. 367-385.

Delporte Christian, « Jules Verne et le journaliste. Imaginer l'information du xxe siècle », *Le Temps des médias*, 4, 1, 2005, p. 201-213.

Figuier Louis, « La télégraphie aérienne et la télégraphie électrique », *La Revue des Deux Mondes*, vol. 3, n° 4, 1849, p. 594-622.

Fischer Gerhard, *100 Jahre Berliner Morgenpost, Berlinische Monatsschrift (Luisenstädtischer Bildungsverein)*, Heft 9, 1998.

Fukuchi Ôchi, Shinbunshi jitsurekin, « Ma vraie histoire du journal », dans Christiane Séguy (dir.), *Du sabre à la plume. Mémoires de journalistes engagés de l'époque Meiji*, Presses universitaires de Strasbourg, 2014.

Gina-Carmen Ionescu, *Les Agences de presse de Roumanie et la circulation internationale de l'information (1877-1940). Architecture, aménagement de l'espace*, thèse, université de la Sorbonne nouvelle-Paris III, 2014.

Goulemot Jean-Marie (dir.), *Les Représentations de l'affaire Dreyfus dans la presse en France et à l'étranger*, Actes du colloque de Saint-Cyr-sur-Loire (novembre 1994), Littérature et Nation (Numéro spécial – Hors-série), 1994.

Huffman James L., « Years of Power at Nichi Nichi : 1874-1881 », *Politics of the Meiji Press: The Life of Fukuchi Gen'Ichirō*, University of Hawai'i Press, 1980, p. 61-104.

Lamont Ian, *The Rise of the Press in Late Imperial China*, Harvard Extension School, Prof. Matthew Battles, 27 nov. 2007.

Luckhurst Tim, « War Correspondents », dans Daniel Ute *et al.* (dir.), *1914-1918-online: International Encyclopedia of the First World War*, Freie Universität Berlin, 2016-03-15.

Martin Laurent, « De l'anarchisme à l'affairisme : les deux vies d'Eugène Merle, homme de presse (1884-1946) », *Revue Historique*, vol. 301, n° 4 (612), 1999, p. 89-808.

McEwen John M, « The National Press during the First World War: Ownership and Circulation », *Journal of Contemporary History*, vol. 17, n° 3, 1982, p. 459-486.

Pinsolle Dominique, « *Le Matin*, les affaires et la politique, 1884-1897 », *Le Mouvement Social*, vol. 3, n° 232, 2010, p. 91-107.

Tillier Bertrand, « La caricature antisémite pendant l'affaire Dreyfus », *Hommes et Migrations*, « Vers une politique migratoire européenne », n° 1216, nov.-déc. 1998, p. 93-103.

Véray Laurent, « 1914-1918, the First Media War of the Twentieth Century: The Example of French Newsreels », *Film History: An International Journal*, vol. 22, n° 4, 2010, p. 408-425.

Wrona Adeline, « Mots à crédit : *L'Argent*, de Zola, ou la presse au cœur du marché de la confiance », *Romantisme*, vol. 1, n° 151, 2011, p.67-79.

オンライン記事

Brodziak Sylvie, « Clemenceau américain, journaliste et épistolier », *Médias 19* : www.medias19.org/index.php?id=291#ftn1

Cadiot Jean-Michel, « Marc Sangnier: un message d'une extraordinaire actualité », *Le Monde*, 3 juin 2010 : www.lemonde.fr/idees/article/2010/06/03/marc-sangnier-un-message-d-une-extraordin-aireactualite-par-jean-michel-cadiot_1366883_3232.html.

Gaston-Breton Tristan, « Guglielmo Marconi », www.lesechos.fr/2011/08/guglielmo-marconi-1090763

Lorrain François-Guillaume, « La vie politique américaine vue par... Clemenceau », *Le Point*, 24 août 2020 : https://www.lepoint.fr/postillon/la-vie-politique-americaine-vue-par-clemenceau-24-08-2020-2388708_3961.php#xtmc=lorrain-clemenceau&xtnp=1&xtcr=1

Shapiro Walter, « How America's Newspapers Covered up a Pandemic », *New Republic*, 31 mars 2020.

Thermeau Gérard-Michel, « Jean Dupuy : l'homme de la presse populaire », Contrepoints, 19 juin 2016

公式文書

Convention de La Haye, 1899.

サイト

The News Media and the Making of America, 1730-1865 https://americanantiquarian.org/earlyamericannewsmedia/

第9章

作品

Adamthwaite Anthony, *Grandeur and Misery: France's Bid for power in Europe 1914-1940*, Bloomsbury Academic, 1995.

Asahi Shimbun Company, *Media, Propaganda and Politics in 20th century Japan*, Bloomsbury Publishing, 2015.

Attali Jacques, *Gandhi ou l'éveil des humiliés*, Fayard, 2007.

Baldwin Thomas F., McVoy D. Stevens, *Cable Communication*, 2e éd., Prentice-Hall, 1988.

Bröhan Margit, Wolff Theodor, *Erlebnisse, Erinnerungen, Gedanken im südfranzösischen Exil*, Boldt, 1982.

Chateau René, *Le Cinéma sous l'Occupation. 1940-1944*, Éd. René Chateau, 1996.

Craig Douglas B., *Fireside Politics: Radio and Political Culture in the United States, 1920-1940*, Johns Hopkins University Press, 2005

Courban Alexandre, *LHumanité de Jean Jaurès à Marcel Cachin – 1904-1939*, Les Editions de l'Atelier, 2014

Dioudonnat Pierre-Marie, *L'Argent nazi à la conquête de la presse française. 1940-1944*, Jean Picollec, 1981.

Favre Muriel, *La Propagande radiophonique nazi*, INA Éditions, coll. « Médias histoire », 2014.

Flanner Janet, *Paris, Germany... Reportagen aus Europa 1931-1950*, Antje Kunstmann, 1992.

Gilles Christian, *Le Cinéma des années quarante par ceux qui l'ont fait*, L'Harmattan, 2001.

Halberstam David, *The Powers that Be*, University of Illinois Press, 2000.
Herf Jeffrey, *L'Ennemi juif. La propagande nazie, 1939-1945*, Calmann-Lévy, 2011.
Lenthall Bruce, *Radio's America: The great depression and the rise of modern mass culture*, University of Chicago Press, 2007.
Londres Albert, *Au Bagne*, Albin Michel, 1923.
Lovell Stephen, *Russia in the Microphone Age: A History of Soviet Radio, 1919-1970*, Oxford University Press, 2015.
Ory Pascal, *Les Collaborateurs. 1940-1945*, Seuil, coll. « Points/Histoire », 1976.
Richard Lionel, *Goebbels. Portrait d'un manipulateur*, André Versaille, 2008.
Sharf Andew, *The British Press and Jews under Nazi Rule*, Oxford University Press, 1964.
Steinbeck John, *Les Raisins de la colère*, trad. par M. Duhamel et M.-E. Coindreau, Gallimard, 1947.
Welch David, *Persuading the People: British Propaganda in World War II*, British Library, 2016.

研究／専門誌

Aslangul Claire, « Guerre et cinéma à l'époque nazie. Films, documentaires, actualité et dessins animés au service de la propagande », *Revue historique des armées*, 2008, p. 16-26.
Bar-Hen Avner, Zylberman Patrick, « La presse parisienne et la grippe "espagnole" (1918-1920) », *Les Tribunes de la santé*, vol. 2, n° 47, 2015, p. 35-49.
Boissarie François, « Juin 1926 : Naissance de la FIJ à Paris », dans Anthony Bellanger (dir), *IFJSpecial Magazine «90 years of stories»*, Magazine spécial édité pour le 29e congrès de la Fédération internationale des journalistes (FIJ) à Angers
Bouron Françoise, « La grippe espagnole (1918-1919) dans les journaux français », *Guerres mondiales et conflits contemporains*, vol. 1, n° 233, 2009, p. 83-91.
Bretèque François (de la), « Les actualités filmées françaises », *Vingtième Siècle, revue d'histoire*, « Nations, états-nations, nationalismes », n° 50, avril-juin 1996, p. 137-140.
Depretto Catherine, « La censure à la période soviétique, 1917-1953 : état de la recherche », *Revue des études slaves*, vol. 73, n° 4, 2001, p. 651-665.
Duccini Hélène, « La "gloire médiatique" d'Alexandra David-Néel », *Le Temps des médias*, n° 8, janv. 2007, p. 130-141.
Dupont Françoise, « Les lecteurs de la presse : une audience difficile à mesurer », *Le Temps des medias*, n° 3, fév. 2004, p. 142-150.
Eyguesier Jean-Luc, « La BBC : le modèle anglais au rayonnement international », *La Revue des médias*, INA, 29 septembre 2010 (mis à jour le 6 février 2019).
Fathil Fauziah, « Japanese Propaganda in War-time Malaya: Main issues in Malai Shinpo and Syonan Shinbun », *Journal of Media and Information Warfare*, vol. 10, 2017, p. 1-23.
Gotovitch José, « Photographie de la presse clandestine de 1940 », *Cahiers d'histoire de la Seconde Mondiale*, n° 2, 1972, p. 113-156.
Goldman Aaron L, « Press Freedom in Britain during World War II », *Journalism History*,

vol. 22, 1997, p. 146-155.
Harmsworth Alfred, « The Simultaneous Newspapers of the Twentieth Century », *The North American Review*, vol. 172, n° 530, 1901, p. 72-90.
L'Héritier Anne-Marie, « Les actualités cinématographiques : les conditions de production et d'exploitation du Pathé-Journal (1920-1940) », *Cahiers de la Méditerranée*, « Recherches d'histoire du cinéma », n° 16-17, 1978, p. 55-72.
MacKinnon Stephen R, « Toward a History of the Chinese Press in the Republican Period », *Modern China*, vol. 23, n° 1, 1997, p. 3-32.
Mari Will, « Technology in the Newsroom. Adoption of the telephone and the radio cat from c.1920 to 1960 », *Journalism Studies*, vol. 19, 2018, p. 1366-1389.
Martin Marc, « Le marché publicitaire français et les grands médias (1918-1970) », *Vingtième Siècle, revue d'histoire*, n° 20, oct.-déc. 1988, p. 75-90.
—, « Brouillard sur la diffusion de la presse française durant l'entre-deux-guerres », *Matériaux pour l'histoire de notre temps*, « Le secret en histoire », n° 58, 2000, p. 54-56.
Méadel Cécile, « Le journal parlé », *Réseaux*, « Les professionnels de la communication », vol. 3, n° 15, 1985, p. 91-108.
Meusy Jean-Jacques, « La diffusion des films de "non-fiction" dans les établissements parisiens », *1895, revue d'histoire du cinéma*, « Images du réel. La non-fiction en France (1890-1930) », n° 18, 1995, p. 168-199.
Pasquier Roger, « Les débuts de la presse au Sénégal », *Cahiers d'études africaines*, vol. 2, n° 7, 1962, p. 477-490.
Pradié Christian, « L'irrésistible montée des études de marché dans la presse française (1920-1990) », *Le Temps des médias*, n° 3, fév. 2004, p. 126-137.
Seul Stéphanie, « "A Menace to Jews Seen If Hitler Wins": British and American press comment on German antisemitism 1918-1933 », *Jewish Historical Studies*, vol. 44, 2012, p. 75-102.
Slauter Will, « The Rise of the Newspaper », dans Richard R. John and Silberstein-Loeb Jonathan, *Making News: The Political Economy of Journalism in Britain and America from the Glorious Revolution to the Internet*, Oxford University Press, 2015.
Tetu Jean-François, « Le journalisme mis en scène. Mises en page et illustrations au début du xxe siècle », dans Roger Bautier (dir.), *La Presse selon le xixe siècle*, Université Paris III, p. 137-154, 1997.
Trinkner Bradley, *Bolshevik Voices: Radio broadcasting in the Soviet Union, 1917- 1991*, Theses and Dissertations, 545, 2014, rdw.rowan. edu/etd/545.
Tudesq André-Jean (dir), « Chapitre II. La presse à l'époque de l'expansion coloniale », *Feuilles d'Afrique. Étude de la presse de l'Afrique subsaharienne*, Maison des Sciences de l'Homme d'Aquitaine, 1995, p. 23-58.

オンライン記事

Bensimon Cyril, « Génocide rwandais : une journaliste de Radio mille collines témoigne », *Le*

Monde, 26 février 2014 : https://www.lemonde.fr/afrique/article/2014/02/26/proces-du-genocide-rwandais-une-journaliste-de-radio-mille-colline-temoigne_4373285_3212.html

Butchard George, « La voix soviétique qui faisait enrager Hitler », *Russia Beyond*, 21 octobre 2013 https://fr.rbth.com/ps/2013/10/21/la_voix_sovietique_qui_faisait_enrager_hitler_26253

Lepidi Pierre, « Au Rwanda, les funestes échos de Radio-Mille Collines », *Le Monde*, 8 avril 2019 : https://www.lemonde.fr/afrique/article/2019/04/08/au-rwanda-les-funestes-echos-de-la-radio-des-millecollines_5447242_3212.html

Rogatchevskaia Katya, « Second World War Soviet Propaganda », *European studies blog*, 19 août 2013 https://blogs.bl.uk/european/2013/08/second-world-war-soviet-propaganda.html

Solonel Julien, « Années 1920, Années folles : en 1923, premier direct de radio pour un match de boxe », *Le Parisien*, 1er août 2020 : https:// www.leparisien.fr/culture-loisirs/tv/annees-1920-annees-folles-en-1923-premier-direct-de-radio-pour-un-match-de-boxe-01-08-2020-8362071.php

20 août 1944: un petit groupe de résistants crée l'AFP », *L'Obs* août 2019, https://www.nouvelobs.com/medias/20190812.AFP2303/20-aout-1944-un-petit-groupe-de-resistants-cree-l-afp.html

20 août 1944 : dans Paris insurgé, l'AFP est créée », *AFP*, août 2014, making-of.afp.com/20-aout-1944-dans-paris-insurge-lafp-est-creee

« MORT DE M. Léon ROLLIN directeur de "Démocratie 62" », *Le Monde*, 12 novembre 1962 www.lemonde.fr/archives/article/1962/11/12/mort-de-m-leon-rollin-directeur-de-democratie-62_2360048_1819218.html

« 2LO Calling : The Birth of British Public Radio », *Science Museum*, 30 octobre 2018 https://www.sciencemuseum.org.uk/objects-and-stories/2lo-calling-birth-british-public-radio

第 10 章

作品

Banerji Arup, *Writing History in the Soviet Union: Making the Past Work*, Routledge, 2017.

Briggs Asa, *The History of Broadcasting in the UK*, vol. III, Oxford University Press, 1970.

Cayrol Roland, *Les Médias. Presse écrite, radio, télévision*, PUF, 1991.

Davies David R., *The Postwar Decline of American Newspapers, 1945-1965*, Greenwood Publishing Group, 2006.

Dioh Tidiane, *Histoire de la télévision en Afrique noire francophone, des origines à nos jours*, Karthala, 2009.

Guisnel Jean, *« Libération », la biographie*, La Découverte, [1999] 2003.

Jarvik Laurence Ariel, *PBS: Behind the Screen*, Forum, 1997.

Kelly Mary J., Mazzoleni Gianpietro, McQuail Denis (dir.), *The Media in Europe: The Euromedia Handbook*, Sage Publications, 2004.
Missika Jean-Louis, *La Fin de la télévision*, Seuil, coll. « La République des idées », 2006.
Ofusa Junnosuke, *A Journalist's Memoir: 50 Years' Experience in an Eventful Era*, Tokyo Bureau, New York Times, 1982.
Palmer Michael B., *Des petits journaux aux grandes agences. Naissance du journalisme moderne, 1863-1914*, Aubier, 1983.
Ponce de Leon Charles L., *That's the Way it Is: A History of Television News in America*, University of Chicago Press, 2015.
Pozner Vladimir, *Parting With Illusions: The Extraordinary Life and Controversial Views of the Soviet Union's Leading Commentator*, Avon Books, 1991.
Rafter Kevin, O'Brien Mark, *Independent Newspapers. A History*, Four Courts Press, 2012.
Sperber A. M., *Murrow: His Life and Times*, Fordham University Press, 1986.
Van Djik Ruud, Gray William Glenn, Savranskaya Svetlana, Suri Jeremi, Zhai Qiang, *Encyclopedia of the Cold War*, Routledge, 2013.

研究／専門誌

Balle Francis, « L'observation des audiences en France depuis 1945 », *La Revue des médias*, INA, 24 septembre 2013 (mis à jour le 18 mars 2019).
Benn David Wedgwood, « The Russian Media in Post-Soviet Conditions », *Europe-Asia Studies*, vol. 48, n° 3, 1996, p. 471-479.
Bernstein Mark, « Edward R. Murrow: Inventing Broadcast Journalism », *American History Magazine*, 2005.
Boddy William, « The Studios Move into Prime Time: Hollywood and the Television Industry in the 1950s », *Cinema Journal*, vol. 24, n° 4, 1985, p. 23-37.
Bourgeois Isabelle, « Les médias dans l'Allemagne unie », dans Isabelle Bourgeois (dir.), *Allemagne, les chemins de l'unité. Reconstruction d'une identité en douze tableaux*, IFAEE, coll. « Travaux et documents du CIRA », 2011, p. 143-16.
Buhks Nora, « La glasnost et les moyens d'information de masse soviétiques », *Revue des études slaves*, « Les médias en U.R.S.S. à l'heure de la Glasnost », vol. 62, fasc. 3, 1990, p. 551-553.
Campbell Christopher E., « Murder Media Does – Media Incite Violence and Lose First Amendment Protection? », *76 Chi.-Kent L. Rev*, 637, 2000.
Chessel Marie-Emmanuelle, « L'enseignement de la publicité en France au xxe siècle », *Le Temps des médias*, n° 2, 2004, p. 137-149.
Courdy Jean-Claude, « La presse au Japon », *Communication et langages*, n° 8, 1970. p. 102-110.
Coyne Fumiko Hoshida, *Censorship of Publishing in Japan, 1868-1945*, M. A. thesis, University of Chicago, 1967.
Dakhlia Jamil, Robinet François, « Présentation. Afrique(s) : les médias entre histoire et

mémoires », *Le Temps des médias*, n° 26, 2016, p. 5-25.

Daucé Françoise, « Les journalistes soviétiques durant la glasnost à travers l'exemple des animateurs de l'émission Vzgliad », *La Revue russe*, « La perestroïka de Gorbatchev : piteuse déconfiture ou réussite historique ? », n° 38, 2012, p. 69-81.

Delporte Christian, « Quand l'info devient instantanée », *La Revue des médias*, « Du Néolithique au numérique, une histoire de l'information », ép. 8, 20 octobre 2016.

Dioh Tidiane, « La télévision en Afrique subsaharienne, une histoire contrastée », *La Revue des médias*, 22 juin 2015.

Durand Jacques, « Les audiences de la radio », *Réseaux*, « La radio », vol. 10, n° 52, 1992, p. 139-143.

—, « Les études sur l'audience de la radiotélévision en France », *Quaderni*, n° 35, printemps 1998, « Les publics : généalogie de l'audience télévisuelle », p. 79-92.

Éveno Patrick, « Médias et publicité : une association équivoque mais indispensable », *Le Temps des médias*, n° 2, 1 2004, p. 17-27.

Gunther Marc, « L'information télévisée aux USA : un business comme les autres », *Communication et langages*, « Trois pas sur la toile », n° 124, 2e trimestre 2000, p. 24-44.

Hadyniak Kyle, « How Journalism Influenced American Public Opinion During the Vietnam War: A Case Study of the Battle of Ap Bac, The Gulf of Tonkin Incident, The Tet Offensive, and the My Lai Massacre » (2015), *Honors College*, 222.

Haller Michael, « La Presse en Allemagne », *Communication et langages*, « L'université d'été de la communication », n° 121, 3e trimestre 1999, p. 15-26.

Hopkins Alexander E, « Roland Reagan's Presidential Radio Addresses: Themes of Unity», *Inquiries Journal*, vol. 5, n° 4, 2013.

Kaplan Hélène, Pardon Catherine, « La transformation de la presse soviétique à la fin de la perestroïka », *Matériaux pour l'histoire de notre temps*, « Médias dans le mouvement social contemporain », n° 46, 1997, p. 12-17.

Kerblay Basile, « À propos des "Médias en URSS à l'heure de la glasnost" », *Cahiers du monde russe et soviétique*, vol. 32, n° 3, juil.sept. 1991, p. 425-429.

Klimentov Vassily, « Kommersant : un quotidien à l'occidentale dans la Russie postsoviétique », *La Revue des médias*, INA, 25 mai 2012 (mis à jour le 6 février 2019).

Marhuenda Jean-Pierre, « L'évolution des comportements de lecture », *Quaderni*, « Crise et presse écrite », n° 24, automne 1994, p. 105-121.

Martin Marc, « Médias, journalistes et pouvoir politique en France, des débuts de la Troisième République aux années 1980 », *Communication*, vol. 17, n° 2, déc. 1996, p. 216-245.

—, « Médias et publicité : les étapes d'une liaison séculaire », dans *Histoire de la publicité en France*, Presses universitaires de Paris Nanterre, 2012, p. 47-69 : books.openedition.org/pupo/3982.

Martin Stéphane, « Le siècle de la publicité », *Hermès*, n° 70, 2014, p. 102-105.

Méadel Cécile, « L'audimat ou la conquête du monopole », *Le Temps des médias*, vol. 3, n° 2, 2004, p. 151-159.

Mihelj Sabina, « TV in the USSR, Screening Socialism », Loughborough University.
Moiron Pascal, « La guerre d'Espagne (sur)exposée dans la presse française », *Diacronie*, n° 7, 2011.
Mouillaud Maurice, « Le système des journaux (Théorie et méthodes pour l'analyse de presse) », *Langages*, « Socio-linguistique », 3e année, n° 11, 1968, p. 61-83.
Mousseau Jacques, « La télévision au Japon », *Communication et langages*, n° 59, 1er trimestre 1984, p. 87-101.
Niemeyer Katharina, « Le journal télévisé entre histoire, mémoire et historiographie », *A contrario*, n° 13, 1, 2010, p. 95-112.
Petit Viviane, « La censure sous le franquisme », *La Clé des Langues*, ENS de Lyon, mai 2014.
Robinson Piers, « The CNN Effect Revisited », *Critical Studies in Media Communication*, 20, 4, 20 août 2006, p. 344-349.
Roth-Ey Kristin, Zakharova Larissa, « Communications and media in the USSR and Eastern Europe », *Cahiers du monde russe*, 56, 2-3, 2015, p. 273-289.
Rozat Pascal, « Histoire de la télévision : une exception française ? », *La Revue des médias*, INA, 9 décembre 2010 (mis à jour le 30 juillet 2019).
Smirnov Vladislav V., « Radio Broadcasting in New Russia: Specifics of Structure and Problems Functioning », *Journal of Radio & Audio Media*, 19, 2, 2012, p. 278-287.
Toinet Marie-France, « La liberté de la presse aux États-Unis : des documents du Pentagone au scandale du Watergate », *Revue française de science politique*, 23e année, n° 5, 1973, p. 1020-1045.
Tudesq André-Jean, « Feuilles d'Afrique. Étude de la presse de l'Afrique subsaharienne », *Tiers-Monde*, « Les télévisions arabes à l'heure des satellites (Algérie-Égypte) », t. 37, n° 146, 1996, p. 467-468.
Wilke Jürgen, « Massenmedien und Vergangenheitsbewältigung », dans Jürgen Wilke (dir.), *Mediengeschichte der Bundesrepublik Deutschland*, Böhlau Verlag, 1999.

オンライン記事とサイト

Anson Robert Sam, « When Music Was Still on MTV: The Birth of an Iconic Channel », *Vanity Fair*, 4 juin 2008 : https://www.vanityfair.com/news/2000/11/mtv200011
Benton Joshua, « The Wall Street Journal joins The New York Times in the 2 million digital subscriber club », Niemanlab, 10 février 2020 : https://www.niemanlab.org/2020/02/the-wall-street-journal-joins-the-new-york-times-in-the-2-million-digital-subscriber-club
Cherif Anaïs, « Internet tire le marché publicitaire face à une presse morose », *La Tribune*, mars 2018 : www.latribune.fr/technos-medias/internet-tire-le-marche-publicitaire-face-a-une-presse-morose-771785.html
Cooperman Alan, « Censor tells all at communist party trial », Associated Press News, 25 juillet 1992 : https://apnews.com/article/f60ad90f4356cf653ff44ad4181892d8
Efron Sonni, « Pravda's Presses Run Again After Yeltsin Crackdown : Russia: The opposition newspaper, shut down for a month, takes on the president in first issue », *Los Angeles Times*,

3 novembre 1993 : https://www.latimes.com/archives/la-xpm-1993-11-03-mn-52668-story.html
Goodman Geoffrey, « Lord Thomson of Fleet », *The Guardian*, 13 juin 2006 : https://www.theguardian.com/news/2006/jun/13/guardianobituaries.media
Lestienne Camille, « Franco : l'interminable agonie du dictateur tient la presse en haleine », *Le Figaro*, 29 mai 2017 : https://www.lefigaro.fr/histoire/archives/2015/11/19/26010-20151119ARTFIG00265-franco-l-interminable-agonie-du-dictateur-tient-la-presse-en-haleine.php
Lewis Peter H., « The New York Times introduces a web site », *The New York Times*, 22 janvier 1996 : https://www.nytimes.com/1996/01/22/business/the-new-york-times-introduces-a-web-site.html
Lichterman Joseph, « 20 years ago today, NYTimes.com debuted "on-line" on the web », Niemanlab, 22 janvier 2016 : https://www.niemanlab.org/2016/01/20-years-ago-today-nytimes-com-debuted-on-line-on-the-web/
Pach Chester, « Lyndon Johnson's Living Room War », *The New York Times*, 30 mai 2017 : https://www.nytimes.com/2017/05/30/opinion/lyndon-johnson-vietnam-war.html
Perrin Olivier, « L'été 68 : le général Franco s'assied sur la liberté d'expression », *Le Temps*, 6 août 2018 : https://www.letemps.ch/opinions/lete-68-general-franco-sassied-liberte-dexpression
Prod'Homme Jérôme, « 1970 : les Français boudent la télévision couleur ! », France Bleu, 28 septembre 2018 : https://www.francebleu.fr/emissions/ils-ont-fait-l-histoire/1970-les-francais-boudent-la-television-couleur
Schnee Thomas, « la presse allemande est-elle en crise ? », *L'Express*, 30 novembre 2012 : https://lexpansion.lexpress.fr/actualite-economique/la-presse-allemande-est-elle-en-crise_1324877.html
Shedden David, « Today in media history : CompuServe and the first online newspapers », Poynter, 24 septembre 2014 : https://www.poynter.org/reporting-editing/2014/today-in-media-history-compuserve-and-the-first-online-newspapers/
Simon Stephanie, « Proud Pravda sells out to a greek capitalist », *Los Angeles Time*, 1992 : https://www.latimes.com/archives/la-xpm-1992-08-12-mn-5364-story.html
Yegorov Oleg, « Soviet censorship: How did the USSR control the public? », 27 juin 2017, https://www.rbth.com/arts/history/2017/06/27/soviet-censorship-how-did-the-ussr-control-the-public_790892
« Fin de 70 ans de censure en URSS », *AFP*, 1er août 1990, www.lesoir.be/art/%252Ffin-de-70-ans-de-censure-en-urss-les-ailes-de-la-glasno_t-19900801-Z02YCM.html
« Londres : fin d'époque à Fleet Street, rue mythique de la presse », *AFP*, 5 août 2016, https://www.nouvelobs.com/monde/20160805.AFP3693/londres-fin-d-epoque-a-fleet-street-rue-mythique-de-la-presse.html

統計

www-statista-com/statistics/383006/radio-number-of-stations-germany
www.deutschland.de/en/topic/knowledge/national-newspapers
www.mediametrie.fr/fr/TV%20et%20internet%3A-le-public-plébiscite-le-divertissement-comme-jamais
www.glance-mediametrie.com/fr/entertainment-tv-report-2018
www.programme.tv/news/actu/205646-decouvrez-le-top-5-des-programmes-les-plus-regardes-en-replay-en-france-en-2018
ourworldindata.org/literacy
Chronologie de l'observation des audiences en France : https://www.tiki-toki.com/timeline/embed/141755/4176060008/#vars!date=1950-02-01_04:02:38!

公的文書

Gerbner George, « Violence and Terror in the Mass Media », dans UNESCO, *Reports and Papers on Mass Communication*, n° 102, 1988.
Déclaration universelle des droits de l'homme, 1948.
Convention de Genève et protocoles additionnels 1 et 2, 1949.
Pacte international relatif aux droits civils du 16 décembre 1966.

その他

Archives de la Deutsches Rundfunk : www.dra.de/de.
Petit J.P., « Actualisation de la protection des journalistes en mission périlleuse dans les zones de conflit armé », rapport de séminaire sous la direction de M. Bettati, DESS, 2000-2001, université Panthéon-Assas (Paris II). http://lafrique.free.fr/memoires/pdf/200105jphp.pdf
The Mike Wallace Interview, Archives https://interviews.televisionacademy.com/interviews/mike-wallace
The Kennedy-Nixon Debates, *History*, 21 septembre 2010 https://www.history.com/topics/us-presidents/kennedy-nixon-debates
Site de The Nielsen Company. https://www.nielsen.com/

第 11 章

作品

Cagé Julia, Hervé Nicolas, Viaud Marie-Luce, *L'information à tout prix*, INA Éditions, 2017.
Christin Angèle, *Metrics at Work: Journalism and the Contested Meaning of Algorithms*, Princeton University Press, 2020.
Fogel Jean-François, Patino Bruno, *Une presse sans Gutenberg*, Grasset, 2005.
Halberstam David, *Le pouvoir est là*, trad. par D. Meunier, Fayard, 1980.

研究／専門誌

Barrette Pierre, « L'avenir de la télévision », *24 images*, 131, 2007, p. 56-57.

Beller Grégory, « Spectacle vivant : des voix imaginaires aux monstres vocaux », *La Revue des médias*, 5 décembre 2017.

Blandin Claire, « Le journal télévisé, incontournable ou dépassé ? », *La Revue des médias*, 9 septembre 2015.

Borowiec Steven, « Lessons from the Republic of Samsung », *Rhodes Journalism Review*, n°31, sept. 2011, p.71.

Cagé Julia, Godechot Olivier (coord.), « Who Owns the Media? The Media Independence Projet », SciencesPo, LIEPP-Reporters sans frontières, 2017.

Chaniac Régine, Jézéquel Jean-Pierre, « V / L'avenir de la télévision : vers une déprogrammation ? », dans Régine Chaniac (dir.), *La Télévision*, La Découverte, coll. « Repères », 2005, p. 89-111.

Eutrope Xavier, « La radio en 2018 vue par Laurent Frisch », *La Revue des médias*, 8 janvier 2018.

—, « Assistants vocaux : quelle voix pour l'information », *La Revue des médias*, 23 octobre 2018.

Éveno Patrick, « Médias et publicité : une association équivoque mais indispensable », *Le Temps des médias*, n° 2, 1, 2004, p. 17-27

Hassan Naeemul, Adair Bill, Hamilton James, "The quest to automate fact-checking", *Computational Journalism*, octobre 2015

Klimentov Vassily, « Novaya Gazeta : dernier bastion de l'opposition politique en Russie ? », *La Revue des médias*, 16 septembre 2010 (mis à jour le 23 janvier 2020)

Lavoinne Yves, Motlow David, « Journalists, History and Historians. The Ups and Downs of a Professional Identity », *Réseaux. The French journal of communication*, vol. 2, n° 2, 1994, p. 205-221.

Mercier Arnaud, « Révolution numérique : les journalistes face au nouveau tempo de l'info », *La Revue des médias*, 21 septembre 2016.

Mercier Arnaud, Pignard-Cheynel Nathalie, « Mutations du journalisme à l'ère du numérique : un état des travaux », *Revue française des sciences de l'information et de la communication*, 5, 2014.

Muse Abernathy Penelope, « The Loss of Newspapers and Readers », dans « The expanding news desert », Hussman School of Journalism and Media : https://www.usnewsdeserts.com/reports/expanding-news-desert/loss-of-local-news/loss-newspapers-readers/

Nangong Dongfang, « Chinese Audiences' Preference for, Dependence on, and Gratifications Derived from CCTV 1, Dragon TV and Hunan TV News Programs », (2011), Graduate Theses and Dissertations.

Pigeat Henri, Paracuellos Jean-Charles, « Les marchés de la presse quotidienne en Europe », *Le Temps des médias*, n° 6, 2006, p. 72-86.

Rousse-Marquet Jennifer, « Les médias en Corée du Sud : un paysage très spécifique », *La*

Revue des médias, 3 février 2015.
Simon Jean-Paul, « 1989-2019 : comment trente ans d'Internet et de web ont changé les médias. », *La Revue des médias*, 2 janvier 2020.
Sonnac Nathalie, « Médias et publicité ou les conséquences d'une interaction entre deux marchés », *Le Temps des médias*, n° 6, 2006, p. 49-58.
Tisseron Serge, « IA, robots qui parlent et humains sou influence », *La Revue des médias*, 6 décembre 2017.
Yan Chen, « Les médias chinois, entre le marché et la censure », *Études*, vol. 401, n° 10, 2004, p. 309-319.

オンライン記事

Allyn Bobby, « Researchers: Nearly Half Of Accounts Tweeting About Coronavirus Are Likely Bots » , NPR, 20 mai 2020 : https://www.npr.org/sections/coronavirus-live-updates/2020/05/20/859814085/researchers-nearly-half-of-accounts-tweeting-about-coronavirus-are-likely-bots
Barthel Michael, « Despite subscription surges for largest US newspapers, circulation and revenue fall for industry overall », Pew Research Center, 1er juin 2017 : https://www.pewresearch.org/fact-tank/2017/06/01/circulation-and-revenue-fall-for-newspaper-industry/
Bezos Jeff, « We Are What We Choose », *Business Insider*, 22 juin 2010 : https://www.businessinsider.com/we-are-what-we-choose-20106?IR=T
Biret Valentin, « Une seule fake news sur le Covid-19 aurait causé la mort de 800 personnes », Ouest-France, 14 août 2020 : https://www.ouest-france.fr/leditiondusoir/data/104440/reader/reader.html#!preferred/1/package/104440/pub/157301/page/6
Chan Connie, « When One App Rules Them All: The Case of WeChat and Mobile in China », Andreessen Horowitz, 6 août 2015 : https://a16z.com/2015/08/06/wechat-china-mobile-first/
DiResta Renée, « The Supply of Desinformation Will Soon Be Infinite », *The Atlantic*, 20 septembre 2020 : https://www.theatlantic.com/ideas/archive/2020/09/future-propaganda-will-be-computer-generated/616400/
Funke Daniel, Mantzarlis Alexios, « We Asked 19 Fact-checkers What They Think of Their Partnership with Facebook. Here's What They Told Us », *Poynter*, 14 décembre 2018 : https://www.poynter.org/fact-checking/2018/we-asked-19-fact-checkers-what-they-think-of-their-partnership-with-facebook-heres-what-they-told-us/
Funke Daniel, Benkelman Susan, « Misinformation Is Inciting Violence Around the World. And Tech Platforms Don't Seem to Have a Plan to Stop it », *Poynter*, 4 avril 2019 : https://www.poynter.org/fact-checking/2019/misinformation-is-inciting-violence-around-the-world-and-tech-platforms-dont-have-a-plan-to-stop-it/
Goumarre Laurent, « Quel avenir pour la radio dans l'audiovisuel public ? », France Inter, 17 avril 2018 : https://www.franceinter.fr/emissions/le-nouveau-rendez-vous/le-nouveau-rend

ez-vous-17-avril-2018
Greenslade Roy, « Profitable Metro can't stop making money, but we still need « proper » newspapers », *The Guardian*, 26 janvier 2011 : https://www.theguardian.com/media/greenslade/2011/jan/26/metro-national-newspapers
Gutierrez C. Nicolas. « Covid-19 et infox : comment une rumeur devient réalité », *Sciences et Avenir*, 14 septembre 2020 : https://www.sciencesetavenir.fr/sante/covid-19-et-infox-comment-une-rumeur-devient-realite_147359
Hern Alex, « 5G conspiracy theories fuel attacks on telecoms workers », *The Guardian*, 7 mai 2020 : https://www.theguardian.com/business/2020/may/07/5g-conspiracy-theories-attacks-telecoms-covid
Kelly Helena, « Russia Spreads Fake News Claiming Oxford Corona-virus Vaccine Will Turn People intro Monkeys and Portrays Boris Johnson as Bigfoot », Mail Online, 16 octobre 2020 : https://www.dailymail.co.uk/news/article-8845937/Russia-spreads-fake-news-claiming-Oxford-coronavirus-vaccine-turn-people-MONKEYS.html
Kessel Jonah, « How China in Changing your Internet » : https://www.worldpressphoto.org/collection/storytelling/2017/29057/2017-How-China-Is-Changing-Your-Internet
Lee Hakyung Kate, « What I Learned from Watching a Week of North Korean TV », ABC News, 31 janvier 2018 : https://abcnews.go.com/International/learned-watching-week-north-korean-tv/story?id=52714005
Lu Yiren, « China's Internet is Flowering », *The New York Times Magazine*, 13 novembre 2019 : https://www.nytimes.com/interactive/2019/11/13/magazine/internet-china-wechat.html
Martin Nicole, « How social media has changed how we consume news », *Forbes*, 30 novembre 2018 : https://www.forbes.com/sites/nicolemartin1/2018/11/30/how-social-media-has-changed-how-we-consume-news/
Mayhew Freddy, « Report predicts five years of steep global decline for newspapers industry revenue (print and online) », PressGazette, 14 septembre 2020 : https://www.pressgazette.co.uk/report-predicts-five-years-of-steep-global-decline-for-newspaper-industry-revenu-print-and-online/
Mercier Hugo, « Fake News in the Time of Coronavirus: How Big is the Threat », *The Guardian*, 30 mars 2020 : https://www.theguardian.com/commentisfree/2020/mar/30/fake-news-coronavirus-false-information
Newton Casey, « The Trauma Floor: The Secret Lives of Facebook Moderators in America », *The Verge*, 25 février 2019 : https://www.theverge.com/2019/2/25/18229714/cognizant-facebook-content-moderator-interviews-trauma-working-conditions-arizona
Piquard Alexandre, « Droit voisin : la presse française riposte à Google et scrute Facebook », *Le Monde*, 24 octobre 2019 : https://www.lemonde.fr/pixels/article/2019/10/24/droits-voisins-la-presse-francaise-va-porter-plainte-pour-abus-de-position-dominante-contre-google_6016773_4408996.html
Reumann Erik, « Qui possède le journal *Kommersant* ? La Russie s'interroge et s'inquiète »,

Le Temps, 15 juillet 1999 : https://www.letemps.ch/no-section/possede-journal-kommersant-russie-sinterroge-sinquiete

Reuters, « Russie : Démissions à Vedomosti, le rédacteur en chef accusé d'être pro-Kremlin », *Les Échos*, 15 juin 2020 : https://investir.lesechos.fr/marches/actualites/russie-demissions-a-vedomosti-le-redacteur-enchef-accuse-d-etre-pro-kremlin-1913681.php

Richaud Nicolas, « Pour la première fois, le numérique s'arroge plus de la moitié du marché publicitaire en France », *Les Échos*, 7 décembre 2020 : https://www.lesechos.fr/tech-medias/medias/pourla-premiere-fois-le-numerique-sarroge-plus-de-la-moitie-du-marche-publicitaire-en-france-1271724

Rocquigny Tiphaine (de), avec Joëlle Tolédano, « Reprendre le pouvoir aux GAFA », *France Culture*, 21 septembre 2020 : https://www.franceculture.fr/emissions/la-bibliotheque-ideale-de-leco/reprendre-le-pouvoir-aux-gafa-avec-joelle-toledano

Roquebain Lucie, Lemaistre Clémence, « En Scandinavie, les journaux tournent la page du papier », *Les Échos*, 25 novembre 2019 : https:// www.lesechos.fr/tech-medias/medias/en-scandinavie-les-journauxtournent-la-page-du-papier-1150485

Ruisseau Nicolas, « Vedomosti », journal de référence en Russie, en péril », *Le Monde*, 29 avril 2020 : https://www.lemonde.fr/economie/article/2020/04/29/vedomosti-journal-de-reference-en-russie-en-peril_6038146_3234.html

Schmemann Serge, « Pravda's Voice is stilled in an open market's din», *The New York Times*, 14 mars 1992 : https://www.nytimes.com/1992/03/14/world/pravda-s-voice-is-stilled-in-an-open-market-s-din.html

Shibata Nana, « Japan's TV Stations Feel Coronavirus Blow Despite Audience Surge », *Nikkei Asia*, 19 mai 2020 : https://asia.nikkei.com/Business/Business-trends/Japan-s-TV-stations-feel-coronavirus-blow-despite-audience-surge2

Woitier Chloé, « La France se dote d'un droit voisin pour la presse », *Le Figaro*, 23 juillet 2019 : https://www.lefigaro.fr/medias/la-france-se-dote-d-un-droit-voisin-pour-la-presse-20190723

Yuan Li, « Mark Zuckerberg Wants Facebook to Emulate WeChat. Can It? », *The New York Times*, 7 mars 2019 : https://www.nytimes.com/2019/03/07/technology/facebook-zuckerberg-wechat.html

« Afrique : le renouveau du paysage audiovisuel », *Médiamétrie*, 29 novembre 2018 : https://www.mediametrie.fr/fr/afrique-le-renouveau-du-paysage-audiovisuel

« Andrew Neil lance une chaîne d'information 24 heures sur 24 pour rivaliser avec la BBC et Sky », *Fr24 News*, 25 septembre 2020 : https:// www.fr24news.com/fr/a/2020/09/andrew-neil-lance-une-chaine-dinformation-24-heures-sur-24-pour-rivaliser-avec-la-bbc-et-sky-andrewneil.html

« Editorial : the Power of Television Still Strong Despite Smartphone Era », *The Mainichi*, 13 mai 2019 : https://mainichi.jp/english/articles/20190513/p2a/00m/0na/007000c

« Fermeture de Google News en Espagne », *Le Monde*, décembre 2014 : https://www.lemonde.fr/economie/article/2014/12/11/fermeture-de-google-news-en-espagne_

4538263_3234.html#:~:text=Google%20a%20annonc%C3%A9%2C%20mercredi%2010,tout%20ou%20partie%20des%20contenus
« La très controversée réforme européenne du droit d'auteur finalement adoptée », *Le Monde*, 26 mars 2019 : https://www.lemonde.fr/pixels/article/2019/03/26/la-controversee-directive-sur-le-droit-d-auteur-adoptee-par-le-parlement-europeen_5441480_4408996.html
« Liberté de la presse en Russie : le bilan accablant de Vladimir Poutine », *RSF*, 16 mars 2018 (mis à jour le 19 mars 2018) https://rsf.org/fr/actualites/liberte-de-la-presse-en-russie-le-bilan-accablant-de-vladimir-poutine
« New data shows Guardian is the top quality and most trusted newspaper in the UK», *The Guardian*, 17 juin 2020 : https://www.theguardian.com/gnm-press-office/2020/jun/17/new-data-shows-guardian-is-the-top-quality-and-most-trusted-newspaper-in-the-uk
« Novaya Gazeta garde ses distances avec le Kremlin – », *La Croix*, 6 mai 2009 : https://www.la-croix.com/Actualite/Monde/Novaya-Gazeta-garde-ses-distances-avec-le-Kremlin-_NG_-2009-05-06-534419
« Quel avenir pour la radio ? », Oufipo, festival Longueur d'ondes 2019 : http://oufipo.org/quel-avenir-pour-la-radio
« Thomson Reuters rachète Breakingviews pour 10 millions de livres. », *Le Monde*, 15 octobre 2009 : https://www.lemonde.fr/economie/article/2009/10/15/thomson-reuters-rachete-breakingviews-pour-10-millions-de-livres_1254385_3234.html
« Twitter is not as important as journalists make it seem », *The Atlantic*, 12 février 2020 : https://www.theatlantic.com/letters/archive/2020/02/twitter-is-bad-for-the-news/605782/

ビデオ

Oldenburg Manfred, Knigge Jobst, Dehnhard Sebastian, *Les trois vies d'Axel Springer (Drei Leben: Axel Springer)*, documentaire, ZDF, 2012, 1 h 30.

統計

www.americanpressinstitute.org/publications/reports/survey-research/how-people-use-twitter-news/single-page.
https://www.statista.com/statistics/246698/daily-time-spent-with-tv-in-the-us-by-type-of-use/–
https://www.statista.com/statistics/183460/share-of-the-us-population-using-facebook/–
https://www.statista.com/statistics/268136/top-15-countries-based-on-number-of-facebook-users/–
www.businessofapps.com/data/tinder-statistics.
www.statista.com/statistics/186833/average-television-use-per-person-in-the-us-since-2002.
www.statista.com/statistics/258749/most-popular-global-mobile-messenger-apps.
www.statista.com/statistics/718019/social-media-news-source.
www.statista.com/statistics/304604/el-pais-spain-circulation.
www.oberlo.com/blog/social-media-marketing-statistics.

www.statista.com/forecasts/997048/social-media-activities-in-the-us.
www.statista.com/statistics/304737/social-network-penetration-in-usa.
www-statista-com.acces-distant.sciencespo.fr/statistics/471345/us-adults-who-use-social-net works-gender.
www.pewresearch.org/fact-tank/2018/12/10/social-media-outpaces-print-newspapers-in-the-u-s-as-a-news-source.
buffer.com/resources/55-visitors-read-articles-15-seconds-less-focus-attention-not-clicks.
www.statista.com/statistics/761889/daily-time-spent-radio.
www.statista.com/statistics/255778/number-of-active-wechat-messenger-accounts.
www.omnicoreagency.com/instagram-statistics.
www.statista.com/statistics/186934/us-newspaper-reading-habits-since-2002.
https://www.statista.com/statistics/246698/daily-time-spent-with-tv-in-the-us-by-type-of-u se/
www.journalism.org/2018/09/10/news-use-across-social-media-platforms-2018.
www.pewresearch.org/fact-tank/2018/01/05/fewer-americans-rely-on-tv-news-what-type-the y-watch-varies-by-who-they-are.
www.statista.com/statistics/1153882/daily-media-consumption-by-type-india.
https://www.statista.com/statistics/963371/india-tv-and-internet-news-consumption-by-gene ration/
https://www.statista.com/statistics/614143/npr-weekly-audience-us/
https://www.statista.com/statistics/253329/weekly-time-spent-with-online-radio-in-the-us/
www.nielsen.com/us/en/insights/article/2020/radio-is-comfort-food-as-media-consumption-rises-amid-covid-19-pandemic.
www.statista.com/statistics/286892/uk-radio-stations-ranked-by-listeners-reached.
www.statista.com/statistics/1104557/coronavirus-trusted-news-sources-by-us.
www.statista.com/statistics/269867/reach-of-selected-tv-news-channels-in-the-uk.
fr.statista.com/statistiques/574884/principales-stations-de-radio-en-allemagne-par-contrats-bruts.
www.radiowoche.de/ma-2020-audio-ii-die-20-meistgehoerten-radiosender-in-deutschland.
www.cjr.org/tow_center/how-wechat-became-primary-news-source-china.php.
www.statista.com/statistics/382120/radio-consumption-by-frequency-germany.
www.statista.com/statistics/818268/internet-radio-share-of-listeners-germany.
reutersinstitute.politics.ox.ac.uk/sites/default/files/2020-06/DNR_2020_ FINAL.pdf.
« Les Français et la Radio », Étude CSA, 2020, fr.calameo.com/read/ 0043630317d821a193c80.
clesdelaudiovisuel.fr/Connaitre/Le-paysage-audiovisuel/Composition-du-paysage-audiovisuel-francais-la-radio.
www.theguardian.com/media/table/2011/apr/19/worlds-top-10-newspaper-websites.
www.comscore.com/fre/Perspectives/Infographics/Most-Read-Online-Newspapers-in-the-W orld-Mail-Online-New-York-Times-and-The-Guardian.

www.pewresearch.org/fact-tank/2020/02/14/fast-facts-about-the-newspaper-industrys-financial-struggles.

www.statista.com/statistics/380784/circulation-daily-newspapers-germany.

www.journalism.org/fact-sheet/newspapers.

www.omnicoreagency.com/instagram-statistics.

reutersinstitute.politics.ox.ac.uk/sites/default/files/2020-01/Newman_Journalism_and_Media_Predictions_2020_Final.pdf.

www.statista.com/statistics/183422/paid-circulation-of-us-daily-newspapers-since-1975.

www.statista.com/statistics/476016/expenditure-on-newspapers-in-the-united-kingdom-uk.

« 5 Key Takeaways About the State of the News Media in 2018 », www. pewresearch.org/fact-tank/2019/07/23/key-takeaways-state-of-the-news-media-2018.

www.glance-mediametrie.com/fr/tendances-tv-internationales-2019.

www.statista.com/statistics/380754/leading-radio-stations-germany.

« Listening figures – UK radio », www.rajar.co.uk/listening/quarterly_listening.php

« Quarterly summary of radio listening (UK) », www.rajar.co.uk/docs/2020_03/2020_Q1_Quarterly_Summary_Figures.pdf.

« The UK communications Market Report – Radio and Audio content », www.ofcom.org.uk/__data/assets/pdf_file/0014/105440/uk-radio-audio.pdf.

www.statista.com/statistics/286892/uk-radio-stations-ranked-by-listeners-reached.

www.statista.com/statistics/1025691/most-popular-radio-programs-and-podcasts-in-the-uk.

www.statista.com/statistics/385359/tv-stations-market-share-germany.

« Frequency of Using Selected News Sources Among Millennials in the United States as of March 2020 », www.statista.com/statistics/1010456/united-states-millennials-news-consumption.

« Trust in News Media Worldwide », www.statista.com/statistics/308468/importance-brand-journalist-creating-trust-news.

« Media Usage in Europe – Statistics & Facts », www.statista.com/topics/4039/media-usage-in-europe.

« Fake News Worldwide – Statistics & Facts », www.statista.com/topics/6341/fake-news-worldwide.

« News Industry – Statistics & Facts Published », www.statista.com/topics/1640/news.

« Newspaper Market in Europe – Statistics & Facts », www.statista.com/topics/3965/newspaper-market-in-europe.

レポート

« Digital News Report », Reuters Institute, 2020.

Bell Emily, « The Fact-Check Industry », *Columbia Journalism Review*, 2019.

Commission européenne, « Les habitudes médiatiques dans l'union euro-péenne », novembre 2013.

Coutard Anne, « L'avenir de la radio à l'ère du numérique », rapport à Madame la ministre de

la Culture et de la Communication, septembre 2001.
Future of Humanity Institute, « The Malicious Use of Artificial Intelligence: Forecasting, Prevention and Mitigation », février 2018.
Gaultier Stéphane, Fonnet Laurent, Livre blanc « Quel avenir immédiat pour la télévision face ou avec internet ? », 2015.
Hagiwara Shigeru, « Japanse Television As a Window on Other Cultures », *Japanese Psychological Research*, vol. 40, n° 4, 1998, p. 221-233.
NHK, Present situation regarding. Television viewing and Radio listening, juin 2015
Meeker Mary, Internet Trends 2019, 2019.
Tessier Marc, Baffert Maxime, « La presse au défi du numérique », rapport au ministre de la culture et de la communication, février 2007.
Webb Amy, « Trend Report for Journalism, Media and Technology », Future Today Institute, 2019.
World Economic Forum, White Paper, « Understanding Value in Media: Perspetives from Consumers and Industry », avril 2020.

第 12 章

作品

Christin Angèle, *Metrics at Work: Journalism and the Contested Meaning of Algorithms*, Princeton University Press, 2020.
Patino Bruno, *La Civilisation du poisson rouge. Petit traité sur le marché de l'attention*, Grasset, 2019.

オンライン記事

La Monday Note de Frédéric Filloux : https://mondaynote.com/
The Huffington Post, « Joe Biden fait désormais campagne sur Animal Crossing », 2 septembre 2020 : https://www.huffingtonpost.fr/entry/joe-biden-campagne-animal-crossing_fr_5f4ecf47c5b69eb5c035c163
Barr Jeremy, « More than 73 million people watched that crazy presidential debate », *The Washington Post*, 30 septembre 2020 : https:// www.washingtonpost.com/media/2020/09/30/presidential-debate-ratings/
Chantrel Flavien, « 21% des visites de sites de presse se font sur un article avec un paywall », le Blog du Modérateur, 25 novembre 2019 : https:// www.blogdumoderateur.com/etude-paywalls-sites-de-presse/
Coëffé Thomas, « Facebook lance Watch Together sur Messenger », Le Blog du Modérateur, 14 septembre 2020 : https://www.blogdumoderateur.com/facebook-messenger-watch-together/
Dassonville Aude, « Les audiences "atypiques" de la radio pendant le confinement », *Le*

Monde, 23 juillet 2020 : https://www.lemonde.fr/actualite-medias/article/2020/07/23/l-audience-de-la-radio-victime-du-coronavirus_6047039_3236.html

De La Porte Xavier, « Faire de la radio au temps du podcast ou du streaming », *France Culture*, 17 décembre 2013 : https://www.franceculture.fr/emissions/ce-qui-nous-arrive-sur-la-toile/faire-de-la-radio-au-temps-du-podcast-ou-du-streaming

Gibson Rebecca « Un futur holographique », *Compass magazine*, novembre 2016 : https://compassmag.3ds.com/fr/toward-a-holographic-future/

Grieco Elizabeth, « U.S. newspapers have shed half of their newsroom employees since 2008 », *Pew Research Center*, avril 2020 : www.pewresearch.org/fact-tank/2020/04/20/u-s-newsroom-employment-has-dropped-by-a-quarter-since-2008

Herman David, « Why Britain needs new TV news channels », *The Article*, 4 septembre 2020 : https://www.thearticle.com/why-britain-needs-new-tv-news-channels

History, 10 juin 2019 : https://www.history.com/topics/inventions/history-of-video-games

Koblin John, « The Evening News is back », *The New York Times*, 24 mars 2020 : https://www.nytimes.com/2020/03/24/business/media/coronavirus-evening-news.html

Lapierre Mathias, « Votre hologramme pour réaliser des discours dans d'autres langues, le futur par Microsoft », *Siècle Digital*, juillet 2019 : https://siecledigital.fr/2019/07/18/votre-hologramme-pour-realiser-des-discours-dans-dautres-langues-le-futur-par-microsoft/

Lefaix Éléonore, « Une IA recrée des épisodes des Pierrafeu à partir de descriptions textuelles », Siècle Digital, 17 avril 2018 : https://siecledigital.fr/2018/04/17/ia-dessin-anime-descriptions-textuelles/

Manchau Melvin, « How AI Is Radically Transforming your TV Experience », *Predict*, 19 août 2018 : https://medium.com/predict/artificial-intelligence-is-radically-transforming-your-tv-experience-60451b6cd0d0

Millon Anthony, « La Social TV : outil de fidélisation du téléspectateur », Social TV, 30 octobre 2013 : https://www.socialtv.fr/technologies/socialtv/social-tv-outil-fidelisation-du-telespectateur/

Paura Angelo, « Virtual Reality Creates Ethical Challenges for Journalists », Digital Journalism, mars 2018 : https://ijnet.org/en/story/virtual-reality-creates-ethical-challenges-journalists

Richard Claire, « L'Incroyable histoire du créateur de Tetris », *L'Obs*, 21 novembre 2016 : https://www.nouvelobs.com/rue89/rue89-rue89-culture/20160718.RUE3401/l-incroyable-histoire-du-createur-de-tetris.html

Schneier Matthew, « Michael Barbaro made the *New York Times* podcast *The Daily* a raging success. Or is it the other way around? », *New York Mag*, 21 janvier 2020 : https://nymag.com/intelligencer/2020/01/michael-barbaro-the-daily-podcast-new-york-times.html

Tellier Maxime, « Le podcast, tout le monde y croit », *France Culture*, 7 février 2020 : https://www.franceculture.fr/emissions/hashtag/le-podcast-tout-le-monde-y-croit

The Weather Company, « What Trends Will Change Broadcasting? », *IBM*, 16 juin 2020 : https://www.ibm.com/weather/industries/broadcast-media/trends-that-will-change-broad

casting

統計
www.statista.com/topics/3170/podcasting.
www.geste.fr/la-1ere-edition-du-digital-media-review-sinteresse-a-limpact-de-la-pression-du-paywall-sur-les-sites-medias.
www.statista.com/chart/18893/digital-news-subscribers.
www.statista.com/statistics/229984/readers-of-the-new-york-times-daily-edition-usa.
www.statista.com/statistics/1016531/fake-news-internet-politics-impact.

レポート
Cision, « L'état des médias dans le monde », 2019, www.cision.fr/ressources/livres-blancs/etat-des-medias-dans-le-monde.
Cision, « L'état des médias en France », février 2020.
Gentzkow Matthew, Glaeser Adward L., Goldin Claudia, « The Rise of the Fourth Estate: How Newspapers Became Informative and Why it Mattered », National Bureau of Economic Research, septembre 2004
« Comment to Review Group on Intelligence and Communications Technologies Regarding the Effects of Mass Surveillance on the Practice of Journalism », oct. 2013
« Défis et perspectives pour les médias et le journalisme d'information à l'ère du développement des médias numériques, mobiles et sociaux », rapport du Conseil de l'Europe, University of Oxford & Reuters, octobre 2016, edoc.coe.int/fr/medias/7287-pdf-defis-et-perspectives-pour-les-medias-et-le-journalisme-dinformation-a-lere-du-developpement-des-medias-numeriques-mobiles-et-sociaux.html.
« Envisioning the Future of Journalism », Media Lab Bayern.
« Journalism, Media, and Technology Trends and Predictions », 2020, Nic Newman, l'Institut Reuters d'études du journalisme : https://reutersinstitute.politics.ox.ac.uk/journalism-media-and-technology-trends-and-predictions-2020
Schuster Stefan *et al.*, « Mass surveillance and technological policy options: Improving security of private communications », Science Direct, www. sciencedirect.com/science/article/pii/S0920548916300988.
Waters Stephenson, « The Effects of Mass Surveillance on Journalists' Relations With Confidential Sources », *Digital Journalism*, vol. 6, 2018, www.tandfonline.com/doi/full/10.1080/21670811.2017.1365616.
Pew Research Center, « State of the News media », 2018.
Steven Feldstein, « The Global Expansion of AI Surveillance », Carnegie Endowment for international peace, sept. 2019.

ドキュメンタリー
Derrière nos écrans de fumée (*The Social Dilemma*), écrit et réalisé par Jeff Orlowski, 2020.

第 13 章

オンライン記事

La Monday Note de Frédéric Filloux : https://mondaynote.com/

Bethea Charles, « What Happens When the News Is Gone? », *The New Yorker*, 27 juin 2020 www.newyorker.com/news/the-future-of-democracy/what-happens-when-the-news-is-gone

Dupont-Besnard Marcus, « *Hold-Up* : ce n'est ni une enquête, ni un documentaire, mais une fiction », Numerama, 13 novembre 2020 : https://www.numerama.com/sciences/665386-hold-up-ce-nest-ni-une-enquete-ni-un-documentaire-mais-une-fiction.html

Lepore Jill, « Does Journalism have a future? », *The New Yorker*, 21 janvier 2019 : https://www.newyorker.com/magazine/2019/01/28/does-journalism-have-a-future

Scherer Éric, « Années 20, les années folles de la création partagée », méta-média, n° 19, automne-hiver 2020 : https://www.meta-media.fr/files/2020/12/METAMEDIA19.pdf

Strauch-Bonart Laetitia, « Bari Weiss : "Pourquoi j'ai quitté le *New York Times*" », *Le Point*, 17 novembre 2020 : https://www.lepoint.fr/editos-du-point/sebastien-le-fol/bari-weiss-pourquoi-j-ai-quitte-le-new-york-times-17-11-2020-2401530_1913.php

ビデオ

« Les médias représentent-ils encore la société ? » avec Dominique Reynié et Julie Joly, Médias en Seine, 19 novembre 2020 https://www.mediasenseine.com/fr/b

[著者紹介]

ジャック・アタリ(Jacques Attali)

1943年アルジェリア生まれ。フランス国立行政学院（ENA）卒業、81年フランソワ・ミッテラン大統領顧問、91年欧州復興開発銀行の初代総裁などの要職を歴任。政治・経済・文化に精通することから、ソ連の崩壊、金融危機の勃発やテロの脅威などを予測し、2016年の米大統領選挙におけるトランプの勝利など的中させた。
林昌宏氏の翻訳で、『2030年ジャック・アタリの未来予測』『海の歴史』『食の歴史』『命の経済』（小社刊）、『新世界秩序』『21世紀の歴史』『金融危機後の世界』『国家債務危機―ソブリン・クライシスに、いかに対処すべきか?』『危機とサバイバル―21世紀を生き抜くための〈7つの原則〉』（いずれも作品社）、『アタリ文明論講義―未来は予測できるか』（筑摩書房）など、著書は多数。

[訳者紹介]

林　昌宏(はやし・まさひろ)

1965年名古屋市生まれ。翻訳家。立命館大学経済学部卒業。訳書にジャック・アタリ『2030年 ジャック・アタリの未来予測』『海の歴史』『食の歴史』『命の経済』（いずれも小社刊）、『21世紀の歴史』、ダニエル・コーエン『経済と人類の1万年史から、21世紀世界を考える』（いずれも作品社）、ボリス・シリュルニク『憎むのでもなく、許すのでもなく』（吉田書店）他多数。

メディアの未来

2021年9月16日　第1刷発行

著　者　ジャック・アタリ
訳　者　林 昌宏
発行者　長坂嘉昭
発行所　株式会社プレジデント社
〒102-8641 東京都千代田区平河町2-16-1
平河町森タワー13F
https://www.president.co.jp/　https://presidentstore.jp/
電話　編集（03）3237-3732
販売（03）3237-3731
販　売　桂木栄一　高橋 徹　川井田美景
森田 巌　末吉秀樹
編　集　渡邉 崇
写　真　Jacques Attali/Collection personnelle/BCF-Tokyo
装　丁　秦 浩司（秦浩司装幀室）
制　作　関 結香
印刷・製本　凸版印刷株式会社

ISBN978-4-8334-2429-5
Printed in Japan